中西文化比较

徐行言 主编

图书在版编目(CIP)数据

中西文化比较/徐行言主编. —北京:北京大学出版社,2004.9
(普通高校人文素质教育通用教材)
ISBN 978-7-301-06325-5

Ⅰ. 中… Ⅱ. 徐… Ⅲ. 比较文化-中国、西方国家-高等学校-教材 Ⅳ. G04

中国版本图书馆 CIP 数据核字(2003)第 040440 号

书　　　名：中西文化比较
著作责任者：徐行言　主编
策 划 编 辑：杨书澜
责 任 编 辑：李廷华
标 准 书 号：ISBN 978-7-301-06325-5/G・0879
出 版 发 行：北京大学出版社
地　　　址：北京市海淀区成府路 205 号　100871
网　　　址：http://www.pup.cn
电 子 邮 箱：zpup@pup.cn
电　　　话：邮购部 62752015　发行部 62750672　编辑部 62750673
　　　　　　出版部 62754962
印　刷　者：河北滦县鑫华书刊印刷厂
经　销　者：新华书店
　　　　　　890 毫米×1240 毫米　A5　12 印张　340 千字
　　　　　　2004 年 9 月第 1 版　2024 年 7 月第 31 次印刷
定　　　价：49.00 元

未经许可,不得以任何方式复制或抄袭本书之部分或全部内容。
版权所有,侵权必究
举报电话：010-62752024　电子邮箱：fd@pup.cn

普通高校人文素质教育通用教材

编委会主任：**季羡林** 北京大学东方学系教授，博士生导师，中国科学院哲学社会学部学部委员，原北京大学副校长。

委　　员：**戴　逸** 中国人民大学清史研究所教授，博士生导师，国家清史编纂委员会主任，北京文史研究馆馆长。

徐中玉 华东师范大学中文系教授，系名誉主任，《文艺理论研究》、《古代文学理论研究》主编，中国文艺理论学会、中国古代文学理论学会、全国大学语文研究会、上海炎黄文化研究会名誉会长。教育部推荐《大学语文》教材主编。

汤一介 北京大学哲学系教授，博士生导师，中国文化书院创院院长，北京大学哲学系文化研究所名誉所长。

乐黛云 北京大学中文系教授，博士生导师，中国比较文学学会会长，北京大学跨文化研究中心主任。

执行主编：**张耀辉** 上海交通大学教授，国家大学生文化素质教育基地主任。

质量总监：**乔征胜、江溶** 北京大学出版社编审。

要求知识面广，大概没有人反对。因为不管你探究的范围多么窄狭，多么专门，只有在知识广博的基础上，你的眼光才能放远，你的研究才能深入。

——季羡林

人类必须学会和谐友好地共处。不同国家、不同民族、不同宗教的人民要通过相互交往,相互帮助,寻求理解、宽容与尊重,共同建设和平民主、平等繁荣的新世界。
——戴 逸

大学生需要吸取全人类文化中于我们有益的成分,对我们民族悠久灿烂的历史文化积累,则更应有广泛的理解,并加以发扬光大。具有宽厚的人文根底,肯定能为大学生们提供无限广阔的发展前景。
——徐中玉

我们的人文精神是什么?我想:就是要讲道德,讲学习,要使自己的行为符合道义,要勇于改正自己的错误。
——汤一介

亚里士多德曾把人的生活解析为:外物诸善(指物质生活);躯体诸善(指健康、精力)和灵魂诸善(包括知识、信仰、友谊、荣誉、自尊、爱和被爱等)。当我们致力于把自己培养成一个有能力的生产者和一个快乐的消费者时,往往忽略了对于灵魂诸善的追求,那样的人生显然有很大的缺陷。愿这套丛书能将读者引向对灵魂诸善的关怀。
——乐黛云

部分书目

书名	编著者
《大学语文》	夏中义
《实用写作》	张耀辉
《影视艺术鉴赏》	吴贻弓　李亦中
《中国古代小说名著鉴赏》	焦垣生　张　蓉
《台港文学名家名作鉴赏》	尉天骄
《中西文化比较》	徐行言
《唐诗宋词鉴赏》	王步高
《音乐鉴赏》	钱仁康　胡企平
《美术鉴赏》	陈洛加
《简明西方哲学史》	赵敦华
《中国哲学简史》	李中华
《美术与艺术鉴赏》	凌继尧

用专业知识教育人是不够的。通过专业教育，他可以成为一种有用的机器，但是不能成为一个和谐发展的人。要使学生对价值有所理解，并且产生热烈的感情，那是最基本的。他必须获得对美和道德上的善有鲜明的辨别力。否则，他——连同他的专业知识——就更像一只受过很好训练的狗，而不像一个和谐发展的人。

——爱因斯坦

总　　序

汤一介

中国传统文化对人文精神是特别重视的。我国古老的经典《周易》说："观乎人文以化成天下。"(《贲·彖辞》)意思是说，观察人类文明的进展，就能用人文来教化天下。可见我们的老祖宗已经非常注重对人的人文精神的教化了。所谓人文教化就是用人文精神来教育人。那么，人文精神从何而来呢？照《周易》看，它是在人类文明的发展中积累起来的，也就是说，它是在历史发展过程中形成的。在我国历史的长河中积累了许多宝贵的人文精神教化的经验，例如我国伟大的思想家、教育家孔子所说："德之不修，学之不讲，闻义不能徙，不善不能改，是吾忧也。"(《论语·述而》)不修养德行，不讲究学习，听到符合道义的话而不能跟着做，有了过错而不能改正，这些都是孔子所忧虑的。孔子的这段话可以说是对我国古代"人文教化"的很好的总结。我们的人文精神是什么？我想，就是要讲道德，讲学习，要使自己的行为符合道义，要勇于改正自己的错误。

在当今科学技术高度发达的情况下，我们必须看到，科学技术虽能造福人类社会，但也可能严重地损害人类社会。今天，许多事实已经证明科技的发展并不一定都是造福人类的；那么，我们如何引导科学技术的发展呢？就是要用人文精神来引导人们的思想和行为，也就是孔子说的，我们应该努力做到"修德"、"讲学"、"改过"、"向善"。"修德"并不容易，那必须有崇高的理想，有为人类长远利益考虑的胸怀。"讲学"同样不容易，它不但要求要天天提高自己，而且要负起人文教育的责任。"改过"，人总是会犯这样那样的错误，问题是要勇于改正错误，这样才可以不断前进。"向善"是说人生在世，应日日向着善的方面努力，提高自己的品德，做到"日日新，又日新"，每天都有新的进步。只有做到这些，科学技术才不会脱离为人服务的根本目的，走到邪路上去。因此，我们应该看到，科学技术越是发展，越是需要用人文精神来加以引导。

在当今人类社会进入经济全球化的时代，经济上的竞争无疑是十分激烈的。我们的国家要坚强地立于世界民族之林，就必须有强大的经济实力。但中国自古以来，都强调"取之有道"，也就是说做生意、赚钱应该合乎道义。可是面对我们国家的现实，有些人往往为了赚钱，取得高额利润，见利忘义，不顾及社会福祉，不讲信义，甚至做出坑害人民的事。为什么会发生这样的情况呢？除了制度上的不健全外，最主要的就是缺少一种可贵的关怀人的精神，缺乏关怀人的精神的教育。我们做一切事都应"以人为本"。为什么要发展经济？最根本的目的就是为了绝大多数人民的利益，离开这一点，发展、赚钱都是不可取的。如果说发展经济应"以人为本"，那么，在我们发展经济的过程中，就应处处考虑到老百姓的利益，这就需要有一种关怀人的人文精神，并对全社会进行关怀人的教育。

现在，北京大学出版社将出版一套《普通高校人文素质教育通用教材》，这是一件非常有意义的事。大学生是建设富强、繁荣的中国的生力军，我们国家未来的健康、合理地发展就要靠这批大学生，因此，使他们受到良好的人文素质教育尤其必要。我们的大学生当然要掌握最先进的科学技术，当然要担当促进我国经济快速发展的重任，但千万不要忘记了所有这一切都是为了人，为了人的幸福。首先应关怀人，关怀千千万万普通老百姓，做一个有理想，讲道德，能继承和发扬我国优秀民族传统，有人文关怀的人。我相信这套教材一定能在大学生成长的人生道路上起着良好的引导作用。

目 录

第一章 导论 …………………………………………………… (1)
  第一节 全球化语境下的文化选择 …………………… (2)
  第二节 文化——文明,一对术语的探源……………… (7)
  第三节 "文化"释义 …………………………………… (11)
  第四节 文化的性质与特征 …………………………… (16)
  第五节 跨文化比较方法论 …………………………… (19)
  第六节 我们的比较观 ………………………………… (22)
  第七节 本书的思路与结构 …………………………… (24)

第二章 人类文明的曙光
    ——中西文化寻根 …………………………………… (28)
  第一节 河的赐予与海的磨砺 ………………………… (30)
  第二节 农耕文明与商业文明 ………………………… (40)
  第三节 家国与城邦 …………………………………… (48)

第三章 两种不同的文化选择
    ——中西文化的基本精神 …………………………… (65)
  第一节 历来对中西文化精神差异的探讨 …………… (66)
  第二节 人文传统与科学精神 ………………………… (71)
  第三节 群体认同与个人本位 ………………………… (81)
  第四节 中庸和平与崇力尚争 ………………………… (90)
  第五节 内向与开放 …………………………………… (99)

第四章 天人合一与物我二分
——中西思维方式比较 …………………（109）
第一节 从宇宙观到认识论 …………………（109）
第二节 直觉思维与逻辑推理 ………………（121）
第三节 实践理性与思辨理性 ………………（136）

第五章 神秘的魔圈
——中西语言文化比较 ………………（146）
第一节 语言、思维与文化 …………………（147）
第二节 羚羊挂角与板上钉钉 ………………（151）
第三节 中国套盒与西洋项链 ………………（166）
第四节 雾里看花与光风霁月 ………………（174）

第六章 此岸与彼岸
——中西宗教文化比较 ………………（183）
第一节 天人之际与灵肉分离——两种不同
的宗教态度 ……………………………（184）
第二节 多元与一元——两种不同的宗教信念 ……（197）
第三节 逍遥与拯救——两种不同的宗教体验 ……（206）
第四节 王权与教权 …………………………（215）

第七章 礼制与法治
——中西社会规范体系之比较 ………（223）
第一节 克己复礼与维权奉法 ………………（224）
第二节 中西社会规范的价值基础 …………（236）
第三节 德治与法治的社会实践 ……………（251）

第八章 写意与写实
——中西艺术比较 ……………………（267）
第一节 心物感应与模仿现实 ………………（268）
第二节 中和婉约与激扬奔放 ………………（279）
第三节 中西艺术的形式构成 ………………（286）

第九章 主观的诗与客观的诗
——中西文学比较 ……………………（300）
第一节 中西神话中的神性与人性 …………（301）

第二节　诗性的抒情与史诗传统……………………（308）
　　　第三节　类型化群像与独异的个体……………………（316）
　　　第四节　中西悲剧比较…………………………………（326）
第十章　建设具有本土特色的现代文化
　　　　　——从文化比较到文化更新……………………（335）
　　　第一节　文化比较的逻辑序列…………………………（335）
　　　第二节　中西文化的冲突与融合………………………（343）
　　　第三节　中国文化的继承与更新………………………（360）
后记……………………………………………………………（371）

第一章
导 论

比较文化或比较文明是20世纪人文科学研究的一大热点。它的兴起不仅得益于人类在走向现代化进程中相互交流与合作的加强,也与后现代语境下价值多元化的趋势密不可分。随着后殖民时代的到来,长期处在边缘的文明纷纷崛起,向西方中心主义的文化霸权发起挑战,形成了要求平等和对话的时代潮流。在中国,文化比较研究的兴衰则是与20世纪前后两期对外开放的潮流对古老传统的冲击,以及重新审视和发展中华民族文化的要求息息相关的。

当我们从文化的视角放眼全球之际,对本土文化的认同与对未来发展方向的选择成为需要首先解决的课题。什么是中华文明的优秀传统?什么是当今世界的先进文化?只有将它们放到人类文明发展演化的大背景下,放到全球文化多元共生的大视野中,才能得出清醒的判断。回首人类文明的发生与交往史,东西方文化的差异与冲突是不容回避的话题。长期以来,人们热衷于讨论中西文化孰优孰劣,究竟谁是先进或落后,但对其各自的渊源与特征却不甚了了,对文化差异与冲突的根本性质也缺乏认识。因此,我们更需要进行一番扎扎实实的追本溯源的基础工作,才能取得自己的发言权。

倘若我们将文化的多样性视为全球化时代的本色,将交往和对话作为不同文明间碰撞的主旋律,一幅色彩斑斓的全球文明的新版图将在我们眼前展开。这里有欧洲、美国、东亚、西亚不同色彩的文明,也有不同区域或族群深浅各异的亚文化;有东方、西方或中国、日本、印度、法国文化的大传统,也有齐鲁、巴蜀、苏格兰、爱尔兰,乃至各民族、各宗教派系、各阶级、各行业的小传统。惟有以宽容的气度和海纳百川的开放胸襟去理解不同文化的优势与特色,方能提炼出其中的精华,镕铸出建造现代文明大厦的构件,再融入到本土文化的深厚基础中,一组营造富有时代精神的先进文化家园的脚手架就搭建起来了。这正是本书作者试图与读者一起寻找的道路。

第一节 全球化语境下的文化选择

当21世纪的帷幕在我们眼前徐徐拉开之际,"全球化"正在成为各种媒体上使用频率较高的术语和热点话题之一。随着后冷战时代各国之间贸易额、投资额的迅速扩大,国家、地区间的经济联系与相互依赖程度不断提高,一幅达沃斯版的经济全球化的蓝图正势不可挡地在地球上展开;与此同时,交通、信息和旅游业的发展使国际间的沟通与交流更加便捷和频繁,伴随而来的遍布世界各地的网吧、麦当劳快餐、摇滚乐和好莱坞电影,仿佛让人感到自己正在成为地球村的公民。这一切,似乎向人们预示着一个文化全球化时代即所谓普世文明的到来。联合国科教文组织2000年完成的《世界文化报告》指出:在进入21世纪时,全球化、长途通信和信息学正在改变人们界定和感受文化多样性的方法。过去在文化相对主义背景下提出的"文化的马赛克"或"地球文化马赛克"的比喻已经过时,再也不能描述人们的文化偏爱了,"文化再也不是以前人们所认为的是个静止不变的、封闭的、固定的集装箱。文化实际上变成了通过媒体和国际因特网在全球进行交流的跨越分界的创造。我们现在必须把文化看作一个过程,而不是一个已经完成的产品"①。

在西方中心主义观念的支配下,一些西方政治家和学者甚至认为,在意识形态对抗结束之后,各民族之间在经济贸易、旅游、媒体通信等方面的相互作用的增长正在产生一种共同的世界文化,随之而来的应当是一个以西方式的自由民主制和自由主义价值观的普及为基础的全球一体化的时代。

然而,科索沃上空轰鸣的飞机、阿富汗化为灰烬的巴米扬大佛、耶路撒冷的爆炸、伊拉克的炮火,都让我们不能不看到这表面繁荣下潜伏的危机。冷战结束十多年来,由国家分裂、民族矛盾导致的地区性冲突与局部战争愈演愈烈,尤其是其中一些国家内部的冲突多数与文化有关。诸如俄罗斯车臣地区的叛乱,尼日利亚卡杜纳地区基督徒与穆斯林地方政权的冲突,印度尼西亚针对华裔的暴乱,厄瓜多尔印第安人的政治权利之争,部分发达国家中移民与本地人之间的矛盾加剧……另一方面,南北差距继续扩大,国家或区域经济体之间的贸易战也从未停息。我们不能不看到,在分享现代技术文明成果的同时,不同种族、宗教之间的文化与价值的认同度不仅没有增强,反而减弱了。因此,更多的研究者注意到21世纪人类面临的新挑战。他们把政治多极化、价值多元化、文化多样性乃至文明间的冲突看作新时代文明的标志。哈佛大学亨廷顿教授即曾指出:"在后冷战的世界中,人民之间最重要的区别不是意识形态的、政治的或经济的,而是文化的区别。"② 他认为当今世界最大的变化便是冷战后时代的世界是一个包含了七八个文明的世界。文化的共性和差异影响了国家的利益、对抗和联合,政治和经济发展的主导模式因文明的不同而不同。权力正在从长期以来占支配地位的西方向非西方转移。全球政治已变成了多极的和多文明的。③ 1998年,联合国在斯德哥尔摩召开了文化发展

---

① 联合国教科文组织:《世界文化报告——文化的多样性、冲突与多元共存(2000)》,北京大学出版社2002年10月版,第9页。
② 〔美〕塞缪尔·亨廷顿:《文明的冲突与世界秩序的重建》,新华出版社1998年版,第6页。
③ 同上书,第8页。

政策政府间会议,并在会议报告《我们创造性的多元化》中提出了"尊重各个文化和各个文化被其他文化尊重的义务"。致力于推进经济全球化的世界贸易组织(WTO)的总干事雷纳托·鲁杰罗也曾坚定地指出:"把整合中的经济、民族与文明管理起来,使每一种都保持独有的身份和文化——这是我们这个时代面临的巨大挑战,也是我们这个时代作出的伟大承诺。"①

究竟什么是21世纪人类文明发展的主旋律?在我们看来,后一种判断也许更能真实地反映当今世界的现状。而面对这样一幅多文明、多色彩的新的世界蓝图,如何确定中华文明的坐标,如何选择我们未来的方向与道路?这也许是每一个有民族自尊和责任感的中国人都不由自主会关注的问题。

由于自工业革命以来,西方社会的发展速度和发展水平超过了其他文明,以至于在相当长的时期中,不少中外学者都把现代化等同于西方化,把工业化、信息化等现代科技进步看作西方文明的必然产物。为此他们不遗余力地向西方寻求真理,甚至将扬弃本民族的传统,从制度到生活方式上全面模仿西方作为现代化的惟一模式和人类文明发展的归宿。然而,20世纪的现代化进程告诉我们,西方文化同样存在着自己难以克服的内在矛盾。例如由于崇尚征服与战争造成的信仰与人道危机,由于殖民主义、霸权主义引起的被压迫民族和人民的反抗,由工业化和过度开发带来的环境危机与资源危机,由工具理性、物质主义盛行带来的价值危机,由非理性与欲望的张扬和对现代性的置疑带来的理性精神的危机,由对经典艺术范式的颠覆带来的消费文化的泛滥……正因为此,20世纪西方相继兴起的现代主义、后现代主义文化运动都举起了反传统和批判主流文化价值的旗帜。相反我们看到,东方文明中也存在着推动现代化和人类文明进步的内在动力,人们从20世纪后期东亚经济的崛起中看到的儒家精神的驱动便是一例。由此,文化的多元化及文明之间的交流与融通便已成为题中应有之

---

① 联合国教科文组织:《世界文化报告——文化的多样性、冲突与多元共存(2000)》,北京大学出版社2002年10月版,第69页。

意。于是,文明之间的对话与互动开始成为学术界关注的焦点。

自有文明以来,人类曾经历过各种形式的文明间的碰撞与交流。从丝绸之路到唐僧取经,从十字军东征到成吉思汗的西征,从马可波罗的东方之旅到哥伦布发现新大陆,从郑和下西洋到明清之际西方传教士带来的西学东渐……仅最近的数百年间,影响较大的文明间的碰撞即有16世纪以来的西方殖民化运动,中国的鸦片战争与八国联军入侵,二战后的中东战争与伊斯兰革命,20世纪世界性的现代化浪潮等等。当然,这些所谓交流并非完全建立在主动选择和平等互信基础上的对话,往往是与暴力或强权方式相伴随的单方向的文化输出和渗透。此中东西方文明间的交往与冲突尤为令人关注。

我们知道,在人类千差万别的生存模式中,东方与西方两大迥然相异的文明形态的对立与冲突及其富有戏剧性的历史命运,早已激起各国有识之士的认真思索。而这当中,古老而生生不息的中华文化同以古希腊文明为源头的欧美文化之间的碰撞与交流、歧异与消长则更为关心人类前途的智者所注目。从汉唐的丝绸之路到四大发明的"西化",再到启蒙时期的中学西渡,在1000多年的文化交流史上,中华文明的灿烂果实曾经对欧洲文化的进步作出过不朽的贡献。然而近200年来,随着西方在近代资本主义和科学技术的发展中迅速崛起和强盛,西学东渐已成为一股不可阻挡的世界性潮流。为饱读诗书的士大夫们所不齿的"夷狄"文明终于凭借着从中国引进的罗盘和火药轰醒了闭关锁国的沉寂中土,近代中国这才不得不开始认真了解和接纳西方文化。从"师夷长技以制夷"、"中体西用"等无可奈何的权宜之策到五四新文化运动带来的对西方近代文明的全方位介绍与吸收,从马克思主义的东方化到今天改革开放的战略选择……我们总算摆脱了闭关锁国的历史阴影。而在西方,从对丝绸、瓷器的猎奇赏玩到十七八世纪景仰东方礼仪之邦的"中国热",从以武力为后盾的文化征服与掠夺到今天重新从古老的东方智慧中寻求发展的潜能和精神的依托,同样也走过了一条曲折的道路。总之,这两大文明漫长的发展嬗变中经历的一次次交流与冲撞,无不给人以这样的启示——从隔绝到沟通,从冲突到交融,每一株人类文明之树的成熟与壮大都离不开全人类文化土壤的滋养,每一种文化结出的果实都会对人类共同文化的建设发挥不可或缺的作用。开放吸收方能发展,保守封闭必致衰亡,这正是世界各国文化进步的历史总结,也是痛定思痛的历史反省给我们的最宝贵的启迪。

曾几何时,人们再也不可能闭目塞听地满足于天朝上国的自尊、日不落的傲慢、原始丛林的丰饶自足乃至超级大国凌驾一切的垄断。无论是一厢情愿的国粹主义、东文文化救世论还是风靡一时的欧洲中心主义都已成为历史的陈迹。人们已懂得不再轻易地以"异端"、"没落"、"野蛮"之类的有色眼镜去打量某一种处在边缘的异域或异族的文化。他们深知"如果文化的多样性是人类精神创造无法抑制的表达,那么差异的创造就同样是不可动摇,没有任何力量可以压制和窒息它"。① 于是他们主动地关注和研究来自异域的文化信息,以便通过寻求一种"他者"的视角,更客观更冷静地来审视、印证并改善自身的本位文化,并确立自己的文化身份。在惊异于人类文化形态的斑斓陆离之余,我们开始以一种新的全球意识和文化眼光去关注自己生活天地之外的世界,开始冷静深入地思索造成人类千姿百态的文化差异的根源和条件,考察和推测着每一类文明模型的昨天、今天和明天,以求从这五色的文化圈中找寻一条通往新世纪人类文明版图的最佳路径。

正基于此,当今天我们为古老中国文化的复兴而孜孜求索的时候,就不能不把探求的视野扩展到世界的每个角落,也就不能不站在新的高度上以新的目光重新审视世界,也审视我们自身。因为,开放吸收的第一步便是了解和识别。文化学的常识告诉我们,无论我们要了解任何文化——包括我们自己的文化——都必须将它放到与其他文化的关系和对照中去认识,否则,我们将可能把那些仅仅属于特定社会的价值和习俗当作人类固有的信念和行为。这也许便是当今世界文化人类学、文化哲学、跨文化研究及跨文化

---

① 《世界文化报告——文化的多样性、冲突与多元共存(2000)》,北京大学出版社2002年版,第10页。

比较等研究领域方兴未艾的内在动力。

100多年来,我们在探求民族复兴的道路上曾对此有过不断的探求和思索。20世纪80年代以来中国内地兴起的"文化热"无疑也是基于同样的大背景。当然,它对于刚刚在改革开放的大潮中拓展了视野,正全力向现代化迈进的中国学界更具有不同寻常的意义。在那一场文化学知识大普及的热潮中,一个在近代中国思想史上曾经出现过多次的论争——怎样认识和评价中国的文化传统?如何面对西方文化的冲击?——又一次成为讨论的热点。不过这一次提出问题的性质已与过去有所不同。历史上的几次文化论争都与国家处在危急存亡关头的政治抉择联系在一起,因而往往难以耐心深入地展开学术探讨,而今天,我们才真正能够以一个自主自强民族的开放襟怀,通过客观平实的剖析,从文化背景、民族精神、文化心理以至各种具体文化形态等诸多层面来探讨中西文化的差异、短长与文化交流的前景。在此基础上,再解决所谓"中西体用之争"以及对中华文化传统的认同问题,也许能找到更具洞鉴并富有实践意义的共识。这可以说是当今投身文化学研究的新一代学人的共同目标,也是我们所以有勇气选择中西文化比较这样一个难度甚大的课题之初衷。也正是因此,本书将跨文化比较作为认识的起点,而把正确理解中西文化的基本精神,探索中国文化走向现代化的道路作为我们讨论的归宿。

然而,人类的文化视界如此广阔,我们要在中西文化的浩瀚大洋上航行,还必须建立起明确的航标。否则我们仍将难以避免在茫无边际的漂流中寻不到彼岸而迷失。为此,在进入正题之前,我们还需对本书所撷取的文化视角及运用的比较方法作一个要略的探索。

第二节 文化——文明,一对术语的探源

什么是文化?这是一切文化研究和文化比较都需面对的元命题。但是,不知你是否注意过,"文化"这个似乎人人都能随手拈来运用自如的普通术语却没有一个得到普遍认同的确定涵义。尽管

谁都在用它,但不同的人赋予它的内涵和外延都有很大差异。广而言之,文化可以包容人类有史以来所创造的全部文明成果,日常应用中,它有时却仅指最基本的书本知识,如中国人之所谓"学文化",往往用词的人自己也并不深究其中的差别。当然这也毋须见怪,即便在十分专门化的学术领域,对文化概念的阐释也是长期聚讼纷纭,难以定论的。仅美国人类学家克鲁伯和克莱德·克拉克洪写于1952年的《文化——关于概念和定义的述评》一书中便列举了自1871年以来西方学者关于文化的定义164种。而从那以后,各种新的定义有增无已,竟有人称已达万条之多。这一方面说明人们对文化内涵的认识与研究尚在不断深入,另一个重要的原因则是人类的文化现象本身的涵盖太广,它似乎无所不在,无穷无尽,人们常常只能从某一特定的层面或角度来对它加以把握和研究,不然将由于对象过于宽泛而难以着手。为此,我们还需从语义分析入手,对文化的多重含义与特征作一番梳理,以便恰当地选择进行比较的切入点。

汉语中"文化"一词初见于西汉刘向所编《说苑·指武篇》——"凡武之兴,为不服也,文化不改,然后加诛。"语中的"文化"用如动词,意为以文德教化之,其源似出于《周易》中"观乎人文以化成天下"之句的凝缩。这一词义以后引申为概指文治与教化,如西晋束晳《补亡诗·由仪》有"文化内辑,武功外悠"之句。另如南齐王融《三月三日曲水诗序》中的"设神理以景俗,敷文化以柔远",其用法已与今天近似,然查其本意,恐仍不出文治教化的观念。上述含义发展到现代汉语,演变为指一般知识和教养的语词义,如"文化程度"之类。这与我们将要探讨的文化学意义上的文化概念尚有一定距离,而文化作为专门术语的意义实与西方文化人类学的兴起有关。

西语中"文化"一词多源于拉丁语的"cultura",原义为对土地的耕耘和改良,植物的栽培,如英语、法语的"culture"和德语的"Kultur"。这一含义在少数现代英语词中仍保留着,如"agriculture"(农业)、"horticulture"(园艺)。不过古罗马著名雄辩家西赛罗在使用"文化"一词时却已赋予它比喻的意义,他采用了"耕耘智慧"(Cultura mentis)的说法。而类似用法16世纪初才在英语中出现,意指为增进某种东西的质量所作的审慎努力,如"工艺的改进(The culture of the arts)",以后又出现了"精神耕耘(mental culture)"及"智力耕耘(intellectual Culture)"等用法。但直到19世纪中叶仍很少单独使用"文化"作为术语。在法国1690年版的法语《通用词典》中,对Culture的阐释是"人类为使土地肥沃、种植树木和栽培植物所采取的耕耘和改良措施"。到18世纪,一些法国学者如伏尔泰、沃弗纳格等开始在较完全的意义上使用文化一词,用以指训练和修炼心智或思想、趣味的结果和状态。很快这个词被用来形容一位受过教育的人的实际成就——良好的风度,文学、艺术和科学,所有这些都可被称作"文化"。在1878年利特雷编纂的《法语词典》中,"文化"已解释为"文学、科学和美术的修养",并提到了它作为"培养"和"教育"的同义词的用法。在德语中最早不带限定词地使用文化这个词的是17世纪初德国的法学家普芬道夫,他把文化理解为对人的肉体、心灵和精神能力的培养,即为了完善人自身的本性而增补的知识。到18世纪,德国思想界开始流行"Bildung"一词,它的内涵是指对人进行智力、美学和道德方面的培养,并通过这种培养的具体化来概括人类的未来和目的。这一词义在别的语种(如法语、英语)中的相应术语即"文化",但它有时也可译为教育或教化。由此可见,人们对文化的理解有着越来越丰富的趋向。

到20世纪60年代,雷蒙·威廉斯在《文化分析》一文中提出:文化一般有三种定义。首先是"理想的"文化定义。根据这个定义,就某些绝对或普遍价值而言,文化是人类完善的一种状态或过程……其次是"文献式"文化定义,根据这个定义,文化是知性和想像作品的整体,这些作品以不同的方式详细记录了人类的经验。最后是文化的"社会"定义,根据这个定义,文化是对一种特殊生活方式的描述,这种描述不仅表现艺术和学问中某些价值和意义,而且也表示制度和日常行为中的某些意义和价值。① 从上面的语源

---

① 罗钢、刘象愚主编:《文化研究读本》,中国社会科学出版社2000年版,第125页。

考察我们已可看出,中西语中文化一词的本义虽不尽相同,但它们的内涵都是逐渐向着肯定人对自然的改造和对自身的塑造这一思路延伸。正是在此基础上,才发展出现代意义上的文化概念。正如《苏联大百科全书》(1973年版)所概括的:"文化概念最初是指人对自然的有目的的影响,以及人本身的培养和训练。培养不仅包括培养人们遵守现有准则和习惯的能力,而且包括鼓励他们遵守这些准则和习惯的愿望,使他们相信文化能够满足人的全部要求和需求。任何社会的文化都包含这两层意思。"

我们要全面把握文化这一术语在运用中的变化,还需了解一个与它关系密切的概念——文明。"文明"作为文化学的基本范畴之一,在许多学者(如泰勒、汤因比等)的著述中往往与"文化"较自由地交替使用。而在英语和法语中,它们的日常用法和释义也十分接近。汉语中文明一词早在《尚书》和《易经》中即已出现。《尚书·舜典》称舜帝"濬哲文明,温恭允塞,玄德升闻,乃命以位"。其疏曰:"经天纬地曰文,照临四方曰明。"《周易·乾·文言》中有"潜龙勿用,阳气潜藏。见龙在田,天下文明"之句,孔颖达解释为"天下文明者,阳气在田,始生万物,故天下有文章而光明也"。另《周易·大有·象》有"其德刚健而文明,应乎天而时行,是以元亨"。《周易·贲·象》曰:"刚柔交错,天文也。文明以止,人文也。"其含义均近于文采光明,文德辉耀。至清初李渔《闲情偶记》中"求辟草昧而致文明,不可得也"之句,始隐含与蒙昧相对的有文化状态的意味。但其现代意义上的运用仍来自西方的文化理论。

倘若我们作一番语源考察,就会发现西方语言中的"civilization(文明)"一词的出现与城市文化的兴起有关。因为文明的词根 civil 在法语和英语中均指城市的公民,而 civil 的广泛运用正是与资产阶级大革命以后出现的所谓"公民化"的文化新气象连在一起的。我们似乎可以作下述推论:如果说文化的观念来源于人类最初的自觉创造活动——农业耕作的出现,那么文明则应看作文化发展到一定阶段即产生了不从事农业的人群的聚居点之后的产物。因此,人们便把文明解释为"开化的行为和状态"(《法语词典》)或"人类社会进步的状态"(《辞海》),即指一种较高级较发达的文化形态,而与"野蛮"、"原始"相对立。这种理解在文化研究中的影响便是人们通常不用"原始文明"或"爱斯基摩文明",然而在谈及中国、希腊或欧洲、日本这样一些成熟的文化时,"文明"和"文化"却可以随意互换。

不过仍有部分学者致力于进一步确定文化与文明的差别,如本世纪一些德国学者便倾向于将文化限定为精神现象,而用文明来概括那些制度化、形态化的社会现实如政治、军事、法律及物质技术的增长等等。然而美国学者巴格比却试图用文明一词将较大较为复杂的文化与较小较为简单的文化相区别,因此,他仅把埃及、巴比伦、印度、中国、希腊、西欧之类"最大而独特的实物"称作文明,而将它们所覆盖的一些独特的民族文化叫做"亚文明"。但更多的学者则不加细究地把文明作为文化的广义解释,用它来描述那些综合性、整体性较强的文化事实。为此,他们在区域性的文明之外,也广泛地使用诸如农业文明、工业文明、精神文明之类的概念。本书在这两个术语的运用上也拟采用这种较宽泛的标准。

第三节 "文化"释义

随着文明的发展和人类对自身研究的日益深入,人们对"文化"一词的运用和阐释愈加广泛和自觉。第一位从文化人类学的高度对人类文化现象进行总结和概括的是英国学者泰勒,他在《原始文化》(1871)一书中明确指出:"文化或文明,就其广泛的民族学意义来说,乃是包括知识、信仰、艺术、道德、法律、习俗和任何人作为一名社会成员而获得的能力和习惯在内的复杂整体。人类的各种各样机会中的文化状况,在其可能按一般原理加以研究的范围内,是一个适合于研究人类思想和行动的规律的课题。"泰勒对文化的描述成为一个里程碑,为文化的研究开拓了更加广阔的视野。继泰勒之后,中西学者开始对文化的内涵及其涵盖范围展开了广泛的探讨,他们对于文化概念的阐述归纳起来大致有如下思路:

1. 把文化看作一个包含多层次、多方面内容的综合体,用它来概括人类创造和积累起来的全部物质与精神财富以及人们的生活方式。如美国学者克拉克洪和凯利认为：文化是一个整体，这个整体包含器物、信仰、习惯以及被这引起习惯所决定的人的活动之一切产品。① 加拿大多伦多大学教授德·保罗·斯查尔福将这一观点阐述得更为详尽，他指出："'文化'是我们过去和现在所创造的精神上、心灵上和物质上的一切事物……文化是一个整体，不仅包含思想观念、发明创造、人工制品、价值观念、信仰和艺术作品，还包括经济制度，社会结构和风俗习惯、政治体系、宗教信仰、法典法规等等。实际上它包括我们能想像的一切事物。"②

中国的许多学者也接受了类似观点。例如国内较早进行东西文化比较研究的著名学者梁漱溟先生即认为："文化，就是吾人生活所依靠之一切。"他曾在《东西文化及其哲学》一书中对文化的内容作了十分详尽的阐述，梁漱溟先生说道：

"据我们看，所谓一家文化，不过是一个民族生活的种种方面，总括起来，不外三个方面：

"(一) 精神生活方面，如宗教、哲学、科学、艺术等是。宗教文艺是偏于情感的，哲学、科学是偏于理智的。

"(二) 社会生活方面，我们对周围的人——家族、朋友、社会、国家、世界——之间的生活方法都属于社会生活一方面，如社会组织伦理习惯政治制度及经济关系是。

"(三) 物质生活方面，如饮食，起居种种享用，人类对于自然界求生存的各种是。"③

这一类观点在中国、苏联等一些国家当代的百科全书或辞典中，一般被称为文化的广义解释。

2. 把文化理解为人类精神现象或观念形态的总和。部分学者认为没有所谓物质文化这样的东西，"一个壶并非文化——所谓文化者乃在器物背后的观念。而祈祷和礼仪只不过是一个文化观念之可见及的表现方式而已"。④ 基于此认识，有的学者主张从精

---

① 殷海光：《中国文化的展望》，中国和平出版社1988年版，第30页。
② 《文化书院学报》，第14期，第三版。
③ 《梁漱溟学术精华录》，北京师范学院出版社1988年版，第7页。
④ 殷海光：《中国文化的展望》，中国和平出版社1988年版，第40页。

神现象或思想史的角度来解释文化概念。如美国佛蒙特大学哈维兰教授在1984年版的《当代人类学》中称:"文化不是可见的行为,而是人们用以解释经验和导致行为并为行为所反映的价值观和信仰。"另一位人类学家太洛尔更明确地阐述道:"所谓全体的文化意即一个人生下来由学习得到的或由创造得到的一切心灵建构或观念。'观念'一词包含这些范畴,例如态度、意义、情操、情感、价值、目的、兴趣、知识、信仰、关系、组合……"① 同样,中国的《辞海》1979年版也把狭义文化解释为"指社会的意识形态,以及与之相应的制度和组织机构"。毛泽东同志在《新民主主义论》中也曾谈到"作为观念形态的文化"。

3. 强调文化作为人的社会行为与习俗的意义。美国学者菲利普·巴格比在《文化与历史——比较文明研究导引》(中译本名为《文化:历史的投影》)一书中提出:"人工制品所引起人们的兴趣,只是因为含有制作和使用它的人们的行为,这里不需要把物质客体作为一个范畴包括进文化,以致使我们关于文化的概念变混。"许多人类学者及社会学家也持类似的观点。如奇森认为:"文化是由学习得到的,由社会传递而来的行为或风俗。分开来说,一种文化意即有地域限制的,多少各不相同的和有独特性的行为系统。例如,爱斯基摩文化、卡奇印第安文化。"② 班纳特和杜明称:"文化是一切群体的行为模式,我们把这些行为叫生活方式,生活方式是一切人群之可观察的特色。"③ 社会学家里德·贝恩则说:"文化是以社会符号为媒介的行为总和。"④ 总之,他们都将各种各样的人类行为以及支配人的社会行为的风俗看作文化的基本内容。

4. 还有一种较为普遍的认识,即把文化主要视作人类的艺术活动及富有仪式性的民俗活动的概括。如在西方传统人文主义的观念中,文化的领地便是博物馆、图书馆、剧场、歌剧院等等。因此

---

① 殷海光:《中国文化的展望》,中国和平出版社1988年版,第39页。
② 同上书,第41页。
③ 同上书,第34页。
④ 〔美〕怀特:《文化科学——人和文明的研究》,浙江人民出版社1988年版,第80页。

人们通常谈文化,往往排除了经济、政治乃至教育等方面的观念与行为。事实上,这样的理解在当代依然有影响,如目前许多国家的政府机构中都设立了与实业、科学、教育等部门并立的文化部。在中国的各级地方行政机构中还设立了相应的文化局、文化馆之类,其业务范围多为上述领域。此外,一些国际性机构也是按此理解来构造相应的组织的,如"欧洲文化合作委员会"或"联合国教科文组织"即是。

上述种种观点大都是从现实文化的内容或现实出发来把握文化的涵义的,而另一些学者则试图从功能、性质或意义等角度来阐发文化概念。

5. 一部分学者尤其是历史哲学家十分重视文化的历史传承性质,他们倾向于把文化理解为一个社会的传统行为形式或全部社会遗产。如克鲁伯说道:"一堆学得的和传承的自动反应、习惯、技术和价值以及由之而导出的行为,乃构成文化的东西。"① 日本文化学家祖父江孝男也认为,文化是"由后天被造成的,成为群体成员之间共同具有且被保持下来的行为方式。"② 另外两位美国学者巴尔格和波尔格斯则指出:"一个群体的文化乃社会遗产的全部及其组织。这些遗产获得了社会意义,因为各个种族各有其不同的气质以及群体的历史生活。"③ 这里所说的社会遗产按照其他学者的解释可以包括能够从这一代传给另一代的所有事物,但这种传衍不是借生物遗传的方式,而是一种历史的承继,即所谓人类社会生活的沉淀物或者叫传统。当然,这一观点往往会忽略文化发展中的创造与变迁的因素。

6. 从功能和价值层面来认识文化的意义是文化概念探讨的又一思路。我国著名学者梁启超早在1922年撰写的《什么是文化》一文中便指出:"文化者,人类心能所开释出来之有价值的共业也。"孙中山先生也曾阐述过近似的观点:"简单地说,文化是人类

---

① 殷海光:《中国文化的展望》,第30页。
② 〔日〕祖父江孝男:《简明文化人类学》,作家出版社1987年版,第37页。
③ 殷海光:《中国文化的展望》,第31页。

为了适应生存要求和生活需要所产生的一切生活方式的综合和他的表现。"① 与他们不谋而合的是以英国人类学家马林诺夫斯基为代表的功能主义文化理论,这种理论认为文化是"一个在满足人的要求的过程中,为应付该环境中面临的、具体特殊的课题,而把自己置于一个更好的位置上的工具性装置"。② 而20世纪60年代兴起的"文化释义学"的代表人物格尔茨则把文化看作是象征和意义的体系。他说:"人类是由自己编织的意义的网眼所支撑的动物……所谓文化,就是这样的网眼。"③ 他们所开拓的这些视角对于我们理解某一文化现象产生的背景与原因无疑提供了重要的思路。

7. 强调文化对人的思想行为的潜在指导和规范作用是另一类文化阐释的核心。如巴格比将文化定义为"除了在来源上明显属于遗传的,某一社会成员的内在与外在的行为规则"。④ 这里所说内在规则系指思想与情感模式。克拉克洪和凯利对此观点作了更详尽的叙述,说:"所谓文化乃在历史里为生活而创造出来的一切设计。在这一切设计中,有些是显明的、有些是隐含的;有些是合理的,有些是反理性的,也有些是非理性的。这些设计任何时候都是人的行为之潜在的指导。……文化体系虽可被认为是人类活动的产物,但也可被视为限制人类作进一步活动的因素。"⑤ 很显然,这些学者指出的特定文化对人类思想行为的规定性与约束性,正是不同的文化类型和模式得以承袭和发展的重要根源。当然它是否即为文化的根本性质仍有待进一步研究。

综上所述,所有这些关于文化的内容与特性的不同向度的思考和总结虽然各执一词,却恰好向我们揭示了人类的文化现实所具有的复杂性与多元性,同时也为我们深入理解文化的性质和特

---

① 转引自肖声:《文化概念考》,《湖南社会科学》1989年第5期,第58页。
② 《多维视野中的文化理论》,浙江人民出版社1987年版,第371页。
③ 〔日〕绫部恒雄:《文化人类学的十五种理论》,国际文化出版公司1988年版,第152页。
④ 〔美〕菲利普·巴格比:《文化:历史的投影》,上海人民出版社1987年版,第114页。
⑤ 殷海光:《中国文化的展望》,第34页。

征,从而进行较为系统全面的文化比较提供了有益的启示。尽管如此,我们仍感到难以从上述考察中推出一个关于文化的无懈可击的精确定义。但有一点是十分明确的了,即人们对文化范畴的理解和运用的总趋向是范围越来越广,角度越来越多,并各有自己的侧重——历史学家注重各民族的文化遗产,社会学家关心人们的文化行为,人类学家则着眼于不同的人类群体在精神与习俗上的诸种差异……毫无疑问,随着文化问题进入许多不同学科的研究视野,对它的新认识还会不断增加。任何企图一劳永逸的解答所有问题的尝试都可能是得不偿失的。不过,为了使我们下面进行的文化比较有一个基本的标尺和清晰的线索,我们仍不得不勉为其难地把我们对于文化内容和特性的思考作一个初步的小结。

第四节 文化的性质与特征

首先,我们赞成把文化看作具有多层次结构的有机系统。作为一个整体,它可以涵盖人类有史以来所进行的全部社会性活动及其成果,既包含人类所有的历史遗产,也包括还在不断演化和创造中的整个文化进程。如果我们对这个系统的内部结构进行不同角度的透视,它又会呈现出千姿百态的形象。从形态入手对文化加以划分,我们一般可以将它分为物质文化、精神文化、制度文化、技术文化等几大块。当然还有其他一些大同小异的划分方式或名称,如怀特分之为技术系统、社会系统、观念系统,马林诺夫斯基划出物质设备、精神文化、语言、社会组织四个部分,威斯勒(Wissler)则提出了包括语言、艺术、神话和科学知识,宗教实践以及财产、政府、战争在内的九个项目。在这方面总结得最为详尽的是英国学者G.P.马德克,他在《文化资料概要》一书中系统地罗列了从技术、资本到伦理、从食物、旅行到死亡的文化共同项目达72项之多,并称之为"文化公分母"。倘若我们从意义的层面对文化进行剖析,我们又可将文化区分为表层文化现象——含文化产品、文化行为、文化学术等,和深层文化要素——如价值观念、文化心理、思维方式等,其中后者显然处在更核心的位置,因而它往往成为文化学者关注的重点。这也许便是有学者把文化定义为观念系统的原因。然而文化的深层要素一般不会以直接呈现的形式出现,而只能交织渗透于表层文化现象之中。因此,无论我们对文化作怎样的阐述和分类,我们仍然需要把它作为一个整体来加以研究。

其次,我们把民族性和地域性看作文化的重要特征。不同的人类群体由于赖以生存的自然条件的差异以及由地缘因素带来的不同的文化共生关系的影响,常常会形成不同的价值系统、思维模式和行为倾向。在此基础上,便产生了使某一社会群体区别于其他群体的文化特质,一组文化特质在一定的条件和范围内聚合起来,就可能构成一种独特的生活方式乃至文化形态。事实上所谓整体的文化正是包融于许多互有差异的具体文化类型之中,而民族通常是文化结合的第一层次模式。恰如美国学者鲁斯·本尼迪克所言,文化"是通过某个民族的活动而表现出来的一种思维和行动方式,一种使这个民族不同于其他任何民族的方式"①。这种不同民族间的文化差异有大有小,有些民族在历史和种族上有着密切的血缘关系,在文化形态上比较接近,属于同源的文化。如欧洲与现代美洲的文化,东亚各国的文化。另一些文化在历史上距离较远,联系较少,气质上差异较大,则称为异质文化。如以基督教为基础的西方文化与有着儒家思想传统的东亚文化之间即是。而西方文化与以伊斯兰教为纽带的阿拉伯世界之间虽然有深厚的历史渊源,但由于长期的文化冲突和壁垒,形成了截然不同的文化面貌,仍属于异质文化。正是由于这些不同民族和地域文化系统的存在,形成了不同的文化语境和多样性的人类文化景观。

在民族之下较小的地方、阶层、年龄或职业的共同体中文化特质的聚合通常被称作"亚文化",如市民文化、中产阶级文化、美国黑人文化、企业文化等即是。而一些跨民族的区域性文化中东方文化、西方文化之类则被有的学者称为"超文化"。亦即前文所说的"文明"。

其三,文化还具有规则性。它可以依靠明确外显的规范(如法

---

① 本尼迪克特:《文化模式》,三联书店1988年版。

律、制度、习俗及文化产品等)或隐含的形式(如思维模式、心理惯性、价值系统等)来引导或约束个人的行为,促使某种既定的行为准则得到特定社会中大多数成员的自觉遵从,从而将社会成员的情感、思想与行为都纳入群体的价值目标和轨道,并借以抵御异文化的渗透,控制社会成员对主流文化价值的反叛性行为。正因为此,这种文化价值对人的规范一旦与社会发展进程、人的生命要求及个体的积极创造力相冲突,便会成为精神或行为的桎梏,制约人的健康发展和文化自身的创造更新。过度强化的规范与约束还可能导致文化的封闭。

其四,文化是历史承继的,它能够通过代代相传的不断积累,形成特定的文化传统。一代把文化特征传给下一代的基本方式是"濡化"(enculturation,或译作文化熏染)。这是一个有意识和无意识学习的过程,通常表现为社会成员通过观察模仿或在该社会其他成员指导下的后天习得。因此,一种文化模式一经形成便具有保持下去的倾向,尽管任何一种文化都可能呈现出不同程度的多样性,但在它内部总会有一个给这种文化定性的主旋律,即所谓民族精神。对一定文化的主要形态与特征加以总结、阐释并形成符码化的标志,这便是文化学中所谓"文化认同"的过程。按照本尼迪克的观点,任何一种文化,只要它不灭亡,就一定要固执地寻求一种统一形态,而这种统一形态便是被民族精神从内部统一了的文化的首尾一贯的状态。当然,这里所说的首尾一贯只能是相对的。

第五,尽管我们已承认每一种特定的文化都具有维护其持续性与稳定性的内在力量,但我们还是要指出:一定民族的文化形态是可以变迁的。实际上,从来没有一代人的文化模式曾经完全彻底地为下一代所承继,这是因为没有一个地区或民族的生存空间可能是绝对封闭和自足的,而不同文化间的相互交流与传播必然导致文化的互化(transculturation)或涵化(acculturation 或译文化潜移)现象。其中互化指的是不同文化间的交互影响,涵化则是指对来自其他文明的文化成果的吸纳与消化。这两种方式都可能赋予某种既成的文化以新的内容或形态。可见,在文化演变的历程中,来自"他者"的既是挑战也是文化变革的推动力。同时,随着社会的进步,每一个人类群体都在不断创造出新的文明果实来丰富自己的文化宝库。所以,同一地域和民族的文化虽然有着民族精神的主旋律,但在不同的时代仍可能呈现出不尽相同的特征。有的时候,这种由征服、影响与互渗,乃至技术进步等因素带来的生活方式的改变会引起更大的变革,形成所谓文化转型。如五四前后的中国文化便是如此。这就是我们对文化时代性的理解。

上述五条,即是我们从前面的概念考据中得出的关于文化内容和特性的基本观点,也是本书进行文化比较的认识前提。

第五节 跨文化比较方法论

我们已经获得了对于"文化"的初步认识,那么,遵循怎样的途径才能进一步把握某一特定文化系统的特征与性质,并正确鉴别其中积极与消极的因素呢?我们还需要解决方法选择及运用的课题。

毋庸置疑,各种新方法的不断探求和演进乃是20世纪哲学反思的焦点,也是本世纪科学与人文研究突飞猛进的主要动力。人们已由此得出一个共识——一切理论的探索归根结底首先是方法的探索。这一点在文化研究中尤显突出。正如德国历史哲学家斯宾格勒所指出:"一切正确的、清晰的以及深知本身及其限度的文化'相术(physiognomy)'从来没有建立起来。它的建立之惟一途径,纯在方法的发现,而方法的发现,也就是20世纪要展开的最伟大问题之所在。"[①] 文化学以作为社会成员的人的活动及其背景为研究对象,它所研究的材料和现象便不可能具有类似于自然现象的纯粹客观性与外在性,也不受物理法则的控制,而是具有价值决定的内涵并受意志自由的影响。同时文化学者自身也是一定文化的产物,因而往往难以摆脱本土文化固有的文化观点(视角)。这就难免产生方法的歧异乃至理论的冲突和对立。台湾著名学者

---

① 转引自:《多维视野中的文化理论》,浙江大学出版社1987年版,第7页。

黄文山先生曾经著文对20世纪以来的文化研究作了系统的方法论考察，他一共总结了"历史叙述"、"心理统形(结构)"、"因果功能"、"理则(逻辑)评价"和"科学比较"五种文化研究和观察的主要方法，以及"客观历史的"、"心理当代(共时)的"等八个基本观点和视角，可谓众彩纷呈。而实际可资运用的方法显然远不止于此。但从他的分析中我们却可以看出，虽然本世纪的文化学理论在方法上取得了诸多突破和发展，但并没能产生一种斯宾格勒所憧憬的洞察一切的文化"相术"，因为每一种方法都有自己的限制和盲点。

不过，据我们粗略统计，在这些炫人眼目的文化研究方法与视角的系列中，跨文化比较始终是大多数文化学者所偏爱的基本手段(当然，许多人并不仅限于一种方法)，并且它正在越来越广地被运用到人文社会科学的各领域中。这当中最著名的例证是英国历史学家汤因比进行的世界主要文明的历史比较研究和德国社会学家马克斯·韦伯所完成的宗教与经济发展关系的比较，当然还有一个世纪以来中国学者乐此不疲的"中西之争"。比较方法繁荣的原因，一是现代社会的发展趋势已使人们越来越急迫地感到互相沟通和了解的需要和人类文化不断融合的前景；二则由于人文学科所研究的人类社会问题或精神现象发生的条件(特定的历史环境、文化背景及个人因素等)均不可能完整再现或人为复制，因此这些学科对人类文化课题的种种理论推导和规律总结都难以像自然科学那样通过观察或实验得到证实。于是便只好借助跨文化比较的方法，从具有诸多共性的不同环境中广泛寻求表现出相似的共相(类型的重演)作为推论的依据或证实推论的材料，方可使得到的认识和结论有较大的可靠性和普遍意义。只有在不同文化环境中反复抽样调查都能得出相似的结果，人们才有理由推断在各种特定环境下人类行为的盖然性模式或预见性规律。此外，比较方法还能帮助我们更清晰地把握一个民族文化的基本价值与特性，并使我们较为客观平实地评价不同文化间的差异。而这正是本书的作者试图凭借它来实现的目标。

文化比较的方法早在十八九世纪人类学和文化学产生的初期

即得到了广泛的应用。这种方法在古典人类学者如泰勒、弗雷泽、摩尔根、斯宾塞等人那里是将采自不同地区、不同文化类型中的大量事实和资料加以对比和归纳,从中得出在人的各种思维和行为中发现的公约数,然后用它来总结和证明人类社会进化及文化生长的一般途径。他们从欧洲中心主义的立场出发,得出了不同地域不同种族的人类在文化上与制度上必然平行和类似,并按单一的线索由低级到高级向同一方向(即现代西欧文明的方向)进化的所谓文化进化论的观点。同样的比较方法到了文化传播论者手中,则成为考察由民族迁徙和文化传播等因素形成的文化丛、文化圈的重要途径。这两派学者在运用比较方法时都着眼于发现不同文化环境中的同质因素。但他们的方法和观点都受到了20世纪兴起的功能主义人类学及其后的各派文化学者的怀疑和挑战。其中富有代表性的是以美国人类学泰斗博亚斯与他的学生本尼迪克为代表的文化相对论的观点。这种观点认为,人类社会是在无限变异中形成的,这些变异可以还原成带显著特点的文化类型,而每一种独特的文化都是一个整体,有其存在的合理性。因此,我们考察任何文化特质或元素,从语言的声调到婚姻的形式,都必须首先从它在某一独特文化结构中所处的地位,以及它与所属文化价值系统的关系中加以解释和判断。在他们的影响下,文化学的研究重点开始从人类文化的一致性转向多样性。如20世纪60年代兴起的文化生态学强调不同区域的文化特性与其生存环境的联系,而20世纪30年代之后出现的一批新进化主义论者也提出了"多线进化"、"特殊进化"等新的命题。在此基础上,跨文化比较也从单纯地"求同"转变为"见异",即注重在比较中发现不同文化结构的相异性与独特性。本尼迪克的文化模式的学说,斯宾格勒和汤因比的文化形态史观以及韦伯、巴格比等人的文明比较研究都是从这一角度运用比较方法的范例。他们对世界各大文明系统的比较研究不仅拓展了我们对人类文化发展历程的认识,也有力地推动了跨文化比较方法的成熟。它使我们领悟到,跨文化比较研究的基本要素便在于充分掌握产生某一现象的文化环境,以此为基础,才会有现代意义的科学比较方法。

现代比较方法的第一个要点便是文化个案的研究。即首先把比较的对象分别作为独立的整体,具体历史地分析其文化模式赖以产生的背景和条件(如自然环境、地理差别、社会状况等)。在充分认识了某一文化传统发生、发展乃至衰亡的内外条件及基本历史状况的基础上,建立起时间性和地方性的类型。再从文化系统或精神构造,时间的同时或异时,空间的阻隔与联络等方面将它与另一文化传统的同类现象加以比较,从而较完整地把握每一文化的基本意义系统和精神特征。这是一种以现象学为基础的实证研究方法。第二步是马克斯·韦伯提出的建立"理念类型(ideal-type)"的概念工具的方法。即从特定角度和需要出发,将文化现象中的各种特征抽象为一系列非时间非地域性的类型,作为进行现象比较的边界清晰的参照点,再根据这些类型来说明某种文化的结构之产生及其相互关系,并从不同文化的差异中探寻更高的普遍性的东西。由此可见,现代意义上的跨文化比较,除了广泛地利用采自不同语境的文化现象作为研究的素材外,也离不开历史叙述、结构分析、因果功能、逻辑评价等其他研究手段的综合运用。此外,在一些具体学科的比较研究中,它也不排斥该学科固有的特殊方法,例如哲学研究中的语义分析及现象学、心理学方法,文学比较中的主题研究及媒介学、文类学等方法。

第六节 我们的比较观

弄清了比较方法的基本特点之后,接下来的问题便是选择什么样的逻辑起点和比较范畴。比较方法强调以对象间的可比性为前提,它要求参与比较的材料应具有某种内在联系或在某一方面具有矛盾的同一性,例如相近的社会形态或历史背景,相同的学科范畴或近似的命题,相似的内容和倾向或同类型的历史人物等等。事物间矛盾同一性的联系可能是多方面的,尤其像文化这样的复杂纷纭的综合系统更具有多元的观照角度,由此便可形成各不相同的比较关系与逻辑分类单元,如地域与民族性的层面,社会发展阶段或经济结构模型的层面,宗教体系的线索以及按各个具体的文化学科(哲学、伦理、艺术等)进行的分类比较,总之,可比的项目很多。本书所选择的逻辑起点是文化的地域与民族特征,并试图将对中西不同的文化传统的剖析和文化基本精神的比较作为统摄全书的中心线索。

运用比较方法的中心课题是发现和研究比较对象之间在性质与特征上的同与异,并探寻产生此异同的原因。具体到文化学科中便是要找寻不同文化在创造进程中的相似点与区别,此乃现代文化学实现其努力理解各种文化之独特性的目标的基础,也是认识人类文化结构中的普遍现象与规律的条件。然而文化现象的同与异却常常具有相对性。由于人类文化事实具有多层次性和动态性,每一文化系统内部的诸特性都可能包含"同中有异"的层次差别和此消彼长的历时性演化。例如中西文化的历史发展中都曾有过主流与支流的演变——中国的儒、道、释在不同时期的文化地位和影响之不同,西方从古希腊文明到中世纪基督教文化、再到近代文艺复兴的变化,天主教与新教精神的差异等等。在共时性考察中,同一系统中不同层次或不同地区的文化倾向也会有区别与对立——经典文化与俗文化、城市与乡村、中原和荆楚、西欧与北美等等。这些因素尤疑会对我们正确地把握中西文化的主旋律造成困难。从另一方面看,尽管人类文化中存在着千差万别的生存模式,但用联系的眼光看,又存在着某种基本的统一性和相似性,因此才会有某些学者所总结的"文化普同类型"与同质现象。不论它们是人类在共同的生理需求作用下文化选择优势的结果,还是文化间碰撞传播带来的互化、涵化所致,文化现象的"异中有同"也是不可否认的事实。所有这些,都使我们的研究对象呈现出令人扑朔迷离的多样性,从而增加了我们区别"同"与"异"的难度。对此我们所确定的原则是:在对文化发展中"同中之异"和"异中之同"现象进行总结与描述时,我们将立足于对其演变和消长的因素作历史的把握和客观具体的分析,尽力避免以偏概全的绝对化倾向,以超越那种为突出某一文化差异而生硬地将两种不同文化的特征按简单化,符号化的标签加以附会的形而上学理论模式。

尽管我们已为在本书中较全面地运用跨文化比较法作了种种

努力,我们还是不得不预先说明这样的比较依然存在的局限。首先,跨文化比较中用来作为分析样本和推论根据的文化资料是否具有可靠性与典型性历来是一个引起争议的问题。因为多数学者并不能直接通过调查获取第一手资料,何况即使进行这类调查也可能因调查者的主观倾向、取样的随机程度及回答的误差等因素的差异而得出内容相左的材料。而原始资料的丰富与可靠程度无疑会影响到结论的正确性,这是一个难以回避的问题。我们所能做的仅仅是尽量选取已得到广泛认同的材料或是与实测量值关系较远的比较层面。

运用比较方法的另一个难点是研究者自身文化观点的限制。如前所述,每一个文化学者都是特定文化的产儿,哺育他成长的文化环境赋予他的本位文化的隐形眼镜常会在不知不觉中影响其观察的视线而造成认识的盲区。这就要求每一位从事比较的学者在观察其他文化之前都要有意识地克服本位文化观点的偏见,努力转变到你观察的对象的精神状态和思想方式上,设身处地地去理解那里的文化事实,如此方可能真正把握某一文化系统的内容及其意义。此外,完整的比较还要求我们学会交替运用主位研究法和客观研究法,即既能从当事人的立场理解某一现象在特定文化系统中的价值内涵,又要以他者的冷峻目光分析有关社会文化异同发生的原因,从中得到关于文化类型和规律的科学总结。然而这样的要求即便对于以田野考察为主要方式的人类学者也是十分苛刻,尤其当我们把自己的本位文化也作为比较的一方时,恐怕很难完全摆脱本位文化观点的潜在制约。反之,对于另一方,大概也未必能摇身一变就换上一副人家的眼镜,以主位比客位,多多少少的视差必不可免。不过我们意识到它,承认它,也许能使它的负效应小一点儿,因此我们需要首先对自己敲一敲警钟。

第七节 本书的思路与结构

在最后这一节里,对本书的结构框架和比较思路的选择作一点具体的说明。

如前所述,人类的文明成果与文化现实包罗万象,即使不论及物质和技术文化,不同民族的语言及行为方式、精神创造、价值体系、习俗制度、社会组织形式等种种方面,比较方法与比较文化学科的分支也名目繁多,诸如宏观与微观的,思潮或人物比较,历史地或共时地比较,乃至比较哲学、比较教育、比较文学之类,均可运用于民族和地域文化比较之中,其涵盖之广,倘不加取舍便可能流于罗列或陷入迷宫。因此,把比较限制在某一适度的范围并选取相宜的观照角度是深入开展比较的关键。

著名华裔文化学者吴森在其论著《比较哲学与文化》中曾总结了五种比较研究的形式,它们分别是:通观式比较、局部式比较、衬托式比较(即以某一文化为阐释的中心,另一文化为帮助说明的背景)、批评式比较(从某一文化的立场出发去分析和评价另一文化)、融会式比较。在他看来,通观式比较往往是一件不讨好的工作,容易受其他学者吹毛求疵的批评,因而是一般年轻学者很少走的路子,只有成了名的老学者可以悠悠自得地走此康庄大道。并且迄今为止,中西文化比较领域通观式研究的力作仍属凤毛麟角。而局部式或专题式比较是目前大行其道的,因为它较易入手,又能取得明显的成果。至于融会众说而成一家之言则是五种方式之顶峰,非下了多年功夫之后不可轻易涉足。

我们自不敢妄称在文化诸峰间跋涉攀登了多年的"博大圆融"之才,虽戚戚于吴先生的经验之谈,却仍不满足于羊肠小径上的踏实求索,终究不揣谫陋地选择了通观式比较的路子。因为在我们看来任何专题的比较均应以对中西文化的通识作为基础,局部研究所获得的资料和成果也需以通观的眼光去考察,方可充分发现其意义。我们赞同本尼迪克的观点,即每一民族与地域的文化尽管富有多样性,但总有一个带有历史性和行动一致性的价值秩序或主导精神贯穿始终,它作为一种典型性的目的,指导一个民族从文化的大系统中选择了某些东西,排除了另一东西,这种选择可以渗透到文化的不同层次,体现在文化的各个单元中。因此,人类不同文化在具体形态上的千差万别正是植根于这一总体精神的差异。然而,近20多年来国内出版的比较文化论著大都选择了以学科或专题为中心的比较方式,如《比较美学》、《比较文学》之类,或则在立足于特定文化系统的综述与剖析中,局部地采用衬托与批评式的比较如《中国文化概论》、《中华文化史》等。致力对于中西文化的基本异同作总体思考和比较的论文虽时有所见,但限于篇幅,往往提纲挈领地总结概括者多,探根寻源的系统分析论证却嫌不足,而对此课题进行全面综合研究及深入浅出阐释的专著与教材仍属罕见。这对于一般欲初窥门径的比较文化爱好者无疑是一大缺憾。为此,本书将以华夏——汉族文明为核心的中华文化和以古希腊罗马文明为正源的欧美文化作为比较的对象,以探讨两种文化的基本精神与传统模式的异同为主旨,采用整体观照的宏观研究与特定角度的微观剖析相结合的方法,展开我们的比较研究。

在结构上,本书从剖析中西文化形成的背景与基础入手,首先介绍两种文化赖以产生的不同地理条件以及在此基础上形成的原初生产方式及经济社会结构模式等文化景观,由此导引出对两种不同民族精神的初步探讨。接下来我们将选择一些在文化系统中有着最普遍联系和广泛影响的文化现象展开具体分析。在这里,运用平行研究的方式,分别从语言、思维认识现象、宗教态度、伦理价值目标和与之相关的法律等社会规范体制以及作为文化构成要素的文学、艺术等角度对中西文化进行有重点的综合考察。通过对中西文化在上述诸方面基本异同的比较,使我们对两种文化的不同总体价值在文化诸要素中的体现有一个系统的把握,进而方可能全面认识两种文化精神在文化演进中产生的积极或消极作用。最后,我们还将进行文化影响的研究,即从文化发展的高度对中西文化历史上的相互交流和影响作一回顾和反省,并在此基础上,探讨中国文化自我更新的必要性与前景。我们将就文化的继承、借鉴与创新的课题提出自己未必成熟的见解,以期启发读者对中国文化的未来发展道路开展更加深入的思考,并得出较为切实冷静的判断。

【思考题】

1. 试述文化与文明两概念间的联系与区别。
2. 试析文化的主要特征。
3. 跨文化比较方法的着眼点和切入点是什么？

【本章阅读书目】

1. 罗钢、刘象愚主编：《文化研究读本》，中国社会科学出版社2000年9月版。
2. 联合国教科文组织：《世界文化报告2000——文化的多样性、冲突与多元共存》，北京大学出版社2002年10月版。
3. 方汉文：《比较文化学》，广西师范大学出版社2003年1月版。

第二章
人类文明的曙光
——中西文化寻根

文化是人类社会的产物,它是人类在千百年来的生存斗争中不断创造的果实,也是人类不断摆脱自然控制走向成熟和自由的标志。然而,人类社会每一种独特的文化形态都有自己赖以滋生的土壤,也各有其成长、发展、走向成熟的不同条件与机遇。这一文化多元发生的事实早已为众多的历史资料和考古成果确证。马克思说:"人们自己创造自己的历史,但是他们并不是随心所欲地创造,并不是在他们自己选定的条件下创造,而是在直接碰到的、既定的、从过去承继下来的条件下创造。"① 这一论断今天已成为大多数文化学者的共识。而在作为人类文明重要组成部分的中国与西方这两大气质迥异的文化系统中,这种由基础条件的差异给文化面貌的形成带来的影响表现得尤为突出。因此,当我们试图把握这两种文化的主要特质时,便不可不首先对它们作一番追根寻源的历史考察。

推动或制约不同民族文化创造的主要因素是什么呢?古往今来的许多学者都把地理环境乃至气候的作用排在首位,从古希腊的希波克拉底、亚里士多德、希罗多德,近代的孟德斯鸠、黑格尔,

---

① 《马克思恩格斯全集》第一卷,第603页。

到现代欧美的著名历史学家、地理学家如汤因比、伯恩斯、亨丁顿等都曾对此有过各辟蹊径的论述。例如,希波克拉底早在公元前5世纪便提出:"人类的人相学可以分为树木茂密和水源充分的山岳型,土地贫瘠的缺水型,草地沼泽型,开阔的排水良好的低地型。"① 而黑格尔在《历史哲学》的绪论中对"历史的地理基础"作了更为充分的阐释。他指出助成民族精神产生的那种自然的联系,就是地理的基础。因为人类觉醒的意识是完全在自然界影响的包围中诞生的。他写道:"我们所注重的,并不是要把各民族所占据的土地当做是一种外界的土地,而是要知道这地方的自然类型和生长在这土地上的人民的类型和性格有着密切的联系。这个性格正是各民族在世界历史上出现和发生的方式和形式以及采取的地位"。② 这种关于人地关系的思考和讨论后来成为现代人文地理学的中心课题。尽管我们并非环境决定论的赞同者,但我们仍认为,不同的自然与人文地理条件以及由此产生的功能需求的差异是造成人类群体各别的民族性格和文化精神的重要因素。尤其是在一种文化开始形成的阶段,海滨、沙漠、草原、大河流域等不同的地理地貌及气候条件的差异,以及在此基础上形成的各不相同的生产生活方式,还有某一地域与周边环境的联系都可能直接影响到某一文化的发展方向。当然,当文化发展到一定阶段,一定文化中日趋成熟的人的心理因素便可能产生越来越大的影响,从而逐步形成自觉的文化选择。正如美国实用主义哲学家杜威在《自由与文化》中指出的那样:"在人类早期的历史中,文化条件简直就像生理条件一样,影响并决定人的意志。文化条件被视为'自然'的现象,它们的变动反而被认为违反自然。等到后来,文化条件才被认为多少是人类心智活动的结晶。"不过即使是到了这样的自觉发展阶段,文化成长仍会在无形中受到特定自然条件的某种程度的制约。

---

① 希波克拉底:《大气、水和环境的影响》,转引自汤因比:《历史研究》上册,上海人民出版社1966年版,第69页。
② 黑格尔:《历史哲学》,商务印书馆1963年版,第123页。

鉴于上述认识,我们把对中西文化所处的自然背景的考察作为文化探源的开端。在本章中,我们将通过对中西文化不同的地理基础,外围历史文化环境以及由此而形成的经济模型与社会组织形式的比较,探寻形成中西民族不同文化精神的内在依据。

第一节　河的赐予与海的磨砺

众所周知,中华文化与西方文化的发生有着各不相同的自然地理基础,不过对于这种地理差异所产生的文化效应却有不尽相同的解说。李大钊在《东西文明根本之异点》中将东方文明与西方文明分别归结为"南道文明"与"北道文明",他认为:"南道得太阳之恩惠多,受自然赐予厚,故其文明为与自然和解与同类和解之文明。北道得太阳之恩惠少,受自然赐予啬,故其文明为与自然奋斗与同类奋斗之文明。"[①] 而黑格尔在《历史哲学》中则把对文化产生影响的主要的地理因素概括为三种类型:1. 干燥的高地和广阔的草原;2. 巨川大江流经的平原流域;3. 和海相连的海岸区域。按照这一划分,他把中国、印度、巴比伦和埃及这几个古老文明发祥地的地理环境均归为大河所灌溉的平原流域,而欧洲文化的源头古希腊古罗马的文明则显然是海岸地域环境孕育的产儿。尽管黑格尔对中西文化特征的论述含有不少武断的偏见,但他对不同历史文明地理差异的分析却为我们研究中西文化的自然背景提供了富有启发性的思路。

一、中华文化的自然基础

近几十年来的考古成果已经越来越清楚地向我们证实,古老的中华文化是东亚大陆上多源头、多方向、多民族的不同文化价值融合凝聚而成的结晶。元谋猿人、北京人、丁村人、蓝田人、柳江人、马坝人、河套人、哈尔滨人、资阳人等原始人类化石告诉我们,

---

[①] 张岱年、程宜山:《中国文化与文化论争》,中国人民大学出版社1990年版,第24页。

早在数万年前,我们祖国的广阔疆域内就出现了人类的身影,而以彩陶、几何印纹陶和农业的产生为标志的新石器文化遗址则在北起黑龙江、内蒙古,南到广东、云南,西达新疆、西藏,东至浙江、山东半岛和台湾,几乎遍布整个中国版图的广大地区不断被发现和发掘;仰韶文化、红山文化、马家窑文化、龙山文化、二里头文化、大汶口文化、青莲岗文化、河姆渡文化、良渚文化、三星堆文化……这林林总总满天星斗般的历史遗迹向人们昭示着数千年前华夏文明在东亚大陆上广阔区域中的崛起。值得注意的是,这些古老的文明发祥地大多分布在江河流域的河谷地带或冲积平原上。从东北的黑龙江、乌苏里江流域、辽河流域到中原的渭河、黄河流域、南方的江汉、江淮流域和珠江三角洲都留下了中华民族祖先的足迹。尤其是横贯东亚大陆的长江、黄河两大水系更以其源远流长的坦荡襟怀播下了众多的文明火种。因此,尽管我们已不再囿于黄河是中华民族摇篮的一元发生论,我们仍可以毫不迟疑地说,我们中华民族是江河的儿女。古老的华夏文明的兴起离不开河的赐予。

那么我们的母亲——这块古老的华夏大地究竟具有怎样的风采呢?

首先是幅员辽阔、腹地纵深。如上所述,早在公元前四五千年的仰韶文化时期,我们的祖先便开始在这块纵横5000余公里,其面积几乎相当于整个欧洲的东亚大陆上从东西南北中各个不同的区域进行着艰难的开拓,创造着文明的果实。至少到公元前1000多年的周代,便已形成了"东渐于海,西被于流沙,朔南暨声教,讫于四海"(《尚书·禹贡》)的庞大帝国。这里江河纵横,土地肥沃,物种繁多,有着丰饶的生存资源和广阔的回旋天地。境内流域面积在1000平方公里以上的河流就有1580条,流域面积超过1万平方公里的河流有79条,其中仅长江、黄河、黑龙江、珠江等几大水系的流域面积就达数百万平方公里。无论是兴起于尼罗河流域的埃及、两河流域的美索不达米亚、依山傍海的希腊还是印度河流域的文明发祥地都难以与之相比。而这辽阔的土地不仅为我们的祖先提供了完全自足的生存条件,而且蕴藏着雄厚的发展潜能,使他能不断地自我调节和更新,并且进退裕如。在我们中华民族几千

秦始皇兵马俑

年的历史上,曾经遭受过多次外族的入侵,而终究能保持文化的延续与完整,未曾像其他古老文明那样遭致毁灭或中断,正是赖于这不可多得的广阔内陆基地。

其次是复杂多样的地形地貌。这里不仅有上千条巨川大河,也有绵延的崇山峻岭,其中仅平均海拔4500米以上的世界屋脊青藏高原面积就达200万平方公里,占整个疆域的五分之一。此外还有塞外的荒漠,北部的草原,中西部沟壑纵横的黄土高原,广袤无垠的东部平原,四面环山的大盆地和1.8万公里的海岸线……总之,不同地区间地理地貌差异甚大,总的形式呈西高东低的阶梯分布,并由此形成了不同的自然景观。仅草原景观就分为青藏区的高山草原、"蒙古准平原"上一望无垠的大草原景观和东北的森林草原和草甸。

正是这些千姿百态的自然景观滋养了中华文化众彩纷呈的特色,为华夏多民族、多源流、多侧面的亚文化系统的形成创造了条件。例如,在中华文化的各分支的交互影响融合中最为突出的便是北方草原社会中发育起来的游牧文化与黄河长江流域生长的农耕文化之间的长期冲突,不少中西学者甚至认为正是这些农业社会与草原游牧社会的交互渗透和影响推动了中华文化的发展。事实上,即使在作为主流文化的汉族文化内部,这种由于多种形态的地理背景,加上历史的融合造成的不同地域集团间的文化差异乃至对峙也是长期存在的。例如,在华夏族形成的历史传说中,我们就听到许多关于源于西部陕甘高原的古羌人与东部黄河下游和江淮流域平原上的九夷以及北方的戎狄、南方的三苗、南蛮等各民族间相互征战与兼并的故事。到春秋战国以降,更形成了黄土高原地区的秦与三晋,东部平原的燕和齐鲁,江汉流域的楚,东南沿海的吴越,四川盆地的巴蜀以及后来南方的闽越等各具特色的多元文化中心。它们在物产、经济生活、民俗风情、语言及文化心理上的差异至今仍约略可辨。当然这并不妨碍它们在更高层次上形成的民族共通性和统一性。

第三是气候温暖湿润。中华文化的发祥地位于欧亚大陆的东部,太平洋西岸,南北跨热带和温带两大气候带。其中尤以被黑格尔称作"历史的真正舞台"的温带区域最广,占国土面积的90%以上。这当中又以亚热带和暖温带所占面积最大。由于东亚海陆分布所产生的热力差异,冬夏高低气压中心的活动变化显著,加上青藏高原地形作用因素,形成了东亚特有的强烈的季风环流系统,使东亚大陆大气运行发生明显改变。它的直接影响是这里的亚热带地区不像世界其他同纬度地区那样表现为荒漠或干草原,而是气候湿润,雨量充沛。加上由太阳辐射带来的热量资源十分丰富,为各种植物的生长和农耕文明的发展提供了十分优厚的自然条件。因此,这里几乎拥有北半球全部的植被类型和最丰富的植物种类。但是由于夏季风的影响随着内陆的延伸由东南沿海向西北内陆递减,故华夏的西北地区又形成了400毫米等雨量线以外的干旱沙漠和数十亿亩的天然草场。自然这就为北方的游牧文化提供了生长的环境。

第四是半封闭的边缘地形。东亚大陆上这块华夏文明的诞生地虽然有着漫长的海岸线和2万余公里的陆上边界。但由于特殊的地理位置和地形条件,在很长的时间里都处在与外部世界相对隔绝的孤立状态。一方面,它所面对的水域——太平洋是那样的浩渺无际,望着它,缺乏远洋航海技术和工具的人类先民只能望洋兴叹。因此,海对于上古的中国人只意味着陆地的尽头,自然的天限。海洋的那一面,只有幻想中邈不可及的蓬莱仙山。他们与海不发生积极的关系,因而这些海洋就不能像地中海那样成为人类相互沟通的桥梁。

而另一面,在内陆地区的外缘,有西南部的崇山峻岭和充满烟瘴的热带大林莽,它使中国与东南亚地区的文化交往与传递变得艰难。在我们与惟一邻近的古老文明之邦印度之间,矗立着更加难以逾越的屏障——喜马拉雅山,这世界最高的山脉。在通往欧亚大陆腹地的西北边陲,则是浩瀚无垠的漫漫黄沙。尽管中西民族的先辈曾历尽艰辛闯出了一条沟通中西的"丝绸之路",使它成为中西文化传播与交流的重要渠道。但却因旅途过分的漫长艰险,始终未能发展为繁荣兴盛的通衢大道。而在这片文明沃土的正北方,则是冰雪覆盖,寒冷荒凉,见不到文明痕迹的"穷发之北"[①]。总之,这块古老文明的发源地在地理上是远离世界其他的文明中心,长期处在难以与外界交流的隔离机制中。这固然促使中华文化能够沿着自己的方向独立发展,创造与众不同的文化品格和文明成果,并能保持自成一体的延续性。但同时也给它带来了自我封闭的保守意识和自诩世界中心,盲目自尊的大国心态,这

---

① 《庄子·逍遥游》。

无疑在一定程度上阻滞了华夏文明的不断进步。

万里长城

二、西方文化的自然基础

显然,产生西方文化的自然地理条件与前面讲到的华夏地理环境有着很大的差异,其中最基本的区别就在于海陆关系的变化。如果说中华文明之树是植根于一片为江河所滋润的大陆,那么西方文化之舟则是诞生在蓝色的波涛之中。

西方文明最初的舞台是亚欧大陆西侧的欧洲。它西、南、北三面环海,东与亚洲接壤,整个大陆轮廓恰似亚欧大陆向西伸出的一个巨大半岛。在这块面积与中国相仿的土地上,海岸线长达3.8万公里,平均每260平方公里就有1公里海岸,其海岸线比率高居于世界各洲之冠。因此,整个欧洲距海都较近,西欧部分距海最远的地区仅500公里左右,而离海岸最远的亚欧边界地区,最大距离也不到1600公里。不仅如此,这块半岛形大陆的外缘还有不少向海中伸出的大大小小的半岛和近海岛屿,其面积竟达全欧总面积的34%,实可谓陆海交错,港湾林立。全洲海洋性气候也十分显著。不言而喻,在欧洲的自然环境中,海洋已成为一个至关重要的因素。其中,作为西方文化滥觞的古希腊罗马文明则更与大海有着不解之缘。

希腊罗马文明的中心位于欧洲南部的地中海地区。它们最初的疆域主要由狭长的半岛和沿海的岛屿组成。这里大部分地区都依山临海,拥有世界上最曲折的海岸线。希腊半岛的主要地区距海都在50公里以内。意大利半岛上平均每60平方公里的陆地就有1公里海岸,因而形成了典型的海洋地理环境。以欧洲文明的最早故乡爱琴海区域为例,它的版图包括巴尔干半岛南端的希腊半岛、伯罗奔尼撒半岛(它与大陆之间仅以一个6公里宽的科林斯地峡相连)、克里特岛以及半岛以东爱琴海域的480多个大大小小的岛屿,此外小亚细亚半岛西部的海岸地带也曾长期属于它的领地。这里既没有广袤的草原,也没有东方那种肥沃的大河流域,有的只是被重叠的山峦和起伏的波涛分隔成小块的岛屿、沿海平原与盆地。而这些星罗棋布的陆地之间惟一的联系纽带便是蔚蓝的大海。正是这种特殊的地理形态形成了古代克里特——迈锡尼人和后来的希腊人独特的"两栖类式的生活"(黑格尔语),同时也造就了与众不同的海洋文明。这种希腊式的海洋地理与东亚大河流域的差异主要表现在下述方面。

第一点,由于陆地狭窄又是多山地带,随处可见的大面积的石灰岩和瘠薄的土壤使爱琴区域内的可耕面积受到很大限制,加上地中海地区的气候特点是冬季湿润,夏季干燥炎热,不利于粮食作物的生长,因而很难形成完全自足的农业经济。例如,早期米诺斯——迈锡尼文化的发祥地克里特岛,全岛总面积为8200平方公里,其中平原面积仅300平方公里,自然难以养活岛上不断增长的人口。希腊其他地区的情况也大致相似。应当说,比起东亚大陆上千里沃野的流域,希腊人在陆上的生存条件更为艰难,因此,他们不得不转向大海去讨生活。较之安稳平实的陆地,大海毕竟充满了神秘的动荡和诡谲的变幻,它给人带来的除了财富,还有隐伏的祸患,它可以在一眨眼间掀起柔顺驯服的蓝色面纱,凶狠地吞噬一切敢于向它索取的生命。然而,也许正是这些潜藏的危险激发起人们抗争与征服的勇气,成为文明创造的动力。

英国历史学家汤因比在《历史研究》中曾提出了关于文明起源

于困难环境的刺激,即挑战与应战之间的交互作用的假说。在他看来,早期米诺斯文化的兴起正是人类(干旱的亚非草原中迁出的居民)战胜海洋挑战而创造的果实。至少可以确认的事实是,这些爱琴海的子孙不像游牧民族那样漂泊不定,也不像江河流域的居民那样安土重迁,他们更多的是凭借着一叶扁舟在大海上随心所欲地凌波往来,享受着海洋所赋予的特殊的自由和机遇。不过,希腊人最初在大海上的主要职业,并非捕鱼或经商贸易,而是通过海盗劫掠去获得财物。以后,他们才逐渐学会利用当地盛产的亚热带植物(如油橄榄,葡萄,柑橘等)、矿产资源、大理石及各种制成品,通过海上贸易去换取所需的生活资料。这或许才是爱琴海文明走向繁荣的真正起点。

　　古希腊文明获得发展的另一重要条件是地中海地区特殊的海洋地理和周边环境。从地图上我们可以一目了然地看到,地中海是一个地形封闭的陆间海,它位于北纬30°~46°之间。北、东、南三面分别与欧亚非三洲大陆相邻,西面通过仅10多公里宽的直布罗陀海峡与大西洋相通,东北部通过更为狭窄的达达尼尔海峡和小小的马尔马拉海与另一片陆间海——黑海相连。总之,这是一片基本上为大陆环绕的海域,因而它的水文性质也独具一格。由于出口海峡较浅,水流不能与外洋自由流通,地中海内潮汐很小,海面较为平静。海水很深,含盐量特别高,在表层水面形成了反时针向的沿岸海流,这些都为海上航行提供了有利条件。同时,地中海的海域也不甚宽阔,整个海域形势呈曲折的狭长形,又分布着众多参差的半岛和岛屿。因此,南北两岸的直线距离大都在数百公里之内。尤其在岛屿分布较密的爱琴海等区域,晴天挂帆出海,随处都可见到大陆和海岛的影子。对于航海技术尚未充分成熟的人类先辈,驾驭这样的海域当然比征服亚洲东南岸浩瀚无际的太平洋、印度洋容易得多。在这地中海上,即便不开帆,仅用桨橹即可渡过平静的水域,遇到突然风暴,随处都可就近找到避风的港湾。只要掌握基本的航行手段,有勇气迎接大海的挑战,这里的海洋便不构成隔离的因素,反而成了"地球上四分之三面积结合的因素"(黑格尔语),成了比陆路更加经济、自由的坦途。正由于此,地中

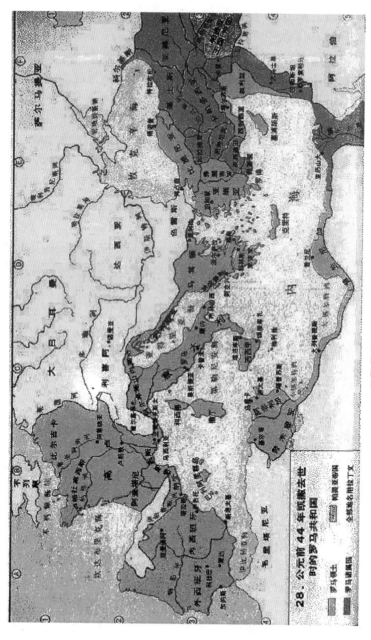

罗马共和国与地中海

海沿岸才成了人类文明的曙光最早升起的地区,成为旧世界历史的中心舞台。在它的周围有安纳托利亚和约旦河畔最早的城市,有古老的埃及王朝、亚述帝国、赫悌帝国,有以海洋民族著称的腓尼基人及其分支迦太基人,此外尚有巴勒斯坦地区希伯来人建立的以色列王国和犹太王国,早期的克里特—迈锡尼文化以及稍后的大希腊、罗马帝国,犹太教、基督教以及伊斯兰文化的圣地耶路撒冷……与它们比肩相邻交往频繁的还有古老的美索不达米亚——巴比伦文明和波斯帝国。可以说,人类上古文明的精华一半以上都诞生在地中海的怀抱。正是地中海为这些不同民族和文化之间的交流贸易乃至征伐、掠夺、兼并,提供了最便利的通道和更广阔的战场。而这种开放的地理环境和具有较高文化势能的周边文明又为古希腊罗马文明的成长提供了丰富的养料和宝贵的经验,并且铸就了古希腊人勇于开拓进取,又长于兼容并蓄的开放型文化性格。难怪黑格尔在讨论历史的地理基础时骄傲地宣称:"大海给了我们茫茫无定、浩浩无际和渺渺无限的观念,人类在大海的无限里感到他自己底无限的时候,他们就被激起了勇气,要去超越那有限的一切。大海邀请人类从事征服,从事掠夺,但是同时也鼓励人们追求利润,从事商业。平凡的土地、平凡的平原流域把人类束缚在土壤里,把他卷入到无穷的依赖性里边,但是大海却挟着人类超越了那些思想和行为的有限的圈子。"①

古希腊自然地理的第三个特征是它的全境被各种天然障碍分割成若干孤立的小区域。这些小区域不仅包括爱琴海诸岛,也包括被纵贯希腊半岛的品都斯山脉和伯罗奔尼撒半岛上的阿卡地亚山地分隔为东西两侧的平原丘陵、河谷和盆地。这些平原和谷地又被一道道崎岖艰难的山岭割裂成更为狭小的地块,诸如雅典所在的阿提卡半岛,彼奥提亚的平原,伯罗奔尼撒北部的迈锡尼、梯林斯、西南的皮洛斯和东南的拉哥尼亚(斯巴达)等。此外还有小亚细亚西部海岸的特洛伊、米利都、罗得岛以及后来在北非海岸和意大利半岛南部建立的希腊人城邦。这些地区大的不过数千平方

---

① 黑格尔:《历史哲学》,商务印书馆1963年版,第134页。

公里,小的仅几百平方公里。总之,"没有一个伟大的整块。……相反地,希腊到处都是错综分裂的性质"。① 这种特殊的地理环境,产生了希腊独特的城邦制社会结构,多方向、多民族共生的富于变化的文化聚合,也陶冶了希腊民族崇尚自由和个性独立的基本性格。

第二节　农耕文明与商业文明

中西民族不同的生存环境必然会带来各相异趣的生产形式和与之相应的经济模型。在此基础上,又会产生出各自民族最初的生活方式与社会结构,所有这些既构成了特定的文化形态,又是两种文化传统风格各异的深层结构以及民族精神形成的重要基础。因此,我们还需要对中西先民的经济生活形态作进一步的追寻。

一、华夏土地上的农耕文明

如果说农业的产生是人类从蒙昧走向文明化的起步,那么古老的华夏文化至少在距今 7000 年至 5000 年的仰韶文化时期便已开始了自己筚路蓝缕的跋涉。从西安半坡村,宝鸡县斗鸡台以及山西万泉县等地发现的氏族公社遗迹中,我们不仅看到了石斧、石铲、骨锄、陶刀等最初的农具,还发现了残存的小米或粟的皮壳。可知那时以黄土高原为中心的黄河中游地区已经广泛种植耐旱的粟谷和蔬菜,并且形成了稳定的农业定居点。与此同期,在中国南方则已开始了水稻的栽培。20 世纪 70 年代从浙江余姚县河姆渡村遗址中发现的骨耜、木耒耜等 7000 年前的种稻工具以及大量炭化稻谷,已向我们揭示了这一点。考古成果还告诉我们,那时已出现了猪、狗、马、牛等家畜的驯化和饲养。当然,渔猎和采集在当时人们的经济生活中仍占有不可忽视的地位。随着生产技术的进步和工具的改良,到距今 5000 年左右开始的龙山文化时期,农业和畜牧业已成为华夏居民的主要谋生手段。鲧禹治水的传说大约即

---

① 黑格尔:《历史哲学》,商务印书馆 1963 年版,第 207 页。

发生在那个时代,大量的典籍告诉我们,那时人们已开始"尽力乎沟洫"①,"决九川,距四海,浚畎浍,距川"②,建设为保障农业生产和人民定居的大规模排水工程,并且建立了初步的灌溉系统。《汉书·食货志》称:"禹平洪水,定九州,制土田,各因所生远近,赋入贡棐。"在此基础上,华夏大地才产生了最早的奴隶制农业经济和最初的民族国家。《论语·宪问》说:"禹稷躬稼而有天下。"我们的祖先从此跨进了文明的门槛。

从目前所取得的考古成果,我们还难以找到考察夏代的经济状况和社会组织形式的完整材料。然而,通过那一时期流传下来的神话传说中大量的关于农业起源的描述,我们已不难看出从那时起农业便成为中华民族赖以生存发展的主要经济形式。在中国远古传说中得到人们景仰的神灵与祖先,既非宙斯式的神力化身,亦不是阿伽门农、赫拉克利特式的南征北战的勇士;而是制耒耜教民农作并和药济人的神农,治水的女娲和大禹,构木为巢的有巢氏,播百谷的后稷,始作牛耕的叔均,养蚕抽丝的嫘祖,创制牛车的王亥等等。《淮南鸿烈集解》载:"炎帝于(作)火而死为灶,禹劳天下而死为社,后稷作稼穑而死为稷,羿除天下之害而死为宗布,此鬼神所以立。"因此,从民间到宫廷,社稷(土谷之神)崇拜与祭祀蔚然成风,周代即有右社稷左宗宙的祭祀。以后社稷被视为立邦之本,成为国家的象征与代称。足见在华夏先民的心目中,农业乃是关系到国之存亡的命脉。

从迄今所见最早的文字记载,可确认远在公元前 1600 年开始的商代,农业便已是早期华夏居民最基本的生存手段。殷墟甲骨卜辞中已有不少与农作有关的记载,如"王令多尹𠊧田于西;受禾",③"王大令众人曰:'𠨍田,其受年'"④ 之类。甲骨文中一些涉及国计民生的基本词语的字形也与农业生产活动密切相关。如𤰔(男),𠫑(邦)等等。《说文》解释道:"男,丈夫也,从田从力,言

---

① 《论语·泰伯》。
② 《尚书·益稷》。
③ 《中国通史参考资料》第一册,第 27 页,𠊧:释作"贲",借为"溃",意为耨田。
④ 同上书,第 29 页,𠨍:同协,即共耕。

男用力于田也。""里,居也,从田从土。""疆,界也,从畕;三,其界画也。"中国以农立国的文化渊源由此可见一斑。

周代兴起之后,农业更成为中原各诸侯国的经济生产活动的中心内容。周王朝对诸侯大夫及功臣常封赏采邑土地,或赐予田产和臣民,使他们成为拥有土地和农奴的领主。从近代出土的周代铜器上我们可以看到关于这类赏赐的铭载。如"王自毂使赏毕土,方五十里"(召卣),① "王蔑敳历,使尹氏……锡于敳五十田,于早五十田"(敳毁),② "伯氏曰:'不㪇……锡汝弓一,矢束,臣五家,田十田,用从乃事。'"(不㪇簋)③ 等等。而诸侯及卿大夫又将受封的土地再分赐给自己的臣属和庶民,并收取相应的贡赋。不仅如此,周代帝王还以身体力行的方式鼓励人民从事农业生产。《尚书·周书》中载:"文王卑服,即康功田功。"《诗经·周颂》也写道:"噫嘻成王,既昭假尔,率时农夫,播厥百谷。"自西周以降,每年春耕时,"天子亲率诸侯耕帝籍田……以教民尊地产也;后妃率九嫔蚕于郊,桑于公田,是以春秋冬夏皆有麻枲丝茧之功,以力妇教也。"④ 这种帝亲耕,后亲蚕的特殊仪式,充分显示了统治者对农业的重视。从秦汉至清代,历代帝王也大都沿袭此例,祀社稷,耕籍田,祷求雨,下劝农令,以祈丰年,并激励人民勤勉耕作。由此不难推知,自周代始,以种植为基础的农业已成为华夏国家经济生活的主要支柱。周代民间歌谣汇集而成的《诗经》中大量关于农业生产及农民生活的描绘也向我们证实了这一点。随着农业在国民经济中重要性的日益增长,周代的农业生产工具和生产技术也取得了长足的进步。首先是犁、镬、锄、镰等各种铁制农具及牛、马等畜力在生产中广泛使用。其次是深耕熟耘,施肥、改造土壤和人工灌溉等耕作技术的发展。与之相应的是大规模水利工程的兴修,例如春秋时期吴王夫差命人开掘的邗沟与深沟,沟通了江淮、黄淮,

---

① 《中国通史参考资料》第一册,第54页,毂:人名;毕:地名。
② 同上书,第54页,第55页。蔑:勉;历:功绩;蔑历:西周金文成语。敳、早:地名。
③ 同上书,第55页。不㪇即无忌,人名。
④ 《吕氏春秋·上农》。

是着眼于水运的大型工程;战国时期魏国的西门豹引漳河水灌溉邺田,使大片盐碱地成为良田;还有蜀守李冰主持修建的都江堰,秦国关中地区开掘的长达三百余里的郑国渠,都是历史上著名的水利灌溉工程。所有这些都有力地促进了农业生产力的提高,从而在亚洲东部广袤的黄土地上形成了延续两千多年的稳定自足的农耕经济。

需要特别提出的是,在中原大地上农耕文明蓬勃发展的同时,在中国西部和北部的广阔草原上,长期以来还生活着一些几乎与华夏诸族同样历史悠久的民族部落。从西周的羌、戎、鬼方、猃狁到秦汉时代的匈奴,以后又是鲜卑、突厥、女真、契丹、蒙古,这些部落中不少与中原民族有着共同祖先,有的在进入中原后即逐渐与华夏族融为一体。然而由于西北部高原戈壁与盆地大漠的特殊地理条件与气候状况,使这些地区始终很难发展出与中部和东南部同一类型的农耕文化,而逐渐形成了以塞外为基地的自成一体的游牧文化。这里没有大片的耕地,坚固的城郭和长期稳定的定居点,有的只是"天苍苍,野茫茫,风吹草低见牛羊"的自然景观和以畜牧游猎为主要经济活动,以肉类乳酪为食,以毡帐为房,"随畜逐水草往来"①的生活方式。这些鞍马劳顿,转徙不定的游牧"行国",在文化发展上较之稳定繁荣的中原农耕区自然较为落后和迟滞。但游牧民族却有着骁勇尚武,长于征战掠夺的习性,因而与以诸夏——汉族为代表的农耕文化形成了长期冲突对抗的局面,甚至多次入主中原。尽管如此,他们仍然从未能改变过华夏文明的基本面貌,相反,一旦进入农耕区,他们便很快被相对先进的农耕文明所同化。因此,我们认为,游牧文化的存在只是中华文化的一个侧面,并不能改变以农耕为基础的中华文化的主导特色和基本性质。

当然,还有一个不容忽视的方面便是工商业文化作为农耕经济的补充在古代中国也曾有一定程度的发展。我们在仰韶文化遗址中看到大量的彩陶器皿。龙山文化中的黑陶达到了很高的工艺

---

① 《汉书·西域传》。

水平，并且已采用陶轮进行批量制作。到公元前两千余年的齐家文化时期，以红铜制品的出现为标志的金属冶炼加工业开始兴起。商代的青铜器冶铸更发展到相当的规模和水平，无论是殷墟出土的钟鼎等器皿还是四川三星堆出土的各种面具无不令人叹为观止。到周代冶铁业也蓬勃地开展起来，战国末期便创造了可锻铸铁和炼钢的技术，其生产规模和水平都大大超过了当时的欧洲。在纺织方面，中国是世界上最早养蚕缫丝的国家，商代已出现了麻布及丝织品，包括毛织的绢，提花的菱纹绮和刺绣，表现出高度发达的纺织技艺。此外，木器、漆器制作及制盐业等也都十分繁荣。

随着官营和家庭手工业的发展及社会分工的出现，商品的流通与交换也逐步发展起来，商代末年"肇牵牛车远服贾"的商人已经出现。从最初的以物易物，到以后以海贝及计量铜块作为交换的媒介。从商代的文物中，我们已看到各种用作商品交换的流通货币使用的海贝、仿贝乃至青铜贝，到周代即开始出现了金属铸造的钱币。都市里设有东、西、中三市，在交通发达，经济繁荣的三晋、周、鲁、齐等地区，居民中以商贩为业者已有相当的比例，还出现了不少"与王者埒富"的大商人，如春秋时的陶朱公(范蠡)、端木赐，战国时魏国的白圭、秦国的吕不韦等都是有名的富商巨贾。各地也形成了一些工商业十分繁荣的通都大邑。自汉代起，中国便发展了与域外的互市贸易，并开辟了经中亚通往西方的著名的丝绸之路；同时也开始探索海上商路，到唐代便形成了海上丝绸之路。隋唐还设置了互市监，专事对外贸易的管理。

然而由于大陆民族的生存对农业的依赖，中国传统的价值观念仍有明显的重农轻商的倾向，认为"力田为生之本也"，[①]"工商众则国贫"。[②] 并且"民农则朴，朴则易用"，[③] 而"商贾技巧之人"好智多诈，难以禄使，故提倡"为国者，市利尽归于农"。[④] 君子皆讳立财利，周制还规定国君、夫人、世子、公卿、命妇皆不得往市场

[①] 《汉书·文帝纪》。
[②] 《荀子·富国》。
[③] 《吕氏春秋·上农》。
[④] 《商君书·外内》。

游观,违者有相应的责罚。总的来说,历朝统治者大都推行重农抑商的经济政策。"杀正商贾之利,而益农夫之事"。① 即使开展对外商贸,其目的也不是谋取经济利益,而多出自政治需要,诸如张骞、班超、郑和等人的出使,或为联络友邦,抵御匈奴,或为广布圣恩,怀柔远人,播扬天朝上国声威,均非以开辟商路,发展经济交往为基本目标。这样的政策显然抑制了大规模的私营手工业和商业的发展,致使中国的经济长期停留在以农业和依附于农业的家庭手工业结合为一的男耕女织模式。城市的商业交换也以农副产品所占比重最大,其次是布、盐等生活必需品。私营手工业的生产规模和参与交换的产品极为有限,规模较大的官营工业则主要为皇室贵胄服务,不直接向市场提供商品。因此,难以形成在经济上独立于乡村的工商业中心城市,从而无以打破以自给自足的农业经济为主导的生产方式,整个国家的经济运行模式也基本上是内向型的。

二、古代希腊罗马的工商业文明

西方文化也是以新石器时期的畜牧、农耕和定居为发端的。现有的考古发掘资料向我们证实,大约纪元前6500年,在希腊半岛的帖撒利亚平原和爱琴海上的克里特岛开始出现了谷物栽培、动物驯养和定居点。1000年之后农业传到多瑙河流域和匈牙利。到公元前5000年左右沿地中海传到法国,然后传到低地国家和莱茵河的河谷地带。在公元前4000年前后,由渡海的农民把耕作技术带到了不列颠群岛。

早在公元前3000年,欧洲文明的发祥地克里特岛和基克拉迪群岛的居民就完成了从新石器时代到金属时代的过渡。在这面积有限的平原上,水源充足,土地肥沃,气候温和,人们种植大麦、小麦、大豆、豌豆,也种植橄榄、葡萄和柑橘等果木与经济作物,还开始广泛使用铜器和彩绘陶器,并饲养羊、牛、猪等家畜。从出土文物中,我们不仅发现了各种形制精美的陶器、石器、许多铜制武器

---

① 《管子·轻重乙》。

和工具，还发现了大量用石头或象牙雕刻成的印章。在这些印章上，刻着反映古代克里特人生活职业的各种图画，如航行的船、各种鱼类、动物及狩猎的场面、工作的陶工等。同时还有被认为是克里特文字滥觞的各种符号。到纪元前2000年的米诺斯文明时期，克里特岛上便出现了大批的城镇和大规模的宫殿建筑。从著名的克诺索斯和费斯图斯等古城的遗址，我们可以看到这里曾有过十分恢弘壮观、面积达上万平方米的宫室建筑，其中主要是三四层高的楼房。它有华丽的壁画和浮雕作为装饰，还有完善的给排水系统，主要寝宫里还有设备很先进的浴室和厕所，宫内有制作陶器的作坊，在宫室附近还建有别墅、商馆、剧场及庙式陵墓等。在克里特东岸发现的扎克罗古城的宫室中还装有镶木地板，内庭中建造了游泳池。据考证，到公元前1700年的新王宫时期，克诺索斯的居民已达8万人以上，而其他较大的城镇数以十计。在与克里特相邻的塞拉岛上也发现了大规模的城市和民居遗址。所有这些遗迹，无不向人们显示着一个高度繁荣的城市文明。以伯罗奔尼撒半岛为中心的迈锡尼文化也显然是在它的影响下发展起来的。这从迈锡尼统治者墓穴中随葬的大量克里特文物即可证实。

然而，地域有限而多山的地理条件，使克里特岛及希腊半岛的农业难以满足不断繁衍的人口的生存需求，于是人们不得不转向山林和大海寻找生活资源，发展畜牧业、渔业以及向海外的迁移与征服都成为谋求生存的重要途径。不过，对米诺斯—迈锡尼人最具吸引力的选择还是利用本地的物产资源制造各种外销产品，通过海上商路，运往地中海沿岸其他经济发达地区，换回本地人生存所需的粮食与其他商品。从新石器时代起，爱琴海诸岛的居民就与地中海沿岸的埃及、安纳托利亚等地区建立了海上联系（许多学者认为，克里特岛上最初的居民正是从小亚细亚渡海迁移而至的）。随着青铜时代手工业的发展和航海技术的进步，他们与周围文明世界的经济往来日益密切，并在埃及沿岸、亚细亚、腓尼基及塞浦路斯建立了商业基地。克里特—迈锡尼人对外的商品主要是橄榄油、葡萄酒、毛织品、木材、各种精美的陶器和石瓶、金属瓶、装饰富丽的青铜刀剑以及黑曜石、金刚砂等矿产资源和金银工艺品。

这些产品的制造者,既有私人经营的作坊,也有皇家控制的大工厂。在这里进行的是近乎现代性质的大规模生产,只是没有电力推动的机械,但劳动有了分工,并对工人和奴隶进行集中管理和监督。如米诺斯的皇家纺织厂即雇佣几百名妇女在王后监督下进行工作。王宫所属的工厂主要生产大量的细陶、布匹和金属制品,其他手工业、农业和贸易则大多掌握在私人手里,在大批制造输出品的同时,克里特人从海外及欧洲内陆地区进口食品、金属乃至各种原料和工艺品,诸如埃及和西亚的象牙、玻璃珠、紫石英、石瓶和甲虫形、圆筒形印章等。手工业和贸易规模的不断扩大使克里特成长为一个以发达的城市经济为中心的工商业国家。商业和航海成为国家的经济支柱。在这些早期的城市社会中,货物是在一种实施再分配的制度下集散的,要保持这些货流运转的轨道,就需要有某种永久性的记载,于是发达的文字体系就成了这种社会的一个重要特征。最早的文字记载通常不过是仓库储库的清单而已。甚至连克诺索斯王宫中出土的写着原始线形文字的泥版文书,其主要内容也是记载财物的账目和收支报表。

　　经济的向外开拓必然带来文化的开放,因此,我们从克里特—迈锡尼出土的文物中能够看到明显的外来文化的影响,他们所使用的线形、象形文字与字母文字中,能找到埃及文字与腓尼基字母的痕迹。尽管克里特与迈锡尼的文明后来都遭到毁灭性打击,并被历史所湮没,但他们创造的经济模型和播撒的文明种子却在继之兴起的希腊——罗马文明中结出了丰硕的果实。可以说以橄榄油、葡萄酒的制造和制陶、纺织业为基础产业,不断通过海上的贸易和殖民向外开拓和发展,这些希腊式的经济结构正是对早期爱琴海文明的直接继承。在希腊神话中我们可以看到,智慧女神正是由于创造了橄榄树才击败海神波塞冬的竞争成为雅典城的领有者,而她还掌管农业、航海、纺织和缝纫等实用的和装饰性的技艺。另一位著名的神祇酒神狄奥尼索斯也是因为代表了酒造福社会的作用而被希腊人视作文明的促进者、立法者和爱好和平之神。虽然希腊的工业水平与规模并未超过克里特时代,希腊神话中关于帖撒利亚人伊阿宋率领阿尔戈船到黑海东岸的科尔基斯国劫取金羊毛的故事却生动地向我们展示了希腊的海外贸易与海上掠夺征伐的触角已伸到了更远的地区。相应的，大规模的海上远征与殖民活动也较之米诺斯时代有了进一步的发展，希腊人建立的商业据点和移民城邦不仅遍布地中海周围的大部分地区，而且发展到整个黑海沿岸。著名的特洛伊战争正是这样的背景下发生的。

到马其顿王国称霸地中海世界的希腊化时期，希腊人的统治扩展到西亚、中亚和包括埃及在内的非洲东北部的广大地区。随之而来的是希腊对东非、阿拉伯、中亚和印度的商业贸易的大发展，并开始与更遥远的中国有了商业交往。这时，工业和商业的主要控制权都集中到国家手中，生产规模不断扩大，经济兴旺繁荣，大都会式的城市成倍增长。其中最著名的是建立在尼罗河口的港口城市亚历山大里亚，它拥有近百万人口，完善的城市设施和发达的工商业，成为地中海地区与东方各国进行贸易和学术文化交流的中心，也是当时世界上最大最壮观最富有文化气息的城市。它标志着一个融古代东西方文化之精华为一炉的希腊式的工商业文明已达于鼎盛。以后用武力征服整个希腊化世界的罗马帝国不仅全面继承了希腊文明的经济模式，而且将它扩散到欧洲大陆中西部的广大地区和不列颠群岛，从而为近代西方工商业文明的崛起奠定了坚实的基础。

毫无疑问，近代西方资本主义生产方式的发展正是得力于与文艺复兴相伴随的欧洲工商业和航海业的复兴。从 14 世纪意大利商业革命的兴起到 15 世纪由葡萄牙和西班牙人为先驱的海外探险，把西方人的商业贸易与海外殖民活动扩展为世界性的事业，随之而来的是新型工商业组织的建立和资本主义生产关系的萌芽，从而为 18 世纪的工业化进程创造了条件。这些都可以说是西方世界的海洋地理环境和古代希腊罗马的工商业文明所孕育的果实。

第三节　家国与城邦

中西民族不同的经济类型和生产活动方式自然会产生判然有

别的社会组织形态,并形成各自相应的政治结构和文化秩序。例如亚细亚式的农耕文明在一般情况下能够通过精耕细作的小规模手工劳动使居民达到生活的基本自足,"它在自身范围之内具备了一切再生产和扩大生产的条件"①,因此,便不会产生不断革新生产技术或改变生产组织的自觉要求。在这样的自然经济结构中,家庭作为最基本的生产单位的地位便长期保持下来,并成为社会结构和国家体制中的一个重要元素,故很多人将中国文化归结为家族本位的文化。此外,农耕经济中必不可少的水利灌溉系统的兴建、使用和其他大型公共工程的建设都离不开大规模的集体劳动,这需要借助于一个强有力的政府统一调度和控制方能顺利实施,这就为东方式的权威主义和专制制度的滋生提供了土壤。相反,在西方由于很早便出现了相对集中的商品生产和经营,从而打破了家庭作为独立生产——的传统体制,加上大量移民城邦的建立,使以地缘为基础的人群结合方式逐渐取代了纯粹的血缘纽带。从而创立了以城市为中心的城邦制度以及相应的民主政治建构,走上了与中国社会完全不同的发展道路。

一、以血缘家庭为纽带的中国传统社会

对于任何一个社会,家庭都是不容忽视的重要细胞。不过,家庭及其延伸家族在中国传统社会的重要地位却是任何一种别的文化都无可比拟的。家对于中国人不仅意味着异性的结合,也不单是人们为繁育儿女而组成的共同体,而是集血缘承继、婚姻结合、生产经营、财政消费、社会教化甚至礼法管制等诸多功能为一体的社会单元。诚如著名的民族企业家兼学者卢作孚先生所描述的:

> 家庭生活是中国人第一重的社会生活;亲戚邻里朋友等关系是中国人第二重的社会生活。这两重社会生活,集中了中国人的要求,范围了中国人的活动,规定了其社会的道德条件和政治上的法律制度。……就农业言,一个农业经营是一个家庭。就商业言,外面是商店,里面就是家庭。就工业言,

---

① 马克思:《政治经济学批判大纲(草稿)》单行本,第92页。

一个家庭里安了几部织机,便是工厂。就教育言,旧时教散馆是在自己家庭里,教专馆是在人家家庭里。就政治言,一个衙门往往就是一个家庭,一个官吏来了,就是一个家长来了。……人从降生到老死的时候,脱离不了家庭生活,尤其脱离不了家庭的依赖。你可以没有职业,然而不可以没有家庭。你的衣食住都供给于家庭当中。你病了,家庭便是医院,家人便是看护。……你老了,只有家庭养你,你死了,只有家庭替你办丧事。家庭亦许倚赖你成功,家庭却亦帮助你成功。你须用尽力量去维持经营你的家庭。你须为它增加财富,你须为它提高地位。不但你的家庭仰望于你,社会众人亦是以你的家庭兴败为奖惩。最好是你能兴家,其次是你能管家;最叹息的是不幸败家。家庭是这样整个包围了你,你万万不能摆脱。①

这种离开了家庭亲族,个人便无所着落的现象,显然与中国在农耕经济模式基础上形成的宗法制社会结构密不可分。在这样的体制下,联结人的社会关系的基本纽带便是血缘与婚姻,其中又以父系承传的血亲系统为核心形成了世代相续盘根错节的家族集团。在这个团体中,以始祖的嫡长子承递而下的嫡子为大宗,其余别子、庶子为小宗,以此分别系统。在中国传统社会中的"族(如三族、九族)"、"房"等宗族分支观念和以血缘亲疏确定的服丧等级为标志的"五服"亲属关系网络皆由此而生。个人在家族乃至社会中享有的地位,通常情况下即依其在此关系网络中的位置而确定。

不仅如此,在自足的自然经济条件下形成的安土重迁、老死不出乡的民族心态,使中国的大多数家族往往在同一地区世代繁衍,聚族而居。在乡村往往独据一村一寨,甚至绵延数十里仍为一姓所据;在城市亦各占一区,无异姓杂处。形成了血缘与地缘关系相互纽结重叠的特殊社会结构。这一点我们从中国的家族姓氏与地名的结合即可看出。诸如刘庄王店、马村吴场、张家花园、梁家巷

---

① 卢作孚:《中国的建设问题与人的训练》,转引自梁漱溟:《中国文化要义》,学林出版社 1987 年版,第 12 页。

之类的地名街名在各地城乡至今仍随处可见。直至新中国建立以前,此类规模较大的同姓家族聚居点大都还设有供祭祀共同祖先并兼议事的公共祠堂,有管理宗族事务的族长及长老会议,有数世相承的家谱,有的还有公共的族用墓地,并设有专为本族子弟提供教育机会的家塾。在这些地区,家族已不单是一个具有高度凝聚力的社会组织,而且常常担负着推行教化及实施社会控制与管理的部分行政职能。它有权用家法族规约束宗教成员的行为,自行处理族内成员的争论,裁决族姓中大小事件,并对违反族规或礼法的行为加以制裁和罚处,甚至处以私刑。有的地区由官府受理的要案,审判时也须参合族绅的意见。在一些巨族大家,这种家族之权与地方乡官、乡绅的行政权、绅权结合在一起,从而建立起更加强固的宗法统治。秦汉时乡官之一的三老,通常便由家族推荐的长老担任。如《后汉书·樊宏传》载:樊宏"为乡里著姓,父重,字君云……赀至巨万,而赈赡宗族,恩加乡闾……县中称美,推为三老"。至唐宋以降,一般宗族的族长、祠长则多由享有特权的乡绅担任,这就形成了"邻保"、"里甲"的村社行政结构之外另一种特别的统治权。难怪有学者称,中国人的家族"是个微型的邦国"。① 可以说家族乃中国人社会生活的主要舞台,也是历代统治者建立统治秩序的重要基础。孟子曰:"人有恒言,皆曰'天下国家'。天下之本在国,国之本在家,家之本在身。"② 可谓一语道破了中国传统社会结构的实质。中国的国家组织机构和政治制度正是以上述家族宗法原则为核心建立起来的。对于此,我们可以从下述诸方面找到证明:

(一)"家天下"的宗主统治。中国自夏朝建立奴隶制国家始,便开始了"天下为家"的王位继承制。以后历朝历代的统治者皆自称"天子",同时又自命为奉天承运的民之君父,俨然以中华大家族的家长自居,而视黎民百姓为子民,视天下国家为一己之私产。所

---

① 〔美〕费正清:《美国与中国》第四版,商务印书馆1987年版,第17页。
② 《孟子·离娄上》。

谓"溥天之下,莫非王土,率土之滨,莫非王臣"。① "以为天下利害之权皆出于我,我以天下之利尽归于己……我以天下之大私为天下之大公。始而渐焉,久尔安焉,视天下为莫大之产业,传之子孙,享受无穷……"② 至西周初年,统治者开始将天下这笔巨产依血缘关系的亲疏分封给统治集团的宗族血亲,其中以嫡长子代表大宗继承王位和王畿地区的直接统治权,其余地区的土地和臣民则分封给诸弟别子的小宗。据《左传》载:"昔武王克商,光有天下,其兄弟之国者十有五人,姬姓之国者四十人,皆举亲也。"《荀子·儒效篇》则称:周公"兼制天下,立七十一国,姬姓独居五十三人"。其他异姓诸侯也多为与王族有亲戚关系的甥舅之国。至此家族内部大宗与小宗的血缘关系同国家中天子与诸侯的君臣关系相互交织,形成了以宗法关系为基础的国家政治结构。在周代,类似的宗法体制也广泛地运用于各诸侯国内部统治关系的建立。国君的爵位由嫡长子继承,其余诸子封为卿大夫。卿大夫不仅有辅佐国君治理国家的义务,而且也要授土授民,使之拥有自己的世袭封邑,即所谓"家",而卿大夫领土内又有自己的家臣。正是通过层层叠叠的分封,形成了以血缘纽带和严格的封建领属关系相维系的贵族等级社会和相应的土地所有的等级结构。以此为依据,又建立起以"礼"为核心的等级规范和体制。《荀子·富国》称:"礼者,贵轻有等,长幼有差,贫富轻重皆有称者也。故天子袾裷衣冕,诸侯玄"裷衣冕,大夫裨冕,士皮弁服。"《荀子·王制》:"衣服有制,宫室有度,人徒有数,丧祭械用,皆有等宜。"在这种森严的等级规范的统摄下,以父权夫权为中心的家长制大家庭和君权至上的宗法封建制完美地结合为一体,成为近世学者所说的"邑制国家"。

自战国始至秦汉以降,上述以宗法原则为基础的诸侯贵族分权制逐渐被中央集权的郡县制所取代。地方政治结构的建立不再以家族关系为纽带,而是代之以一个庞大的有系统的官僚组织。但整个仍为皇室一己私有,"父有天下,传归于子,子有天下,尊归

---

① 《诗经·小雅·北山》。
② 黄宗羲:《明夷待访录·原君》。

子父"①。国家政治权力的承续仍然奉行父系承传和"立子以贵不以长,立嫡以长不以贤"的宗法原则。尽管这一原则在实际执行中常常受到各种因素的干扰,但历朝为皇位承传进行的明争暗斗终究不过是家庭内部的纷争,而非政党政治或阶级斗争的直接产物。在通常情况下,那些未承大统的皇族贵胄仍享有凌驾于社会各阶层之上的特权。并且,官僚统治集团内部仍然奉行严格的等级体制,即所谓:

> 奇服文章以等上下而差贵贱,是以高下异,则名号异,则权力异,则事势异,则旗章异,则符瑞异,则礼宠异,则秩禄异,则冠履异,则衣带异,则环佩异,则车马异,则妻妾异,则泽厚异,则宫室异,则床席异,则器皿异,则食饮异,则祭祀异,则死丧异。②

此外,在中国自古以来的礼仪传统中,历代统治者始终将宗庙制度和相应的祭祀活动放在首位,并以此序昭穆,别亲疏,这恰因为它是天下系于一家一姓的象征。

(二) 事君如事父的忠孝原则。在血缘关系至上的宗族集团中,道德是建立宗族内部秩序的主要工具,其中"孝道"更是维系家庭中长幼尊卑名分和体现个人对家庭人身隶属关系的基本原则,因而它在以伦理关系为中心的中国社会建构中具有非同寻常的意义。孔子说:"孝悌也者,其为仁之本与。"③ 俗语曰:"百善孝为先。"其意均在强调它的特殊地位。近世学者如钱穆、梁漱溟亦称中国文化为"孝的文化"。"孝"的最基本内容就是"父为子纲",就是子女对父命"无违",即从敬畏父母的权威到放弃自己的独立人格,唯父母之命是从——"父要子亡,子不得不亡。"这种道德信念延伸到社会组织中,便带来了政治上的权威主义,形成了事君如事父,移忠作孝的君臣、君民关系。《孝经》说:"夫孝,始于事亲,中于事君,终于立身。"这显然是由家与国的同构顺理成章地推演出君

---

① 《汉书·高帝纪》。
② 贾谊:《新书·卷 》。
③ 《论语·学而》。

与父的同伦。

> 君子者,天地之参也,万物之总也,民之父母也,无君子则天地不理,礼义无统。①
>
> 有父子,然后有君臣;有君臣,然后有上下;有上下,然后礼义有所错。②
>
> 忠臣以事其君,孝子以事其亲,其本一也。③
>
> 以孝事君则忠。④
>
> 事君不忠非孝。⑤

忠孝相沟通,"父为子纲"衍生出"君为臣纲",孝道转化为治道,于是,个人对国家和社会应担负的责任在中国变成了对家长权威无条件遵从的伦理义务。高居于万民之上的君主由此获得了维护自己统治权的堂而皇之的理论依据和教化控制子民的法宝。难怪历代中国皇帝常有"以孝治天下"的标榜,汉代还施行过察举"孝廉"的选官制度,所谓"以族举德,论必以族"⑥。理由正是忠臣应出自孝子之门,连中国的地方官吏也竞相以百姓的"父母官"自居,俨然以宗法家长的身份来统治人民。"熟悉而又习惯家庭制度的中国人,在包括官吏等级森严的政府机构在内的其他机构里,也乐于接受类似的地位尊卑制度。马克斯·韦伯把中国形容为'家庭结构式的国家'。"⑦ 专制社会要求民众像服从男性"家长"一样服从帝王的权威,服从当权者。对君权的"忠诚"顺利地将人民的天下、民众的国家转变为"普天之下,莫非王土"的君天下,转变成王权的国家;服务于这个社会的官员,也变成服务于王权的走卒。由此可见,与忠孝原则相随而来的必然是"君尊于上,臣恭于下,尊卑大

---

① 《荀子·王制》。
② 《易·序卦传》。
③ 《礼记·祭统》。
④ 《孝经·七章第五》。
⑤ 《礼记·祭义》。
⑥ 王符:《潜夫论·论荣篇》。
⑦ 费正清:《美国与中国》第四版,商务印书馆1987年版,第19~20页。

小,截然不犯"① 的专制主义,重社稷,轻科学,政治统帅一切的官本位体制和以人治为中心,政治伦理化的传统。

清代画家焦秉贞的《祭祖图》。家庭中的男性成员跪拜在祖宗画像前,主妇和女孩却侧身躲在屏风后面。画家曾是一位皇家官吏。

(三)大一统的专制政体。在中国式的家庭制度中,父亲拥有至高无上的地位,他不仅享有不容触犯的尊严,还掌握着家庭的全部实际权力,从家庭的经济财产到妻室子女的个人命运都必须接受父权的支配。与之同理,在中国的国家政治体制中,国君、皇上则以万民之父的身份君临天下,成为集行政、立法、军事指挥、司法、监察、考试录用官员、文化道德倡导裁决等诸种权力于一身的最高统治者。正所谓"父子君臣,天下之定理"(《程氏遗书卷五》)。自秦代始,秦始皇便将这种中央集权的君主政体强化到了极致,从而开创了世界上延续时间最长的大一统的帝国体制。

中国传统社会政治体制的第一个特征便是历史上有能力的皇帝往往乾纲独揽,兼听万事。"天下之事无大小皆决于上",② 对

---

① 《朱子语类》卷六十八。
② 《史记·秦始皇本纪》。

谁也不放心,不放手。所谓"能独断者,故可以为天下主"。① 在这样的体制中,没有任何有效的权力制衡和监督机制。"人主虽不肖,臣不敢侵也。"② 所实行的是彻头彻尾的独裁统治。

第二,作为皇帝意志执行者的官僚集团没有固定的体制,而是不断被皇帝随心所欲地加以改变,其总特点是权力中心始终向皇帝侧近的机构和侍臣转移。天子身边的私臣不断取代政府的行政长官,以防止君主大权的旁落。例如秦汉之初,宰相为总理国家政务的最高行政长官,但这种"一人之下,万人之上"的权力很快被掌管内廷文书的尚书取代,而当尚书省逐渐发展为外朝的行政机关,起于皇帝侧近的中书令又实权在握了。当中书省又确立为正式行政机构之后,真正的权力中心又开始转移到由内廷侍者组成的门下省。以后便形成了隋唐三省分治,互相制衡的多宰相政府体制。而到了明代,太祖朱元璋干脆罢废宰相,直接统理全国政务。以后明清又出现过内阁制,清代还设立了军机处,但总的趋势仍是君权的日益高涨和相权的衰落,君主独裁愈演愈烈,甚至于专设特务机关监视文武百官的言行,如明代的东厂、西厂即是。造成这种演变的根本原因正是帝王的家天下心态,恰如马克思所指出的"君主是国家中个人意志的,没有根据的自我规定的环节,是任性的环节"③。这种帝王的个人意志任意泛滥的直接结果便是"官随人转"。即一旦某人得到皇上的宠信,他便会获得巨大的权力,一旦权力集中到某人身上,他所居的官位便会变得十分显要。反之,某个重要职位一旦不再为皇帝的侧近宠臣担任,它的职权也就会不断削弱。可见,中国传统的政治结构是以人治而非法治为核心的。正因为此,历史上宦官与外戚等侧近之臣"蒙蔽圣聪",交替专权的事件屡有发生。

第三,中国皇帝不仅是政治权力至高无上的代表,也控制着整个社会的思想、文化和学术秩序。从秦始皇的焚书坑儒到汉武帝

---

① 《韩非子·外储说右上》。
② 《韩非子·忠孝》。
③ 《马克思恩格斯全集》第一卷,第275页。

的罢黜百家,独尊儒术,开文化专制主义之先河。中国的文化学术从此以君主的是非为是非,随帝王的好恶而沉浮转移。汉桓帝并祀佛老,于是佛教始深入中国,与黄老并重;南北朝有数代皇帝信奉佛法,带来佛教大盛;唐代皇族尊老子为祖,道家思想及道教又随之获得了一线生机……帝王喜赋则赋盛,皇上好诗则诗兴。更有甚者,文化上不同派别的学术观点也常由"上亲称制临决"。① 如汉宣帝的石渠阁议,东汉章帝的白虎观议经都是权力干预学术的著名例子。唐代以降,统治者更利用科举制度来规范学术思想,以钦定的学术著作或御制文书作为考试内容,以牢笼天下。如唐玄宗以"御注老子"策问,武则天考其自撰的《臣轨》,宋神宗以王安石《三经新义》课试,元代则以朱熹的《四书集注》取士。以学而优则仕为钓饵,求功名心切的文人学士自然趋之若鹜。此外,辅之以文字狱的恐怖手段,形成了"官无私论,士无私议,民无私说,皆虚其匈以听于上"② 的社会心态。于是,道统与政统互为表里,思想文化的大统一成为维持家天下一统江山的精神支柱。

中国传统社会专制结构的第四个特征是统治者以严密的行政组织限制黎民百姓的个人自由。马克思说:"专制制度的惟一原则就是轻视人类,使人不成为其为人。……专制君主总是把人看得很下贱。"③ 这样的原则在古代中国的君臣君民关系中体现得尤其充分。韩非子说:"夫所谓明君者,能畜其臣也。"④ 而为臣的责任却是为君牧民,"夫牧民者,犹畜禽兽也"⑤。可见,无论臣子或人民在专制统治者眼中,都不过类同于畜养以供驱策的动物。权力取消了权利,从皇上国君到作为王权代表的各级官僚都享有对下属生杀予夺之权,更可随心所欲地决定普通人的命运。因此,直到20世纪以前,中国都未曾制订过一部明确规定国家体制、确定公民权利义务的宪法,只有以惩处犯罪为宗旨的刑律。

---

① 《汉书·宣帝纪》。
② 《管子·任法》。
③ 《马克思恩格斯全集》第一卷,第411页。
④ 《韩非子·忠孝》。
⑤ 《淮南子·精神训》。

为了加强对民众的监督管制,中国自周代始即实施严格的人口统计和户籍管理,并在编户齐民的基础上建立了邻保里甲的村社组织,以保证赋税的征收和使人民"递相督察"。如战国时代秦国建立的什伍组织,以五家为伍,十家为什,什伍之内如有犯罪必须告官,否则处以腰斩之刑。此制在中国历代相袭且不断完善,到秦汉发展为亭里制,南北朝又改为邻、里、党三老制,隋唐称邻保制,宋代改为保甲制,明代设里甲,清代则里甲保甲二制兼用,并各有分工。这些不同朝代的村社组织虽名称各异,其性质与职能却无二致,即不断强化对普通百姓的人身自由的限制和言行的监督。如唐代的邻保制除了规定邻里间有互相监视、揭发犯罪的责任,还规定若一保之内有人逃亡,则由其余同保人家代为缴税。这样就把人民牢牢地束缚在固有的土地上,使"奔亡者无所匿,迁徙者无所容"①。从而有效地维护了君主专制政体和以血缘家族为纽带的中国传统社会的稳定与统一。

二、以地缘政治为基础的希腊城市国家

西方历史学家称,希腊历史的关键是城邦。城邦是一种规模有限,独立自治并得到其公民的最高忠诚的共同体。这一政治社会体制的确立显然是与希腊半岛上特殊的地理条件和经济面貌密切相连的。然而它所产生的影响却远远超出了希腊的国界,成为罗马共和国到近代欧洲政治制度的楷模。

从近一百年来发现的历史遗迹推论,希腊土地上最早的城邦应当产生于克里特—迈锡尼文明时期,荷马史诗称,那时仅克里特岛上就林立着几十座城市。但考古发掘的成果除了向我们展示那一时代留下的辉煌的城市和宫殿作为城邦存在的有力证据外,却很难为我们提供关于当时社会组织情况的更详尽的材料。而来自希腊西北方的多利亚人对迈锡尼文明的摧毁又将历史拉回到了氏族公社时代,这便是希腊历史上所谓的黑暗时代或英雄时代。在这一时期,由氏族组成的部落社会中自然经济还居于统治地位,实

---

① 《管子·禁藏》。

行以物易物的交换方式。在政治上实行以巴西勒斯为首领、贵族会议和人民大会掌握最高权力的军事民主制。随着生产力的发展，经济和人口的增长，这里又开始出现了农业与手工业的分工、贫富的分化、土地的私有和奴隶劳动，进而产品变成了商品并出现了货币，所有这些因素都必然对以自然经济为基础的传统生活方式造成冲击，随之而来的是氏族制度走向瓦解和新的城市国家的兴起，由此便产生了一般历史著作中描述的希腊城邦制。

古典时代的希腊城邦大约于公元前8世纪开始形成。这时在希腊相互隔离的各地区都分别建造起卫城和城堡，不同氏族的居民向城市聚集，并建立起管理各部落共同事务的中央行政机关，于是出现了最具有希腊文明特色的政治社会单位。希腊城邦的第一个特点是以独立的城市为中心，向周围的乡村辐射。因此绝大多数城邦的经济都是以工商业为重点，或是迅速向工商业经济迈进。其次是小国寡民的规模。以希腊最著名的城邦斯巴达和雅典为例，斯巴达以农业为主，土地面积最大，约有3000平方英里。工商大国雅典为1030平方英里，其余的城邦却平均不足100平方英里。斯巴达和雅典最繁荣时人口也不过40余万，而其余城邦人口大多仅有这个数字的三分之一。之所以如此，一方面由于土地资源有限，难以供养过多的人口，同时也"由于生产力不够发展，公民

雅典卫城

权要由一种不可违反的一定数量对比关系来决定"。① 故亚里士多德说，一个城邦如果有十万公民，就不再是城邦了。为了将城邦的规模限制在一定水平上，便不得不强制性地向海外移民。从公元前8世纪到6世纪，希腊人在爱琴诸岛、小亚细亚海岸、黑海沿岸、意大利南部和西西里建立了数以百计的移民城邦。这些城邦一旦发展到相应的规模即须通过再一次的移民去开拓新的定居点或殖民地，从而将希腊文明的种子传播到整个地中海世界。

大规模移民的一个直接果实是以血缘为基础的氏族社会组织遭到更彻底的破坏。因为迁徙大都是从海路完成的，规模有限的船队不可能容纳整个氏族，(事实上也很少会有整族迁徙的需要。)为了安全，甚至男女老幼合家出海的机会都很少。"凡是不能经受这段海程的事物都必须留在家里，而许多东西——不仅是物质的——只要携带出走，就说不定必须拆散，而以后也许再也不能复原了。"② 相反，在新开辟的城邦中，来自不同地区、不同部族的移民则会合到一起。于是一种全新的以地缘为基础的社会组织完全取代了原有的氏族体制。因此在大量的移民城邦中势必出现不同种族的大混合和血缘宗族意识的淡薄。即使在希腊母邦，随着各行各业的专业化，商业、航海业的发展，不同氏族、胞族的成员已完全杂居在一起，残存的氏族关系和贵族制度也在一天天地被摧毁。以最具代表性的雅典为例，据说希腊英雄提修斯建立雅典国家时，便将全雅典公民划分为贵族，农民和手工业者三个阶级，规定只有贵族能担任公职。到公元前6世纪初梭伦改革后变为根据公民的地产和收入多寡将他们重新分为四个阶级，并赋予相应的政治权利和义务。"这样，在制度中便加入了一个全新的因素——私有财产。"③ 不过议事会的组成仍以部落为基础。到公元前509年，克利斯提尼改革时，则干脆撇开了以氏族和胞族为基础的旧部落，重新建立了一套以地域关系为基础的自治区和地区部落，从而清除

---

① 马克思：《强迫移民》见《马克思恩格斯全集》第8卷，第618页。
② 〔英〕汤因比：《历史研究》上，上海人民出版社1966年第二版，第129页。
③ 恩格斯：《家庭、私有制和国家的起源》，见《马克思恩格斯选集》第四卷。

了氏族制度的最后残余。至此,希腊人社会的组织结构便不再是以血缘亲属集团为基本单元,而是以不同阶级、职业或不同地区的人组成的政治、经济集团为基础的了。例如,雅典政治社会中的山地派、平原派、海岸派集团即属此类。

同样,在希腊文化影响下发展起来的罗马城邦也走过了相似的道路。在罗马城建立的最初阶段即所谓"王政"时期,实行的还是以氏族集团和部落为基础的军事民主制。到公元前6世纪,第六王塞尔维·图里阿便依照梭伦的模式进行了社会改革。他把罗马原有的三个以血缘关系相结合的部族,改为四个地域性部族,又将罗马公民按财产标准划分为六个等级,其中前五级都规定了相应的最低财产额,第六级则为无产者。每个等级中须按规定建立数目不等的军事百人团,并可在公民大会中获得相应数目的表决权。而每个阶级拥有百人团的数目是与其财产的多寡成正比的。"这样,在罗马也是在所谓王政被废除之前,以个人血缘关系为基础的古代社会制度就已经被破坏了,代之而起的是一个新的、以地区划分和财产差别为基础的真正的国家制度。"[①] 而这一新型社会关系和国家制度的确立,不仅促进了希腊罗马工商业的迅速发展和经济文化的繁荣,也决定了西方文化与中国文化截然不同的发展取向。

与古代希腊城邦制的发展伴随而生的是民主政治体制的建构。在城邦建立之初,仍保留着氏族部落的某些制度,但"巴西勒斯"已失去了王权,多数城邦的权力都掌握在贵族会议以及由贵族选出的执政官手中。公民会议显得无足轻重,但执政官的权力也受到限制。如在雅典,执政官从最初的3人增加到后来的9人,任期也由最初的终身制逐步降至10年,以后又改为一年一任。这一时期的制度被称为寡头政治。然而随着新兴工商业奴隶主阶层和平民力量的崛起,这种以世袭贵族为核心的统治日益受到挑战。在一些城邦中,出现了代表新兴阶级利益的人物通过武力夺取政

---

① 恩格斯:《家庭、私有制和国家的起源》,见《马克思恩格斯选集》第四卷,第126页。

权,推行独裁统治的所谓僭主政治。而在另一些城邦,则开始了走向政治民主的改革尝试,梭伦在雅典的改革即是一例。梭伦在将公民按财产数额划分为四个等级后规定,第一、二等级可担任最高官职,第三等级可任次要官职,第四等级不能担公职,但有在公民大会上发言和投票以及参加陪审法庭的权利。还规定一切官员都须经公民大会选举,并且都必须向大会作自己活动的报告,一切法律也是在这里制定的。同时,他又设立了新的400人会议作为公民大会的常设机构,以取代贵族会议的部分权力。这一制度固然仍维护了富有阶级的统治,但由于第四等级在公民大会中占有多数,因而人民保留了决定的权力。此外,梭伦还颁布了解负令,取消债务,废除债务奴隶制,并规定了个人占有土地的限额,从而使下层平民的生存权得到保障。可以说,梭伦改革为雅典民主政治制度的最终实现铺平了道路。以后再经过克利斯提尼的改革,到公元前5世纪的伯利克里时代,雅典的民主政制达到了全盛。

这时,当选执政官的财产限制被取消,除十将军委员会仍由公民投票选举产生外,其他一切公职改用抽签选举,全体公民都有被选举权。为了保证贫穷的公民也能担任公职,国家设立了公职津贴,还为贫民参加文化活动设立了戏剧津贴。在十天一次的公民大会上,所有公民都可享有参政议政的充分权利,会议的讲台向每一个公民开放,"如果涉及城邦事务的问题,那么,不论是木工、机匠、靴工、商人、水手、富人、穷人、贵人、贱人,一律可自由起立发言"。[①] 每个公民都有权提出新的法案或建议撤销现行法令。一切有关国家大政的法令都须听候会议的表决。雅典的首席将军伯利克里因此在国葬典礼上骄傲地宣称:

> 我们的制度之所以被称为民主政治,因为政权是在全体公民手中,而不是在少数人手中。解决私人争执的时候,每个人在法律上都是平等的。让一个人负担公职优先于他人的时候,所考虑的不是某一个特殊阶级的成员,而是他们有的真正才能。任何人,只要他能够对国家有所贡献,绝对不会因为贫

---

① 柏拉图:《普罗泰戈拉》篇,见《西方伦理学名著选辑》上卷,第20页。

穷而在政治上湮没无闻。正因为我们的政治生活是自由而公开的,我们彼此间的日常生活也是这样的。……在我们私人生活中,我们是自由的和宽恕的;但是在公家的事务中,我们遵守法律。①

雅典民主政制的确立向我们显示了契约原则在西方社会建构中最早的应用。因为实现民主政治的基本条件便是作为公民社会最高形式契约的法律对个人政治权利和平等地位的肯定。如柏拉图所说:"人既各有所求,而又需多数之他人供给之,于是各本其愿欲而合群成为团体。凡由此群此团体联络而成之全部,即名之曰国家。"② 从这里我们可以看到,希腊人的集团意识和国家观念与中国人的归属意识和家国一体的观念已经发生了根本性的歧异。与希腊相类似的观点在罗马共和国制定的法律体系中得到发展。罗马时代的思想家西塞罗在他的《理想国》中便提出了一个永远公正的比较高级的法律概念,这种法律要高于政府的法规和法令,它将是这样一些权利的源泉,对于这些权利,作为人类的一切人都有资格享有,而政府不应践踏。③ 毫无疑问近代西方三权分立的资产阶级民主政体正是对上述希腊民主政制和罗马法律原则的直接继承。

然而,需要特别指出的是,无论是希腊的民主政制,还是罗马的共和制都远不是完全意义上的民主制。因为事实上享有充分民主权利的只是各城邦中的公民,即自由成年男子。而妇女、外乡人和占人口大多数的奴隶及被释放的奴隶都不能享受公民权。因此人与人之间的不平等和压迫仍然广泛地存在着。只是"现在社会制度和政治制度所赖以建立的阶级对立,已经不再是贵族和平民之间的对立,而是奴隶和自由民之间的对立,被保护民和公民之间

---

① 转引自《西方伦理学名著选辑》上卷,第38~39页。
② 柏拉图:《理想国》,商务印书馆1957年版,第75页。
③ 参见〔美〕伯恩斯、拉尔夫:《世界文明史》第一卷,商务印书馆1987年版,第305页。

的对立了"。① 即使在现代资本主义社会,尽管从法律上已赋予每个人平等的公民权,但由于财产占有的极度不均,因而不同经济地位的人们之间事实上也不可能实现完全平等的人权。所以,不论在中国还是在西方社会,马克思、恩格斯所憧憬的"每个人的自由发展是一切人的自由发展的条件"的"这样一个联合体"② 都仍是一个尚待实现的理想。

【思考题】

1. 试析自然条件对中西文化形态形成的影响。
2. 比较中西原初社会结构的同与异。

【本章阅读书目】

1. 恩格斯:《家庭、私有制和国家的起源》。
2. 黑格尔:《历史哲学》,商务印书馆1963年版。
3. 汤因比:《历史研究》,上海人民出版社1966年第二版。

---

① 恩格斯:《家庭、私有制和国家的起源》,见《马克思恩格斯选集》第四卷,第115页。
② 《马克思恩格斯全集》第四卷,第273页。

第三章
两种不同的文化选择
——中西文化的基本精神

尽管一般文化都具有大体一致的内容要素和基本结构,但每一个稳定的文化系统却有自己不同的侧重点或中心目的。因而各种文化要素在具体文化系统中的位置和影响便各不相同,并且,它们都环绕着自己的主旋律,进行着交互影响乃至互相协调适应的整合。所谓文化精神便是文化学者用以描述价值系统整合性的一般模式和发展取向的重要范畴,它将每一文化内部复杂的价值体系减少为影响价值体系各个方面的几个基本模式,并说明诸如经济、道德、法律和审美价值之间的一致性。因为这些文化组成部分的特质在参与文化系统的整体化运动过程中已经接受了文化基本目标亦即文化精神的选择与重铸。恰如本尼迪克所言:"一种文化就像一个人,或多或少有一种思想与行为的一致模式。每一文化之内,总有一些特别的,没必要为其他类型的社会分享的目的。在对这些目的的服从过程中,每一民族越来越深入地强化着它的经验,并且与这些内驱力的紧迫性相适应,行为的异质项就会采取愈来愈一致的形式。当那些最不协调的行为被完全整合的文化接受后,它们常常通过最不可能的变化而使它们自己代表了该文化的具体目标。我们只有先理解那个社会情感与理智的主要动机,我们才能理解这些行为所采取的形式。"① 基于同样的认识,我们在考察了中西文化不同的自然与经济背景和社会结构的差异之后,把探讨中西民族的文化精神,亦即两种文化各自的核心价值及其在所追寻的、珍视的、终归有所成就的方面表现出的个性作为比较的重点。

我们赞成这样的观点,任何文化类型或模式的产生都不是一时的,而是有着深远的历史背景。尽管每一种文化都可能在自己的历史进程中发生变迁,甚至不断展现出新的面貌,但其基本的个性却能贯通古今,决不会轻易被抹杀。

第一节 历来对中西文化精神差异的探讨

中西文化各自的基本精神究竟是什么?二者间又有哪些冲突与差异呢?这个问题近百年来一直是中国思想界讨论的热点。早在戊戌前后,一批力主引进西学促进中国政治变革的维新派思想家如康有为、梁启超、严复等即对此进行了认真的探讨,其中翻译家严复曾作过内容广泛的比较。他认为中西文化的不同在于:

> 中之人好古而忽今,西之人力今以胜古;中之人以一治一乱、一盛一衰为天行人事之自然,西之人以日进无疆,既盛不可复衰,既治不可复乱,为学术政化之极则。……中国最重三纲,而西人首明平等;中国亲亲,西人尚贤;中国以孝治天下,而西人以公治天下;中国尊主,而西人隆民;中国贵一道而同风,而西人喜党居而州处;中国多忌讳,而西人众讥评。其于财用也,中国重节流,而西人重开源;中国追淳朴,而西人求欢虞;其于接物也,中国美谦屈,而西人务发舒;中国尚节文,而西人乐简易。其于为学也,中国夸多识,而西人尊新知;其于祸实也,中国委天数,而西人恃人力……②

---

① 〔美〕本尼迪克:《文化模式》,华夏出版社1987年版,第36页。
② 严复:《论世变之函》,转引自《文化冲突的抉择》,湖南人民出版社1989年版,第222~223页。

到五四时期,许多著名的思想家和学者进一步阐发了这一论题。新文化运动的旗手陈独秀1915年曾在《青年杂志》上撰文探讨"东西民族根本思想之差异",他总结了三条:(一)西洋民族以战争为本位;东洋民族以安息为本位。(二)西洋民族以个人为本位;东洋民族以家族为本位。(三)西洋民族以法治为本位,以实力为本位;东洋民族以感情为本位,以虚文为本位。[①] 中国革命的先行者之一李大钊亦提出:"东西文明根本不同点,即东洋文明主静,西洋文明主动是也。"他接着对两大文明不同的特征作了较全面的总结,指出东西文明的差异在于:

> 一为自然的,一为人为的;一为安息的,一为战争的;一为消极的,一为积极的;一为依赖的,一为独立的;一为苟安的,一为突进的;一为因袭的,一为创造的;一为保守的,一为进步的;一为直觉的,一为理智的;一为空想的,一为体验的;一为艺术的,一为科学的;一为精神的,一为物质的;一为灵的,一为肉的;一为向天的,一为立地的;一为自然支配人间的,一为人间征服自然的。[②]

李大钊的这一总结可以说是五四时期关于东西文化差异讨论中各种观点的大融合。以后一些学者的观点不外取其一、二而排除其他而已。如新儒家的代表人物唐君毅提出:"西方文化之重心在科学宗教,中国文化之重心在道德艺术。"[③] 另一位台湾学者张荫龄发挥动静说提出"海洋的文化恰如智者尚智;内陆的文化恰如仁者尚德"的观点。此外,还有流行一时的中国文化是精神文明,西方文化是物质文明之类的观点,皆已包括在李大钊的总结之中。近20年来则又有中国是性善论文化,西方是性恶论文化;中国是乐感文化,西方是罪感文化;中国是一元文化,西方是多元文化等

---

① 陈独秀:《东西民族根本思想之差异》,引自《回眸〈新青年〉·哲学思潮卷》,河南文艺出版社1997年版,第299、300页。

② 李大钊:《东西文明根本之异点》,转引自:张岱年、程宜山:《中国文化与文化论争》,中国人民大学出版社1990年版,第24页。

③ 唐君毅:《中西文化精神之比较》,载郁龙余编:《中西文化异同论》,三联书店1989年版,第31页。

林林总总的见解。

在这些比较中,学者们的立场多为扬西而抑中,对中国的旧文化持较多的否定。例如,李大钊在分析了东西文明的差异之后,虽指出两种文明互有长短,却着重列举了东方文明的几大短处——(1) 厌世的人生观不适于宇宙进化之理法;(2) 惰性太重;(3) 不尊重个性之权威与势力;(4) 阶级的精神视个人仅为一较大单位中不完全之部分,部分之生存价值全为单位所吞没;(5) 对于妇人之轻侮;(6) 同情心之缺乏;(7) 神权之偏重,专制主义之盛。① 胡适则从文化进化论的观点出发,认为中西之异的实质是"古今之异"。他认为东方文明的特点是"知足、安分、安命、安贫、乐天、不争、认吃亏"。进而指出:"知足的东方人自安于简陋的生活,故不求物质享受的提高;自安于愚昧,自安于'不识不知',故不注重真理的发现与技艺器械的发明;自安于现成的环境与命运,故不想征服自然,只求乐天安命,不想改革制度,只图安分守己,不想革命,只做顺民。"相反他认为西方近代文明的特点正是"不安分","不安贫","努力奋斗","不知足",而"神圣的不知足是一切革新一切进化的动力。"② 不过也有部分学者倾向于肯定中国文化精神中的积极因素。如梁漱溟根据他的人生三路向理论论证道:西方文化是以意欲向前要求为根本精神的,中国文化是以自为调和持中为其根本精神的,印度文化是以反身向后要求为其根本精神的。他认为东方文化本身没有什么不及西方之处,只是成熟太早,不合时宜,第一条路还未走完便转第二条路上。③ 他进而提出,中国的民族精神"分析言之,约有两点:一为向上之心强,一为相与之情厚"。④ 张岱年先生则将中国文化的基本思想总结为四大要素

---

① 李大钊:《东西文明根本之异点》,参见焦树安:《比较哲学》,中国文化书院1987年版,第52页。
② 胡适:《我们对于西洋近代文明的态度》,参见曾乐山:《中西文化和哲学争论史》,华东师范大学出版社1987年版,第139页。
③ 梁漱溟:《东西文化及其哲学》第二、三、五章,见《梁漱溟学术精华录》,北京师范学院出版社1988年版。
④ 梁漱溟:《东西文化及其哲学》,见《梁漱溟学术精华录》,北京师范学院出版社1988年版,第304页。

"(1) 刚健有为;(2) 和与中;(3) 崇德利用;(4) 天人协调。"① 并认为刚健有力是中国文化精神的纲。除此之外,五四时期的"东方文化派"以及后来号称新儒家的某些学者如钱穆、张君劢等则几乎是以国粹主义的立场对中国传统文化精神给予全面的赞颂。

西方学者对中西文化精神差异的系统探讨始于 17 世纪,当时大批来华的传教士们开始通过书信和著述将中国的社会面貌及文化思想介绍给欧洲,同时还翻译出版了一批中国古代的学术著作如《大学》、《中庸》、《论语》、《易经》等,从而激起了欧洲学者研究中国的热潮,其中法国哲学家马勒伯朗士和德国学者莱布尼茨都曾进行过较深入的中西文化比较,莱布尼茨写道:

> 择要而论,就生活上的必要,技术与经验科学考察,两方都不相上下,互有特长。若就思维与思辨的科学而言,则欧洲实较中国为优越。因为逻辑学、形而上学为我们固有领域,其优越自不待言;在此无形的知识以外,我们对于物质抽象的现象考察,即数学,也较为熟练。我们如果将中国的天文学与欧洲天文学予以比较即可明瞭。因为他们缺乏证明的技术,所以即令我们的劳动者具有一般的几何学知识,也可以使他们满足。在军事领域,他们实远不及欧洲,这并不是中国人无知,而是因为中国人厌恶人类的这一罪恶,同时具有较基督教更为高深的学理,所以极力避免战争。
>
> 在事实上,我们在中华民族中发现了优美的道德,即在道德上,中华民族呈现着异样的优越。……在实践哲学方面,换言之,即在生活与人类实际方面的伦理与政治,我们实不足与中国相比较。(这是一种必须忍耐的屈辱)。因为中国民族在可能的范围内,相互团结以实现公共的安全与人类的秩序。这与其他国家的法律比较,其优劣当不可同日而语,对于人类的罪恶,由人类自身所发生的,返回到人类自身。如'人与人是狼'这一谚语,在中国则就不合适。我们的愚昧,使我们自

---

① 张岱年、程宜山:《中国文化与文化论争》,中国人民大学出版社 1990 年版,第 17 页。

身沉沦在不幸之中,同时对我们自身又创造了苦难。如果理性是一付清凉的解毒剂,那么,中国民族便首先是获得此药剂的民族。……现在如有一圣贤要选一优秀民族加以奖励,那么他的金苹果的赐予,一定会落到中国人的身上。①

到18世纪,启蒙运动的思想家们更广泛地开展了对中西文化精神的比较。如法国学者沃尔夫认为中国人的惟一原理便是理性的教养,中国人的学说包含了自然的全部要领,并主张以儒家的理性主义道德论补充基督教之不足。法国学者孟德斯鸠指出,中国没有宗教,而是以道德代宗教,以礼教为人民行动的规范。儒家强调的礼的精神是"在这些日常生活中不断唤起一种必须铭刻在人民心中的感情,而且正是因为人人都具有这种感情才构成了这一帝国的统治精神。"② 而被马克思称为"现代政治经济学的始祖"的法国重农学派创始人魁奈在《中国专制政治论》中论述道:"中国在天理天则的名称下,遵守了自然法……故中国四千年中永续其繁荣的状况。"他认为中国数学、物理学、天文学、地理学等自然科学不如文学、史学、政治学与伦理学等人文科学,是"中国尊重直接与人类有关的学问之结果。"③ 他提出欧洲应克服重商主义而效法中国的重农主义价值观。显然17、18世纪的欧洲思想家们不仅对中国文化的精神价值给予极高的赞赏,而且试图将它作为批判传统基督教神权的思想武器。

但19世纪之后,以黑格尔为代表的另一代学者却持截然相反的态度。黑格尔说:"孔子是一个实际的世间智者,在他那里思辨哲学是一点也没有的——只有一些善良的、老练的、道德的教训,从里边我们不能获得什么特殊的东西。"④ 20世纪西方学者对中西文化差异作全面探讨的不多,其中较有代表性的如英国的哲学家罗素,他说:"我们的文化最显著的长处是科学方法,中国人的最

---

① 〔德〕莱布尼茨:《中国近况》,转引自焦树安:《比较哲学》,中国文化书院1987年版,第28、29、30页。
② 〔法〕孟德斯鸠:《论法的精神》,转引自《比较哲学》,第34页。
③ 焦树安:《比较哲学》,中国文化书院1987年版,第36页。
④ 〔德〕黑格尔:《哲学史讲演录》第一卷,第119页。

显著的长处是对人生之目标的看法。"① 著名德国社会学家马克斯·韦伯则认为西方社会的精神气质是以理性主义为取向的,而中国文化的社会气质则是以传统主义为基本特征的。对中国传统文化怀有极大热忱的英国科学家李约瑟博士却把中国的传统社会文化命名为"回扣式·水利工程型的亚洲官僚政治。"②

所有这些中西学者的探讨都为我们今天认识中西文化精神的异同提供了十分有价值的启示。但因这些观点往往各取所需或失之笼统,很难被确认为对两种文化的精神特征的深入全面的剖析与描述。因此,本书将选择四个角度对中西文化的基本精神再作一个初步的分析。

第二节 人文传统与科学精神

我们把中国文化的人文传统与西方文化的科学精神分别视作两种文化精神的核心。诚然,这两者在性质上并非截然对立的,它们在两个文化系统中的存在形态也不是非此即彼的。相反,在西方文化传统中,人道主义也曾经是一个十分重要的支柱。然而,我们这里提出的中国的人文传统与西方文艺复兴以来所倡导的人文主义及启蒙主义的人道精神并不是一回事。西方的人道主义是在反抗中世纪神权文化的过程中兴起的思潮,它的要义是把长期处于"神权"统治之下的人的地位提升到神与自然之上的中心位置,强调人性,人的主体价值和人权、平等等个人价值。西方人道主义的另一重要内容便是肯定人为万物的尺度,宇宙的精华,万物的灵长,从而鼓励人对自然的征服与驾驭,这就为西方以认识和利用自然为宗旨的科学体系的建立提供了原动力。但这种人类中心主义的启蒙心态在 20 世纪受到了质疑和挑战,因为它的后果是被破坏的自然秩序对人无情的报复。而我们说中国文化的人文传统,则是指中国全部传统文化的核心价值都是围绕着人的社会存在而建

---

① 〔英〕罗素:《中西文化之比较》,参见《中西文化研究论集》,第 73 页。
② 李约瑟:《四海之内》,三联书店 1987 年版,第 31 页。

立起来的,它不刻意于宗教与神灵的寄托,也不追求纯自然的知识体系,而是专注于人的社会关系的和谐与道德人格的完成。这种倾向从雅斯贝尔斯所说的轴心时代已显露端倪,以儒家思想为代表的中国传统文化那时即开始将关注的中心由神转向人类社会,致力于讨论人格塑造、人的社会活动、人际关系、人与自然的关系等人文学的问题,并在此基础上创造了一套迥异于西方科学文化的独特的伦理文化。因此,哈佛大学杜维明教授提出区分两种人文精神,这也是我们立论的前提。

一、中国文化的人文传统与道德价值

杜维明教授认为作为中国人文传统代表的儒家人文精神主要体现在四个侧面。"第一个侧面是个人的问题,也就是人的主体性的问题;第二个侧面就是群体的问题,群体就是能从家庭到国家所展开的各种公共领域;第三个侧面是自然的问题;第四个侧面是天、天道的问题。"①

在我们看来,中国文化的人文传统主要体现在以下诸方面:

首先,中国文化较之世界其他文化更早地摆脱了神的权威的控制。人类精神文化以宗教为开端,这是当今一般学者的共识,而宗教的基本功能是通过对超自然的神灵的顶礼膜拜与狂热信仰助人解脱现实的痛苦和对世界的迷惑。但中国自周代始就出现了"重民轻神"的思想。据《礼记》载:"周人尊礼尚施,事鬼神而远之,近人而忠焉。"周王者的统治信条是"敬王保民","天视自我民视,天听自我民听"。②《左传》中亦有多处记载了当时人们对神的怀疑与轻视,如虢国的史嚚说:"国将兴,听于民,将亡,听于神。神聪明正直而壹者也,依人而行。"③ 郑子产也说:"天道远,人道迩。非所及也,何以知之。"④此外还有"吉凶由人"等说法。而为中国

---

① 参见杜维明:《儒家人文精神与宗教研究》,载《理性主义及其限制》,三联书店2003年5月版,第231页。
② 《尚书·泰誓》。
③ 《左传·庄公三十三年》。
④ 《左传·昭公十八年》

传统文化奠基的儒家精神,也是以非宗教的早熟理性为特征的。《孝经》中曾引孔子的话说:"天地之性人为贵。"《论语》中则多处记载孔子对于神灵的漠视,如"子不语乱、力、怪、神","未知生,焉知死","未能事人,焉能事鬼","务民之义,敬鬼神而远之,可谓知矣"等等。儒家的鬼神观对于中国文化中以人为中心的传统形成显然产生了重要的影响,以至连中国原始文化中的神话,也因此大量散佚或演义成了历史。同样,作为中国文化另一大支脉的道家也把人而不是神鬼天帝作为自己关注的中心。道家从其自然主义的哲学观出发主张对现实的超越与人性的自由,但它所指示的超越之路,并非向神的皈依,而是返璞归真向自然回归。因此,它将人与

孔子像

道、天、地并立为宇宙间的"四大"。至于得道之真人的最高境界亦非靠着神灵的提携,而是通过"心斋"、"坐忘"而臻至"乘天地之正,驭六气之辨而游于无穷"的自由天地。不仅如此,以道家哲学为理论基础的道教也具有明显的世俗化、人伦化色彩。如其养生延年,肉体成仙的教旨以及五戒十善的教规。甚至连从印度引进的以超越为本的佛教,为了在中国生存发展,也不得不改变其完全"出世"的面目,与中国的人文精神结合。禅宗的"顿悟成佛"、"佛向性中作,莫向身外求"的僧佛平等观,以及忠君孝父的宣讲正是这一情形的表现。可见,正是对神的存在的淡漠滋长了中国文化对人的关怀,并导致了中国古代文化中君重神轻、民重神轻的传统。

摆脱了神的威慑与统治之后,靠什么来支撑人们的精神信念、维系社会的统一与稳定呢?这便是以礼乐教化为中心的道德理性,这无疑是中国文化精神的最根本的体现。作为一种泛伦理性的文化,中国文化的道德色彩是无所不在的。从家族中尊卑长幼的礼节到社会秩序、国家管理的维系,从一般人的内省修身到对统治者的人格要求,无不把人的道德自觉——"堂堂做一个人"作为首要前提,并将立德作为人生价值实现的最高境界。这当中最能体现人本精神的应是孔子所代表的儒家的仁学思想。

"仁"的基本精神是什么呢?孔子说:"仁者,人也。"① 其意显然是把仁作为人立身之本。而他对仁的内涵的进一步阐释是:"爱人","泛爱众而亲仁","己所不欲,勿施于人","克己复礼",以及"恭、宽、信、敏、惠、孝悌"等道德规范。这一思想到孟子发展为"民为贵,社稷次之,君为轻"的民本思想,"老吾老以及人之老,幼吾幼以及人之幼"的将心比心的推恩,"保民而王"的仁政学说,以及仁义礼智,"父子有亲,君臣有义,夫妇有别,长幼有序,朋友有信"的道德信条。既充分肯定了人的价值,又确定了一整套处理人伦关系的原则。这些思想由于后世儒派学人的维护发挥及历代统治集团中有识之士的提倡,对中国传统文化产生了极大的影响。从曹操诗中写的"天地间,人为贵",到唐太宗论政时对荀子民水君舟思

---

① 《中庸》。

想发出的"载舟覆舟,所宜深慎"的感悟和"为君之道必须先存百姓"① 的阐发,可谓这一精神的积极体现。而从汉儒到宋元后道学家所倡导的"三纲五常"则发展了这一理论中的消极因素。

儒家仁学思想的另一重要内容是将个体人格的自我修养作为行仁义的先决条件,所谓"修己以安人"是也。《大学》中言"古之欲明明德于天下者先治其国,欲治其国者先齐其家,欲齐其家者先修其身,欲修其身者先正其心,欲正其心者先诚其意,欲诚其意者先致其知,致知在格物"。以此为基础,方可形成所谓的"德治",即以"修文德"、"行王道"为中心的理想统治秩序。如孔子言:"道之以政,齐之以刑,民免而无耻。道之以德,齐之以礼,有耻且格。"②从为政以德的理想又衍生出"贵义贱利"、"舍生取义"、"德本财末"、"谋道不谋食"等价值观。进而使"礼义廉耻"成了民族的精神支柱("四维不张,国乃灭亡")③。毋庸置疑,道德中心主义正是中国文化人文传统的基本特征。中国传统文化中惟一的平等观念也是以道德完善(尽人之性)为前提的,所谓"圣人与我同类者","人皆可以为尧舜",④"涂之人可以为禹","赞化育,参天地"⑤ 概源于此。

只是努力发展各种与人伦社会有关的思想学说,而不关心对客观自然的认识,不热心逻辑认识体系和自然科学体系的建立。这是中国人文传统的又一重要表征。

如前所述,中国人所处的较优越的生存环境,使他们无需与自然作太艰苦的抗争即可获得自足的生活,因此他们企望与自然保持一种亲和的关系,并把主要的精力放在人文社会的建立与研究上。中国人崇尚的"智"主要指人生智慧——"是非之心,智也"。⑥加上以伦理及政治哲学为核心的儒家思想很早便取得了文化上的

---

① 《贞观政要·论群道》。
② 《论语·为政》。
③ 《管子·牧民》。
④ 《孟子·告子上、下》。
⑤ 《中庸》。
⑥ 《孟子·告子上》。

独尊地位，这就不可避免地抑制了以认识自然规律、创造物质财富为宗旨的科学技术在中国的发展。

客观地说，在中国古代文化中并非缺乏生长现代科学的土壤，也曾创造过许多重要的实用技术成果。在曾为先秦显学的墨家经典中便已出现了古代力学、光学、几何理论和形式逻辑的萌芽。名家著名的逻辑辩难也是以对知识的建构及概念意义的逻辑分析为中心的。然而，它们都多因受到儒家、道家为代表的主流文化的排斥而中绝了。在中国文化的历史长河中，虽也产生过一些卓有成就的科学家，创造出了直接推动人类文明进步的重要科技发明与工艺技术。但都往往得不到国家的称许和社会的承认，因而难以有广泛的应用和长足的发展。稍受重视的天文、数学及阴阳五行的自然哲学皆因与农业社会的生活实用有关，或与占卜算卦的术数杂糅而得以生存。在一般志于正道的学者眼里，用于认识和改造自然的科学与技艺不过是末业小道、"雕虫小技"，它会有碍于人格的修养。恰如《庄子·天地》中描绘的一位宁可挖地道到井里取水而拒绝使用机械的汉阴丈人所说："有机械者必有机事，有机事者必有机心。机心存于胸中，则纯白不备；纯白不备，则神生不定；神生不定者，道之所不载也。吾非不知，羞而不为也。"这一观念的影响使大多数中国知识分子宁可走科举仕进之途或沉溺于经学义理的研习考据之中，而不屑于弃儒从技，致使科技在中国文化中的地位越来越无足轻重。这一点我们从历代类书内容的演变中亦可看到。

在中国现存较早的一部具有百科全书性质的辞典《尔雅》中，有关自然的条目为1096条，占全书总条目的53%，若再加上与应用技术相关的214条（如"释器"、"释言"等）可达64%。到唐高祖时，在李渊下令编修的《艺文类聚》中与自然知识有关的博物共22目，占全书45%。而到清代整理编修的集中国古代文化大成的《四库全书》，全书分经、史、子、集四大部类，自然科学并无独立的地位，仅子部14类中有兵家、农家、医家、天文算法四类科技内容较为集中。不仅比重甚轻，而且学科范围狭窄，足见中国传统文化对科学技术的关注，不是逐渐增强，而是日趋削弱。中国文化重人文,轻科学,斥技艺的倾向由此可见一斑。

追求人与自然的和谐共生是中国文化人文传统的又一表征。与西方人文主义强调以人为中心,崇尚对自然的征服与驾驭不同,中国文化主张尊重自然,顺应自然,与天地万物和睦相处,这是中国人文精神的重要内容。对此我们将在天人合一专章中深入展开。

二、以科学为中心的西方文化

与中国文化的人文传统有所不同的是西方文化中科学精神的主导地位,诚如康有为所言——"中国人重仁,西方人重智。"

海洋的惊涛骇浪带来的生存忧患使古代希腊人产生了人与自然对立的观念。这一方面引起他们对超自然神秘力量的畏惧与膜拜。同时也激发了他们征服和驾驭自然的雄心。而要驾驭自然的先决条件便是认识和掌握自然的规律,知识就是力量,因而"爱智"成了希腊人乃至整个西方民族的共同价值取向。在人类智慧培育出的林林总总的果实中,希腊人尤其偏爱的是能帮助人认识利用自然的知识。伊壁鸠鲁说:"一个人没有自然科学的知识就不能享受无疵的快乐。"[1] 这显然是因为探求和发现自然之奥秘乃是战胜自然、实现人的自由意志的最有效的手段。

古希腊科学的发展最初得益于古埃及、巴比伦和印度文明所创造的科学。但是希腊的科学家们将这些源于实用的天文、数学、医学知识加以理论的升华和系统总结,建立了分类明确的科学学科体系,为后来西方科学的长足发展奠定了重要的基础。被称为西方科学之父的亚里士多德早在公元前4世纪便写下了多卷本的《物理学》、《天体学》、《动物史》以及气象学、矿物学方面的著作,而他关于逻辑学、形而上学的理论对于西方理性思维方式与科学思辨精神的形成更产生了巨大的影响。古希腊时期还产生了泰勒斯及毕达哥拉斯学派的数学成就,泰奥弗拉斯的《植物史》,希波克拉底的医学理论。在接下来的希腊化时期,又出现了欧几里得集大

---

[1] 参见周辅成编:《西方伦理学名著选辑》上卷,商务印书馆1987年版,第94页。

成的《几何学原理》,阿基米德的浮力定理,以及地理学、解剖学的发展。到罗马时代便出现了老普林尼于公元77年编撰的被称作《自然史》的卷帙浩繁的百科全书。其内容包括天文、地理、巫术、人种学、农艺、医学、建筑、绘画、雕塑、动物、植物、矿物、药物、教育等广泛学科,其中自然科学占据了主导地位。所有这些,既可看作西方文化科学精神的充分体现,也是对西方历史中科学传统的确立奠定的牢固基础。正是在此基础上,才可能建立起今天现代科学技术的辉煌大厦。

西方文化的科学精神主要体现在三个方面——理性精神、客观态度与探求真理的执著。

我们把理性精神即所谓"阿波罗精神"看作西方精神的核心。它表现为承认客观自然世界的可认知性,在各个领域中对形式逻辑的推论和证明法则的普遍遵从,在科学及学术活动中对概念、范畴的建立和理论抽象的偏好,对真理的虔诚信念,以及在日常行为方式中的工具合理性原则。

美国学者伯恩斯和拉尔夫在《世界文明史》中写道:"希腊人的文化是第一次被放在以知识为首位的基础上,被放在视自由探索精神为至高无上的基础上。他们没有什么不敢去探究的题目,他们认为没有应排斥在理性领域之外的任何问题。思想凌驾于信仰之上,逻辑和科学凌驾于迷信之上,达到了一个前所未闻的程度。"一般认为西方文化支柱有三——科学、法律、宗教,从此三方面我们都不难发现理性精神对西方文化的深刻影响。从希腊的科学体系和民主政体、罗马的法律到近代欧美的经济运行模式都是上述理性原则的指导下建立起来的,这一点恐怕是无人怀疑的。那么宗教呢?按通常的认识它无疑应当是反理性的痴迷,一个无可否认的事实是欧洲中世纪的宗教禁锢确曾对科学与文化进步产生过阻滞作用,并且还发生过扼杀科学成果、迫害科学家的历史悲剧。即使到了现代,达尔文的进化论仍在受到教会的攻击。然而,西方宗教在各时期仍不同程度地受到理性主义的渗透。例如基督教也以真理为追求对象,认为神与真理都是可以认识的,并承认人的行为受到必然律令(即客观规律)的制约,因而建立了系统的神学理论,并在不动摇宗教理论根基的前提下,不排斥自然科学的研究,故许多西方著名科学家、思想家如帕斯卡尔、斯宾诺莎、牛顿、海森堡等也是宗教的信徒。在路德和加尔文的宗教改革后,基督教中的理性主义更进一步得到加强,以致韦伯把新教伦理精神归结为入世禁欲主义,即人们以其天职为任务合理性而有系统地追求利润的态度,并认为这即是资本主义精神的起源。到今天,西方许多宗教信仰者,已不一定必寄希望于拯救众生的上帝,他们或则将它作为道德价值和情感的寄托,或是皈依一种宗教气氛中变得神圣化的理想和信念。诚如爱因斯坦所说:"那些我们认为在科学上有伟大创造成就的人,全部浸透着真正的宗教观念,他们相信我们这个宇宙是完美的,并且能够使追求知识的理性的努力有所感受。如果这种信念不是一种具有强烈感情的信念,如果那些寻求知识的人未曾受过斯宾诺莎对神的理智的爱的激动,那么,他们就很难会有那种不屈不挠的献身精神……"① 爱因斯坦还说:"真正的宗教已被科学知识提高了境界而且意义也更加深远了。"② 由此可知,在西方人眼里宗教信仰与科学精神并不是水火不相容的。

科学精神还表现在对待事物的客观态度上。西方人为实现驾驭自然的目的,强调尊重物质世界的客观规律,这在科学研究中则表现为注重实验与实证。在逻辑推导和抽象思辨的方法外,他们也把观察与经验作为获得知识的重要途径。如达·芬奇说:"经验是一切可靠知识的母亲,那些不是从经验里产生,也不经经验鉴定的学问,那些无论在开头、中间或末尾都不通过任何感官的学问,是虚妄无实、充满错误的。"③ 这种观点在近代实证哲学和实证科学的发展中得到充分的肯定。这些学派认为人头脑中的一切概念性的东西,只有和外界的实体事物联系起来时,才是真正的、可靠的、有价值的东西,因而强调任何科学假设和理论必须具备可检验性。而实践(在科学研究中的实验)才是检验真理的标准,这就带

---

① 葛雷、齐彦芬:《西方文化概论》,中国文化书院1987年版,第51页。
② 《西方文化概论》,第51页。
③ 《西方文化概论》,第108页。

来了西方重实践，重实用的科学传统。一部分思想家和科学家如孔德、马赫等甚至把实证方法与形而上的思辨对立起来，认为只有实证知识才能成功地运用到人类实践的各种领域中去。而美国实用主义哲学家威廉·詹姆斯也提出："正确的思想就是我们能够吸收、证明、确定和证实的思想。"① 西方文化中客观精神在文学艺术上的表现是重写实、求逼真的模仿再现型的审美观长期处于主流地位，而对西方人行为的影响则是重实利、重效用的生活方式的普遍化。例如，美国人生活中的数量的观念，他们"倾向于以数量来评价几乎所有的事物。……除开这个通常的标准外，他不管什么别的标准。"② 这种客观原则至上的判断，当然不同于中国文化以道德和情感为标准的判断。

科学精神中还包含着不断探索科学真理的执著态度，它不盲从传统，不迷信权威，不满足于已取得的经验与结论，总之，它敢于用怀疑的眼光去审视旧有的一切观念和成就，甚至怀疑自己。法国哲学家蒙田就曾发出过"我知道什么"的著名质疑。对于此，法国学者保尔·阿萨尔曾在《欧洲意识危机》中精辟地总结道："什么是欧洲？欧洲是一种永不满足的思想。它不怜悯自己，它无休止地寻求两种东西：一是幸福，另一个对它来说非常必要、非常宝贵，这就是真理。它刚刚找到似乎适应这双重要求的一种状态，它便发现，它知道它还很像无把握获得，只有临时和相对。于是它又开始了使它光荣而痛苦的绝望的追求。"③

把真理看作一个不断认识的过程，强调真理的相对性而不承认所谓终极真理，可以说是近代科学给西方人输入的新观念。其中著名的思想是由近代物理学家波普阐发的，他指出："在经验科学中，我们从来没有充分可靠的证据来声称我们实际上已经得到真理，但我们能够以有力而相当可靠的证据声称，我们已经在向真

---

① 参见〔美〕康马杰：《美国精神》，光明日报出版社1988年版，第139页。
② 同上书，第8页。
③ 〔法〕阿萨尔：《欧洲意识危机》参见《西方文化概论》，第157页。

理进步。"① 从哥白尼的日心说到牛顿的力学,再到今天量子力学和爱因斯坦相对论的出现,西方近代科学的发展历程不啻为这一论断的有力佐证。

第三节　群体认同与个人本位

中西文化在民族精神上的第二个基本差异源于两种文化关于人的不同观念,尽管中西文化的价值系统中都把人放在中心位置上,但对人的理解却截然两样。西方文化强调人作为有理智、尊严和自由意志的独立个体的地位,要求人对自己的命运负责。而中国文化则主要把人理解为类的存在物,重视人的社会价值,仅把人看作群体的一分子,是他所属社会关系的派生物,他的价值因群体而存在并借此体现。因而只有无条件地将自己的命运和利益都托付给所属的群体。这两种不同角度的人论便带来了中西文化不同的人格理想以及相应的社会政治结构。

一、义务本位的群体原则

以家庭为基础单元的社会结构形式决定了中国人的社会存在首先依存于以血缘关系为纽带的家庭和宗族集团,他在这一切初始亲属集团中享有某种在集团之外无法得到的安全、连续和持久的地位,于是他被固定在这个关系网上,在这里满足自己的一切社会性需要,也履行各种必不可少的义务,并以一种内外有别的标准去理解和处理集团之内与外的不同事物。这便是美籍学者许烺光教授所指出的中国人"情境中心的处世态度"。这种态度的一个主要产物即是对家族及其延伸的群体如宗族、乡党等的依赖心理。因此它尤为重视人与人之间关系纽带的建立,作为中国文化核心价值目标的"仁"就是着眼于此的。《说文》中对仁的解释是"亲也,从人从二",足见仁的道德要求和价值首先是从人与人的社会关系

---

① 波普:《客观知识》,见刘大椿:《比较方法论》,中国文化书院1987年版,第69页。

中衍生出来的,而这一准则的履行又须以家族集团为起点。爱有等差,"亲亲大也"①,"仁之实,事亲是也"②,"亲亲而仁民"③,而修身、齐家乃是治国、平天下的条件。在这种条件下,人与人之间最基本的关系是相互依赖,而依赖的可靠程度则由血缘关系的亲疏程度来确定。这一行为模式的直接结果便是所谓:"母以子贵"、"夫荣妻贵"、"一人得道,鸡犬升天"的裙带政治风气的历久不衰。反之,倘若一人获罪,也必祸及全家,甚至株连九族,实乃休戚相关,荣辱与共。这种关系推而广之,便产生了乡党观念。孔子把第二等"士"的标准定为"宗族称孝焉,乡党称悌焉"。足见其对地域基础所产生的人际关系也十分重视。"与乡人处,由由然不忍去也,"④ 从邻里乡亲的相互照应、提携到同乡会、地方会馆之类团体组织形式的建立,把中国人的群体凝聚意识和依附关系从纯粹血缘推延到了地域纽带。由于血缘关系至上的原则,中国人在建立其他社会关系时也尽可能用血缘关系来比附。如朋友之间的友情亲密到一定程度便可互相以兄弟相称,甚至叩头八拜,互序谱系,焚香告祖考,称为义结金兰,成为正式的"哥们儿"。师徒之间、同师学艺的学友之间的称谓,也完全比照家族关系,称为师父、弟子、师祖、师叔、师兄、师妹之类。总之,凡关系网络之中欲表亲近者,即以"自家人"相称,反之,则为外人。

中国传统的群体认同原则的另一要素是要求每个人必须严格遵从并适应他在家庭关系网络乃至整个社会结构中被确定的身份和角色,不能有所逾越。因而他应当自觉接受"礼"的规范约束。"人而无礼,虽能言,不亦禽兽之心乎。"⑤ 所谓"君君,臣臣,父父,子子",即是要求"父慈、子孝、兄良、弟悌、夫义、妇听、长惠、幼顺、君仁、臣忠"。⑥ 总之,严格按照长幼尊卑亲疏的等级名分去处理

---

① 《中庸》。
② 《孟子·离娄上》。
③ 《孟子·尽心上》。
④ 《孟子·万章下》。
⑤ 《礼记·曲礼上》。
⑥ 《礼记·礼运》。

人际关系,确定对他人的不同态度,同时还需遵循相应的节仪、服御制度。在这样的礼制秩序下,个人作为主体的独立人格和地位自然无从谈起。因此中国文化对个人赋予的主要是义务和责任。这一点,我们从古代少年成年时所行的冠礼中即可见一斑。

《礼记·冠义》中载:"冠者,礼之始也,古童子不冠,冠而后人,亦可娶妻矣。冠礼,成人礼也,即责其为人子,为人弟,为人臣,为人少者之礼。"冠礼通常在宗宙中举行,以示"自卑而尊先祖"。加冠时需站在大堂前东面的台阶上,以示传宗接代。始加缁布冠,而后可以治人;再加皮弁服,而后可以保社稷;三加爵弁服,而后可以事宗庙。然后还需向国君和乡大夫送礼晋见。显然一个人成年便意味着正式加入了复杂的宗族和社会关系网络,并被赋予了特定的身份和相应的社会责任。因此他便不得不克制个人的欲望,服从家庭乃至社会群体的意志与利益。这种态度推演到处理人际关系上,便是行为举止上的自我克制,"自卑而尊人";[①] 便是孔子所提出的"忠恕"、"恭俭庄敬"和"恭、宽、信、敏、惠"的处世态度,是孟子所说的"辞让之心,礼之端也"。其宗旨不外通过协调人际关系乃至同等级社会成员间财富的平均分配,保持群体的和谐统一。由此可见,中国传统文化是漠视人的个体价值的,它之所谓自我人格的完成(尽性),其实质恰恰是抑制和牺牲人的个体需要和个性以达到维护群体中的既成秩序的自觉。所谓:"吾日三省吾身,为人谋而不忠乎?与朋友交而不信乎?传不习乎?"[②] 而舍生取义的自我奉献则被视作道德的最高境界。总之,人是为家庭、为他人、为社会而存在,而非为自己而存在。

从古代冠礼所蕴涵的意义中,我们还可以看到,中国人的群体本位原则除了宗族集团的认同和乡土情谊之外,还要求对社稷的效忠。不过,这种效忠的出发点并非对人类共同的利益和价值的献身,也不是明确个人承担对国家民族和社会应尽的责任,而仍是对君主大家长的人身隶属和依附——为人臣,即前面所述的忠孝

---

① 《礼记·曲礼上》。
② 《论语·学而》。

观念。可见,人类群体关系中的理应包含的社会公理、公德在中国都变成了忠于家族和君王的情理私德。所谓去私行公,立公道,杜私门,实际上就是君为臣纲的代用语,臣民之于君主唯有"虚心以侍令……有口不以私言,有目不以私视"。[①] 在这样的背景下,普通人所应享有的个人权利和体现个人对社会尽责的民主政治参与显然都无从谈起。一个人若想改变自己的生存境遇或享受一定程度的个人自由,唯有千方百计地提高自己在群体中的等级名分——向上爬,于是"学而优则仕"的科举干禄之道成为中国人尤其是中下层知识分子终身孜孜以求的最高理想。但他们同时也就自觉地将自己的命运与君主集权的专制政体系在了一起。因此,古代科举制度所带来的官绅转化尽管曾给传统的等级社会注入一定的活力,但仍然只能培养人的奴性,不可能动摇以人治为中心的政治结构和等级森严的宗法制度。

诚然,在中华民族漫长的历史长河中,也曾出现过:"先天下之忧而忧,后天下之乐而乐"的真正以民为本的群己思想,也曾出现过众多为民请命,为国献身的志士仁人。中国文化的群体认同精神对于调节人际关系,促进社会稳定和增强民族的凝聚力也产生过积极的影响。但这种以家庭为本位的群体原则却在更大程度上限制了中国人的个体价值和个人创造活力的实现,并对旧的传统秩序的长期延续发挥着强大的维系效应。

二、个人主义的自由与权利

与中国长期保持的以自然经济为主的农业社会不同,西方世界早在古希腊时期便形成了农业、手工业、商业并重的经济结构,商品经济和社会分工都已十分发达。随着工商业阶层的崛起,以平等交换为基础的商业原则促进了希腊人个体意识的觉醒和成熟,由此孕育出西方人个体本位的文化精神。

首先,在群体与个体的关系上西方文化把肯定人作为个体存在的价值,看作人类社会结合的基础。古希腊智者普罗泰戈拉曾

---

① 《韩非子·有度》。

说："人是世间万物的尺度，是一切存在的事物所以存在，一切非存在的事物所以非存在的尺度。"① 他这里所说的人并非仅指整个人类群体，而是已包括了每一个具体的个人，因为宙斯派赫尔美斯把正义和尊敬分给了所有的人。因此，人们应该根据自己的意志来决定各种关系，希望在自身中获得满足，希望通过自己的理性来确定应当服从的东西。亚里士多德指出，一个人的最高的善在于自我实现，也就是运用人的本性中最能真实显示出人之所以为人的那一部分，因之自我实现便与理性生活相一致。伊壁鸠鲁学派则肯定了个人追求快乐享受幸福的要求和权利，并认为"获得相对于别人而使自己得到安全的任何手段都是自然的善。"② 总之，黑暗时代之后的整个希腊文明时期都倾向于承认个人的尊严与价值，肯定个人的权利，倡导自由精神，鼓励个人创造性的发展，并以个人所表现出的勇敢、力量、智慧为最高的人格体现。

从这样的信念出发，远古社会中个人对家族的从属关系自然受到了削弱，到雅典时代即早已不实行子永从其父之法。伯罗奔尼撒战役之后的斯巴达已通过遗嘱法，使财产的支配权归于个人而不属于亲属。到基督教文化统治时期，家族的权威更让位于宗教义务。《圣经·新约》中记载耶稣说的话："我来并不是叫地上太平，乃是叫地上动刀兵，因为我来是叫人与父亲生疏，女儿与母亲生疏，媳妇与婆婆生疏，人的仇敌就是自己家里的人……"又说："人到我这里来，若不恨自己的父母、妻子、儿女、弟兄、姐妹和自己的生命，就不能做我的门徒。"③ 这就把人们对家族承担的责任引向对超越家庭的精神权威和宗教力量的效忠上，进而产生了"上帝面前人人平等"的思想。到文艺复兴时期，西方人对个体价值和人格尊严的要求从教权的阴影下重新解放出来，被恩格斯誉为"新时代的第一位诗人"的但丁首先响亮地宣称"人的高贵，就其许许多多的成果而言，超过了天使的高贵。""并非家族使个人高贵，而是

---

① 周辅成编：《西方伦理学名著选辑》上卷，第27页。
② 同上书，第93页。
③ 《圣约·新约·路德福音》。

个人使家族高贵。"① 他还鲜明地提出了"人为了自己的目的,而不是为了别人的目的而生存","自由的第一原则就是意志的自由"② 的个人主义思想。此后,以个性解放和重构人的主体性为核心的人文主义思潮重新成为西方文化的主潮。到18世纪,启蒙运动的思想家们更高扬起人生而自由、平等的"天赋人权"的旗帜,并且使它在法、美等国的法律中固定下来。进而,在20世纪西方思想领域独占鳌头的存在主义哲学则以每个人都可以自由选择自己的本质,人必须对自己负责的命题把西方文化中的个人主义世界观发展到了极致。

在这样的理论背景下,形成了西方人个人中心的处世态度,他不依附于家庭,也不依赖于他人,而是倾向于自我依赖——"他要自己思考,自己做决定,并且用自己的双手以自己的能力开辟自己的前途。"③ 家庭与个人之间只存在暂时性的纽带,为解决面临的问题和达到某一目标而参加的社团或俱乐部也是不稳定的。对个人来说,"世界上不存在他可以依赖而又无损其自尊的人或神,成功是他自己的幸福,失败则成为他自己的重负。他能招请整个世界的人来庆祝自己的幸福,但却不能让其家庭和亲友分担他的不幸。"④ 因此在美国及其他西方国家,许多亿万富翁或在任总统的子女,在其成年时,也需脱离家庭去独立谋生。这在中国的传统社会中几乎是不可能想像的。

个体本位文化精神在伦理观上的体现,是所谓"合理利己主义"的人际关系原则在西方社会得到较普遍的认同。这一原则的实质便是在不损害他人的前提下,每个人都坚定地维护自己的个人利益。

伯恩斯和拉尔夫在《世界文明史》中谈到希腊人的基本理想时说:"他是一个乐观主义者,确信生命只有为其自己的目的而活着

---

① 周辅成编:《从文艺复兴到十九世纪资产阶级哲学家政治思想家有关人道主义、人性论言论选辑》,商务印书馆1966年版,第3、4页。
② 同上书,第19页。
③ 〔美〕许烺光:《宗族、种族、俱乐部》,华夏出版社1990年版,第3页。
④ 同上书,第238页。

才有价值。……他是一个利己主义者,为自我满足而奋斗。……他拒绝肉体上的苦修行,反对会造成损害生命的所有形式的克己行为。"这样的人生价值得到历代西方思想家的肯定,也为一般公众所奉行,从而成为西方文化的重要表征之一。德谟克利特说:"对于好的公民来说,专门去管别人的事而忽略了自己的事是没有好处的,这样,自己的事一定就会弄得很糟。"① 而英国功利主义伦理学家边沁更明确声称:"不了解个人利益是什么,而侈谈社会利益是无益的。一件事物如果趋于增大某个人的快乐之总和,或者(也是一回事)减少他的痛苦之总和,那么我们就说它是增进那个人的利益或者有补于那个人的利益的。"② 17世纪著名的荷兰伦理学家斯宾诺莎也认为,依照自然的最高法则:"一个人愈努力并且愈能够寻求他自己的利益或保持他自己的存在,则他便愈具有德性;反之,只要一个人忽略他自己的利益或忽略他自己的存在的保持,则他便算是软弱无能。"③ 因此,人可以各自辨别什么对自己是善的或是恶的,各自努力保持自己之所爱而消灭己之所惧恨的对象。

然而,由于每个个体的情感和欲望并非互不相干的,倘若每个人都为所欲为地按自己的意志行动,那么,一旦两个以上的人希望占有同一个无法为他们共同享有的事物时,他们便可能反目成仇,彼此争斗甚至互相摧毁,结果反而使任何人都难以安全地得到自己的合理利益。因此,斯宾诺莎提出,将个人的自然权利"收归公有",由社会制定的法律加以维护,以保持人们彼此间的信心,确保互不作损害他人之事。而霍布斯则主张将这种权利限制在一定的范围内,即"当他人也一样愿意时,一个人是应该愿意放弃运用一切物的权利的。至于他个人对于别人享有的自由,应当以他自己允许别人对于他自己所享有的自由的程度为满足。"④ 这正是"己所不欲,勿施于人"的原则。以后,费尔巴哈将这一源于孔夫子的

---

① 《西方伦理学名著选辑》上卷,第87页。
② 《西方伦理学名著选辑》下卷,第212页。
③ 同上书,第631页。
④ 《西方伦理学名著选辑》上卷,第665页。

思想进一步加以发挥,提出了协调自己追求幸福的"自私"愿望和道德所要求的"无私"义务的道德理想。这是一种从利己出发的,然后推己及人的履行对他人的义务的所谓"善的,富于同情心的,合乎人情的利己主义"。费尔巴哈说道:"你的第一个责任便是使自己幸福。你自己幸福,你也就能使别人幸福;幸福的人,但愿在自己周围只能看到幸福的人。"① 费尔巴哈的这一思想在存在主义思想家萨特的自由选择理论中得到了延续,从而成为今天多数西方人的道德信念。萨特说:

  人在为自己作出选择时,也为所有的人作出选择。因为实际上,人为了把自己造成他愿意成为的那种人而可能采取的一切行动中,没有一个行动不是同时在创造一个他认为自己应当如此的人的形象。

  还有在这样追求自由时,我们发现它完全离不开别人的自由,而别人的自由也离不开我们的自由。……只要我承担责任,我就非得同时把别人的自由当作自己的自由追求不可。②

  从上述理论中,我们似乎看到,作为西方个人本位文化典型标志的利己主义道德原则已逐步向利己兼利人的道德目标转化。这一点在孔德和斯宾塞倡导的所谓利他主义伦理观中表述得更为明确。孔德认为人的利己冲动虽是社会不可缺少的,但他为理智所鼓舞,控制自利的本能而产生利他的感情则是更为高尚的冲动,因此,所谓道德就是使前者从属于后者。斯宾塞则指出:"我们的行为除了要使每个人不得阻碍别人去达到目的,社会中分子还需互相帮助以求达此目的。"③ 这似乎已经接近孔子提出的"己欲立而立人,己欲达而达人"的目标了。但他却又认为绝对正当的行为,应是利己利他交融的快乐。这通常表现为"直接使自己快乐的动

---

  ① 《西方伦理学名著选辑》下卷,第495页。
  ② 萨特:《存在主义是一种人道主义》,《现代主义文学研究》下册,中国社会科学出版社,第544页、第562页。
  ③ 《西方伦理学名著选辑》下卷,第304页。

作……同时,也直接或间接地使别人快乐"①。由此可知,尽管利己主义原则在西方已发生了种种演变,但它以个人主义为核心仍是始终一贯的。西方人所说的"利他"与中国文化要求不考虑甚至主动牺牲个人利益,以履行对他人和群体的义务的奉献精神有着本质的不同。

在每个个体的价值和权利得到确认之后,怎样才能保证每个人在实现自己利益的同时不会损害他人的权利,又如何才能达到那些需要人类的智慧和力量才能实现的目标呢? 在这一点上,西方人所推崇的是依照平等互利的契约原则建立社会团体和国家。古希腊罗马时代的不少思想家即已提出了"社会契约"思想,如伊壁鸠鲁曾说道:"自然的公正乃是引导人们避免彼此伤害和受害的互利的约定。"② 西塞罗则认为,政府是在人们为了实现相互保护而达成的契约中产生的。这一思想为文艺复兴之后各时期的思想家所发挥,并在卢梭的《社会契约论》中得到较充分的阐释。卢梭认为社会契约所要解决的根本问题是"要寻找出一种结合的形式,使它能以全部共同的力量来卫护和保障每个结合者的人身和财富,并且由于这一结合而使每一个与全体相联合的个人又只不过是在服从自己本人,并且仍然像以往一样地自由。"③ 这就是说,人们结成社会群体的目的只是为了更充分地实现个人的利益。因此,保证个人权利是人们对团体或国家履行义务的前提,一旦这种权利得不到保障,他便可以不尽义务。正如恩格斯所说:"只有能够自由地支配自身、行动和财产,并且彼此处于平等地位的人们才能缔结契约。……自从路德和加尔文的宗教改革以来,就牢固地确立了一个原则,即一个人只有在他把握意志的完全自由而行动时,他才能对自己的这些行为负完全的责任,而对于任何强迫人从事不道德行为的作法进行反抗,乃是道德上的义务。"④

可以说,从古希腊罗马到现代西方资本主义世界的国家学说

---

① 《西方伦理学名著选辑》下卷,第309页。
② 《西方伦理学名著选辑》上卷,第96页。
③ 卢梭:《社会契约论》,商务印书馆1980年版,第323页。
④ 《马克思恩格斯全集》第4卷,第76页。

和社会团体的组织原则都建立在权利本位的信念上。美籍学者许烺光提出:"契约原则的特点是它的功能性、实用性和可计算性……因为缔结者如果认为订立契约并不能使他得到在契约之外得不到的东西的话,他是不会加入这种契约关系的。"① 因此,契约原则既满足了个体从集体中获得力量和归依的需要,同时也向他提供了控制自己卷入那种关系的手段,这显然为个人本位精神在社会群体中的实现提供了最可靠的保证。因而成为西方式法律体系和民主政治体制建立的基础。

在近代西方,法律对个人权利的规定甚至深入到人们的家庭生活中,以至夫妻之间,父母与子女之间都各自享有受到法律保护可不受对方干预的隐私权及个人财产权等等。可见西方文化已经把维护个体权益作为建立一切社会关系的前提。

第四节 中庸和平与崇力尚争

从群体本位与个体本位的不同原则出发,不可避免地导致了中西文化在民族性格和社会价值取向上的差异,这便是中国人注重节制、追求和谐与平稳的文化性格与西方人鼓励竞争、追求功利、崇尚力量和进取的价值目标。这一差别不仅体现在两大民族的思想和行为方式上,也充分表现在中西文学艺术的不同风格中,从而为人类文明画廊创造出异彩纷呈的景观。

一、中国精神的"中"与"和"

中国文化从自己的群体价值目标出发,必然把协调人际关系放在首位。所谓"礼之用,和为贵"。② 要达到"和",自然需要每个人都"抑其血气之刚",③ 将实现社会平衡的要求作为调整个人言行的尺度,做到"允执其中"。④ 这便是儒家所说的"修身"。由此

---

① 许烺光:《宗族·种族·俱乐部》,第215页。
② 《论语·学而》。
③ 朱熹:《四书集注》见《大学·中庸·论语》,上海古籍出版社。
④ 《论语·尧曰》。

生出"中庸"、"中和"的价值原则和人格标准。故《论语》说:"中庸之为德也,其至矣乎"。①

何谓"中庸",宋代理学家程颐云:"不偏之谓中,不易之谓庸;中者天下之正道,庸者天下之定理。"② 朱熹又进一步解释说:"中者,不偏不倚。无过不及之名;庸,平常也。"③ 可知,中庸的核心便是思想行为的适度和守常。归结到对个体人格的要求,则是要为人庄重、谨慎,节制个人的情感、欲望,反对固执一端的偏激片面,以达到处世通达圆融。所谓"君子慎其独也。喜怒哀乐之未发,谓之中;发而皆中节,谓之和"④。"中庸""中和"的原则在统治者身上实现,就能做到"隐恶而扬善,执其两端,用其中于民"⑤。用它来引导百姓,通过礼乐教化可使民不苟、不争、不怨、不乖、不越、不愉、不虣、不怠、不失职、知足、慎德、兴功,从而达到以睦相守。⑥ 而居于其间的士人君子则应"矜而不争,群而不党"⑦。应当像孔子那样"温良恭俭让",并具备五美德"惠而不费,劳而不怨,欲而不贪,泰而不骄,威而不猛",方能"文质彬彬,然后君子"。当然早期儒家所提倡的"中和",并非无原则的随波逐流、一团和气的乡愿人格,而是强调"和而不同",即协调中保持差异、个性与原则性,以求相互促进,相互依存补充,以达于"万物并育而不相害,道并行而不相悖"的至境。"知和而和,不以礼节之,亦不可行也"⑧。此中无疑仍以建立礼治秩序为最高原则。因此仍有学者把"中庸"看作追求恰如其分的道德行为的择善固执。

与儒家中庸思想相应的是道家柔弱、守雌、处下、不争、无为的中道观。老子提出了"不敢为天下先","知足者富","知其白、守其

---

① 《论语·雍也》。
② 朱熹:《中庸集注》见《大学·中庸·论语》,上海古籍出版社。
③ 同上。
④ 《中庸》。
⑤ 《中庸》。
⑥ 参见林尹:《周礼今注今译》,北京书目文献出版社1985年版,第97—98页,虣:通暴。愉:苟且也。
⑦ 《论语·卫灵公》。
⑧ 《论语·学而》。

辱"等思想,在人生态度上的消极因素更为明显。

儒道两家的中道观长期影响铸造了中国人和平文弱的文化性格。一方面汉民族性好和平,不尚征伐,不喜穷兵黩武的扩张侵略。在处理民族关系中,通常优先采用的是"修文德以来之"、"和抚四夷"的怀柔政策。如"和亲","顺俗施化"等策略即是。解决民族间冲突时也多采用以防御为主的绥靖政策,或先礼后兵,攻心为上。所谓:"能功心则反侧自消,从古知兵非好战。"① 只要对方不相侵扰或宾服朝贡,即可不动刀兵。故中国历史上的对外战争大多是被迫抗击侵略的。遇到强大异族侵占甚至入主中原时,也多采取退让妥协的战略。宋王朝与辽、金、西夏的关系,便是最典型的例证。虽然历代都不乏挺身御侮的民族英雄、爱国志士,但统治者及士大夫上层集团却常常满足于偏安一隅。因而华夏民族最终战胜异族的方式往往是在忍受统治中利用自己的文化相对优越的势能同化对方,像北朝及清朝那样。由此才有了融合众多民族的统一大国。鉴于此因素,中国历代重文轻武成为普遍风气,史载宋儒张载少喜谈兵,曾以书谒范仲淹,而范氏却警之曰:"儒者自有名教可乐,何事于兵。"于是张载始弃武从文。同样在一般百姓心目中所崇敬的也不是仅有超人力量赫赫战功的一介武夫,或开边拓疆,以武力称雄天下的霸主如成吉思汗、项羽、卫青、张飞之流,而是能为万世开太平的帝王,以德服人风度潇洒的儒将,退避三舍的礼让及忠贞不贰的节义之士,诸如以礼乐治天下的尧舜、周公,七擒孟获的诸葛亮,牧羊的苏武,过零丁洋的文天祥等人。另一方面,在一般民众的世俗生活中,诚如孔子所言,儒家理想中的中庸之道实际上不可能实现,于是鼓励中行、不争的结果导致了本为儒家不齿的乡愿人格的蔓延。人们重节制、求平稳的结果是老成持重、世故圆滑、妥协折中、谦退隐忍、随遇而安成了中国人的立身准则,"明哲保身"、"知足常乐"、安分守己、"适可而止"、"退后一步自然宽"、"一争两丑,一让两有"、"月盈则亏"、"出头的椽子先烂"等俗语成了中国人的处世格言。这固然为社会保持和平不可少,但

---

① 引自成都武侯祠博物馆,赵藩联。

由此衍生出的不思变化,不求进取的文化氛围无疑消融了中国社会发展和进步的动力。

中庸和平精神渗透到文学艺术创造中,便形成了中国艺术特有的中和之美。它表现为优雅宁静、冲淡平和的审美境界,"乐而不淫,哀而不伤"的感情节制,以及含蓄婉曲简隽的艺术传达。中国古代艺术的精髓在于诗,而儒家很早便提出了"温柔敦厚"的诗教说。《礼记·经解》中援引孔子的话说:"其为人也,温柔敦厚而不愚,则深于《诗》者也。"唐代孔颖达解释道:"温,谓颜色温润;柔,谓性情和柔。诗依违讽谏,不指切事情。"这一美学标准一直影响着中国古代诗歌的艺术风格,无论是孔子所评述的《诗经》,还是达到诗歌艺术巅峰的唐宋诗词,无论是描述男女爱情的情歌如《诗经》的"关关雎鸠"、曹丕的《燕歌行》,还是针砭时政的讽喻诗如杜甫的《北征》、白居易的《秦中吟》,或者寄情自然的山水田园诗如陶渊明《饮酒》之五、王维《山居秋暝》之类,甚至历来推为豪放诗人的李白、苏轼的大量作品,都遵循着中和、节制的审美规范。因此,朱光潜先生在谈到中西诗在情趣上的差异时曾总结说:"中国诗自身已有刚柔的分别,但是如果拿它来比较西方诗,则又西方诗偏于刚,而中国诗偏于柔。西方诗人所爱好的自然是大海,是狂风暴雨,是峭崖荒谷,是日景;中国诗人所爱好的自然是明溪疏柳,是细雨微风,是湖光山色,是月景。"① 当然,实际上不仅是诗,六朝以来中国出现的佛教雕刻艺术、人物山水花鸟画及中国的古典音乐,无不充分显示出追求恬静淡远、喜尚柔和优美的文化品格。

二、西方价值的"利"与"力"

以个体的商业活动为经济基础的西方文化,始终把"利"与"力"看作是健康的价值,它鼓励人们积极地追求现实功利,并在平等的基础上开展竞争,努力获取个人的最大利益和幸福。要在竞争中成功,就必须击败对手,这既需要有实力做后盾,还应当有敢

---

① 朱光潜:《中西诗在情趣上的比较》,引自佟旭等编:《比较美学》,中国文化书院1987年版,第157页。

拼敢斗的冒险精神,由此便形成了西方崇力好斗尚争的民族性格和文化精神,它主要表现在下述方面:

第一是功利主义的道德原则。如前所述,西方人大多奉行利己主义的行为准则,对于他们来说,尽可能趋利避害,追求自己的最大幸福便成为无可非议的人生目标。从古希腊的伊壁鸠鲁到近代的功利主义伦理观均体现了这一倾向。边沁解释说,功利原则指的是"当我们对任何一种行为予以赞成或不赞成的时候,我们是看该行为是增多还是减少当事者的幸福;换句话说就是看该行为增进或者违反当事者的幸福为准。"① 另一位哲学家穆勒也说道:"幸福就是人类行动的惟一目的,而促进幸福,便是用以判断人类一切行为的标准了。"② 在上述原则支配下,西方文化倾向于把是否"有用"作为判断是非善恶的前提。他们认为,"所谓善的就是能引起(或增加)我们快乐或减少我们痛苦的东西……所谓恶就是能产生(或增加)我们痛苦或能减少快乐的东西。"③ 这便为商业社会的自由竞争提供了理论依据。

第二是强烈的竞争意识。利己主义和功利主义的原则的确定,商业社会经济活动中的利益冲突及商品价值的动态性,由于缺乏可以永久依赖的亲族组织或其他社会力量而产生的生存忧患……所有这些,都给西方人造成了一个激烈动荡的生存环境。他必须不断奋斗,才能获得良好的生存条件并提高个人的社会地位。同样,一个城邦或部族的居民乃至一个社团性群体也只有在与他部族、他团体的竞争中去谋求生存与发展。而竞争中的失败者,便可能在一夜之间被摧毁家庭,剥夺财产,甚至从享有尊严的公民沦为任人宰割的奴隶。欧洲人的竞争意识正是在这样的生死拼搏中培养起来的。正如赫拉克利特所说:"一切都是斗争所产生的。"近代资本主义生产关系的出现更是把这种竞争机制与危机意识发挥到了极致。很多时候这种竞争的生死攸关的严酷性会使它

---

① 《西方伦理学名著选辑》下卷,商务印书馆 1987 年 9 月版,第 211 页。
② 同上书,第 267 页。
③ 洛克:《人类理解力论》,参见《西方伦理学名著选辑》上卷,第 747 页。

从平等、和平交易中的利益冲突演变为明火执仗、真刀真枪的对抗,从城邦、民族间互相攻杀兼并,直到宗教之战、商业之战。保尔·阿萨尔在《欧洲意识危机中》这样描述道:"什么是欧洲,欧洲就是相邻的人们之间你死我活的拼杀,法国和英国的竞争,法国和奥地利的竞争,奥格斯堡大会战,接着是西班牙战争……协议只是短暂的间歇,和平也只是一种怀念,民力耗尽了而战争还在继续……"① 如此不断争斗的结果是在与中国版图相差无几的欧洲大陆上竟林立着数以百计的封建公侯小国,直到今天,仍保存着数十个大小不等的国家,而这些国家的边界至今还在不断地重新划定。17世纪以后,莱布尼茨看到不能阻止欧洲人互相残杀,建议欧洲的君主们将其民族主义的战争狂热转向欧洲之外,于是随着资本主义生产力发展带来的经济扩张,西方各国战争机器的触角又伸延到包括中国在内的世界各个角落,在大规模征服殖民地的新竞赛中光大其战斗精神。无怪陈独秀在谈到西方以战争为本位的文化时说:"欧罗巴之全部文明史无一字非鲜血所书,英吉利人以鲜血取得世界之霸权,德意志以鲜血造成今日之荣誉,若比利时,若塞尔维亚,以小抗大,以鲜血争自由,吾料其人之国终不沦亡。"②

从商业的竞争到战争的对抗与征服,西方人的竞争意识发展为好勇尚武的冒险精神。从斯巴达城邦的兵营式集体生活到罗马竞技场上角斗士的血腥表演,从中世纪的骑士精神到近代欧洲的决斗遗风,无不体现出好战健斗的民族性格。恰如保尔·阿萨尔所说:"君主们稍稍做出一点打架的信号,他们就会找到很多自愿拿起武器的人,他们惟一的愿望是取得荣誉……"③ 我们看到,雅典城邦的首领伯利克里正是这样教育他的公民的,他说:"你们要下定决心,要自由,才能有幸福;要勇敢,才能有自由。在战争的危险面前不要松懈……一个聪明的人感觉到,因为自己懦弱引起的耻

---

① 阿萨尔:《欧洲意识危机》,见《西方文化概论》,中国文化书院1987年版,第153页。
② 陈独秀:《中西民族根本思想之差异》,引自《回眸〈新青年〉·哲学思潮卷》,河南文艺出版社1997年版,第299页。
③ 阿萨尔:《欧洲意识危机》,引自《西方文化概论》,第157页。

辱比为爱国主义精神所鼓舞而意外地死于战场,更为难过。"① 这种珍视荣誉胜过珍视生命的英雄主义情结在希腊雕塑如《垂死的高卢人》、《自杀的高卢人》中亦有十分鲜明的表现。然而这种尚武精神中所渗透的以强凌弱的征服欲,虽然给西方人带来成功的骄傲,却也造成了欧洲各民族间长期的相互敌视与嫉恨。而这恰恰是以"协和万邦"为理想的中国文化所不欲为的。

第三是对力量的崇拜。与中国文化宣扬的以德服人,以礼治国的"圣王"模式不同,西方人在个人竞争或民族战争中都奉行以力服人的强权统治战略,因而实力成了西方人在激烈的竞争中建功立业的基本条件,由此便形成了西方文化中力量崇拜的传统。赫拉克利特说:"一个人如果是最优秀的人,在我看来,就抵得上一万个人。"② 而在希腊人眼里作为优秀的人的第一条标准就是有超人的勇气和力量。希腊神话中的众神与英雄大都是以其拥有的超人的力量与智慧而获得人们尊崇的,尽管他们在品行和德性上有着明显的欠缺。例如淫荡好色、任性易怒的众神之王宙斯便是凭借武力推翻了自己的父亲——奥林匹斯的统治者克罗诺斯,并依靠手中的雷鞭与霹雳在诸神中建立起自己的统治权威。希腊的大英雄赫拉克勒斯也是因神力而获得不朽的声誉的,他在摇篮里便用双手掐死了天后赫拉派来害死他的两条大蛇,成人后又完成了十二项伟大的业绩,诸如杀猛狮和九头怪蛇,为了找到金苹果而替阿特拉斯承担起整个苍天,打败了巨人安秦、卡库斯和怪兽克尔柏罗斯等等,凭借着自己的强悍与武功,他终于战胜了天后的嫉妒,而成为天上众星中的一员。总而言之,西方人通常把勇敢善战,能以力量征服对手看作最大的美德,因此在西方各国的历史上,那些勇于冒险和扩张,武功卓著的君主和将帅总是得到人们广泛的崇敬,例如希腊化时期的亚力山大大帝,罗马帝国的凯撒大帝,乃至近代法国的皇帝拿破仑均是因此而成为名垂青史的大英雄。

---

① 《西方伦理学名著选辑》上卷,第44页。
② 同上书,第14页。

对力的赞颂与追求也无所不在地体现于希腊普通人的生活中,他们推崇高大健美强壮的体魄和灵巧矫健的运动,并为此进行长期艰苦的锻炼。在希腊的各城邦中都设有练身场,作为希腊教育中主要组成部分的体育就在此施行。在这儿青年们不仅接受角斗、掷标枪、射箭等战斗技巧的训练,还花大量的时间练习跑跳、赛车、掷铁饼、拳击等,以便把身体练得结实强健。这样的训练制度在斯巴达城邦规定得尤为严密,少年7岁就被编入队伍,女孩子也和男孩子一道操练并学习跑跳、投掷,成年男子则应在集团化军营生活中坚持长期锻炼。由此才训练出希腊人中"最美的男人"和"最美的女人"(色诺芬语)。不仅如此,希腊人还把各种体育竞赛作为向神明表达敬意的标志,古希腊的奥林匹克、毕多、伊斯来和尼米阿四大运动会都是在这个名义下举行的。这些运动会上各个项目的优胜者不仅要受到公众的欢呼和诗人的歌咏,还要给他立一座雕像作纪念,凡得奖三次的人便要塑下他本人的肖像供人瞻仰。我们今天还能看到著名的希腊雕塑如《掷铁饼者》、《刮汗污的运动员》等便是这一风习的产物。与体育一起受到重视的是同样能训练和表现身体健美灵巧的祀神舞蹈。总之,由崇拜力量到崇拜体现力量的完美肉体是希腊民族精神的主要表征。这一风习不仅在以后西方各时代的历史上得到充分的继承,而且还由主要对体力的崇拜发展为对更高层次的力量表现——知识、智慧、技术的崇拜。

崇力尚争精神在西方艺术中的反映是以表现庄严的力量与强烈的激情为特色的崇高型艺术成为西方文艺的主流。从列西普斯的《赫拉克勒斯》、波留克莱妥斯的《荷矛的战士》到米开朗琪罗的《大卫》,我们看到,从古希腊到文艺复兴,表情肃穆严峻,体魄雄健、肌肉发达的神祇与勇士一直是西方雕塑的重要主题。从爱斯奇里斯、索福克勒斯到莎士比亚的悲剧艺术,从荷马史诗的英雄气概到近代浪漫主义诗歌中洋溢的狄奥尼索斯精神,从古希腊的哀歌到贝多芬的交响乐……西方艺术史上一个个里程碑无不以其所描述的人与命运抗争的悲壮历程,以及直率铺张的激情使人体验到动人心魄的阳刚之美,从而创造出与中国艺术截然异趣的情境。

掷铁饼者

关于此,我们将留待以后的章节作专门的比较。

需要说明的是,在西方文化的发展中,也曾产生过求中庸、重节制的文化思潮。早在古希腊时期,亚里士多德就指出了反对过与不及的中庸观念,并将它运用于伦理和政治学说中,他提出"德性应以中道为目的","适度是德行的特征"。并认为中等财富是最好的,国家应该由拥有适度财富的中等阶级来统治。此外,希腊的犬儒学派及斯多葛派也都把克己自制、自足、忍耐作为人的美德而加以宣扬。斯多葛派还强调公民的社会义务,并提出了平均主义、和平主义、博爱主义的思想,这些思想显然与中国传统文化价值是十分接近的。然而,由于这些思想原则与西方人在特定的自然和社会环境中铸就的民族性格南辕北辙,因而为中世纪后的近代西方文化所摈弃,很难代表西方文化的主导精神。

第五节 内向与开放

我们已经知道,传统中国在地理上半封闭的隔离机制,自足的农业经济以及强烈的血缘宗族意识铸就了中国人平稳求实的大陆型文化性格。由这一性格凝聚而成的民族精神除了中庸和平的思想行为模式外,还表现为求统一、尚传承、重内省、轻开拓的文化心态,从而形成了以自我保存、向心凝聚为宗旨的发展方针和独立自足、稳定绵延的文化形态。对此,我们试图借用一个不尽恰切的词语——"内向"来概括。相反,有着漫长海岸线并且致力于征服大海的西方各民族,由于大自然的磨砺与赐予,由于工商业为主的经济发展必不可少的流通交换,由于在早期发展中得益于高势能外围文化环境的滋养,因而形成了热烈好动、重汲取、求变化、广拓展的文化精神。这两种截然异趣的文化品格,各有其积极与消极的因素,并且对中西文化的发展产生了不同的影响。

一、道统与涵纳

众所周知,在世界几大古老文明中,中国文化不仅自成独立完整的系统,而且在其延续发展的数千年间,始终有着明确的统一性和承继感,迄未发生过根本性的断裂。这在世界文化史上可以说是一个特例,它无疑是值得我们炎黄子孙引为自豪的。然而究竟是何种因素赋予了中国文化如此顽强的生命力,造成无与伦比的被人称为超稳定结构的历史延续性呢?除了特殊的地理环境,以农立国的生产方式,儒家思想和儒士阶层的稳定作用,科举制度的自我调节机制之外,尊经尚古,重传承的道统观念也发挥了重要作用。

中国文化中的厚古薄今传统的始作俑者当推孔子,他曾明确宣称自己是"好古敏而求之者也",他不仅言必称先贤,而且以"信而好古,述而不作"(即只阐发继承传播三代及周公的礼乐美政而不求有所创发)作为自己的行为准则。继之孟子提出"创业垂统",荀子总结出"百王之无变,足以为道贯……理贯不乱"的思想。① 由此形成"道也者,不可须臾离者也"② 的正统观念。到汉代,武帝倡导"复古更化"运动,即承继尧舜三代的道统,改造秦代遗留的恶俗。董仲舒在此基础上提出了"天不变,道亦不变"的原则。其后六朝虽一度出现了偏离正统的佛道与玄学思潮盛行的局面,但到唐代韩愈又发动儒学复古运动,大力提倡恢复儒道正统,排斥佛教影响,并强调道统的承传性质。他说:"斯吾所谓道也,尧以是传之舜,舜以是传之禹,禹以是传之汤,汤以是传之文武周公,文武周公传之孔子,孔子传之孟轲……"足见韩愈是把明确的承继感作为道统的核心的。宋明以降,理学大兴,道统思想成为文化主流。道学家们认为,天下之事莫不有理,而其精义载于圣贤书中,学者由此求之,不难探渊源而出治道,贯本末而立大中也。因此,他们自称要"为往圣继绝学,为万世开太平"(张载语),甚至要靠"半部《论语》治天下"。这样的道统思想不单儒家有,墨家、道家、佛教等其他思想系统,乃至一些民间的社团组织如武术、手工艺等行业的门派也都有自己的师承和正统观念,从而形成了中国文化在纵向的历时发展上崇古守常,重宗派传承因袭而轻权变、恶革新的后喻文化特征。这一特征的典型表现是学术文化界尊孔读经的经学传统,由四书五经到十三经,加上以祖述经义为内容的各种传、注、疏、证、考据学、训诂学成为绝大多数知识分子终身研习的学问,也成为历代科举取士考核的基本内容。文人们两耳不闻窗外事,一心只读圣贤书,皓首穷经,孜孜以求,其结果却是陈陈相因,不绝如缕,却无所更进。少数先觉者试图有所突破,也只能拉大旗作虎皮,借"六经注我,我注六经",以注疏典籍的方式表达个人思想。

---

① 《荀子·天论》。
② 《中庸》。

或"托古改制"，以复古为革新，实不过小修小补，略陈己见而已。经学如此，史学、子学亦不例外。学术如此，政治、伦理、民俗莫不似之。自秦至清2000余年，虽朝代更迭无数，但封建君主集权专制的古圣先王之法却从无根本性变化。民间的生活生产方式也是重守恶变，不违祖制，唯古是法，遵古泡制。医家以祖传秘方为生，商家以百年老号为荣，学书法、绘画也需从临摹古人笔墨入手。社会团体、家族乃至丛林寺院则以师父、长老为尊，因为"道之所存，师之所存"，①"师尊则言信矣，道论矣"。② 师长、长老便是道统的权威化身，年轻后学一旦被斥为"目无尊长"，便无从讲理。任何面向未来的变革主张均有人搬出"成规"、"成例"、"成法"来加以阻挡。中国文化具有如此强固的遵统合模、尚古拒变的历史惯性，一切异言异服的改良开拓，新学、新政的革蔽创举自然难有存身之地，历史进步的脚步不免受到阻滞。难怪梁漱溟先生把"历久不变的社会，停滞不进的文化"作为中国文化的特征之一。所幸这一停滞局面终究被五四以来的文化革命所打破。

从共时的观点看，道统观念对中国传统文化的影响主要体现为眼光向内，重视内部的统一和凝聚，追求以我族为中心的一元价值系统，而在文化的横向交流和吸收上取被动的姿态。一般来说，在人类文明的早期阶段，由于视野的局限，各民族都曾有不同程度的民族自我中心意识，每一民族都认为自己是最优秀的民族，并且处在世界的中心。这样的意识在古代中国显得尤为突出，这是因为中国是东亚文化圈中成熟得最早的文明之邦，它与其他早期文明繁荣的地区如印度、埃及、希腊等在地理上又处于相对隔离的状态。于是，从拥有优秀文化而产生的民族自信，逐步发展为自我圣化的文化优越感。它习惯于以高高在上的天朝上国的鄙睨目光打量四周的蛮夷异族。宋代学者石介在《中国论》中写道："天处乎上，地处乎下，居天地之中者曰中国，居天地之偏者曰四夷。四夷外也，中国内也。"基于此认识，中国人便难以建立起人类文明多元

---

① 韩愈《师说》。
② 《吕氏春秋·孟夏纪·劝学》。

并存共同发展的观念。

由于中国文化早期的高度发展,形成了较高的文化势能,以致它在与周边文化的碰撞与涵化中,总能成功地以本位文化为中心同化或改造异质文化,并且以雍容消纳的气度把某些外来文化因子如物种、艺术、宗教等转化为自己的文化的一部分,即使在遭到异族武力征服时也能保持文化的统一和延续。这些都充分显示出中国文化强大的涵摄力,从而使中国的士大夫们很难想像在世界上还会有与自己处在同样的发展水平,甚至更为先进的域外文化。因此他们把以华夏为中心由内向外的辐射扩散视为文化传播的基本途径,把中国式的礼乐教化、纲常伦理视为衡量各国文明水准的共同尺度,而对来自他民族的文明成果则采取以尊临卑或视而不见的鄙薄轻蔑态度。如孟子所称:"吾闻用夏变夷者,未闻变于夷者也。"① 这种夷夏有别的统属观念根深蒂固,以致在古代中国人的词典里,外国人便意味着无知、粗野和文化未开。他不仅没想到向他学习,甚至不屑于去了解他们。因此,直到鸦片战争前,中国还无意与任何外国建立平等互惠的正式邦交。在1793年,乾隆皇帝仍把前来请求建交通商传教的英国特使视为贡臣,将他所代表的英国国君看作"僻处重洋,输诚纳贡","倾心向化"的夷王。他不仅再三坚持要求来使行三拜九叩的觐见之礼,而且在赐英吉利国王的敕书中对其提出的建交通商要求严辞加以申斥。甚至到了19世纪后期,中国已在西方列强坚船利炮的进攻下开始沦为半殖民地之际,清朝的大臣们还在为外国使节觐见皇上是否须行跪拜之礼而争论不休。如此夜郎自大的天朝心态,自然不可能客观公允地看待异质文化,也不可能通过平等开放的文化交流积极吸取他文化的营养,促进本位文化的发展与更新。

当然这并不是说中国文化自古便是很保守的。实际上作为中华文化核心的华夏民族本身,就是众多种族和民族文化交流的果实,而作为中国文明走向繁荣的第一个里程碑的春秋战国时代,正是由于出现了百家争鸣的开放交流和竞争才获得了文化上突飞猛

---

① 《孟子·滕文公上》。

进的发展,形成了南北文化汇通,民族大融合的局面。然而秦汉以来,统治者推行罢黜百家的文化专制主义政策,片面强调文化价值的认同,尽管这一政策对促进"车同轨、书同文、行同伦"的民族文化统一发挥过积极作用,但对外来文化的传入无疑产生了一定的排拒力。因此,虽然中国历史上有过汉唐的丝绸之路、张骞出塞、唐僧取经、郑和下西洋等对外交流的辉煌记录,但从整个古代文化交流史来看,还是输出多于输入,被动接受多于主动吸取。并且就连中国文化向外传播,也往往得力于外国商人和传教士的活动。除郑和下西洋及鉴真东渡等个别特例之外,中国人在几千年里几乎很少采取以向外扩散自己的文化和宗教为宗旨的主动行动。至于外来文化则只有在认同于中国传统文化的根本价值,服从其正统地位后才能被容纳,例如佛教的中国化即是如此。

从崇古守常、我族中心到大一统的文化价值观,必然使中国文化从开放涵纳逐步趋向于保守自足。这就难怪明清的统治者面对一时难以涵摄的西方先进文化的冲击要采用禁海、禁教、闭关自守的锁国政策了。

二、开拓与求新

西方文化的开放精神,首先表现在它总把目光投向世界,善于从不同的异质文化中汲取精神养料。与在相对孤立的状态中发展起来的中国文化不同,早在希腊文明产生之初,它便从地中海沿岸及西亚地区的先进文明中汲取了大量的营养,从而促进了自身文化的繁荣和发展。

除了早期的斯巴达外,希腊各城邦的经济大都是手工业和商业活动为中心的外向型经济,这些城邦与古代地中海文化圈内的埃及,美索不达米亚地区以及小亚细亚的赫梯帝国、吕底亚王国、腓尼基人乃至更远的波斯都有着十分密切的商业往来。在与这些早期人类文明发祥地发展经济交流的过程中,希腊人也积极学习和引进它们的技术与精神文化成就。希腊很多的哲学家、政治家和科学家、诗人都到过埃及与西亚地区考察和旅行,如泰勒斯、毕达哥拉斯等到过埃及,对金字塔和埃及风情作过记录;历史学家希罗多德甚至熟知巴比伦各省每年向中央政府交纳的赋税总额。毫无疑问,古代埃及的天文、几何学、医学、建筑、雕塑以及纸草、制陶、玻璃制造等技术,巴比伦的天文、数学和法律,腓尼基的造船术和航海术,印度的代数学和医学等众多优秀文化成果都曾对希腊科学与文化的成熟进步作出过贡献。希腊人还采用并发展了腓尼基人创造的字母文字系统,使它逐步演变为今天通行于整个西方世界,并为世界大多数地区沿用的拉丁字母。到罗马时期,罗马人不仅全面地吸收了希腊的文化成果,还接受了源于希伯来文化的基督教,使它成为西方人的信仰中心。正是这种开放的交互影响的文化环境,使西方各民族从一开始便形成了兼容并蓄的心胸。赫拉克利特提出,对立产生和谐,"互相排斥的东西结合在一起,不同的音调造成最美的和谐"。① 即使中世纪的封建君主们推行锁国政策也无法压制这种文化多元共生的观念和寻求交流的愿望。欧洲人不仅习惯于吸收自己邻人的文化,也向遥远的东方寻找智慧之光,来自中国的印刷术和罗盘,成为推动近代西方文艺复兴和资本主义海上殖民发展的重要工具,中国人发明的火药,填进了西方军队轰击中国国门的炮膛。直到西方资本主义工业文明已遥遥领先于东方封建制度的18世纪,启蒙思想家们还孜孜不倦地试图从中国寻求"道德的新世界"(伏尔泰语)。

  西方文化的开放性不仅表现为主动向内涵纳吸收,还表现在积极向外开拓上。这种开拓首先是开发农业生产基地和商业贸易市场,其次是对外的扩张征服与殖民活动,第三是文化的传播与输出,这三者在许多时候又是连在一起的。不断拓展市场是工商业经济发展的必然要求,而文化观念与生活方式的输出既是发展市场的需要,又是它的副产品。然而和平的商品输出及文化传播常常遭到抵制,于是便需要武力征服作为后盾,就像19世纪以来西方列强在中国所做的那样。可见这种对外开拓常带有侵略与掠夺的性质。事实上,西方以扩充农业基地和建立商业据点为目的海

---

  ① 北京大学外国哲学史教研室编:《古希腊罗马哲学》,商务印书馆1961年版,第19页。

堂·吉诃德　青铜　（法国）杜米埃

外扩张活动早在希腊时期便开始了。从公元前 8 世纪起，希腊许多城邦均有组织地向海外移动，并在南到埃及沿岸，东至黑海沿岸、赫勒斯滂海峡与色雷斯，西向意大利及西西里岛，并远达高卢南岸和伊比利亚东岸的广大地区建立了一大批移民城邦或贸易中心。如意大利和西西里岛的锡拉库扎、塔兰托、尼阿波利斯（那不勒斯），高卢南部的马西利亚（马赛），黑海南岸的西诺普及拜占庭都是当时著名的殖民城邦。到马其顿王国和罗马帝国时期，小规模的移民变成了大范围的开疆拓土的征服与兼并。到文艺复兴之后，西方人文化渗透与殖民扩张的触角即已遍及世界各主要大陆，其中最有影响的当然是对新大陆的征服与开发。西方进行文化输出的方式除了与贸易活动和武力征服相伴随外,还常借助探险、旅游和传教等途径。由于航海业的发达和外向好动的民族性格,西方人从希腊时代便形成了喜爱旅行的传统,以后又发展为鲁滨孙式的探险活动。那些为强烈的好奇心或宗教信念所驱使的文化传播者,在把欧洲人的理想与成就带向四面八方的同时,也通过著书撰文向自己的本土提供世界各地区文化信息,从而大大推动了西方文化的新陈代谢。

求变务新的创造进取精神是西方文化开放性的又一体现。他总是不安于现状,不满足于已有的财富与成就,而是把目光投向未来,期待着事物在流动中日新月异的发展,努力创造着明天的新太阳。这与中国文化崇古守常的观念形成了鲜明的对照。

早在希腊时期,赫拉克利特便提出了关于事物运动和变化的著名学说,他提出,"一切皆流,无物常住",万物都在运动,"永恒的事物永恒地运动着,暂时的事物暂时地运动着",因此"不能两次踏进同一条河流"。他进而宣告:"太阳每天都是新的。"① 西方文明发展不断推陈出新的历程无疑是这一思想的生动写照。而这种流变的节奏在近代资本主义条件下还在不断加速,更新周期越来越短。正如马克思所说:"生产的不断变革,一切社会关系不停地动荡,永远的不安定和变动,这就是资产阶级时代不同于过去一切时代的地方。一切固定的古老的关系以及与之相适应的被尊崇的观念和见解都被消除了,一切新形式的关系等不到固定下来就陈旧了。一切固定的东西都烟消云散了,一切神圣的东西都被亵渎了。"② 因此,文艺复兴以降,变化、超越、突破、更新的思想成为西方社会的时尚。一切不同于传统的新思潮、新理论,任何标新立异的艺术观点和流派都受到人们特别的关注和重视,即使它并未臻至成熟和完善。而一旦这些新的思想发现或艺术创造为大众普遍接纳,发展出自己成熟的极态,开始确立自己的权威时,它便立刻

---

① 《古希腊罗马哲学》,第 17、27、19 页。
② 《马克思恩格斯选集》第一卷,第 254 页。

会受到来自新方向的挑战,并很快像它曾抛弃过的传统思想一样被送进历史陈列馆。西方现代主义运动兴起以来美学与艺术思潮的流变就充分体现了这一精神。从早期的印象主义、象征主义到未来主义、表现主义、意识流、超现实主义直到50年代以来的后现代主义,层出不穷的新思潮、新流派,从结构主义、后结构主义到文艺阐释学、接受美学等林林总总的理论体系,可谓日新月异,令人眼花缭乱,应接不暇。这些思潮和理论大都以其对古典传统各执一端的大胆突破表现出与众不同的特色与追求,同时也日益显露出难以避免的片面与局限。从中不难看出,西方文化的突破创新常常表现为片面掘进,它不专注于整体平衡的建立,也不重视稳定的常态和传统价值的维持,而是在不断的自我否定中锐意求新,努力向外探求开拓,法国诗人博纳富瓦在诗中写道:"不完美是一种突破。"赫拉克利特说:"一切都是斗争所产生的。"① 歌德笔下的浮士德更是不惜以自己的灵魂向魔鬼换取人生经验,并用它去开拓生命的新境界。这一形象中寄托的思想正是推动西方文化不断创造更新的动力和源泉。因此人们常常把"浮士德精神"作为西方文化求变务新精神和开拓进取意识的代名词。

然而,我们也不应忽视西方精神的局限性,那种永不安定的变动固然有助于文化的更新与发展,但正像马克思所指出的,它无法形成新的固定关系和稳定价值。这就使它不易形成一定的衡态机制,从而使许多新的文化创造难以发展到成熟完美的境界。一旦一切文化要素和价值都成了昙花一现、过眼烟云,这种文化的核心精神也就无从体现了。正因为此,不少现代西方国家如英国、法国等已开始高度重视保持自己的文化传统。当然,像中国封建文化那样一味注重保持自身的稳定形象,以致背上因袭的重负而裹足不前,则更不可取。由此推之,两种文化精神的融合改造已是题中应有之意。

---

① 《古希腊罗马哲学》,第19页。

【思考题】

1. 你认为中国文化的核心价值是什么?
2. 试述西方文化精神的主要特点。
3. 五四时代对中西文化精神的探讨与今天的观点有何不同?

【本章阅读书目】

1. 〔美〕本尼迪克:《文化模式》,华夏出版社1987年版。
2. 郁龙余编:《中西文化异同论》,三联书店1989年版。
3. 《中西文化文学比较研究论集》,重庆出版社1988年版。
4. 梁漱溟:《东西文化及其哲学》商务印书馆1999年版。

第四章
天人合一与物我二分
——中西思维方式比较

人类任何自觉的行为,都是以认知为基础的。如果说,文化是人类在生存实践中创造的精神和物质财富的总和的话,那么思维认识现象既是人类最宝贵的财富,又是一切财富的基础。一种文化如何对待物质世界,如何把握精神现象,如何理解各种千差万别的事物之间的关系,这决定了人在宇宙自然、人类社会中的位置,决定了人的作为范围,决定了人的生命意义,也决定了文化的主导价值。按照威廉斯的"理想的"文化定义,文化分析在本质上就是对生活或作品中被认为构成一种永恒秩序或与普遍的人类状况有永久关联的价值的发现和描写。可以说,思维模式正是这样一种在最深刻最普遍的意义上影响着文化的面貌与发展的价值形态,作为其基础和背景的哲学观念也必然在文化的方方面面打上烙印。因此,本章将从宇宙观和思维方法,以及两种文化在认知实践中所产生的思维价值追求等几个方面,比较分析中西哲学思维的异同,以求准确、深入地理解中西文化的认识基础。

第一节 从宇宙观到认识论

原始人类的思维方式有许多共同之处,如人与自然同出一宗,人与自然通灵的联系性认识和天人一体的宇宙观念。表现在文化中,几乎所有原始文化都有自然神灵崇拜和图腾崇拜现象。人类愈是走向文明,也就愈是脱离自然,直至最后从自然界中彻底分离出来,成为独尊者,成为万物的主宰。在人与自然分离的文明进程中,即在人的自觉意识、自我意识确立的过程中,中西方哲学思维走出了两条截然不同的路。中国哲学坚持有机联系的整一宇宙观,努力将人投入到自然中,以认识主体与客体的合一为认识的基本前提;而西方哲学则专注于对事物作本质区别,细心地分解万事万物,她欢欣于人的独立,给他以地位和荣耀,以独立主体的确立作为认识的基本前提。

一、"天人合一"的整体思维

中国哲学的一个最基本、最重要的问题就是天与人,或天道与人道、自然与人为的关系问题。深藏在混沌未开的朦胧原始意识中的天人不分、天人感应的思想,在春秋战国时期已被众多哲学家提升为整体的哲学本源认识。如"气"、"天"、"道"、"阴阳五行"等。宋明时期的哲学家张载成功地把握了中国哲学整体认识的模式,提出"天人合一"的著名命题。现代哲学家冯友兰在他的《新理学》中声称:"我们将一切物为有者,作为一个整个思想之,则即得西洋哲学中所谓宇宙观念。"[①] 这一认识可算是中国传统模式的一以贯之的现代代表。有趣的是"天人合一"的命题既体现"合"的价值与联系的方法,就暗含着对"分"的形态的承认,所以程颢觉得哲学家们大谈合有些无聊,说:"天人本无二,不必言合。"在中国哲学中,"天"的含义非常丰富,"天人合一"也因此有不同层面的意义,择其要如下。

作为宇宙观照的自然观,"天"是化生万物的本源,人是天工造化之物。所谓"天人合一"是人与天道本质的生养、赞化、共运的关系。即人与自然的整一、协调、有机的联系。魏晋玄学家向秀说:"天者何?万物之总名;人者何?天中之一物。"汉代大儒董仲舒

---

① 《冯友兰学术精华录》,北京师范学院出版社1988年版,第39—40页。

说:"天地之气,合而为一,分为阴阳,判为四时,列为五行。"① 人与自然万物同是天造之物,禀一脉之气生,故人能与天地万物贯彻流通。

人生天地之间,禀受自然灵气而生,依赖自然滋养而长,不能须臾离开自然母体。《黄帝内经·灵枢·五味篇》说:"谷不入,半日则气衰,一日则气少矣。"这是人类作为物质生存的起码常识。中国历史上有天人直观比附的认识,如董仲舒"天人相类"说。他说人有"小节三百六十六,副日数也;大节十二分,副月数也;内有五脏,副五行数也;外有四肢,副四时数也。"② 董仲舒以天为模本的造人理论颇类《圣经》中上帝按自己形象造人的说法,但董仲舒的天人相类是为了说明天人同源一体的思想,然而董仲舒远没有表达出儒家高于医家对"合一"的深刻理解。《礼记·中庸》记载了子思的一段话:"惟天下至诚,为能尽其性;能尽其性,则能尽人之性;能尽人之性,则能尽物之性;能尽物之性,则可以赞天地之化育;可以赞天地之化育,则可以与天地参矣。"至诚乃精神之境界,达至诚能知人性,进而通物性,于是可以顺应自然,参与天道的运行。可见作为精神存在的人与天道的合一,可使人的精神光扬正大,使其有限的生命获得永恒的意义。这就是孔子"七十而从心所欲不逾距",个体精神合于天道才具有的恢弘而自由的状态;是苏东坡"哀吾生之须臾,羡长江之无穷,挟飞仙以遨游,抱明月而长终"的对永恒生命的向往;是刘勰"登山则情满于山,观海则意溢于海"的超人类的深切关怀。这也是道家返璞归真,浑然与物同而获得的精神虚静;是庄周化而为蝶,精神自由往来于物我之间所作的灵与肉、神与形的逍遥游;也是中国艺术追求超脱物象的精神整合。如此"天人合一"的思想使中国文化强调人对自然的顺应、协调和感恩,以人与自然的亲和为其文化的价值基础。

作为认识论的基本范畴,"天"指认识对象、客体,"人"指认识主体。"天人合一"则是指认识主客体相互依存,相互包容的一体关系。中国哲学的本体是整一的,无论称其本体为天、为道、为太

---

① 董仲舒:《春秋繁露·五行相生》。
② 董仲舒:《春秋繁露·人副天数》。

极、阴阳,或为理、为心、为气,都具有冯友兰归结的"大全"、"一"的性质。其为"大全",至大无外,无所不包;其为"一",至小无内,不可切分。惠施这样说:"至大无外,谓之大一;至小无内,谓之小一。"① 中国哲学认为认识主体与客体通属宇宙大全,主体若从客体中分离出来,客体就不是完整的客体了;宇宙大全也就不再是整一性的了。老子这样说:"道可道,非常道",郭象解释说:"人以言一,而一非言也,则一与言为二矣。"② 讲的是不可作主客体分离的哲学认识。以五行系统为例,切不可认为五行系统是五种物质的组合,因为有组合就有结构,就不是小一,就可以分解。而金木水火土是五种性质的承载物,如阴阳是两种对立统一的性质一样,它们不是实体,不可分割。五行是阴阳运动所化生,阴阳是太极、道或气的运作的因由。阴阳相依而存,相抱而有,相化而生;五行相生相克,变化不已,联系不断;万物负阴抱阳与本体紧紧裹挟。一幅太极图把一个整体中相互对立性质的有机联系——相互包含,相互依存,相互推动——表现得再明白不过了。

太极图

　　认识的主客体是为一的,那么认识主体如何开展认识活动呢?中国哲学当然不能把认识客体置于主体的对立面或眼前、身外去观察、分析,只能在与客体的交融共存中来体会它的存在,感受它的生命,领悟它的精神。于是产生了两种主客联系的方法。客观的认识态度是将个人经验觉悟合理外推,与外在事物融为一体。

---

① 《庄子·天下篇》。
② 参见:《冯友兰学术精华录》,第41页。

《朱子语类》曰:"天人一物,内外一理;流通贯彻,初无间隔。"禅宗讲:"默默与天行,默默与天语。"孔子说:"天何言哉,四时行焉,百物生焉,天何言哉。"主观的认识态度则向心内求,将客体纳入主观内心。陆九渊说:"宇宙便是吾心,吾心即是宇宙。"王守仁宣称:"天下无心外之物"。孟子曰:"万物皆备于我矣,反身而诚,乐莫大焉。"又曰:"尽其心者,知其性也,知其性则知天矣。"① 主客浑然一体的认识前提要求消解哪怕最粗浅的理性给人的自我意识,消解认识的主体意识。儒家讲去欲去私以达无我,忘我之境界;庄子讲心斋坐忘,老子要人回到婴孩的无知无觉状态,佛家则只管悟空,"会理知无我,观空厌有形","水将空合色,云与我无心。"②

作为社会观照的社会观,"天"是人格化的、有德性的实体,它是一切社会法则和价值的来源。所谓"天人合一"是指天道法则与社会法则、天道模式与社会模式的一体性。董仲舒说:"道之大原出于天,天不变,道亦不变。"③ 从这个意义上讲,"天人合一"体现的是天道与人道的一致,是人道对天道的遵从。董仲舒在《对贤良策一》中说:"国家将有失道之败,而天乃先出灾害谴告之;不知自省,又出怪异以警告之,尚不知变,而伤败乃至。以此见天心之仁爱人君,而欲止其乱。"天对人事的违礼失节行为要发出警告、谴责,甚至降灾祸以惩罚;天对有德之君则施以仁爱辅佐。《尚书》中讲:"皇天无亲,唯德是辅。"这表明"天"干预人事的道德态度和施于人事的法则意义。人与天的感应沟通,使人能察天意,遵天则。

儒家视天道为社会伦理价值的最高来源,以天道模式来建立、理解人类社会。自然以大化流行、阴阳相感化生万物;圣人感知人心达天下和平;宇宙自然博大宽厚,无所不包;普天之下王权无所不在,相连绵的土地,相承继的文化。例如,理气之争与善恶相随,天地日月之论与君臣等级相伴,四季运行与刑德相应,一切莫不以天为蓝本。甚至个人道德、民族精神都可以被天地之德——"自强

---

① 北大哲学系中哲史教研室:《中国哲学史教学资料选辑》上册,中华书局1981年版,第105页。
② 孟浩然诗、朱湾诗。
③ 《汉书·董仲舒传》。

不息"、"厚德载物"所概括。而君权神授差不多是天对人事最直接的管理了。

作为对神秘力量探测的宗教观,"天"是人事不能及,无能为力之事的终极原因,是"天命"、"命数"、"命运"。所谓"天人合一"是说天主宰着人事的成败,而人能以至诚求得神助,天人是共运的关系。

先秦时墨子讲天志明鬼,孔子讲君子畏天命;汉代董仲舒讲天是人之主宰。在中国,一代君主登基临位,必大举祭祀;国家、家庭凡遇重大事件也必祭天地;人生重大转折处,生死、婚嫁也必祭拜天地;逢凶遇难自然更要唤天呼地。但中国哲学并没有由此产生虚幻空洞的神学,相反却产生了坚忍不拔,积极行动的实用哲学。何以如此,正是出于天人的感应贯通,人神的交流合作。人能以自己的德行、诚意来争取神的帮助。《易经·文言》说:"夫大人者,与天地合其德,与日月合共明,与四时合其序,与鬼神合其吉凶。"愚公移山的故事说的就是这个道理。因此,"尽人事,听天命","谋事在人,成事在天","天作孽,尤可为,人作孽,不可活"成了脚踏实地的农业民族的行动信条。由此,它引导中国文化理性趋于实用,它使中华民族不虚妄,不狂噪,它指导了一个较少宗教情结的乐观坚定的民族,一个关注热爱现实生活的文化。

"天人合一"成为中国哲学最基本最重要的命题,它构造了一个阴阳、天人、形神、理物、道器、内外等重大范畴统一的宇宙;它培育起"溥天之下,莫非王土,率土之滨,莫非王臣"的广土大众的文化;它向往大同社会,四海为家,中央集权,一统天下;它崇尚秩序,追求和谐,反对战争,痛恶分裂,也不尚竞争;它倡导"知行合一"的实践原则,要求理论的实际效用,要求言行一致,为人师表;它反对空谈玄想,憎恶口是心非,也造成了对纯理论和纯思辨的轻视。它铸成"礼之用,和为贵"的大众行为模式,它包含对家人的关怀和责任,对乡土的眷恋与归依,也有老道圆滑的一团和气和息事宁人的柔顺。它也是"文以载道",情景交融,文质彬彬的艺术追求和人的精神与九天的同流贯通。

二、二元对立的认识前提

与所有其他文明一样,西方文化中也出现过早期人类与自然混沌一体的通灵认识。在它逐步进入文明发展的高级阶段,对自然的认识与驾驭能力不断提高的过程中,人与自然的关系便由简单地适应、依赖变为积极的利用、改造的进攻性关系,像古希腊罗马人较为彻底地以奴隶制扫荡了原始氏族社会的遗迹那样,他们也较为彻底地扫荡了原始思维,创立了人与自然分离的哲学认识,即由原始混沌、物我相通的朦胧联系走向物我分离,主客对立的二元世界。

在人与自然的关系上,西方文化一开始就表现出控制与征服自然的强烈欲望。哲学家古利安说:"原始人同时既认识自然,又藐视自然;既掌握着自然,又处于自然的控制下;既细心观察着自然,又使自然蒙上神秘的色彩;既崇拜自然,又惧怕自然。"① 早期西方人对自然的这种态度,在希腊神话中得到象征性的表现。希腊英雄对宙斯划破长空的怒吼和狄安娜愤怒的诅咒的畏惧,雅典人对雅典娜佑护的依赖,希腊人对酒神的膜拜都显示了这一点。普罗米修斯对神威的反抗,帮助人类第一次支配了火这种自然力,它象征着人与自然的斗争取得了伟大的胜利。

希腊哲学家热衷于哲学本体的探讨,火、水、数、原子是他们眼中的自然本质。同时他们不懈地寻找着人与自然的质的区别,苏格拉底"认识你自己"的箴言被置于神庙的门楣上,斯芬克斯神秘的谜语给我们同样的追索。在尚未对人与自然作本质区分时,希腊哲学家普罗泰戈拉就赋予人以万物尺度的地位。中世纪的神学家在人神的结合中,授予人统治自然的权利,把希腊人对自然既掌握又被支配的双重关系变为单一的统治关系。《圣经》说:"凡地上的走兽和空中的飞鸟,都必惊恐、惧怕你们;连地上一切的昆虫并海里一切的鱼,都交付你们的手,凡活着的动物,都可以做你们的

---

① 古利安:《原始人道主义和文化起源》,参见《智力圈》,科学出版社1991年版,第14页。

食物,这一切我都赐给你们,如蔬菜一样。"① 康德从哲学的角度讨论人与自然的关系,强调人的目的性与自然的手段性,提出"人为自然立法"。马克思在人与自然的关系中引入了一个新的环节,即社会实践或生产劳动。马克思说:"自然界,外部的感性世界是劳动者用来实现他的劳动,在其中展开他的劳动活动,用它并借助于它来进行生产的材料。"劳动者"是通过自己的劳动占有外部世界"②。这种人与自然的认识是"人和自然界之间,人和人之间的矛盾的真正解决,是存在与本质、对象化和自我确证、自由和必然、个体和类之间的斗争的真正解决。"③ 在马克思这里,"人"是在生产劳动的社会实践中有意识有目的、能改造自身和改造客体自然的主体,是人与自然关系中最积极最活跃的一方。"自然"则是劳动的对象,是主体活动的现实客体。至此人与自然关系的质的区别在实践意义上被马克思确定下来。

强调人与自然的对立关系是整个西方文化突出的特征。卡洛·斯密特在欧洲文化会议上的讲话中将欧洲的全部社会准则归结为对于命运的抗拒,他说:"欧洲人从来不委身于自然",④ 如此征服自然成了西方文化永恒的价值,成了西方科学的历史使命。19世纪英国历史学家亨利·托马斯·布克尔在他的《英国文明史》中说:"全部文明的进程是以精神法则战胜自然法则——人战胜自然为标志的。"从荷马史诗《奥德赛》以1.2万余行的诗句叙述希腊英雄十年海上历险的故事到海明威《老人与海》面对自然虽败犹勇的抗争精神,这是西方人光荣的征服史,现代人类把自然的范围扩展到宇宙太空,又演出了星球大战的主题。

征服自然必以认识自然为基础,"因为,我们若不服从自然,我们就不能支配自然"。⑤ 正如爱迪生的诗句"高高苍天,蓝蓝太空,

---

① 《圣经·创世纪》。
② 马克思:《1844年经济学——哲学手稿》,人民出版社1985年版,第45、46页。
③ 《马克思恩格斯全集》第42卷,第120页。
④ 转引自:〔法〕克洛德·德尔马:《欧洲文明》,上海人民出版社1988年版,第118页。
⑤ 培根:《新工具》,商务印书馆1984年版,第129页。

群星灿然,宣布它们本源所在:/就算全都围绕着黑暗的天球,静肃地旋转,那又何妨?就算在它们的发光的天球之间,既找不到真正的人语,也找不到声音,那又何妨?/在理性的耳中,它们发出光荣的声音,它们永久歌唱:'我等乃造物所生'"。① 于是科学理论,实用技术即使在神学盛行时期也作为认识上帝、征服自然的有力武器备受西方文化重视。

  物我二分在认识论上表现为主客体的对立二分。瑞士儿童心理学家皮亚杰说:"儿童的年龄越小,他就越没有意识到他自己的自我。从理智的观点来看,他并没有区分外部和内部,主观和客观。"② 儿童的认识带有早期人类思维的特征,但早在古希腊时期,哲学家普罗泰戈拉就结束了人类儿童时期的主客混体状态。他发现了人在认识活动中的独特地位和作用,提出人"是一切存在者存在的尺度,是一切不存在者不存在的尺度。"③ 希腊哲人努力寻找"自我",以便使认识主体从万物殊象中分离出来。赫拉克利特说:"我寻找过我自己",苏格拉底告诫人们要"认识你自己",希腊人朦胧的自我意识企盼着清晰的界定,不管他们努力的结果如何,后来西方哲学沿着他们的思路把认识主体与认识客体的分离作为人类知性活动理所当然的逻辑前提。第欧根尼·拉尔修说:"普罗泰戈拉第一个宣称每一个问题都存在着两个彼此相互对立的方面,他是第一个运用这种模式进行论证的人。"④ 其实先于他的泰勒斯就有物质本体的水与运动本质的灵魂对立的论证;毕达哥拉斯有数的有限与无限的对立;与他同时的德谟克利特也提出了存在与非存在的对立。但普罗泰戈拉确实是第一位关注认识过程中人的主体性意义的学者。

  由于长期的文化承递,主客二分的认识前提在西方被固定下来,"心与物之间的区别——这在哲学上、科学上和一般人的思想

---

① 〔英〕丹皮尔:《科学史》,广西师范大学出版社2001年6月版,第151页。
② 〔瑞士〕皮亚杰:《儿童的道德判断》,山东教育出版社1984年版,第104页。
③ 第欧根尼·拉尔修:《著名哲学家的生平和学说》,转引自《西方哲学著作选读》,商务印书馆1981年版,第54页。
④ 同上。

里已经成为常识了。"① 心与物的对立在经院哲学的代表人物托马斯·阿奎那那里成了实体与非实体的存在,实体性的心能认知上帝的存在,它是不生不死的;非实体的物,随物的破坏而消失,它是虚幻的。笛卡儿这位不肯轻信所谓公理、常识的哲学家,怀疑一切存在的真实性,而独以观察、思考为基石确认思考者的存在,进而承认认识对象的存在。实际上这位批判型的哲学家正是以西方思维常识来批判常识的,他坚信有认识活动必有认识主体,有主体必有相对应的认识客体,充当认识主体的必是有认识能力的人。费希特差不多用了相同的模式来建立他的自我哲学,以自我意识设立自身,以自我设立非我。他们都着重主体与客体的质的差异性。笛卡儿认为有两种实体:一种是没有广延的实体,即物质的;另一种是思想的实体,即心灵的。心灵不占有空间,物质不能思想。他强调两种实体彼此对立,谁也决定不了谁。这样主客体的二元对立就成了西方哲学思维的基本前提,构成了现象与本质,形式与内容,主体与客体,感性与理性,原因与结果,必然与偶然等二元对立的哲学范畴。

二元对立的思想,还体现在对社会关系的认识上。前面提到的卡洛·斯密特说:"欧洲人将意识从它与'自我'之外的事物的关系中分离出来,从而使得埋没在集体之中,任凭各种偶然事件摆布的人变成一个个体。然而个人的尊严,恰恰表现为人不能再用纯自然的历史的或社会的理由来为自己的行为辩解。"② 西方文化的观念:个人是自由独立的,有鲜明个性特征的,而群体则注重共同目标。苏格拉底说:"造成城邦瓦解的不是由于整体共同的情感,而是由于各自不同的私人的情感,在同一件事情上,一半人为之欢呼,而一半人为之痛苦。"③ 社会契约论者则以自主平等的契约关系来表明社会是个人契约的结果,是个人自主的选择。斯宾诺莎说:"要使人人彼此和平相处且能互相扶助起见,则人人必须

---

① 〔英〕罗素:《西方哲学史》上卷,商务印书馆1963年版,第179页。
② 转引自《欧洲文明》,第118页。
③ 柏拉图:《国家》。

放弃他们的自然权利,保持彼此间的信心,确保彼此皆互不作损害他人的事。"① 马林诺夫斯基讲:"合作是牺牲个人的兴趣及倾向而服从一个共同目的,于是发生了社会的强制。"② 从这种意义上讲,社会共同利益的原则对个人个性原则毫无疑问是一种限定、制约、压制。而个性原则、创造精神则总要反抗这种束缚。他们都强调了个人与社会群体在利益立场上的根本差别与对立,也强调了人对社会群体的依赖关系。

应该承认的是,个人与社会的约定有时在相当程度上是在不自主状态中完成的,加之社会的运行往往是通过代表公众利益的政府来实现的,社会化的经济活动也是通过经济组织关系来实现的,但这些社会机构在实际运作过程中,其所代表的公众利益往往被歪曲,以致为每个个人而存在的群体组织有可能从手段变成目的,而个人则从目的变为手段。西方学者指出,在疯狂的政治权力崇拜中,在热烈的国家主义、民族主义中,个人与社会有着最尖锐的对立。为此汉密尔顿说:"政府本身若不是对人性的最大耻辱,又是什么呢?"③ 美国思想家约翰逊不无极端地说:"在任何形式的政府下生活,我都不愿意交出半个基尼,因为在那里,没有个人一时一刻的幸福。"

西方文化不仅关注社会群体存在本身和社会运行过程中的社会与个人的对立,也承认每个个体之间存在利益的冲突,因此努力保护社会中每个个人的独立权利。契约社会承认每个公民的权利,为每个人的权利实现设制平等的机会。在这样一个充满利益矛盾的社会,每个人都是他人潜在的或直接的竞争对手,一个人机会的获得,成功的获得,就意味着他人机会的丧失和失败。霍布斯说,在这样的社会中人与人是狼。萨特讲"地狱就是他人"。人们为了他一时的利益经常结约、携手,但又经常分裂,重新为变化的利益结伙。阶级集团间、经济组织间、社团间、政党间更无常态的

---

① 〔荷兰〕斯宾诺莎:《伦理学》参见《西方伦理名著选辑》上卷,第637页。
② 〔英〕马林诺夫斯基:《文化论》,中国民间文艺出版社1987年版,第44页。
③ 〔美〕汉密尔顿:《联邦党人文集》,商务印书馆1980年,第48页。

合作,而有永恒的对立;民族间、种族间、国家间亦无常态的和平,却有难以消解的敌对和长期的战争。

最后,二元的对立还表现为人自身的分裂。早期斯多葛派就提出:"人这小宇宙,他的身体和灵魂是大宇宙的影像。"① 如同自然界的存在有质料因和形式因,理念世界与现实世界,实体与非实体,人的存在也有理性与物性,心与物或灵与肉的二元对立。在希腊文化中,人自身的动物性与理性的并列存在,表现为酒神狄奥尼索斯激情的创造精神与太阳神阿波罗和谐的理性精神的并存。柏拉图则将世界分为三个有本质区别的层次:理念世界、现实世界、艺术世界,直截了当地赋予价值评判,成为古典西方哲学崇尚理性的代表。伊壁鸠鲁说:"使生活愉快的乃是清醒的理性,理性找出了一切我们的取舍的理由。"② 人的动物性欲望和激情若不经理性选择、控制便会干扰人的灵魂。中世纪灵与肉的分裂达到绝对的程度。上帝因亚当夏娃背叛了自己,认识到肉身的区别而摈弃了他们,圣奥古斯丁在理性的指引下皈依上帝而把头埋在沙漠里以示彻底埋葬年轻时荒唐的肉体经历和丑陋的肉欲。宗教徒把人生当作皈依上帝的旅程,将肉体与灵魂、此岸与彼岸、天堂与地狱作绝对的分割,否定任何现世的快乐与享受。资本主义时期的学者也没有能解决人的自身分裂,只是灵与肉的二分变成了情与理、欲与德、伊特(本我)与意志的对立。我们从哈姆雷特生存还是死亡的选择中,从拉思科里尼可夫良心对罪恶的谴责中,从弗洛伊德的精神分析中都能看到人自身的惊扰,人心的撕裂。

主客对立的逻辑前提导致了一个分裂的宇宙,由此西方人建立起无数对立的范畴:人与自然,人与他人与社会,人与神,灵与肉,有限与无限;主体与客体,实体与属性,质料与形式;现象与本质,原因与结果,理性与经验,主观与客观,理论与实践。西方文化正是认定事物内部、外部的矛盾冲突促成了事物的发展,所以宇宙世界、人类社会才如此充满生机活力,永不止息地运动。也正是承

---

① 〔法〕罗斑:《希腊思想和科学精神的起源》,商务印书馆 1965 年版,第 411 页。
② 《西方伦理学名著选辑》上卷,第 104 页。

认事物的差异特征,强调个性的价值,才有了林林总总、千姿百态的生动鲜活的世界,才有了一个个独立的各具风姿的人和人的独特价值,以及对人的尊重及平等观念。今天西方人反对克隆人类的一个重要理由,仍是克隆人丧失了人的惟一性价值。然而,人也在这个对立分裂的世界中饱尝了文化的重压和孤独之苦。他必须面对一切挑战——来自生存的竞争、本质的保存、灵魂的超越——孤军奋斗。同时,与二元对立的思维模式相伴随的二值判断的价值观,容易将事物对立的性质绝对化、简单化,形成非此即彼的正负对错分析和形而上学的思想方法,因而在20世纪后期开始遭到西方思想界的质疑,由此便产生了后现代语境下要求人与自然协调发展、并主张多元价值并存共生的新的文化倾向。

第二节 直觉思维与逻辑推理

中西方民族在前述认识前提下产生出不同的思维路径与方式。中国哲学思维偏好运用直觉体验的方式去获取和传达涵盖力极强、极灵活、为认识主体留有极大领悟空间的认识成果。西方式的哲学思维则希望通过严密的逻辑推理去获得和传递精确、可靠、稳定的知识,因而它注重规则的缜密,力求避免认识主体理解和阐释对象时的任意性,重视认识的客观性与同一性。

一、主观联系的直觉思维

说到直觉思维我们自然会想到那一类词:体验、领悟、个体经验、主观情志、心理事实等,它的主观性和感悟性的意向已呈现出来。事实上,直觉思维是一种很独特的思维方式,它以个体经验与智慧直接切入事物本质。我们不能因为具有形象和感知认识的特点,或因为它缺乏逻辑的表述,而简单地把它理解为粗浅。直觉思维因为强烈的主观色彩而带有模糊性,让人难以把握,但直觉思维的一些特征却是显见的。

首先,直觉思维是非逻辑的思维。如果我们把中国哲学中负载着多种意象的认识转换成西方的逻辑概念,我们就会发现中国思维的心理底数。如"天",天为何也？它是人们头顶上的一片空间,是神之所在,是自然规律,是命运,是权威的象征,是法则……当你去追究它的确定含义时,你被拒绝了。孔子说:"天何言哉,四时行焉,百物生焉,天何言哉。"又如"道",它是宇宙之本体,是自然规律,是实体,是虚空……然而当我们究其实,那便是"道不可闻,闻而非也;道不可见,见而非也;道不可言,言而非也。"① 所有重大基本的哲学概念都落不到实处,都没有确定明晰的内涵与外延。没有落实,又最为落实,它回答了万物本体的无限广大、精深,无始无终,又难以认识的性质。人只能不断地认识它,却永远也不可能完全清晰地把握它,因而不能明确界定它。

冯友兰先生在《中国哲学简史》中对中国哲学思维这一特点大加赞赏,他以魏晋名士嵇康与钟会的一段对话为例,讲中国哲学的智慧。钟会率众士拜访嵇康,到城外嵇康的铁匠铺。嵇康正在树下锻铁,没有理会众人。一会,钟会率众士要离去。嵇康叫住他们问:"何所闻而来,何所见而去？"钟会答:"闻所闻而来,见所见而去。"冯先生认为中国式的回答好像违背了逻辑规律,在作概念往复,好像没有回答任何问题。但却最好地回答了问题,它包含了无限多的可能性,是最智慧的回答。所谓中国式的智慧,是指这种思维拒绝任何规则的限制,包括逻辑和语言规则,因而灵活,有创造力。同时,这种思维方式拒绝一个肯定的答案,它使认知处于永远开放的状态中,这也符合中国哲学对本体模糊本质的认识。

我们说中国哲学思维带来有非逻辑的特征,不是说中国人的思维没有逻辑,而是说中国哲学偏好,追求非逻辑、非形式化带来的灵活、简捷、深刻。它压缩或抛弃了逻辑程序,开门见山地切入本质。诚如青原惟信禅师所说:"老僧三十年前未参惮时,见山是山,见水是水;及至后来,亲见知识,有个入处,见山不是山,水不是水;而今得个休歇处,依前见山只是山,见水只是水。"② 宋杲说:"上士闻道,如印印空。中士闻道,如印印水。下士闻道,如印

---

① 《庄子·知北游》。
② 《五灯会元》卷十七,《青原惟信禅师》,中华书局1984年版,第1135页。

印泥。"① 此所谓："羚羊挂角,无迹可寻。"我们看不到思维前后的逻辑过程,但能感到极强的思维力。在中国文学中追求语言言简意赅,盖受此影响。但这种思维也给思想的理解、知识的积累和技能的传授带来一定的障碍。因为它不长于将个别的经验及思维成果总结为条理清晰的知识体系,因而难以得到准确的传播和形成具有普遍意义的规律性认识。如在中国各类技艺的传承中讲究"师傅领进门,修行在各人",传统教育对知识的传授主要靠反复记诵,学习者对思想内涵的领会和方法技能的掌握往往依赖于反复实践过程中的直觉顿悟,人的认知全靠个人的智慧,就是佛家讲的慧根。因此即使是孔子这样的至圣先师,弟子三千,贤者仅七十二,教育的成功率似乎并不高。

其次,直觉思维十分重视为认知者留下广大自由的主观空间,有极强的主观性。直觉体验的方法依赖于个体经验,与个体心智、心理情态相关,而旁人则难以随同进入他人的主观思维过程。因而往往对他人的思想只是得其皮毛,视为神秘玄妙。庄子、惠施游于濠上观鱼有一段鱼快乐与否的对话,表明个体经验无法为外人所完整了解。佛祖拈花迦叶微笑也是两个智者之间的精神往来,芸芸众生中却没有第二个微笑者,所以释迦牟尼成佛以来,从未有人知道他在菩提树下悟到了什么,是如何悟到的。因而难有人效法,成为第二个大彻大悟者。

直觉体验的个体主观性是不确定的,认识本身也就有极大的随意性,灵活性,这也许是直觉思维具有创造力量的原因,是中国哲学思维的绝妙之处。由于认知者个人的经验、智力因素、认识路径的不同,只要不从文化方面外在地加以限制,每个人的智慧便可能在此空间中自由生长。我们可以作这样一个比较:你给一个班的学生出一道物理、数学、化学题,用公式给同样的条件,多数情况下他们能给你一个相同的结果和表述,不然便可能是发生了错误。同样这个班的学生,你给出一篇文章、一个场景、一幅画、一段音乐,那么这个班20个人则可能有20种以上的理解和表述,若有雷

---

① 《大慧普觉禅师法语卷·第二十》。

同便会怀疑他们思想僵化或偷懒抄袭。数理化是逻辑思维创造出来的认知体系,你的思维必须沿着它规定的路线推理。而在人文社会科学领域,虽然西方哲学家洛克曾企图在此建立认知规则和控制法则,但它毕竟是"牛顿定理"之外的知识体系,它是直觉思维的天地。有意思的是,重视个体性的西方文化,在思想和感情方面给了个人以诸多的限制,而重视群体的中国文化则给了个人更多的自由。事实上,我们可以看到,在那些对主观创造力有极大依赖的文学、艺术、工艺、实用技术领域,中国人都有极好的创造成就。甚至从不怎么好的意义上说,"上有政策,下有对策"的"上级服从下级","兵来将挡,水来土掩"的因地制宜,"车到山前必有路","活人还能给尿憋死了"的随机应变,"法律是人定的",这种"无法无天"的对外在约束的蔑视,是中国人主观适应性极强的表现。

人的主观认识不拘泥于任何客观戒律,要给主观认识以充分的自由,不仅要破除思维和语言规则构成的定式——这也是西方人后来认识到的"语言是思想的牢笼"——甚至还要警惕启发智慧、凝聚智慧的知识对自由思想的羁绊。老子所说:"为学日益,为道日损。"孟子所讲"尽信书不如无书"就是这个道理。

再次,直觉思维具有立体有机联系的特征。前面讲非逻辑性,实则是讲直觉思维排斥任何的思维定式,讲主观性是讲直觉思维对主体智慧的依赖,这不过都是直觉思维要求的条件而已,并没有讲出直觉思维本身的运用机制。当然,如若我们讲出了直觉思维的运行机制,那可能就不是直觉思维了,因为它是主观的,顿悟式的,是难以言说的;它是个体化的,是无法概括的。但从中国哲学思维乃至佛家禅宗思维中我们去寻找,却不难发现他们共同依靠联系性获得智慧开启的现象。因此,我们认为联系性是直觉思维达到认识目的的重要途径。

这种联系性首先建立在宇宙整体论的观念上的一切都在联系中。在中国人看来宇宙间任何个别事物间都有着复杂的联系,宇宙是一个紧密联系的整体。王夫之说:"阴阳二气充满太虚,此外更无他物……天之象,地之形,皆其所范围也。"① 明代学者方以智在《物理小识》卷一中说:"'气'充一切虚,贯一切实。"气无所不包,无所不在,它能贯穿一切有形无形之物。北宋著名科学家沈括说:"天地之气,贯穿金石土木,曾无留碍。"② 宇宙间万物这种立体交错广泛存在的有机联系性使直觉思维具有无限的生机活力,任何事物现象的任何内外特征都可成为智慧的导线。

这一贯通联系的思想在中国医学中的运用,表现为中医对人体比类取象的认识,即通过自然现象认知人。犹庄子所谓"知天之所为,知人之所为者,至矣"③。如中国文化开创者之一的伏羲,仰俯观天地以洞察一切。《内经》云:"不知比类,足以自乱。"《素问·宝命全形论》说:"人生有形,不离阴阳。"中医将人体按其性分为阴阳两大部分,大体上说人体上部属阳,下部属阴;体表属阳,体内属阴;背部属阳,腹部属阴;外侧属阳,内侧属阴。就脏腑而言,六腑属阳,五脏属阴。五脏中又以心肺属阳,肝脾肾属阴。具体到每一脏腑又有阴阳。如此重重叠叠,或阴或阳,既阴又阳,互为阴阳。由于把人视为一个有机整体,中医问诊方能由表及里求得内疾;由于把人置于宇宙之中,重视万物之间的普遍联系,因而中医采用天然动植物入药,强调以食物调养,寒暑将息,民间所谓"吃什么补什么"。中医在长期的实践中形成了经验性很强且行之有效的治疗方法。但将人体比类他物的认识,忽略了生命体自身的特点,也曾造成对人体认识的某些局限。

儒释道是中国传统文化的核心,三者虽有区别,但是从思维模式着眼,三者又有一致之处,即都存在着认识过程的整体领悟和类比联想。孔子对"仁"的解释并不是从这一概念的内在结构分析入手,而是从整体出发,通过一些类比、领悟,来把握"仁"的性质,所以他从未对"仁"下过种属概念的定义,而说:"仁者爱人";"己所不欲,勿施于人";"仁者人也";"己欲立而立人,己欲达而达人"等。

---

① 王夫之:《正蒙注·太和》。
② 沈括:《梦溪笔谈》卷二十六。
③ 《庄子·大宗师》。

老子"道生一,一生二,二生三,三生万物"的思想,是从整体到局部把握世界;"天下万物生于有,有生于无"、"祸兮福之所倚,福兮祸之所伏",体现了对事物有机联系的一种领悟。禅宗强调"自悟"、"顿悟",其悟性特征比印度佛教要浓厚很多,这是因为佛教东进以前儒、道已经有浓厚的悟性特征,而佛教东进经过了汉文化整体领悟·类比联想的同化,由此形成悟性特征突出的中国本土佛教禅宗,然后又反过来对儒、道思想产生影响。

老子像

这种联系的普遍性如朱熹所说:"天地之气,虽至坚如金石,无所不透。""天地之气刚,故不论甚物事皆透过。""只是这一个气。

入毫厘丝忽里去,也是这阴阳;包罗天地,也是这阴阳。"① 如此,气能在有机生命中运行流通,也能在无机界中穿行,能贯彻有机与无机世界,勾通人与万物。道家讲人与宇宙精神的自由往来;儒家讲修身养性,个体人格在宇宙精神中至刚至大。中国艺术以"情景交融"为审美目标,中国艺术讲的"情"不是"情欲"、"私情"之情,是超越这之上的人情与天地之情产生共鸣的情,人情即万物之情,是生命、精神的体现,是艺术美的所在。在"池塘生春草,园柳变鸣禽","春草无人随意绿"的诗句中,我们感受到了这种情志的共鸣;陈子昂"念天地之悠悠,独怆然而涕下"是对周行而不殆,独立不依的道体深深地感动;庄子激情满怀的与物神游是自由生命壮美的展示。在艺术手法的运用上,大量运用借自然之物喻说心中之志的方法。如挺拔修美的竹透露着清高淡雅的文人气质,而艳丽硕大的牡丹则述说着世俗的富贵荣华。象征、假借、比兴方法的思维根基无不在联系性思维上。

　　思维的联系性还是互为因果,相互推动变化,彼此包容的联系;也是无所不在,超越时空、虚实的广泛联系。张载说:"有无、虚实、通力一物者,性也。"② 易学系统称"一阴一阳之谓道",阴阳相通,日月相推,屈伸相感,刚柔相摩,八卦相荡。这种联系有如肌体的内部联系,是活跃的,主动的,多层次的、多样式的。如中医比照五行系统建立了以相生相克、相助相化的五脏为中心,通过经络、血脉及气的运行联结内外表里各个器官、肌肉组织和骨骼的人体理论。中医认为人体五脏的关系与五行关系相应,有相生关系,即肾(水)之精养肺,肝(木)藏血济心,心(火)之热以温脾,脾(土)化生水谷精微以充肺,肺(金)以清肃下行以助肾水。也有相克关系,即肺气清肃下降可抑制肝阳上亢,肝的条达,可疏泄脾土的壅郁,脾的运化可制止肾水泛滥,肾水的滋润可防止心火的亢烈,心火的阳热可制约肺金清肃太过。此五脏相互推动,相互抑制,互为因果。心火阳烈乃肝盛肾虚之果,脾壅肺虚之因。

---

① 《朱子语类》卷八,卷六十三。
② 张载:《正蒙·乾称》。

中国思维的这种联系性还是辩证、转化的联系。老子讲:"反者,道之动。"李约瑟在《中国科学技术史》中也说道:"当希腊人和印度人很早就仔细地考虑形式逻辑的时候,中国人一直倾向于发展辩证逻辑。与此相应,在希腊人和印度人发展机械原子论的时候,中国人则发展了有机宇宙的哲学。"[1] 从沧海桑田的变化,从作物的生长死衰过程,从人的幼壮老死的生命之动,农业民族对此有深刻的理解。事物朝着相反方向发展,任何事情走向极端便走向反方向。比如,中医讲表里、寒热、虚实的转化。这使得任何分析的解剖刀对辩证联系的事物找不到下刀的缝隙,它抱成一团地变化地联系着。伤风着凉可因体质虚弱或护理治疗不及时而出现高热、咳喘,发生由表及里的转化。在现实生活中,苦尽甜来,祸随福转已成为经验之谈。吃苦耐劳,知命不忧,是人生重要的缓解剂。老子讲:"曲则全,枉则直,洼则盈,敝则新,少则得,多则惑。"[2] 持中守恒以防止达到极点的转化,甚至宁可守雌居柔。

二、细剖精析的逻辑分析

西方科学文化极发达,靠了两条重要的认知方法:一是可以理解的逻辑,一是可以控制的实验。逻辑不仅有极强的推理认知的作用,而且逻辑作为思维规律还可以被人们共同掌握,成为思维外在化的工具,从而使思维这种主观性的活动能够被传达、被理解、被记录、被检验。由此它把一切的经验和技能都转化成可以交流和传承的知识。

如前所述,西方哲人眼中有两个对比鲜明的世界:人与自然,主观与客观,感性与理性。在无数的二元对立中,现象与本质是最普遍的对立,它们具有截然不同的性质。现象是流动不定的,变化无常的,虚假不真的,被本质决定的,又是多种多样,有着复杂联系、纵横网结的,因而现象是虚幻的。而本质是确定不变的,永恒的,单纯的,因而本质是真实的,具有终极性的认识价值。可见,西

---

[1] 李约瑟:《中国科学技术史》第三卷,科学出版社1978年版,第337页。
[2] 《老子·二十二章》。

方哲学不仅分析着宇宙,还对二元世界进行优劣高下的评价。他们崇尚理性,控制感性;注重理论,轻视实用;强调本质,贬低现象。

本质被现象包裹着,要认清本质必去除表象。这种去伪存真的方法就是分析的方法,它将整体分解为部分、方面、特性和因素,把事物从它的类属中分裂出来,凝固在运动中静止的一瞬,使之更接近单纯和不变。而且是越单纯、具体、惟一,越能得到确定、精密、简单、真实的认识。分析的方法已成为西方哲学认识的心理基础,由此发展出追求精密分析和严谨逻辑的科学文化形态。

分析的方法包含两大步骤:首先是细剖精析。早在古希腊时期,克鲁顿城著名的解剖学家阿耳克美翁(公元前530—470年)根据动物解剖的知识写了第一本解剖专著。亚历山大里亚时期的赫罗拉斯著有《关于眼的结构》、《普通解剖学》。在亚里士多德的《动物史》中就有多幅动物解剖图。罗马人盖伦(公元130—201年)在前人医疗经验和解剖认识的基础上,建立了他以后统治欧洲医学千年之久的医学理论。他认为人体以肝、心、脑为三大主要器官。肝是造血器官与胃直接联系,吸收食物营养,供应全身;心是内在热的中心,这里生成生命灵气,经过血脉送住全身;脑是表象、思考、记忆的基础,将生命灵气化作精神灵气,由神经细管传递,主宰肌肉运动和知觉。文艺复兴时期的达·芬奇开始了人体解剖,1543年维萨留斯著名的《人体构造》一书开始了西方近代解剖学的研究。至此西方生物学已经拆散了人这架自然的机器,并按照相同功能组装起具有消化、呼吸、血液循环及生殖系统的人体机器。16世纪末出现了显微镜,借助显微镜解剖学突破了肉眼观察停留于器官的局限,满足了越单纯越好的分析要求。医学、生物学得以在细胞、分子及量子层次上进行更为广阔的生命探源。西方科学家怀着极大的热忱去寻找那根含有生命灵气的纤维,那个藏有原始生命的细胞。17世纪末英国的胡克在显微镜下发现了细胞,意大利的马尔比基发现了毛细血管。1840年汉诺巴研制的用铬氧水溶液给细胞染色的方法,迅速使用于显微镜下的细胞研究。得益于对生殖细胞的染色认识,人类终于发现了生命的秘密。直到今天西方生物学对生命的认识,还在微观世界中深入。并已达到可

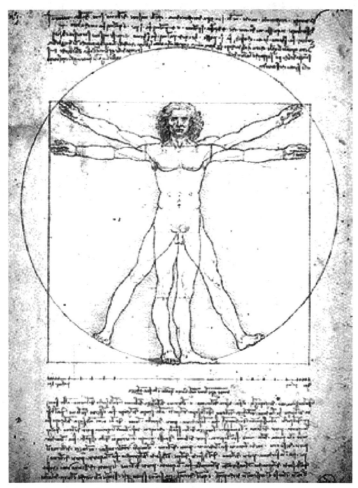
达·芬奇《人体解剖图》

以创造生命,创造新物种的程度。

在社会科学研究领域也不例外,例如在史学方面,中国学者习惯上下五千年,在大的历史框架内把握各个历史时期的演变,认为每个时期、每个朝代的历史都是几千年历史的一个构成部分。而美国历史学者则习惯把历史看作是一段一段生长起来的,美国著名汉学家费正清要求他的博士生以二十年为撰写论文的研究范围,"这个方法暗示,大历史一定要架构于小历史之上",而且"美国学者缺乏对中国历史的综合视野"①。可见中美史学研究传统差异的重要根源之一,正是思维模式的差异——一为整体领悟,一为解剖分析。

　　分析的方法由于排除了表象的干扰,切断了纵横的联系,置认识对象于相对单一、具体、确定的状态,因而易于把握对象的特征与细节,使认识具有确定和明晰的性质。物理学的研究亦如此,从古希腊的德谟克利特提出原子论起,原子一直被认为是构成物质的最小单元。两千年来这个"不能再细分的物质"一直被作为哲学本源的事物最小构成因素的概念来使用。直到18世纪末、19世纪初化学的迅速发展,才在实际上把原子取出来。接着科学家从原子中发现了电子、质子、中子、光子等七百多种基本粒子,而这些粒子还可以分割,还有结构。20世纪50、60年代,科学家通过高能物理实验深入到夸克层次。1974年的J/Ψ粒子和1977年γ粒子的发现,使夸克内部结构研究成为新课题。原子内部的解剖展示出一个丰富多彩的世界,它开阔了人们的眼界,更新了观念,为人类对微观世界的把握与利用开辟了广泛的空间,纳米技术的应用就是例证。

　　分析方法的第二个步骤是建立逻辑的认识系统。分析的目的不在于拆卸世界,粉碎整体,而在于通过切割细分得到单一、确定的认识,使认识具有可靠性、明晰性,使认识更深入。因此,在前一阶段的工作完成后,分析方法还必须建立起逻辑的认识系统。它与自然存在所呈现的系统不同,它不是无意识的、被表象掩盖的混乱的系统,而是依据思维的逻辑规则建立的,体现人的认识的系统。比如,生物学的片面推进,粉碎了生命现象的整体表象,一切物质生命都被还原成了细胞。生物学在此基础上建立起自己的科学系统,出现了分门别类的学科系统——生物学、分子生物学、遗传学、细胞病理学、病毒学、精神病学等等。法国科学史学家居维埃在他的《自然科学史》中说,具有分工和分科的鲜明特征的科学,

---

① 黄仁宇:《黄河青山》,生活·读书·新知三联书店2001年版,第253、502页。

才是真正意义上的科学,逻辑系统的建立正是人们分工分科的重新组合世界的工作。居维埃认为西方真正的科学无疑开始于科学之父亚里士多德的时代。亚里士多德已经开始了分门别类的研究,他对逻辑学、修辞学和诗学有较系统的思想,他著有八卷本的《物理学》、四卷本的《天体学》、十卷本的《动物史》。[①] 在整个西方科学史上,注重理论的系统性并建立理论体系一直是西方科学家的重要工作内容。

分析的方法也有它的局限。正如奥地利理论生物学家贝塔郎菲所说的那样,"现代科学的特征是越来越专门化,必然地产生了每个领域内对巨量数据、复杂技术手段和复杂理论结构的需要。于是,科学分裂为无数学科,它们又不断地产生新的亚学科。结果,物理学家,生物学家、心理学家和社会学家可能禁锢在他们各自的小天地里,彼此很难对话。"[②] 把各学科囿于一个狭小的天地,作理论的垂直深入而不在乎事物的联系性,或只简单地视其为机械的联系,这使西方科学视生命有机体为可以拆卸的机器,18世纪法国著作家拉·梅里写有《人是机器》的小册子,百科全书派也持有这种观点。在牛顿力学的鼓舞下,自然宇宙、人类社会都成了有着机械联系,受机械运动规律支配的系统。

事实上事物间的联系是非常复杂的,近代科学的发展逐渐证明了这点。因此分析的方法受到近代科学系统论方法的有力挑战。首先,分析力图使事物具有单一的性质,简单的形式,而物质粒子不断切割的可能,使分析的这一企图只能是无限逼近单一。其次,分析置物质于相对静止状态,以求确定不变的本质。近代物理对物质粒子占据整个空间,具有传递相互作用能力的场的发现,生物学对机体受扰乱后的自我调节功能的理解都证明了脱离动态的联系,对物质就无以把握。再次,分析不承认偶然性,它只认定物质遵循的铁的规律。达尔文关于自然选择的物种变异思想,给偶然性以不可替代的地位。偶然性是各种繁杂而不确定的因素导

---

① 葛雷、齐彦芬:《西方文化概论》,中国文化书院1987年版,第84~85页。
② 转引自周昌忠:《西方科学方法论史》,上海人民出版社1986年版,第457页。

致的,既然事物处于复杂变化的环境中,偶然性也就难免。20世纪20年代建立的研究微观粒子运动规律的量子力学也认为对微观粒子运动状态只可能作出几率性的描述。社会科学遇到了更多的偶然性和概率性问题。它们对严格的决定论和必然性是不小的冲击。近代科学的发展,迫使西方科学方法、思维方式接受新方法。以系统、动态和组织化为主要范畴的系统论方法产生了,跨学科的研究出现了。系统的思想综合了科学与人文、技术与历史、自然科学与社会科学不同领域,走向系统综合已成为新的发展趋势。

西方哲学先拆分再组合的步骤,是其知识系统建立的基本步骤。分析注重事物间的区别,组合注重事物间的共同点。但无论分析也好组合也好,都必须依据严格的逻辑规则。在西方哲学那里,经验经过抽象、概括、凝结为概念,确定为具有普遍推导认知意义的公理或判断性命题。这是经验的抽象化过程,逻辑化过程。经过这个过程的认识超越了经验局限,摆脱了感官的蒙蔽、主观的偏见。古希腊爱利亚学派的巴门尼德说,有两条道路或两种方法:一条是不变的,完满的真理的道路,是逻辑思想所适合的道路;另一条是意见及其变化万端的现象的道路,是由习惯及感官的混淆经验所支配的。认识后一条道路及其全部危险是不可缺少的。[①]出于克服感性认识危险的需要,由于分析认识的需要,亚里士多德建立了思维的规则体系——形式逻辑。古希腊人辉煌的天文学、数学、逻辑成就已为我们熟知。而这三大科学是密切相关的,天文学家首先利用数学建立宇宙模型,根据数学推导和逻辑演绎获得结果,然后再从观察中求证。形式逻辑体系,产生了不可估量的文化意义。这种以形式化、客观化为特征的逻辑,可能有碍于自然主义所诱发的实验科学的发展。但我们须承认逻辑推理的可理解性,它以一个一般性的命题来讨论发现特殊的命题;从一个已知前提推知未知结果;它借助他人的、文化的经验来推导未经验的事理。得益于这种方法,人类可作超越经验的认识,知识可得到积累与扩展。西方人成功地为人类认知能力的拓展找到出路,加之"对

---

① 〔法〕罗斑:《希腊思想和科学精神的起源》,第111页。

于科学所想的这种完全是逻辑的概念,表面的严格性是很吸引人的"。① 因此,逻辑方法成为西方科学方法的基础。

从一个真实的前提如何推出一个未知但同样真实的结论,遵循推理的规则、步骤就可以保证实现这一目标。逻辑推理最重要的特点是客观性、形式化和确定性。逻辑思维客观化的特点不仅有助于克服主观感性的幻化与感知的局限,也有助于克服主观偏见。虽然基于经验的归纳方法是最基本的认识方法,但希腊人以及他们所形成的传统对人的经验、感性认识是轻视的,这使西方思维重视定理、公理的规则系统,发达于演绎推理,抽象思维。因为在经验领域中,归纳推理要保持逻辑的纯洁可靠和确保结论的正确是很困难的。倡导归纳方法的培根清醒地认识到这个问题。因此,培根提出首先要在这一片意向、主观感觉的领域中破除四种偶像——种族偶像、洞穴偶像、市场偶像、剧场偶像——以克服各种原因造成的主观偏见,保证认识主体在经验、感知领域中也能尊重共同的客观事实,不受偶像、幻象欺骗。其实早年柏拉图的洞穴说讲的也是这个道理,只是柏拉图单看到感知认识所受到欺骗造成的错误,而没有看到方法偶像,理论偶像,社会偶像对人的认知的错误引导。

逻辑作为方法手段是一种纯粹的形式,它的前提则是被证明被公认的经验事实,或者是在推理中表现为定理、公理的来自经验的抽象概括。只有保证前提的客观正确性,才谈得上结论的真实可靠,而结论要成为一个正确的认识也必须被事实证明。我们讲的被证明过的经验事实不是个别人的主观随机感受,也不是受感官局限的模糊不清甚至错误的真实经验,它是能得到普遍认同的客观真实。如:"凡生物必死","凡人必死"的经验在历史的世界的范围内都无例外。但在已经发现细菌通过自身分裂繁殖而不会死亡,癌细胞也不是必死的现象后,"生物必死"就不是真命题了。如果人的无性繁殖能得到成功,那么生物学上的人也不必死了。再如"太阳每天升起",只在一定范围内是正确的经验,在地球的两极

---

① 〔法〕罗斑:《希腊思想和科学精神的起源》,第302页。

就不是真的了。可见客观性有普遍可证的事实依据,不论前提还是结论都必须为客观事实所验证。达尔文正是这样尊重客观事实,而丝毫不局限于任何已有的理论体系与规则教条,他公正平实地观察自然,极其广泛地搜寻事实,从而得到了真实的认识,粉碎了宗教神话。

适应于这种思维规律的西方语言可以把主观内在的思维历程形式化、外在化,使主观认识过程清晰可见、易于把握、能够验证。如前所例,"见山是山,见水是水",如何又"见山不是山,见水不是水。"此中"山"、"水"概念的内涵是不同的,偷换概念是违反逻辑规则的,因此用逻辑的方法,我们得不到解。僧人对"山"、"水"领悟变化的过程并没有告诉我们,在严格的形式逻辑中是不允许压缩逻辑步骤的。逻辑推理要求准确、清晰、严密、确定的必然结果,不容许既这又那,可能这可能那的无限不确定的多。因此,逻辑思维具有严密性与清晰性。

近代西方科学方法由不同的认识观点出发,产生了片面强调某一方法的倾向,演绎主义,归纳主义,假说主义都是这种倾向的产物。科学进步、学术进展的事实告诉我们诸方法的有效,这些方法的本质都是逻辑的,并互为依据的,比如演绎的进行,三段论的运用是经验的归纳凝聚定型。而推理论证的目标,并不是公园里的碰碰车,开到哪碰到哪,这种方向是预设的,除非事实阻止了它。假设方法似乎比归纳方法对逻辑的决定性与明晰性有更多的冒险,但任何假设都以理性的经验事实为基础,大胆的猜测不是巫术预言,它有以逻辑规则建立起的有步骤的推理论证系统,能让人明确把握论证的脉动线索,有公认的事实前提,最后预言必须被证实。比如,哥白尼积40年的观察研究,提出日心说的宇宙体系,之后伽利略观测到金星位相的变化和木卫星的环行,以事实证明了日心说。开普勒和牛顿以天才的逻辑推论证明了这一体系,从理论上回答了天体运动的原因。在确立哥白尼宇宙体系的基础上来猜测行星的越轨行为,又导致了海王星的发现。而海王星的发现也再一次证实了哥白尼的学说。形式逻辑只关心从形式上保证思维的正确性,但逻辑规则的严密琐碎,形式的繁杂又使它艰深枯涩;

同时形式化的法则规定也限制了主观创造性的发挥,它以牺牲主观思维的跳跃性、不确定性为代价换来客观思维形式的逻辑一贯与明晰准确,这也包括牺牲思维的自主性以保障遵守逻辑的法则。

西方近代方法论尤其系统论的思想与中国古代哲学思维立足整体、统筹全局,在动态中协调整体与部分的关系的方法有相通之处。而中国自鸦片战争以来开始注意向西方学习科学方法,将西方思维惯用的逻辑分析方法广泛运用于科学认识和理论建设中,取得了可喜成就。比如传统中医在现代科学方法指导下表现出勃勃生机。由此可见,随着中西方文化、科学、哲学的不断交流,双方哲学家、科学家、思想家相互借鉴,取长补短,已呈现出在自然观、方法论上的双方合流的趋势,由此给两个古老文化带来新鲜活力。

第三节　实践理性与思辨理性

中西方在科学理论、技术手段、生活方式上的差异在近代以前是很显著的,这种差异实源于两种不同的文化价值、思维方式。中国哲学的目标在于回答"怎么样",它关心的是物的功用。中国思维以"大化流行"的整体为根本,以"经世致用"为目标;我们把中国哲学中的这种取向称为泛实取向。"天人合一"的观念在一定程度上体现了这种泛实取向,其旨趣就是淡化"事实"和"超事实"的对立。西方哲学则致力于回答"是什么",它的兴趣在于物的本质真实。西方思维则以主客对立为前提,热衷于寻求终极真理。由此形成了中西哲学在功用效能上,目标追求上的差异。

一、直观实用的思维原则

中国思想家受一个基本目标即"广大高明而不离乎日用"的驱动,践行着直观实用的理性原则。有研究者指出,以氏族血缘为社会纽带,使人际关系异常突出,在中国文化中占据了首要地位,而长期小农生产的经验论又使得这种实用理性深深地渗入了科学、艺术等各个领域之中,使中国人的思维从根本上难以超越人际的经验的界限而进入抽象思辨的领域,更无法企及一个超验的世界。

这种实用理性的传统以儒家思想为基础构成了中国文化特有的思维模式："不狂暴,不玄想,贵领悟,轻逻辑,重经验,好历史,以服务于现实生活,保持现有的有机系统的和谐稳定为目标,珍视人际,讲求关系,反对冒险,轻视创新……"①

中国传统文化实践理性的内容其价值形式表现为"正德、利用、厚生"。这个价值目标包含两个层次的内容:首先是正德,其次是利用,厚生。其关系是前者统帅后者的关系。《左传》里说,古有三不朽:"大上有立德,其次有立功,其次有立言。"这是中国文化的价值宣言,它为历代有代表性的正统思想家接受。正如柳诒徵先生在《中国文化西被之商榷》中所说:"吾国文化惟有人伦道德,其他皆此中心之附属物。训诂,训诂此也;考据,考据此也。金石所载,载此也;词章所言,言此也。亘古亘今,书籍碑板,汗牛充栋,要其大端,不能悖是。"古往今来中国传统文化做成了这一门大学问,以指导人们的行为,为利用、厚生指明方向。正德是让人知道做人的道理,知道怎样做人。这是来自现实人生的最重大最实际的问题,而利用、厚生是人生物质利用的问题,即是开物成务,与生存相关的问题。如果不知道怎样做人,那么作为物质存在的人不过类禽兽也。有国人对西方人上月球大不以为然,固然其物质利用,科学技术了不起,但又有什么意义呢？它对于解决人生种种困扰,解除精神压力或社会问题无能为力。修身,齐家、治国,平天下才是人生大道,而不是上月球。在正德的基础上讲利用、厚生。实用技术的开发创造一直被中国文化所关注,这是实践理性、实用目标中十分重要的内容。古老传说中的先贤圣王,也是实用技术的发明者,文化进步卓越的贡献者。也可以说,圣贤之所以为圣贤是以其利用、厚生之功表现其仁德的。比如有巢氏之于居住,燧人氏之于火的利用,黄帝之于农耕、神农之于医药等。对于在开物成务上有成就的历史人物,人民敬以为神。如:药神李时珍,神医扁鹊,茶神陆羽等。与文明古国有同等分量的另一个词是四大发明,它是我

---

① 李泽厚:《试谈中国的智慧》,见《论中国传统文化》,三联书店1988年版,第27页。

国人民聪明才智的表现,也是实用技术高度发达的明证。此外我国古代就出现了十分发达的天文学、律历、医学、农耕技术、兵战思想;古代巨大的水利工程显示出实用技术与相关知识的发达;与日常生活密切联系的酿造、饮食、纺织、刺绣、丝绸、陶瓷、印刷等工艺技术更是蜚声四海。

　　重践履是实践理性的思维原则。一切知识,理论必须具有可行性,有实用价值。同时还必须实现其价值,因此实践是最为重要的。中国文化一向关心理论的实用价值而不作纯粹认知,即不重视为求知而求知的理论。百家争鸣时期名家所热心的思维形式没有得到发展,名辩家注意逻辑规律被诛为虚言辞章,混说无稽。尽管"卵有毛"、"鸡三足"之辩包含了概念方法问题,但方法连同虚言一起被抛弃了。鲁胜《墨辩注序》斥之为"辩而无用,有害于治","上不足以顺明王,下不足以和齐百姓"。《荀子·正名》曰:"不法先王,不是礼义……言无用而辩,辩不惠而察,治之大殃也。"荀子及孔子的正名是非逻辑意义的正名,是为治理社会齐和百姓,使等级名分相符的正名。子曰:"名不正则言不顺,言不顺则事不成",可见是为成事而正名。魏晋玄学家的清谈则只是上层知识界一时的风尚,终被正统文化所淘汰。唐代佛学盛行,唐三藏从印度取回真经,建立起包含正宗印度因明学的唯识宗。但在中国这块务实的土地上,形而上的理论、教义、繁琐缜密的纯粹方法被拒绝了,其学无徒孙相传。佛教中国化、世俗化的历史乃是中国式的实用主义的胜利。

　　总之在排斥虚言玄说,纯粹方法、理论的文化中,直观有效性的判断,对于经验的总结是其实用理性的主要工作。历史上不少人致力于兵农钱谷,水火工虞,典章文物,文史经学等经世致用之学的研究。比如中国第一部数学专著《九章算术》,就汇集了汉以前的实用算术知识,它包括日常生活所必需的计算、国家财政计算——谷物及物品的交换、物价、利息、搬运、租税、关税等和土木工程中所需的计算知识。但在这些发达的实用计算背后,几乎没有理论研究作支柱。中国数学缺乏数学理论以及与数量无关的纯粹依靠公理和公式作为讨论基础来进行证明的几何学。又如天文

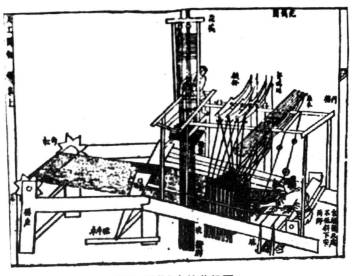

《天工开物》中的花机图

学,因为它服务于农业生产,历法制定,尤其满足中国文化对天意的测知,服务于占星术、巫术而早早地发达起来。但中国传统天文学并不对天体结构本身感兴趣,没有产生能够解释天体运行的规律、结构的天文学。总之,有名家而无逻辑学,有测量计算而无几何学,有占星术而无天体学,有辞章学而无语法学,生物分类也基本上囿于实用的本草学范围,生物学知识几乎完全含于农学和医学之中。同样,有天工开物之物质利用之学而无物理学,从而使纯粹科学得不到重视与发展。而纯粹科学是应用科学发展的必要条件,没有发达的纯粹科学,也不会有恒久高明远大的实用技术。事实上,中国近代科技的落伍也证明了这点。实用目标不仅存在轻理论的问题,而且实用目标的理性近视还会模糊我们对终极目标的追求。比如中国人对自然的亲和与感恩,本当较容易地克服经济发展与环境的矛盾。但当今社会抽掉了古代哲学的自然观,只剩下没有思想基础的感恩自然。而恩感的前提是有恩可感,有利益功用才有恩。人有无限欲求,环境难以承受,而以有功利实用为前提的感恩当然会走向今天的暴掠自然。

重直观、重经验是实践理性的认识途径,同实用价值相一致的是实践原则,它保证价值的实现。产生于直接观察认识的知识能够直接返回实际运用中,产生于经验的知识总结能够直接指导实际。中国文化的大圣人孔子,在生活实践中悟得人生大道,而非从纯智推理中得见真知。孔子为人之师,不尚空谈,只用自己一番生命经验告知弟子,既没有系统,也没有著述。然而他个人一生形成的道德人格,令后世之人敬仰追随,望其项背而不可即。儒家重视直观的个体经验,但并不排斥借鉴他人的经验与知识。孔子重视学习,孟子重视内省。老庄的直观、经验的主要内容是以无知无欲无思的心态对万物本源"道"的内心体验,他们重视的是用人的天性去进行直觉体认。墨家、名家则重视实验观察。在中国,老人受尊重是因为他们丰富的经验。在教学活动中比言教说理更为重要的是身教和示范。无论是人生道理的宣讲还是生产技术的传授都是如此。在中国各种与生产技能相关的学科直到清代才出现,代代相传的生产、生活技术都是靠在生产活动中父子、师徒间的口耳相授、示范指点、实践行为来接受把握的,而不是在课堂上、书本上、理论上来接受的。

实践原则使中国文化具有急功近利的理论近视和极强的世俗功利心态。对事物不探求"是什么",只求满足对自己有用程度的掌握,那么对物的功用的开发势必受限。中国文化不仅不尚理论,忽视纯粹方法,还反对无实用意义的发明,或没有立竿见影效果的技术,斥之为"奇技淫巧"。中国文化的实践理性,一方面阻止了形而上学的泛滥,造就了有效的人生哲学和先期发达的实用技术;另一方面它也阻碍了思辨理性的拓展,理论体系的建立,从而影响了实用技术的深入发展和广泛应用。

二、纯粹思辨的抽象理性

西方哲学沉迷于追求物质的本质。本质是潜在的,非直观所能把握的,因此运用抽象符号,建立公理公式,寻找纯粹方法的思辨理性在西方成为其文化思维的特点。法国学者昂利·贝尔在《希腊思想和科学精神的起源序》中引述了米劳德的话:"在知识的一切部门中,东方及埃及的民族都传给希腊人大量的材料、规律及对日常生活很有用的方法。希腊人并不限于把它们都记载下来,而且把这张单子无限地增加……他们要求了解那种作为经验方法的总和而给予他们的东西的理由;他们要求单只用他们的理智这一源泉来证明如此漫长的观察历程中引导人们达到的那些规律的合法性。"① 贝尔说:"我们已经看到了各种技术的构成,这蕴涵着一种逐渐增进的、而又是实践的知识。这里我们将看到我们已经说过的希腊人对于技术的反复思考。看到他们创造出'方法',提升到一般的演绎法,最后并把它应用于数和图形,因为这里已经有他们所喜欢的纯理性的运用。"贝尔称希腊人本质上是几何学家,"在那些抽象的退想中,精神由于自己努力的辉煌成果而更加坚强起来了"。米劳德则认为"希腊几何学家的那种不计利害、脱离实际的情况,可能是它的科学进步的根本原因之一。并且同时,也就是将来即使在应用方面也有如此丰饶的果实的原因之一。"② 思辨理性具有超越实际、脱离急功近利目标而趋于纯粹方法、纯粹认识的指向。事实上思辨理性虽然是不计功利的,但它具有更深刻的实用。思辨理性刻意于为认识而认识,因而注重方法的寻找,系统理论的建立。这些理论体系并非直观实际,但重要的是在逻辑上、在理论上它是成立的,便能确立起它对事物认识的理解。比如西方文化的一大伟人柏拉图就预设了一个高于现实存在的理念世界,他用这个未经证明的假设来解释一切客观现象的本质与规律,并以此为基石建立他的理论大厦。从柏拉图或从毕达哥拉斯的数的本体开始,西方思想家、哲学家、著作家、科学家无不表现出对建立理论体系,创见学术思想,发现新方法的兴趣。西方文化史上没有无著作而能称家的,也没有如中国人专以注疏前人而能成大家的。

思辨理性的心理基础是对理性的崇拜,对思辨的信心。何以黑格尔在脱离实际的证明下,仍能建立以先验的绝对精神为基石的理论大厦;何以牛顿在对实实在在的物的运动性质作考察时,能

---

① 罗斑:《希腊思想和科学精神的起源》,第13页。
② 同上书,第14页。

把理论的赌注下在设想上帝是推动宇宙的原动力上。在中国人看来只有物质是可靠的,感知物质的经验是可信的。就像中国俗语所说的"眼见为实"。西方人则认为法则是可靠的,人的理性是值得信赖的。只要依照法则推理,结论应该是正确的。而经验常常会发生错误,就像人们看到太阳东升西落一样,理性告诉我们是地球在转动。个别经验更是常因个人精神情绪、个体身心状况而出现差错,因而是不可信的。柏拉图说:"只有数学实体才具备永恒的可理解性,因此任何科学理论都只能建立在从几何学借来的概念和模式上,才能揭示出表象演变背后的真正结构和关系。"① 可以说柏拉图代表西方人表明了对理性的推崇和信心。"希腊人都面向那永恒的形式,而不顾物质。他们把物质看作是存在的降格,而认为用于物质的活动是卑贱的。此外,'实验的观念在他们是和对幻术、迷信、变把戏等的观念联在一起的'。"② 在这种观念心态下,思辨理性当然受到鼓舞,而实验科学,经验方法,在很长的时间里缺乏一个同情的环境,缺乏一种组织和必要的设备。即使在中世纪,形而上学的科学也表现出了对思辨的忠诚与对理性的信心,演出了繁琐的神学。这也是近现代一切科学认识的信心所在。

纯粹认识的目标具有纯粹形式的特征。本质不同于现象,符号不同于实物,正是由于它们抽象的性质。表象作用于人们的感知,被人的经验所把握;而本质则潜在表象之下,不为人的经验感知所认识,只有将一切诉诸思辨理性,才能作本质认知。古希腊的泰勒斯最早加工了来自埃及的经验技术,他力图使对事物的认识摆脱直观感知的纷乱。由于"在埃及、巴比伦的实验几何学中没有一个三角形来代表一切三角形这种在建立演绎体系时所必需的一般化的抽象观念",③ 因此结果是没有证明的。泰勒斯首创用演绎推理证明结果,得到证明的结果便成为公理。他发明了一些恒等三角形和相似三角形的定理,建立了一般的原理和规则,然后用以解决各个具体问题。有可靠历史记载的第二个希腊数学家毕达哥拉斯发现了一个让后人受用无穷的定理,有趣的是中国人早早

---

① 刘大椿:《比较方法论》,中国文化书院1987年版,第6页。
② 昂利·贝尔序:《希腊思想和科学精神的起源》,第14页。
③ 皮耶:《微积分概念史》,上海人民出版社,第4页。

地独立地发现了这个定理。但毕氏用了几何证明的方法,依靠符号、公理、推论的抽象思辨方法,而中国人则用折叠、划分,并以色彩强化视觉效果的直观方法。请看下面两个相同的定理的证明过程及图示。

在欧几里得《几何原本》中的"命题47",是毕达哥拉斯定理。论证如下:

∵ △ABD = △FBC(两边夹角)

而矩形 $BL = 2 \triangle ABD (= BD \times DL)$

正方形 $b^2 = 2 \triangle FBC (= FB \times AB)$

故:矩形 BL = 正方形 b^2 (1)

同理,矩形 CL = 正方形 a^2 (2)

∴ 由(1)和(2)可得到 $a^2 + b^2 = c^2$(参见附图1)[①]

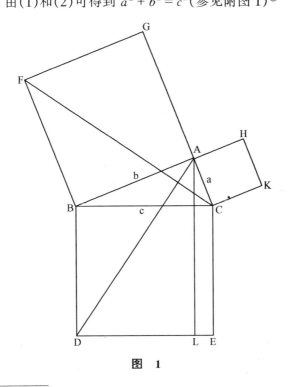

图 1

---

① 李志林等:《中西哲学比较面面观》,华东师范大学出版社1988年版,第79页。

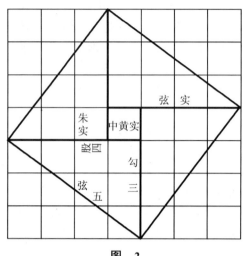

图 2

中国专用于历算的《周髀算经》上记载的赵爽之勾股图25种,这里只取一种(参看附图2)。它未经任何推理,却一目了然地向我们说明了勾3股4弦5的关系。在毕氏定理的几何论证中没有直观可见的结论,结论是经过一步步可以理解的推论得到的。在中国的勾股定理图上,我们则可直截了当清楚明白地看到这个定理。按照中国人所习惯的直观思维逻辑,能让小孩子指格可数,人人可动手叠而呈现的道理,为什么要弄出许多复杂难懂的公理公式,推论方法来间接了解呢?

【思考题】

1. "天人合一"与"物我二分"具有怎样的文化内涵?
2. 直觉思维与逻辑思维分别具有怎样的特征?
3. 实践理性与思辨理性具有怎样的文化影响?

【本章阅读书目】

1. 冯友兰:《冯友兰学术精华录》,北京师范学院出版社1988年版。
2. 北大哲学系中哲史教研室:《中国哲学史教学资料选辑》上

下册,中华书局 1981 年版。

3. 〔英〕罗素:《西方哲学史》,何兆武、李约瑟译,商务印书馆 1963 年版。

4. 〔法〕罗斑:《希腊思想和科学精神的起源》,商务印书馆 1965 年版。

5. 钱穆:《中国文化史导论》,商务印书馆 1994 年版。

第五章
神秘的魔圈
——中西语言文化比较

著名语言学家赵元任曾讲过一个从德国改编过来的故事,说从前有个老太太头一次听外国话,觉得外国话怪得毫无道理,她说:"这明明是水,可英国人偏偏儿要叫它'窝头'(water),法国人偏偏儿要叫它'滴漏'(de l'eau),只有咱们中国人好好儿的管它叫'水'!咱们不但是管它叫'水'诶,这东西明明儿是'水'嘿!"赵元任用这个故事说明语言有个特征,即语言跟语言所表达的事物的关系完全是任意的,没有任何必然的关系。① 学者张隆溪就此引申开去:"可是,也许英国老太太会争辩说,这东西明明儿是 water;法国老太太又会说,它明明是 del'eau;而德国老太太会认为她们都不对,因为在她看来,这东西明明是 wasser。这些老太太都没有跳出语言的牢房。她们不明白语言符号完全是约定俗成,其意义完全决定于各自所属的符号系统。可是,要跳出语言的牢房又谈何容易,因为你跳出一个符号系统,不过是进入另一个符号系统,要脱离任何语言系统来思维或表达思维,都是不可思议的。"②
"有人说,如果亚里士多德会讲汉语,他就不会是亚里士多德;如果

---

① 赵元任:《语言问题》,商务印书馆 1980 年版,第 3 页。
② 张隆溪:《二十世纪西方文论述评》,三联书店 1986 年版,第 91—92 页。

孔子会讲英语,他就不是孔子。"① 学者们认为,使用不同语言的人们,应该具有不同的思维模式。因此,要深入理解中西的不同文化特质,也离不开对两种语言系统的比较。

第一节 语言、思维与文化

语言与思维、文化紧密关联的思想可以追溯到18至19世纪之交的德国著名语言学家洪堡特那里,他曾指出:"人从其自身的存在之中编织出语言,在同一过程中他又将自己置于语言的陷阱之中;每一种语言都在使用该语言的民族周围划出一道魔圈,任何人都无法逃出这道魔圈,他只能从一道魔圈跳入另一道魔圈。"②而20世纪德国著名哲学家海德格尔说:"一些时间以前,我曾经极其粗略地称语言是存在的家。如果人通过他的语言居于在的宣言和召唤中,那么,我们欧洲人和东方人也许居于完全不同的家中。……因此,两家的对话仍然近于不可能。"③ 语言是魔圈,语言是家园。探究两种语言文化,如同在两道魔圈之间艰难地跨越,或许能够一窥奥秘,或许由此走火入魔。海德格尔语言是家的说法倒有几分亲切,诱惑着我们想到别家登门拜访,可依海德格尔的观点,这拜访的结果却又并不乐观:"两家的对话仍然近于不可能"。

关于语言决定思维和文化面貌的系统理论,产生于上个世纪前半期,这就是美国语言学家、人类学家萨丕尔、沃尔夫师徒二人共创的"萨丕尔—沃尔夫假说",他们认为语言不同的人们应该具有相应的不同的思维模式,语言决定了人们的思维,思维不能脱离语言而存在。④ 萨丕尔曾在其影响深远的论著《语言论》(1921)中指出:语言是思维的工具,人类的思维活动要借助语言,没有语言这个工具,人类的思维是难以进行的。同时又指出思维对语言具

---

① 高一虹:《语言文化差异的认识与超越》,外语教学与研究出版社2000年版,第1页。
② 转引自:卡西尔:《语言与神话》,三联书店1988年版,第37页。
③ 海德格尔:《人,诗意地安居》,广西师范大学出版社2000年版,第62页。
④ 参见高一虹:《语言文化差异的认识与超越》,第4页。

有反作用,比如一个新概念的产生会影响到语言符号的某种发展变化,思维促进语言的成长。"一个新概念的产生总是在旧语言材料的使用多少有点勉强的时候或是扩大了的时候预示出来;这个概念在具有明确的语言形象之前是不会获得个别的、独立的生命的。在绝大多数情况下,这个概念的新符号是用已经存在的语言材料,按照老规矩所制定的极端严格的方式造成的。有了一个词,我们就像松了一口气,本能地觉得一个概念现在归我们使用了。没有符号,我们不会觉得已经掌握了直接认识或了解这个概念的钥匙。假如'自由'、'理想'这些词不在我们心里作响,我们会像现在这样准备为自由而死,为理想而奋斗吗?但是我们也知道词不只是钥匙,它也可以是桎梏。"① 语言既能帮助人们进行思维,成为打开思维之门的钥匙;而语言又能限制人们的思维,成为他们思维的枷锁,即所谓"语言的牢房"。到1929年萨丕尔把自己的观点又向前推进了一步:语言"有力地决定我们对于社会问题和社会过程的一切想法"。"人不是孤零零地生活在客观世界中,也不是孤零零地生活在我们所理解的那个社会活动中;而人在极大程度上,是受着那种已经成为他们的社会的表达媒介的特殊语言的支配。"② 这里已经透露出语言决定思维的萌芽。另一位美国语言学家、人类学家沃尔夫承继了萨丕尔的理论,并以北美印第安部族荷比(Hopi)语言跟西方"标准普通欧罗巴语"(SAE:Standard Average European)的长期缜密的比较研究成果,指出荷比语言跟SAE语言有天壤之别,其差别不是语音、语汇、语法等方面的外壳的不同,而是从不同思维出发的质的差异。沃尔夫由此认为:"同一个物理证据,并不使所有的观察者都得到相同的宇宙图像,除非他们语言背景是类似的或者能够以某种方法互相校定的。""一个人的思想形式,是受他所没有意识到的语言形式的那些不可抗拒的规律的支配的。"③ 因此他认为相似的语言模式能够得出相似

---

① 萨丕尔:《语言论》(陆卓元译、陆志韦校订),商务印书馆1997年版,第13~15页。
② 转引自陈原:《社会语言学》,学林出版社1983年版,第105页。
③ 同上书,第106~107页。

的世界图像(world vision),语言模式决定人的思维方式,语言结构决定人的世界观。① 沃尔夫将萨丕尔的语言模式与思维模式紧密关联并相互制约的思想,推向语言模式决定思维模式的极致,构成了著名的"萨丕尔—沃尔夫假说"。

萨丕尔—沃尔夫假说也有其不尽合理的一面。"它看到了某一民族语言与该民族的思维、文化之间的某种因果联系或对应关系,但是它又把这一联系或关系绝对化起来,变成了决定论或确定论的命题。它用一个按传统是强科学主义的假说(强确定性命题)来处理一个人文性的对象(也即具有或然性、概率性的对象),这正是该理论的根本弱点。"② 因此,很多学者举出不少例子包括汉语和汉族的例子来反驳这一假说。他们认为:"语言与思维和文化只具有相对的相关性,或一种选择论意义上或概率论意义上的相关关系"。尽管萨丕尔—沃尔夫假说中的语言决定论受到置疑,但语言与思维、文化联系密切并相互制约的观点是获得充分肯定的。

中国传统文化中虽然没有对语言与思维现象的系统分析,但却有对言与意关系的独特思考。如《庄子·外物》中的著名命题:"荃者所以在鱼,得鱼而忘荃;蹄者所以在兔,得兔而忘蹄;言者所以在意,得意而忘言。"类似的还有所谓"书不尽言,言不尽意"、"意在言外"、"不著一字,尽得风流"等命题,多强调语言的局限性和精神与思想的不可言说性。

庄子的意境是得意忘言,而中外人文学者们则是企望通过探讨鱼荃之间、言意之间的关系,了解中西语言与中西思维及文化的关联和各自的特点。不少学者指出中西语言的差异与中西思维模式的差异密切相关。著名东方学家季羡林说:"我曾经多次发过怪论,说当前中国的汉语研究必须改弦更张,彻底抛弃几十年来那一套旧的研究方法,那一套以分析为特征的研究方法,从根本上改正汉语的研究问题。我的意思是说,我们观察汉语,必须从最根本处下手,从中西基本思维模式或方法之不同处下手。我认为,西方的

---

① 转引自陈原:《社会语言学》,学林出版社1983年版,第107页。
② 史有为:《汉语如是说》,北京语言文化大学出版社1997年版,第291页。

基本的思维模式是分析的,而以中国为代表的东方的基本的思维模式则是综合的。但这并不是说,西方一点综合都没有,东方一点分析都没有,那是根本不可能的,天下百分之百纯粹的东西,如果不是根本没有的话,也是极为罕见的。西方的思维模式以分析为主,辅之以少量的综合,而东方的思维模式则以综合为主,佐之以少量的分析。"①

也有学者从"语言→思维"这一相反的方向展开研究。有的研究微观具体,颇有妙趣,比如汉语说"她嫁错了人",而英语习惯说"She has married the wrong guy",中英语句的差异在于:"说汉语的人把错误归于主语所做的动作,说英语的人或许只是报道主语想嫁的人和所嫁的人之间有差距。"② 这一差异或许表明汉语文化喜欢把过失归于自身,而英语文化常常透过于人。人们常用空间来形容时间。如时间是单向度的,人们常用单向度的空间词语来比喻它,例如:

时间很长。

Time is long.

在此,汉语、英语都说时间长,不说时间宽和高,因为宽包含两个向度,高包含三个向度。但是在"时间在动"还是"自己在动"的比喻上,汉语和英语是有差别的。如果将时间设想为一连串离散事件构成的公路,使用"自己在动"的比喻,我们是在公路上行走,未来在前方,过去在背后。使用"时间在动"的比喻,是公路在向我们移来,而汉语正是主要使用这个比喻,因此有"前天""大前天""前辈""后天""大后天""后辈"等词语。"说汉语的人喜欢时间在动的比喻,说英语的人喜欢自己在动的比喻。好多说英语的人把'前天'理解成 front day(前面的日子),'后天'理解成 the day behind(背后的日子)。"before 和 after 是时间在动的比喻,而"英语之需要 before 和 after 或许是为了抵消对自己在动这个比喻的偏爱

---

① 季羡林:《汉语与外语》,语文出版社 2000 年版,第 45~47 页。
② 戴浩一:《以认知为基础的汉语功能语法刍议》,《功能主义与汉语语法》,北京语言学院出版社 1994 年版,第 192~193 页。

吧。换句话说,我们设想操英语的人使用 before 和 after 的时候是从自己在动的比喻转到时间在动。反之,汉族人由于喜欢时间在动的比喻,不必做这种调整"。① 在描述过去和未来时,汉语跟英语不同,习惯成套地使用"上""下"这种纵的空间关系,例如"上个月""上个星期""上次"和"下个月""下个星期""下次"等。初学汉语的美国学生常常感到这套说法违反直觉,在他们来看,上跟向上动有关,应比喻未来,下跟向下动有关,应比喻过去,这再次表明说英语的人喜欢自己在动的比喻。汉语和英语在时间比喻上的偏爱不同,或许跟人们认为的汉族人的思维模式趋于静态,而西方人的思维模式趋于动态有关。②

然而,还有一些宏观概括的研究更加耐人寻味,比如,为什么西方基本思维模式是分析的,而以中国为代表的东方的基本思维模式是综合的,这种思维模式的差异跟语言的差异有何联系,对此学界已取得了不少有价值的研究成果,我们将在后文中进一步讨论。

第二节　羚羊挂角与板上钉钉

中国有一个古老的笑话,有个人到别人家做客,想赖着不走,碰巧又下起雨来,他便在纸上写了一句话:"下雨天留客。"可主人不想留他,于是在纸上接着写了一句:"天留人不留。"客人看了,不慌不忙,拿笔在上面加了四个圈,把两句变成了四句:"下雨天。留客天。留人不。留。"句子的意思跟原来完全相反。

《清明》是唐朝著名诗人杜牧的名作:"清明时节雨纷纷,路上行人欲断魂。借问酒家何处有,牧童遥指杏花村。"有人把这首诗重新断句为:"清明时节雨,纷纷路上行人。欲断魂。借问酒家何处?有牧童遥指杏花村。"这样一改,意思是通的,但形式上像词。

---

① 戴浩一:《以认知为基础的汉语功能语法刍议》,《功能主义与汉语语法》,第209—210页。
② 同上书,第210页。

抗战时期,上海是沦陷区,商家大甩卖,挂出横幅:"本日大卖出"。老百姓倒着念,便成了"出卖大日本",心里很高兴。①

汉语的妙处似乎是"如空中之音,相中之色,水中之月,镜中之像""羚羊挂角,无迹可求"。② 相比之下,西语就没有这么飘忽不定了。

如将《清明》诗译成了英语:

On Qingming Day the continuous drizzle is falling,
A wanderer on the way, I fell increasingly down.
When I ask where I can find a wineshop for some drinking,
The child cowherd points at the Apricot Flower Village yon. ③

面对这首译成英语的《清明》,就是有天大的本事,也没法再把它弄成别的模样。西方语言的妙处似乎是板上钉钉,一丝不苟。难怪英国东方学家塞斯说:"要是我们不把欧洲语法的那些名称术语连同那些名称术语所表示的概念一起抛弃的话,我们就永远不会了解汉语语法。"④ 中西语言在样貌上,一个羚羊挂角,飘忽不定;一个板上钉钉,一丝不苟;如此南辕北辙,其根源就在于中西语言类型的巨大差异。

一、语义语言与语法语言

20世纪最重要的语言学家索绪尔在其名著《普通语言学教程》里指出:

> 一切都不能论证的语言是不存在的;一切都可以论证的语言,在定义上也是不能设想的。在最少的组织性和最少的任意性这两个极端之间,我们可以找到一切可能的差异。各种语言常包含两类要素——根本上的任意的和相对地可以论证的——但是比例极不相同,这是我们进行语言分类时可能

---

① 以上三例见吕叔湘:《语文常谈》,三联书店1998年版,第49页。
② 严羽:《沧浪诗话》,见《中国历代文论选》,第二册,上海古籍出版社1979年版,第424页。
③ 参见《唐宋诗初读》,北京语言文化大学出版社2000年版,第126页。
④ 转引自《张志公文集》,第1卷,广东教育出版社1991年版,第477页。

考虑的一个很重要的特点。

……我们可以说,不可论证性达到最高点的语言是比较着重于词汇的,降到最低点的语言是比较着重于语法的。这不是说'词汇'和'任意性','语法'和'相对论证性'始终各各同义,而是说它们在原则上有某些共同点。这好像是两个极端,整个系统就在它们之间移动;又好像是两股相对的潮流,分别推动着语言的运动:一方面是倾向于采用词汇的工具,不能论证的符号;另一方面是偏重于采用语法的工具,即结构的规则。

例如,我们可以看到,英语的不可论证性就比德语占有重要得多的地位;但超等词汇的典型是汉语,而印欧语和梵语却是超等语法的标本。①

索绪尔认为存在两种不同的语言类型:一种是最少组织性的;一种是最少任意性的,即最多组织性的。最少组织性的语言倾向于采用词汇的工具;最少任意性的语言倾向于采用语法的工具。索绪尔在举证时,恰以汉语与印欧语为例,指出汉语是"超等词汇的典型",而印欧语是"超等语法的标本"。对索绪尔有关汉语的这一评价,尽管有着不同认识,但是两相比较,词汇在汉语中的地位确实更为重要,而语法在西方语言中的地位更为显著,这是一个十分明显的事实。

词汇在汉语中的突出地位,也早为中国学者论及。如语言学家陆俭明、马真曾指出:"汉语就其语法来说是属于分析型的,它'缺少严格意义的形态变化'。汉语既没有俄、法、英诸语言里那种形态标志和屈折变化,也没有日、朝、蒙、土耳其诸语言里那种粘附形式。这样,汉语的虚词就要担负更为繁重的语法任务,起着更为重要的语法作用。"② 不仅是虚词,也包括实词,汉语的全部词汇,跟西方语言比较,要担负繁重得多的结构语言的任务。而且汉语词汇具有鲜明的多维性的特征,它以词汇为核心,语音、语义、语

---

① 索绪尔:《普通语言学教程》,商务印书馆 1980 年版,第 184~185 页。
② 陆俭明、马真:《现代汉语虚词散论》,北京大学出版社 1985 年版,第 2 页。

法、语用、文化为五维,各维之间交叉渗透,依存并容,形成网络状态。中国自古以来,训诂学、音韵学、文字学发达,有着丰富的词汇研究成果,但在语法研究上却乏善可陈,这一现象从语言学发展的历史层面,印证了汉语是一种以词汇为重心的语言。①

中西语言一个重词汇,一个重语法,其根本原因在于中西语言属于不同类型的语言,语言学家徐通锵将其概括为"语法型语言"与"语义型语言":即西方语言是典型的语法型语言,汉语是典型的语义型语言。

语法型语言与语义型语言的差异,主要表现在编码方式、结构框架和基本结构单位不同。"语言是现实的一种编码体系,现实的特征都会在语言中得到这样或那样的反映。"② 语法型语言采用间接编码的方式,在语法型语言中现实的特征是通过间接或曲折的方式反映的,语言范畴和概念范畴是不一致的,语法型语言以形态体现跟概念范畴相对应的语言范畴。语义型语言采用直接编码的方式,现实的特征在语言中得到直接的反映,语言范畴和概念范畴保持一致。"洪堡特(1836—1840)早就说过汉语的句子跟思想的简单明确的顺序一致是汉语的特殊优点。"③ 语法型语言与语义型语言的结构框架是不同的。语法型语言的结构框架是"主语—谓语",语义型语言的结构框架是"话题—说明"。这两种框架有三个原则区别:第一,"主语"和"谓语"之间存在着形式上的一致关系,而"话题"和"说明"并不存在这种关系;第二,"话题"是有定的,是说话人想要说明的对象,只能出现在句首,而"主语"是无定的,是由跟谓语动词的一致关系而决定的,不一定出现在句首;第三,"主语"和"谓语"之间因为有一致关系的联系,因而相互之间的联系非常紧密,而"话题"和"说明"之间的联系却非常松散,因为词语的省略使它们的联系简直松散到了在别的语言里将成为不合语法的句子。赵元任为此所列举过很多例子,比如"你(的小松树)要死

---

① 参见鲁枢元:《超越语言》,中国社会科学出版社1990年版。
② 徐通锵:《语义句法刍议》,《英汉语言文化对比研究》,上海外语教育出版社1996年版,第332页。
③ 徐通锵:《语义句法刍议》,第324页。

了找我"。① 造成这些原则区别的根本原因是"主语—谓语"的结构由形式的一致关系所决定,而"话题"和"说明"的结构不受一致关系制约,而是受到说话者与听话者交际双方的交际意图、语言环境和语言规则三方面制约,这就使语言呈现出不同的特点。②

"话题—说明"关注的重心,已不是"主语—谓语"结构框架的形式要求,而是语序,即把语序作为句子结构关注的重心。最早在汉语研究中使用"话题—说明"的是赵元任,他指出了汉语不同于西方语言的一些重要特点:"主语和谓语的关系可以是动作者和动作的关系。但在汉语里,这种句子(即使把被动的动作也算进去,把'是'也算进去)的比例是不大的,也许比50%大不了多少。因此,在汉语里,把主语、谓语当作话题和说明来看待,比较合适。主语不一定是动作的作为者;在'是'字句里不一定等于'是'字后边的东西;在形容词谓语前头不一定具有那个形容词所表示的性质。"赵元任列举了如下的句子:"这瓜吃着很甜",说明主语"瓜"不一定是动作的作为者;"他是个日本女人。(意思是:他的(佣)人是个日本女人)",说明"'是'字句里不一定等于'是'字后边的东西";"我(的铅笔)比你(的)尖",说明"在形容词谓语前头不一定具有那个形容词所表示的性质"。③ 徐通锵明确地将"话题—说明"与"主语—谓语"作为两种不同语言类型的结构特征对待。

西方语言以"句"为本位,以词为句法结构的基本单位。一个句子必须有一个主语、一个谓语,而且也只允许有一个主语、一个谓语,相互之间由一致关系联系着。句法结构就是通过这种"1个句子=1个主语×1个谓语"的"$1=1×1$"的结构关联而层层控制着句子以下的各层结构规则;尽管词可以发生各种不同的形态变化,但它必须接受一致关系(主—谓)和支配关系(动—宾)的制约,因而没有脱离句法规则的控制。这一语法体系的结构单位主要是句子和词两级,分别由句法和词法研究。句子的标准是明确的,只

---

① 徐通锵:《语义句法刍议》,第341页。
② 同上书,第341~432页。
③ 赵元任:《汉语口语语法》,吕叔湘译,商务印书馆1979年版,第45页。

要是由一致关系联系的主谓结构都是句子。比较麻烦的是词的结构,因为语素的确定是印欧系语言研究中的一个难点。像 reduce (缩减)、deduce(推断)、produce(生产)这些词里是一个语素还是两个语素,让语言学家颇费斟酌。结构语言学家花了很大的精力,提出了一系列如语素(morpheme)、语子(morph)、语素变体(allomorph)、非连续语素(discontinuous morpheme)之类的概念,也没有把它与音位的关系、与词的关系说清楚。这就是说,在从语素到句子的语法单位的线性组合序列中,最难确定的是最小的结构单位语素,而最大的结构单位句子的确定却是比较容易的。

　　汉语的情况刚好相反,"字"是汉语最小的句法结构单位。"字"的结构清楚,界限明确而封闭,是一个以"1"为基础的"1×1=1"的结构层级体系,或者简单地说,是含有意义的一个音节,构成"一个字·一个音节·一个概念(意义单位)"的一一对应的结构格局。但是,"字"的句法功能很模糊,同一个"字",例如'气',它的功能有时候相当于印欧语的名词(打开窗户透一透气;秋高气爽),有时候又相当于动词(他气得直哆嗦;故意气他一下)。"字"的这种结构封闭而功能开放、模糊的特点正好与印欧语的词形成鲜明的对照。产生这种差异的原因,是因为两种语言的结构常数"1"处于不同的结构层面上:印欧语的"1"是句子的结构,它在结构上是一个整体,由一致关系与此相联系的规则去控制各种结构单位(个体);而汉语的"1"是"字"的结构,它在结构上是一种个体,有很强的独立性,不受一种统一的形式规则的支配,因而在造句的时候功能灵活多变,难以根据一种统一的模式而对它进行功能的分类,这种特殊的结构基础自然会给汉语的句法结构带来特殊的影响。[①]例如,语法语言的句法结构是主谓结构框架,一个句子必须有一个主语、一个谓语,不能省略;而语义语言的句法结构是话题—说明框架,只要有语境的补充和提示,话题就可以省略。

　　"句本位"和"字本位"的特性决定了中西语言句法结构的种种

[①] 以上见徐通锵:《"字"和汉语的句法结构》,《英汉语言文化对比研究》,上海外语教育出版社1996年版,第437~438页。

差异。比如,著名翻译家杨绛在谈翻译时曾指出:"西方语言多复句,可以很长;汉语多单句,往往很短。"① 这是老翻译家的经验之谈。为什么西方语言多复句、长句,而汉语多单句、短句呢?究其根本就是因为西方语言是"句本位"的语言,句子的结构具有封闭性的特点,句子内部的各种成分受一种统一的形式规则的支配,一般来说不管句子有多长都不会妨碍表达和理解。汉语是"字本位"的语言,字在句法结构上是一种个体,有很强的独立性,不受一种统一的形式规则的支配,句子的构成和理解主要依靠语义的方式,如果一个句子过长就容易顾此失彼,造成结构混乱和语意不清。因此,西方语言比较适于使用长句,而汉语则比较适合使用短句。试将英语和汉语加以比较,便不难看出这种差别。例如:

> Although a century has now passed since Hawthorne's "The Scarlet Letter" first appeared before the American public, not even the changes of taste that have swept so many of his contemporaries from the affections of the people have done much to alter the admiration with which he has been read.

这是一个英语的长句,而同样的意思,在汉语里习惯用几个短句表达:

> 霍桑的《红字》在美国问世以来,已经过去一个世纪。多少与他同时的作家都由于人民兴趣的变化而失宠,然而霍桑却未受到多大影响,人民仍然喜爱他的著作。②

由于中国自有文化原本没有系统的语法论著和系统的语法理论,《马氏文通》以来的所有语法理论都来自西方。理论的劣势妨碍了中国语言学家的视野,使他们始终难以真正摆脱"印欧语的眼光"。20世纪80年代以来,一些中国语言学家与海外汉学家不满足于原有的西方理论加汉语例子或以西方理论解释汉语现象的方式,尝试着"参照国外语言理论的立论依据,从中吸取精神,在汉语

---

① 杨绛:《杂忆与杂写》,花城出版社1992年版,第158页。
② 参见李赋宁、陶洁、胡壮麟主编:《英语学习指南》,高等教育出版社1986年版,第437页。

研究中提炼出自己的理论和方法,以便从宏观上把握汉语结构的特点"。① 美国语言学家戴浩一从人类认知能力和语言的交际功能出发,提出一套不受印欧语语法干预的、分析汉语语法的哲学、方法和新的路子。徐通锵在此基础上做出更为系统和深入的研究,他用"话题—说明"的结构框架替代"主语—谓语"的结构框架,是对传统语法理论的一场革命,接近塞斯所言"把欧洲语法的那些名称术语连同那些名称术语所表示的概念一起抛弃",于是距离"了解汉语语法"也就更进了一步。目前这种新的语法理论体系尚在创建之中,"字"的语义分类原则、"字"与结构的关系、语义和句法功能的关系、语义句法的句型以及层次、语序等,这一系列问题都需要从全新的视角进行探索。

二、意合语言与形合语言

从构成方式来看,西方语言是形合的语言,而汉语是意合的语言,西方语言句子的构成主要依据形态规则和形式的方式,而汉语句子的构成主要依据语境等语义因素,是依靠语义的方式。

印欧系语言的句法分为词位句法(1exemic syntax)和义位句法(sememic syntax,或称语义句法)两种,这两种句法模式是各自独立的,分别从不同侧面分析解释语言现象。由一致关系支配的主谓结构以及和这种结构相适应的名词、动词、介词、形容词的划分等,属于词位句法的范畴。语义分类的等级、义位(语义)的搭配等,属于义位句法的范畴。语义分类的等级,研究语义之间的相互关联与层级关系,比如"车→汽车→小轿车、面包车、吉普车、卡车",这一组词存在三层语义等级。义位(语义)的搭配,研究哪些义位(语义)的搭配是可以的、哪些是不能的或多余的等,比如"草吃牛"是不能成立的句子,因为它的施事格义位"草"不具有"吃"的行为;因而符合词位句法的句子不一定符合义位句法,就像"草吃牛",虽然符合词位句法,但是却不符合义位句法,因为它违反了义位搭配的规则。词位句法,是语言的一种表层的结构。汉语基本

---

① 参见徐通锵:《语义句法刍议》,《英汉语言文化对比研究》,第322~323页。

上没有和词位句法相当的那种表层结构,其句法结构特征大体上与印欧系语言的义位句法类似,因而决定句子构成的因素不是一致关系的语言规则,而是语言环境、说—听双方的交际意图和语序、语义搭配等语言规则。"说明"和"话题"之间的关系能如此松散而不影响信息交流,是由于有语境的提示和补充,有说—听双方在交际意图上的相互配合。汉语句子的构成主要是由于语言环境、交际意图和语序、语义搭配这几方面因素的相互作用,于是形成不同于印欧系语言的一系列特点。①

印欧系语言一直以词位句法为基础开展语法结构的研究,提炼出一整套理论和方法,现在流行的语法理论差不多都是词位句法理论的不同变体。汉语词语通常不带语法标志,语法关系主要靠语序表明,它的研究传统没有印欧系语言研究中的那种词位句法,但是义位句法的精神一直渗透在汉语之中。比如传统汉语的"注"和"疏",就体现着义位句法的精神,一个句子只要把词的意思和意思之间的关系弄清楚了,一个句子的意思也就明白了。著名语言学家王力曾用"意合法"概括汉语的这种义位句法的精神。中国语文的传统不讲语法,不讲名动形和主谓宾定状补这些词位句法的概念,照样看书写文章,而在印欧系语言的学习使用中这是不可想像的,其根源正是形合语言与意合语言的差异。②

以"主语—谓语"为结构框架的语法型语言重"形",以"话题—说明"为结构框架的语义型语言重"序"。"形"的特点是词的形式变化,讲究词与词之间在形式上的配合规律,如一致关系、支配关系等。"序"的特点是以思维的顺序为基础,语序跟思维之流完全自然地合拍。"序"的实质是根据思维之流来安排句法单位的排列顺序,与词形变化没有任何联系。根据思维之流的顺序把有关的句法单位组织起来、构成句子另有一套原则,如前述的时间顺序原则、整体先于部分的原则、"话题—说明"中话题居先的原则等。序,是语义型语言句法结构的总纲。要对"序"进行调整,可以借助

---

① 参见徐通锵:《"字"和汉语的句法结构》,《英汉语言文化对比研究》,第448页。
② 徐通锵:《语义句法刍议》,《英汉语言文化对比研究》,第321页。

虚词,虚词和"序"一样,是汉语句法中的重点元素。①

著名文史学家、书法家启功说:"一次开会休息时,和友人刘宗汉先生谈起句中词与词的关系问题,他说:'总是上管下。'这轻松的一句话,使我觉得顿时开窍。复会后,台上讲的什么,我已听而不闻。低头默出几首唐诗,几句古文,逐字看它们的关系,果然没有一处是下管上的。当然这里所谓的'管',不只是管辖、限制,也包括贯注、影响、作用等意思和性质。"接着,启功以李白《早发白帝城》为例指出:"顺着看,词词启下,下边的承着上边的。如倒着读,则词词相背,意思全变。……不但词与词之间是这样,句与句之间也是这样。民间歌词常有一种'顶针续麻',又称'顶针体',即上句句尾与下句句首重复。……其实这不过是把句间关系的紧要处加以表面化而已。试看杜诗:

> 好雨知时节,当春乃发生。
> 随风潜入夜,润物细无声。
> 野径云俱黑,江船火独明。
> 晓看红湿处,花重锦官城。

"'当春'紧接'时节','花重'是因雨而'湿'。中间平列四句,是四个雨中景象,总起是紧承'发生'而来。虽不是顶针形式,但从这里却可以明白顶针的原因。"②

"上管下",是启功等谙熟中国语言文化的学者,长期潜心体味汉语而悟出的道理,它某种程度上应和了汉语"话题—说明"的结构框架。在"话题—说明"结构框架中,因话题在上,说明在下,话题对于说明有着管辖、限制、影响等作用,引导着说明的走向,固然暗含着"上管下"的语义结构特征。可以认为,"上管下"是汉语句子意合时一种"序"的规则:即上管下,下承上,词语层层相因,语句前后勾连。汉语的顶针形式,是用显明的语言形式将"上管下"语义特征标志出来,通过重复的字词将流水句环环相锁,使语义更为清晰,语句结构更为紧密。试看:

---

① 参见徐通锵:《语义句法刍议》,《英汉语言文化对比研究》,第344页。
② 启功:《汉语现象论丛》,中华书局1997年版,第31页。

有个农村叫张家庄。张家庄有个张木匠。张木匠有个好老婆,外号叫个"小飞蛾"。小飞蛾生了个女儿叫"艾艾",算到一九五〇年阴历正月十五元宵节,虚岁二十,周岁十九。(赵树理《登记》)

这段语句很难用我们现有的句子名称去指称它,显然它是汉语独特的意合法的句式。

三、宽式语言与严式语言

从语法范畴分析,西方语言是严式语言,汉语是宽式语言。语言学家陈保亚指出:"在印欧语言中,有很多严式语法范畴,如'性、数、格、时、体、态、式、人称、语气'等,而汉语中严式语法范畴很少,大多是宽式语法范畴。如果一种语言的严式范畴很多,可以把这种语言称作严式语言;如果一种语言的宽式范畴很多,可以称为宽式语言。相比之下,印欧语言是严式语言,汉语是宽式语言。"①

语言严式与宽式的差异源于形态的差异。西方语言是一种形态语言,汉语是一种非形态语言。西方语言有着丰富的形态,有性、数、格、时、态、体、式、人称等语法范畴和形式标记。汉语没有严格意义的形态变化,基本上没有性、数、格、时、态、体、式、人称等语法范畴和形式标记。

比如汉语的名词没有数的变化,代词没有格的变化,动词没有人称和数的变化,而英语则不然:

汉语	英语
我认识几个学生。	I know some students.
那学生认识我。	The student knows me.
你认识我家。	You know my house.

汉语的"学生"不论"几个"还是"一个",都是"学生",英语得拿"s"标明。汉语"我"不论是主语、宾语、还是定语,都是一个样,而英语"I、me、my"变了三回。汉语"认识"不管第几人称、单数复

---

① 陈保亚:《语言影响文化精神的两种方式》,《哲学研究》1996年第2期。

数,都是原样,而英语有时得标上"s"。

英语的动词还有丰富的时态变化,而汉语则没有:

英语	汉语
He works very well.	他工作很好。
He worked very well last year.	他去年工作很好。
He is working now.	他正在工作

上例英语的"work"有"works""worked""is working"三种变化,而汉语"工作"不管何时,依旧是"江流石不转",纹丝不动。

被动语态很能反映英语和汉语的差异:

英语	汉语
The cup has been broken.	杯子砸破了。
	杯子给砸破了。
	杯子被砸破了。

上例说明,英语在表示被动语态时,必须要用被动语态的形式标记:助动词 be + 动词的过去分词,助动词 be 还要跟主语的人称、数一致。而汉语在表示被动时,虽有表示被动的词语标志如"给"、"被",但常常不习惯使用,甚至有些在英语看来是被动语态的句子,汉语压根没有理会,而且不能添加任何表示被动的词语标志,如:

英语

The Great Hall of the People was built in 1959.

汉语

人民大会堂建于 1959 年。

在英语中表示被动语态的动词必须具备被动语态的形态标记,在汉语中表示被动意义的动词可以用"给、被"等被动标记来表示,也可以借助上下文语境理解而完全不用表示被动的标记,这是英语被动语态和汉语被动语态的重要差别,因为英语即便有语境提供帮助,被动语态的动词也必须要有表示被动的形态标记。被动语态标记的选择在英语中是强制性的,而在汉语中是非强制性的。标记选择的强制性和非强制性,是区分一种语言是严式还是宽式的标准。英语的被动语态是严式语法范畴,而汉语的被动语态是宽式语法范畴。

严式的西方语言和宽式的汉语具有不同的语言理解模式:西方语言是内部结构理解模式,汉语是上下文理解模式。语言学家对汉语母语学生的英文作文作了抽样调查,这些作文出现错误率最高的地方就是英语中的严式范畴,汉语母语学生把大量严式范畴的形态遗漏了,比如把 The plan has been proposed 这样的句子写成 The plan has proposed(计划已经提出来了),漏掉了被动语态的标记。这些作文让另一组学过英语的汉族学生阅读,几乎都能读懂,这说明他们广泛依赖上下文的语义关系来理解句子。而汉族学生经常漏掉严式语法范畴,也说明汉母语学生由于习惯了上下文理解模式,对上下文敏感,但对句子内部的严式范畴形态不敏感。相反,让不懂汉语的英语母语学生阅读这些作文时,大部分学生在读到遗漏了严式范畴形态的句子时,出现了理解的障碍,或者读不懂,或者理解缓慢。如果将这些遗漏的严式范畴形态补上,这些英语母语学生就能顺利的阅读这些作文。这就显示了认知过程的差异,英语母语学生由于习惯了印欧语严式语法范畴,总要不同程度的依赖严式语法范畴来阅读理解,这使他们对上下文语境不敏感。因此,在汉语母语者和英语母语者之间出现了两种不同的理解模式或范式:内部结构理解模式和上下文理解模式,而形成这两种模式的直接原因是严式范畴和宽式范畴造成的。[①]

严式与宽式的语言特性,制约着中西语言不同的表达与理解的模式,并影响着中西不同的思维模式的形成。与严式的西方语言相应的,是构造分析·逻辑演绎的思维模式;与宽式的汉族语言相应的,是整体领悟·类比联想的思维模式。

在严式语言中,由于词与词的关系比较严格,严式语法形式不可以省略,语义理解的过程更多地通过内在结构,形成了对内在结构的依赖,形成了从局部理解整体的思维模式。从局部到整体的

---

① 参见陈保亚:《语言影响文化精神的两种方式》。

思维模式倾向于先找到要素,再找出要素之间的严格关系,再解释整体。既然是从要素和要素的关系到整体,那么要素和要素的关系必须数量化、逻辑化才能控制住整体。对于 AB 这样一个对象来说,严式思维模式者先分解出 A 和 B,再理解 A 和 B 的严格关系,最后才能控制 AB。在宽式语言中,由于语法范畴的形式不是严式的,宽式语法形式可以省略,语义的理解可以通过上下文展开,这就强化了对语境依赖的可能性,形成了从整体理解局部的思维模式。从整体到局部的思维模式倾向于在更大环境中理解一个对象,对于 AB 这样一个对象来说,其价值要通过 XABY 和 WA-BY 来理解,通过不同的环境来理解,而事件、事物和环境的关系很复杂,往往不是简单的逻辑关系和数量关系,而是多元的,多层面的,这就需要悟性把握和类比联想,因此从整体到局部的思维模式,或者说宽式思维模式,总是伴随着悟性把握和类比联想的。①

四、整体领悟与构造分析

中西语言——思维模式存在着"整体领悟·类比联想"和"构造分析·逻辑演绎"的对立,这种对立在语言层面也有明显的表现。

从汉语整体领悟·类比联想的思维模式和西方语言结构分析·逻辑演绎的思维模式着眼,不少中西语言差异便有了理据。如汉语和英语书写信封的差异,汉语由大到小,源于整体领悟的思维模式,英语由小到大,源于结构分析的思维模式。汉语和英语姓名排列的差异,汉语先姓后名,反映了由家族到个体的整体思维模式;英语先名后姓,反映了由个体到家族的结构思维模式。从整体领悟·类比联想和结构分析·逻辑演绎的中西方对立的思维模式反观汉语,于是很多所谓"约定俗成"的语言现象便都获得了理据。比如,"养病"、"打扫卫生"等表述方式长期以来被认为是不合逻辑而"约定俗成"的语言现象。这是因我们用了西方结构分析·逻辑演绎的思维模式去苛求汉语。若按汉语整体领悟·类比联想的思维模式来理解,便会得出"养病"是从"因生病而需要休养"这一整体

---

① 参见陈保亚:《语言影响文化精神的两种方式》。

概念产生出来的词语,并无逻辑不通的问题。"打扫卫生"是"打扫而使之卫生"这一整体概念产生出来的词语,同样不存在什么逻辑不通。有人认为"老弱病残"是犯了概念交叉的逻辑错误的"约定俗成"用法。为什么会这样"约定俗成"？又跟汉语的整体领悟·类比联想的思维特点有关。汉语为凸显表达的重点,可将在整体上存在关联的事物并列起来,宽容语言表达上的概念交叉,因此会广泛使用的"老弱病残"、"中青妇"等一类表达形式。用植根于西方语言思维模式的形式逻辑,简单地对待汉语现象只会削足适履。

具有特定语言思维轨迹的人,习惯用一种特定的方式理解事物、分析事物。

因此,西方语言思维和汉语语言思维的差异,分别在严式语言、智性精神与宽式语言、悟性精神之间划出了沟壑,影响了两种不同的文化精神,形成西方语言文化的智性精神和汉语文化的悟性精神。中西语言、思维和文化精神相对立的轨迹,可以概括为：

语法型语言:严式语言→严式思维轨迹→构造分析·逻辑演绎→智性精神;

语义型语言:宽式语言→宽式思维轨迹→整体领悟·类比联想→悟性精神。

然而,文化精神的差异又反过来影响到语言的差异,这表现为文化精神通过文本的积淀对语言产生反构建。一种语言从理论上说可以生成无限的文本,一个句法意义上的词组、一个句子、一个故事都可以看成是文本。但由于受文化精神的影响,一种语言文化往往只是生成了无限文本的一个子集。如西方语言文化上的科学文本,汉语文化上的诗化文本。一个文本如果反复被讲述,随着时间的发展就会积淀为成语、词和语素,文化精神从文本层面积淀到语言层面,智性精神和悟性精神的差异就凝固得更深。因此,从文本到成语的积淀,是文化精神对语言的反构建。反构建可以是词汇方面的,像"阴阳、五行、风水、意境、神韵、天人合一"这样一些片断,过去都可以理解成文本层面的单位,因为它们都是词组或词组以上片断,现在基本上都进入了汉语的词库。文化精神也可能对宽式和严式产生逆构建,汉民族的悟性文化精神可能使汉民族在言谈时更依赖上下文,不使用已经存在的宽式范畴,这就可能使宽式范畴向更为宽泛的方向发展,而难以向严式语形的方向发展。①

第三节　中国套盒与西洋项链

由于语言类型的不同,中西语言在句法结构、句法文化方面呈现着一些各异其趣的风貌。语法型的西方语言的句法结构,具有层次线性、结构封闭的特点,其样貌就如同一条扣起的西式项链,结构紧锁,不容拆散;而语义型的汉语的句法结构,具有层次立体、结构开放的特点,样貌好像一只层层相套的中国套盒,结构松散,便于拆装,于是才会出现本文开端出处所列举的"下雨天留客"的古老笑话和《清明》诗的不同断句等有趣现象。

一、立体与线性

美国语言学家霍凯特曾指出:"汉语的说明部分有许多本身又由话题和说明两部分构成,所以汉语的句子可以像中国的套盒那样在主谓式里面包含主谓式。例如'我今天城里有事','我'是'话题',其余部分是说明。'今天城里有事','今天'是话题,其余部分是说明。'城里有事','城里'是'话题','有事'是说明。甚至不包含话题的'有事'也能成为一个完整的句子轻易地站住。"②

一层套一层的"中国套盒"的比喻,形象地说明"话题—说明"结构的层次性不是线性的,而是立体的。西方语言作为语法型语言,以"主语—谓语"为结构框架,框架中的主语只能有一个,其结构的层次性是线性的。汉语作为语义型语言,以"话题—说明"为结构框架,而框架中的话题可以不止一个,其结构的层次性是立体的。

线性的西方语言的句法结构,具有封闭性特点;立体的汉语句

---

① 参见陈保亚:《语言影响文化精神的两种方式》,《哲学研究》1996年第2期。
② 霍凯特:《现代语言学教程》,北京大学出版社1986年版,第253页。

法结构,具有开放性特点。"根据'主语—谓语'这种结构框架造句,句子的结构规则是封闭性的,只有两根'柱子'(主语和谓语)一根'梁'(一致关系),其他成分只能支撑两根'柱子',因而只是句子的附属成分。每一个成分都不能越出一致关系所控制的范围,因而呈现出封闭性特点。而'话题—说明'的结构框架,由于没有一致关系这种形式规则的控制,因而句子的结构规则是开放性的。层层套盒的'话题'可以进行有层次的'说明',使句子的形成过程有点儿像'意识流','流'到什么地方,决定于说—听双方的协作配合和环境的限制。"①

印欧语言的句法结构的封闭性和汉语句法结构的开放性形成鲜明的对照。封闭性的句法理论的核心是"主语—谓语"的结构框架和与此相联系的名、动、形的词类划分;而开放性的句法理论应以事件的话题为基础,有层次地叙述它的方方面面,只要话题的叙述有需要,叙述的时候可以变换角度、变换角色等。由于汉语的这一特点,所以传统的汉语研究不讲主、谓、宾和名、动、形,但却有在印欧语言的研究中根本不存在问题的句读。句读的对象是书面语,它的基本精神是如何在语篇中找出句子,给文章断句,或者说是看"字"排列到什么地方才能成为一个句子。由于汉语句法结构的开放性,应该在哪儿断句,主要取决于说话人或标点人对意义的理解。唐天台沙门湛然《法华文句记》卷一记载:"凡经文语绝处谓之'句',语未绝而点之以便诵咏,谓之'读'。"这一论述把握住了句读的基本精神,所谓"语绝处",就是对事件话题的叙述已告一段落,语义上呈现出相对的完整性,找到了"语绝处",也就找到了句子。这是标点古籍的一个难点,同样一段文字,该在哪"圈"与"点",是根据对"语绝处"的理解,而不是有无"主语"、"谓语"之类的语法标志,不同的人由于对文句的理解有差异,"圈"与"点"也就会出现差别。② "句读"的不确定性,正从另一个侧面反映了汉语句法结构的开放性。

---

① 徐通锵:《语义句法刍议》,《英汉语言文化对比研究》,第344页。
② 参见徐通锵:《"字"和汉语的句法结构》,《英汉语言文化对比研究》,第444页。

二、散点与焦点

西方语言与汉语在句法结构上呈现着焦点视与散点视的特色,西方语言的句法结构以焦点视为主要特征,汉语句法结构则以散点视为主要特征。

语言学家申小龙认为:"一般来说,西方语言句子的谓语必然是由限定动词来充当的。这个限定动词又在人称和数上与主语保持一致关系。句子中如果出现其他动词,那一定采用非限定形式以示它与谓语动词的区别。因此,抓住句中的限定动词,就是抓住句子的骨干。整个句子的格局也就纲举目张。西方句子的这种样态,就像西方的油画一样,采用的是严格几何形的焦点透视法:句中的主语是通过一致关系与谓语动词联系的;句中的其他成分则往往是通过格位显示与关系词显示来明确它们与谓语动词的关系的。"① 作为语法语言的印欧语,其语言内部的结构框架只允许有一个谓语,于是具有以谓语动词为中心的焦点视的特点。

在汉语交际中有90%的句子都不是以动词为中心的SVO型焦点视句子,② 而是依据语义铺排的流水句,这类句子不止一个中心,而是具有两个以上的中心或重心,是多中心、多重心的句子。例如:

> 小辣椒见是书记,一愣,松开手,跟着就瘫了下来,滚地皮,大哭大叫。③

在占句子总数9%的SVO型句子里,有将近一半的句子并非典型的以动词为中心的焦点视句子,而是具有语义铺排的流水句特点的长宾语句。例如:

> 只见过他的父亲抽大烟、吸白粉,急急匆匆地活了不到三十年;他的妈妈也从来不事生计,靠变卖家当度日。④

---

① 申小龙:《中国句型文化》,东北师范大学出版社1988年版,第445页。
② 同上书,第446页。
③ 同上。
④ 同上。

汉语流水句多中心、多重心的重要原因,是由于汉语句子"话题—说明"的套盒式立体结构框架和汉语句子的语义理解模式。"'话题'必须有定,不然交际就没有主题,说—听双方也就无法配合;由于有语境的补充和提示,有定性的话题可以省略"。[①] "小辣椒"、"只见过"都是"话题",由于有语境的补充和提示,在后面的句子中就省略了,而句中多层而立体的"说明"部分就呈现出了多中心、多重心的句子特征。汉语句子的这种形态特征,很像中国画采用的技法,即注重心理时空流程的散点透视法:句子采用语义铺排勾连,以停顿为构句手段,形成多中心、多重心的句子格局。可见,作为语义语言的汉语,其语言内部结构的构成方式,具有多中心、多重心的散点视特点。从句子形态的比较来看,西方语言的句子形态,很像焦点透视法完成的一幅西洋风景;而汉语句子的形态,则如同散点透视法绘成的一幅中国山水。

三、对偶与主从

西方语言与汉语比较,在句式类型上有一个显著的差异:西方语言主从句发达,汉语对偶句发达。西方语言发达的主从句,有助于推动西方民族逻辑思维的发展;而汉语发达的对偶句,有助于推动汉语民族辩证思维的发展。

英语中大量存在着的是主从句,这类句子的主句是主体,从句不能独立,全句以主句的动词为核心构成。比如:

I didn't come because my sister was ill.

如用汉语常可表示为:

我姐姐病了,我没来。

英语的主从句开门见山,先表达核心意思—结果,然后再交代陪衬的情况—原因;更注重进行逻辑的演绎,更注重表现"I didn't come"和"my sister was ill"之间的内在逻辑联系,关联词 because 是必不可少的。相似的意思用汉语表达,更习惯先介绍陪衬的情形,再说明主旨,并习惯用貌似对偶句的形式,表示关联的词语可

[①] 徐通锵:《"字"和汉语的句法结构》,《英汉语言文化对比研究》,第448页。

以不用,在"我姐姐病了"和"我没来"两种情形的对举中,暗含逻辑关联。①

又如:

He didn't feel cold though he was wet to the skin.

如用汉语可表示为:

他湿透了,可并不觉得冷。

英语的主从句更注重表现"不觉得冷"和"湿透了"之间的内在逻辑联系,更注重进行逻辑的演绎;而汉语更侧重表示"湿透了"和"不觉得冷"两种情形的先后和对举。

杨绛在谈翻译时曾说:"略有经验的译者都会感到西方语言和汉语顺逆不同,晋代释道安翻译佛经时所谓'胡语尽倒'。要把西方语文翻成通顺的汉语,就得翻个大跟头才颠倒得过来。"② 对这种现象,有学者从语言的功能和认知的视角研究,指出原因是中西语言使用的语序原则各有侧重:汉语主要使用自然语序的原则,西方语言主要使用凸显语序的原则。自然语序的原则,就是时间顺序的原则,即按照人们如何感知时间顺序中的情状安排语序。凸显语序的原则,是按照说话者的兴趣与表达焦点等安排语序的。常用凸显语序的原则的西方语言,与汉语比较,就会让人有"尽倒"的感觉。③

对偶句是汉语十分独特而又非常发达的表达方式,它将语音、语义、语法及文化等元素集为一体,最能代表汉语语言文化的特点。据说,国学大师陈寅恪先生当年为清华大学出入学考试语文试题,有一道对偶的试题,上句是"孙行者",要求对下句,有考生以"胡适之"相对,被认为对得较为巧妙。对偶句式常能产生出充满东方睿智的名言警句,如"前事不忘,后事之师。""朱门酒肉臭,路有冻死骨。""世上无难事,只怕有心人。""虚心使人进步,骄傲使人落后。""世事洞明皆学问,人情练达即文章。"对偶句被用来构成诗

---

① 参见:《英语学习指南》,高等教育出版社1986年版,第436页。
② 杨绛:《杂忆与杂写》,花城出版社1992年版,第157页。
③ 参见戴浩一:《以认知为基础的汉语功能语法刍议》,《功能主义与汉语语法》,北京语言学院出版社1994年版,第204页。

歌、骈体文、对联、蒙书，还被用于行业的口诀，如中医的"汤头歌"、珠算的"九九歌"等，对偶句对中国语言文化有着广泛和深远的影响。

"其身正，不令而行；其身不正，虽令不从。"(《论语·子路》)"学而不思则罔，思而不学则殆。"(《论语·为政》)"天时不如地利，地利不如人和。"(《孟子·公孙丑下》)"穷则独善其身，达则兼善天下。"(《孟子·尽心上》)"信言不美，美言不信。善者不辩，辩者不善。知者不博，博者不知。"(《老子》)"有缺点的战士终究是战士，完美的苍蝇也终究不过是苍蝇。"(鲁迅)从古至今，大量存在着的对偶句，说明中国人习惯对比着思考问题，辩证思维十分发达。对偶句式和辩证思维紧密联系，相辅相成，共同推动着汉语思想的发展。这同西方语言把事物分解成最小要素，再解释要素的数量关系和结构关系的结构分析、逻辑演绎的方式形成明显的对立。著名英语学家王佐良说："长句常需用分号(semicolon)，德国作家 Günter Grass 说他惋惜'分号'的逐渐失踪，随着它一起失踪的是一种辩证思维，即凡事不只看一面，而能多考虑其他方面的思维习惯，而后者是一种文明品质。"① 这个例子，从标点符号的使用，印证了西方语言文化中较少辩证思维的事实。

其他语言现象也可印证西方语言更重逻辑思维而汉语更重辩证思维的特点。比如英语和汉语在表达空间关系时采取了截然不同的语言系统，英语采用一步法，直接用 at、on、in 表示一个向度、两个向度或三个向度的空间；而汉语则采用两步法，先用"在"指明是空间关系，再用其他词语指明此物位于某物的旁边、上头还是里头。例如："那本书在桌子的上头。"汉语的这第二步，实际上是"通过整体—部分的图式来谈论空间关系"。② "整体—部分"的思维属于辩证思维，汉语有一套整体—部分的语言图式，让使用汉语的人更容易地使用辩证思维的模式；而西方语言有一套结构分析的

---

① 王佐良：《中楼集》，辽宁教育出版社 1995 年版，第 137 页。
② 戴浩一：《以认知为基础的汉语功能语法刍议》，《功能主义与汉语语法》，北京语言学院出版社 1994 年版，第 199 页。

语言图式,让使用者更容易地使用逻辑思维的模式。

四、真实与虚拟

在虚拟语态的表示上,英语和汉语有很大不同。
例如:

英语
If it had not rained, he would have been in school. (过去虚拟条件)
If it didn't rain, he was in school. (过去真实条件)
If it didn't rain, he would be in school. (现在虚拟条件)
If it doesn't rain, he will be in school. (现在真实条件)

汉语
1. 要不是下雨的话,他就在学校了。
2. 如果没有下雨,他就去过学校。
3. 如果没有下雨,他就去过学校。
4. 如果不下雨,他就在学校。
5. 如果不下雨,他就在学校。

英语在表示虚拟语态时,要用严格的形式区分真实条件和虚拟条件,即使上下文提供了真实条件和虚拟条件的信息,这种严格的形式标记也不能简省。汉语则不同了,汉语可以用"要不是……(的话),……了"词汇手段,表示虚拟语态,如例句1;但也是可简省,简省后的过去虚拟条件和过去真实条件在形式上就没有分别了,如例句2、3。汉语过去虚拟条件和过去真实条件的区别是通过上下文来确定的。特别是现在虚拟条件和现在真实条件,在英语中是有严格的形式区别的,而在汉语中既没有严格的形式区别,也没有词汇、词组等手段构成的宽式形式区别,只能通过上下文来理解,或以附加的说明来区别什么是现在虚拟条件、什么是现在真实条件的虚拟语态。

英语中有较多严式范畴,这些严式范畴常可以转换成汉语的虚词、黏着语素、词汇或词组表达式等宽式范畴。但英语现在时间状态下真实条件和虚拟条件的对立,在汉语中却没有对应的宽式范畴,只能通过言语进行说明,这是一种非常特殊的现象。英语中存在的真实条件和虚拟条件的对立,同样也广泛存在于希腊语、拉丁语、德语、法语、俄语、梵语、印地语、波斯语等重要的印欧语言中。因此，可以认为，在原始印欧语中，也存在真实条件和虚拟条件的对立。

真实条件是在真实实事的前提下对事件做出判断，而虚拟条件的本质是在承认前提的条件下，对结果做出判断。使用虚拟语态的人关心的不是前提中包含的实事是否真实，而是在某种前提下所发生的事件的真实性，这种真实性有超越经验事实的性质。如果一个民族的语言把虚拟条件范畴化了，那么虚拟过程在该民族中一定是很深的观念，体现了该民族深层次的思维取向。印欧语中真实条件和虚拟条件的对立反映了印欧文化"事实"和"超事实"的深层对立。汉语在现在时间状态下缺少真实条件和虚拟条件的对立，即使在过去时间状态下，真实条件和虚拟条件的区别也只是一种宽式范畴，我们可以说汉文化在底层上并不关心"事实"和"超实"的对立，或者说主要以"事实"为出发点，不太关心"超实"问题，更不太过问在"超实"的前提下会有什么结果。

西方哲学有一种超实取向，即一方面承认"事实"的重要性，同时又承认"超事实"的重要性。西方哲学之所以有超实取向，在一定程度上就在于印欧民族有一种超实思维取向，即一方面承认事实，另一方面还关心事实以外的情况，并且认为这两种情况有明显的对立；在语言表达中，操印欧语的人需要明确区分真实条件和非真实条件，才能正确使用真实条件句和非真实条件句。而中国哲学之所以有泛实取向，在一定程度上就在于汉语民族有一种泛实思维取向，这种思维取向可以在汉语中反映出来，即在使用真实条件句和非真实条件句时，不注重真实条件和非真实条件的明确区分。

印欧语具有虚拟语法范畴，反映了西方哲学的主体者印欧民族有一种关心超事实和真实事实对立的超实思维取向。汉语缺少虚拟语法范畴，反映了汉语民族虽有区分超事实和真实事实对立项的能力，但不太关心这两者的对立，由此可以认为中国哲学的主体汉语民族有一种泛实思维取向。①

第四节 雾里看花与光风霁月

在修辞方面,西方语言显得较为精准、周严、直露,汉语则显得较为模糊、简约、含蓄。比较起来,一个语言表达如光风霁月,呈现着语言的澄明之美,传达信息清晰明了,表达思想透彻直接,较少歧义;一个语言表达似雾里看花,呈现着语言的朦胧之美,意义的呈现丰富曲折,具有多种阐释的可能,引人遐想。

一、模糊与精准

在语言风格上,西方语言与汉语呈现出精准与模糊的差异。季羡林曾指出:

> 汉语的历史演变中有一个很有趣的现象:代表古代语言的文言文,越古越简单,单音词越多。由于没有形态变化,一句之中,字与字的关系有时难以确定,可以有多种解释,灵活圆通,模糊性强。学习和理解这种语言,不能靠语法分析,而主要靠语感,靠个人的悟性。可是语感这玩意儿恍兮惚兮,不易得到,非长期诵读,难以得其门径。根据我们每个人自己的经验,这一点并不难理解。古代皓首穷经的儒者都难免有误读之处,遑论我们现代人,遑论外国的汉学家!
>
> 到了后来,用在不同程度上接近人民口语的文体写的东西逐渐多了。五四以后,白话文成了写文章的正统。一方面,由于语言内部发展规律的制约;另一方面,由于欧风东渐译书渐多的影响。虽然汉字仍然没有形态变化,白话文中字与字之间的关系逐渐清楚起来,理解的灵活圆通性逐渐减少了。理解起来,靠语感的成分渐减,靠分析的成分渐增。对外国人来说,学习白话文,比起学习中国古典来,就容易得多了。说

---

① 参见陈保亚:《语言哲学的文本解释与结构解释》,北京大学学报(哲学社会科学版)2002年第6期。

一口流利汉语的外国汉学家越来越多了。

但是,不管怎么说,汉语毕竟还是汉语,它依然没有语法形态变化,它的综合性依然存在,因而模糊性也就依然存在,多义性也依然存在。①

汉语"模糊性强",是汉语语义型特征决定的;相比之下,西方语言精准性强,这又是西方语言语法型特征决定的。这两点反映到语言风格上,形成精准与模糊的不同修辞风格。例如:

曹禺的《日出》有一段描写:"……外面打地基的小工们早聚集在一起,迎着晨光由远处'哼哼唷,哼哼唷'地以整齐严肃的步伐迈到楼前。"②

翻译成英语是这样的:

…… and outside the window the labourers working on the foundations of the new building have already assembled and now, with the sun on their faces, they are coming closer and closer with grave, rhythmical tread, their 'hung-hung-yow, hung-hung-yow' sounding in the distance.③

"打地基的小工们"用英语表达为"the labourers working on the foundations of the new building",多出的"the new building"使语意较汉语更为精准。汉语"地基"单看确实比英语模糊,但在上下文语境中意思是清晰的:结尾处的"楼前"与"地基"呼应,使"地基"语意表述得简约而清晰,由此更能看出汉语的表达和理解要依靠更大的语境。"谁""迎着晨光","谁""哼哼唷,哼哼唷",在汉语里无须出现;而被译为英语后,"their"是不能缺少的。

精准与模糊的差异在诗歌语言里更为突出。"玉容寂寞泪阑干,梨花一枝春带雨"。这样一种表达方式是比喻还是象征,汉语无须指明,而印欧语若是比喻必有"like"一类喻词。如:

---

① 季羡林:《汉语与外语》,语文出版社2000年版,第45~47页。
② 《曹禺选集》,人民文学出版社1961年版,第267页。
③ 肖君石:《汉英、英汉翻译初探》,商务印书馆1982年版,第292页。

my love is like a red, red rose.①

如没有使用"like"一类喻词,就会被视为一种新的修辞手法。如:
The apparition of these faces in the crowd;
Petals on a wet, black bough.②

这是西方现代诗歌意象派的一首名作,作者是意象派大师庞德。庞德创作的灵感来自中国古典诗歌,"这首诗的两行之间没有联系词,所以其间关系如何全靠读者的想像。这种结构在中国古典诗歌里常有的,这也是庞德诗受到东方影响的一个例子。"③ faces 和 Petals 之间没有"like"一类喻词,就绝不能认为是比喻,而被认为是使用了"意象叠加"的创作手法,把两个意象不加评说地并列在一起,给人无尽遐想,而"意象叠加"则成为意象派写作的重要技法。

二、简约与周严

在语言风格上,西方语言与汉语呈现出周严与简约的差异。

启功曾风趣地说:"再后教起古代文章和诗词作品,问题就来了。句式真是五花八门,没有主语的,没有谓语的,没有宾语的,可谓触目惊心。我回忆小时学英语语法有一条:一个句子如在主语、谓语、宾语三项中缺少任何一项时,这就不算一个完成的句子。我国古代作者怎么作了这么多未完成的句子呢?真不减于小孩唱的一首儿歌:

"两只老虎,两只老虎。跑得快,跑得快。一只没有尾巴,一只没有脑袋。真奇怪,真奇怪。

"我努力翻检一些有关讲古代汉语语法修辞的书,得知没有的部分叫作'省略',但使我困惑不解的是为什么那么多省略之后的那些老虎,还那么欢蹦乱跳地活着?"④

启功的例子生动表明了英语表述周严、汉语表述简约的特点。

---

① 王佐良:《英国诗文选译集》,外语教学与研究出版社 1980 年版,第 34 页。
② Ezra Pound *IN A STATION OF THE METRO*
③ 参见:《周珏良文集》,外语教学与研究出版社 1994 年版,第 246~248 页。
④ 启功:《汉语现象论丛》,中华书局 1997 年版,第 2 页。

再以毛泽东著作英译为例：

毛泽东《别了，司徒雷登》

多一点困难怕什么。封锁吧，封锁十年八年，中国的一切问题都解决了。

英译

What matter if we have to face some difficulties? Let them blockade us! Let them blockade us for eight or ten years! By that time all of China's problems will have been solved.

第一句谁有"困难"，汉语可以不说，英语一定得交代是"we"。第二句"封锁吧"，谁封锁谁，汉语可以不说，英语必须得说明是"them"封锁"us"。汉语"解决了"，一个动词"解决"带一个语尾兼语助词"了"，英译用 will have been solved 四个字组成的一个动词。"解决了"大致相当于 have 和 solved 加在一起，表示未来的 will，表示被动的 been，汉语里都是不言而喻的。①

汉语成语、俗语一般十分简略，而用西方语言表述就必须变得周严起来才行。如：

汉语

不入虎穴，焉得虎子。

英语

How can one catch tiger' cubs without entering tiger' lair?

汉语

无官一身轻。

英语

One who has no official duties has a light heart.②

西方语言周严、汉语简约的原因，根据王力的观点是法治与人治语言的差异："西洋的语法通则是需求每一个句子都有一个主语的，没有主语就是例外，是省略。中国的语法通则是，凡主语显然

---

① 吕叔湘：《通过对比研究语法》，《语言教学与研究》第二集，1977年版。
② 《英汉双解成语词典》，商务印书馆1982年版，第233页，第22页。

可知时,以不用为常,故没有主语就是却是常例,是隐去,不是省略"。① 从徐通锵的视角来看,归根结底还是语法语言与语义语言的差异。然而,无论是"主语"还是"话题"的省略,都会影响句子的语言风格,使其或周严、或简约。

三、含蓄与直露

在语言风格上,西方语言与汉语呈现出直露与含蓄的差异。精准与模糊、周严与简约等中西语言的不同特点,分别影响着直露与含蓄的语言风格的形成。

汉语句式的意合法使中国诗歌艺术更具含蓄的特点。中国古典文学专家袁行霈指出:"中国诗歌艺术的另一个奥妙在于意象组合的灵活性。在这方面,汉语语法的特点给诗人以极大的方便。汉语句子的组织常常靠意合而不是形合,中国诗歌充分利用了这个特点,连词、介词往往省略。词和词,句和句,几乎不需要任何中介而直接组合在一起。这不仅增加了意象的密度,而且增强了多义的效果,使诗更含蓄,更有跳跃性,从而给读者留下更多想像补充进行再创造的余地。没有严格意义的形态变化,不受时、数、性、格的限制,也是汉语的一个特点。诗人可以灵活地处理和表现意象的时空关系、主宾关系,不粘不滞,自由笔墨,使诗歌的含义带有更大的弹性。"②

英语学家丰华瞻也持类似看法:"西洋语言比起汉语来,显得啰嗦,用字多。英语比汉语明确,但铺开。其他语言更复杂。法语非但代词要表明性别,而且形容词也要标明性别。俄语除代词、形容词表示性别外,动词过去式也要标明性别。就做诗而论,都不如汉语简练、含蓄。"③

以李白《玉阶怨》为例,丰华瞻对中西语言做了如下比较:

---

① 王力:《中国语法理论》,见《王力文集》第1卷,山东教育出版社1984年版,第53页。
② 袁行霈:《中国诗歌艺术研究》自序,北京大学出版社1987年版。
③ 丰华瞻:《中西诗歌比较》,生活·读书·新知三联书店1987年版,第110页。

玉阶生白露，夜久侵罗袜。
却下水晶帘，玲珑望秋月。

"这首诗的确写得很妙。总共只用了二十个字，但表达的意思很多。由于汉语语法的特点，主语可以省略；主人公是谁，让读者根据'玉阶'与'罗袜'去体会。情节也不说出，让读者根据'怨'与'夜久'去体会出：她在等待她丈夫，等了很久他还不来，因此怨恨。这样简练而含蓄的诗，恐怕是世界文学中少见。"[①]

我们再以一则汉诗英译为例，比较中西语言直露与含蓄的差异：

峨眉山月半轮秋，影入平羌江水流，
夜发青溪向三峡，思君不见下渝州。　　（李白）

The autumn moon is half round above Omei Mountain,

Is pale light falls in and flows with the water of the Pingchang River.

In night I leave Chingchi of the limpid stream for the Three Canyons

And glides down past Yuchow, thinking of you whom I can not see.[②]

"思君不见下渝州"用英语表述，思念者"I"和被思念者"you"都要出现，精准而直露，便失去汉语语言模糊而含蓄的特点。再加之"above、in、of、for"介词的使用，变模糊含蓄而为精准直露。

四、螺旋与直线

在语篇修辞上，英语句子的典型模式是直线型结构，而汉语句子的典型模式是螺旋型结构。

美国语言学家罗伯特·卡普兰（Robert Kaplan）从1966年便开始探讨不同语言背后隐含的文化和思维模式的差异。他指出，针

---

① 丰华瞻：《中西诗歌比较》，生活·读书·新知三联书店1987年版，第176页。
② 闻一多：《唐诗杂论》，上海古籍出版社1998年版，第150页。

对美国学生的英语教学法跟针对外国学生的英语教学法,应是不同的,因为美国学生和外国学生具有不同的文化和思维模式。他认为使用英语、闪语、东方语言、罗曼语和俄语的人具有以下不同思维模式:

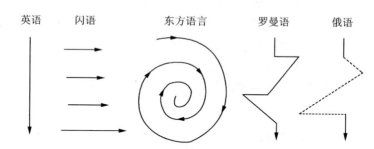

英语是直线型思维模式,闪语是平行型思维模式,东方语言是螺旋型思维模式,罗曼语和俄语相似,是曲折型思维模式。这些思维模式反映到语言上,呈现出不同的语言修辞特点:"英语篇章的组织和发展呈直线型,一个英语段落通常以一个主题句(topic sentence)开头,直截了当地点明这一段落的中心思想,然后在以后各句中发展这一中心思想。闪语篇章的发展则呈平行型,因为闪语在篇章组织中往往会采用一系列复杂的平行结构。而东方语言中的篇章发展呈螺线型,篇章的主题往往不是通过直截了当的方式,而是采用迂回的方式来加以阐述。罗曼语和俄语中的篇章组织方式有些相似,都呈曲折型,因为在这些语言的篇章中通常都包含一些似乎是离题的插曲。"[①] 曾有美国学者对中国留美学生的英文作文做过一项调查研究,研究表明中国留美学生在句法上没有什么大毛病,但是他们的作文存在"重点不突出"和"缺乏连贯性"两大缺点,有关学者认为其根本原因是,中国留学生的汉语思维和表达习惯,干扰了对英语的正确使用。[②]

直线性结构是英语语篇表达的典型模式。英语学者胡曙中指

[①] 许余龙:《对比语言学》,上海外语教学出版社2002年版,第232~238页。
[②] 胡曙中:《英汉修辞比较研究》,上海外语教育出版社1993年版,第157~172页。

出:"英语段落的一个基本特征是,它一般按照一条直线进行展开。……英语段落往往先陈述段落的中心意思,而后分点说明。分点说明的目的是对主题句的展开,并为在以后的段落中增加其他意思做好准备。……英语段落发展呈典型的直线性,这是英语段落连贯性的一种特殊类型。段落中的意思以有秩序的顺序清晰地互相联系。在展开中心意思的过程中,段落中的每一个句子应该顺其自然地从每一个前面的句子中产生出来。"螺旋型结构是汉语语篇表达的典型模式。罗伯特·卡普兰对中国留学生英语写作"缺乏连贯性"的原因进行了研究,认为"主要是由英语语段的线性结构和汉语文化中典型的'螺旋型'结构之间存在的差异所致。"① 胡曙中说:"这些研究结果似乎表明了在汉语中存在着这样的一种修辞结构:以反复而又发展的螺旋型形式对一种意思加以展开。……而这种修辞顺序却会使英语族读者感到迷惑不解,他们会认为,这种段落条理欠妥,不合逻辑,因为这种段落不同于他们所习惯的那种修辞模式的约束规律,即一个次主题一旦被论述完毕就不应该再回过来重复讨论。"②

这种螺旋型结构的语篇表达模式在汉语里被得到认可,与汉语传统行文结构方式"起承转合"有直接的关系,"起承转合"这一被程序化了的语用模式,恰恰表现出汉语语篇思维与表述的语言特点,但这种螺旋型结构的语篇表达模式的语言文化根源,是汉语整体领悟·类比联想的思维模式与汉语辩证思维取向。语篇表达模式的直线型结构与螺旋型结构的差异,说到底正体现了西方语言结构分析·逻辑演绎的思维模式和汉语整体领悟·类比联想的思维模式的对立。

【思考题】

1. 你认为语言与思维的关系是怎样的?你同意语言决定思维的观点吗?为什么?

---

① 胡曙中:《英汉修辞比较研究》,上海外语教育出版社1993年版,第165页。
② 同上书,第169页。

2. 中西语言的基本差异有哪些？中西语言在句法和修辞方面存在哪些不同？

3. 中西语言文化的差异主要表现在哪些方面？

【本章阅读书目】

1. 萨丕尔：《语言论》，商务印书馆1997年版。
2. 赵元任：《语言问题》，商务印书馆1980年版。
3. 季羡林：《汉语与外语》，语文出版社2000年版。
4. 陈保亚：《语言文化论》，云南大学出版社1993年版。

第六章
此岸与彼岸
——中西宗教文化比较

宗教是人类历史上一种古老而又普遍的文化现象。"人的宗教观念的产生和发展,以及它们对人的活动所产生的影响则是人类历史中的一个重要组成部分,是必不可少和核心的一部分。"[①]作为人类意识形态的重要组成部分,宗教至今仍然是构成不同地域和民族独特文化形态的重要因素。我们要深刻认识不同文化的差异,就不能不关注这个领域。了解属于人类精神现象的宗教,认清其在不同文明中的地位和作用无疑是比较文化的重要领域之一。

中西方文明在其长期的发展过程中,形成了各自不同的宗教形态,拥有不同的宗教观念和宗教经验。按照历史学家汤因比的观点,人类迄今已形成了东西两大系列六种高级宗教,包括东方系列的印度教与佛教和西方系列的琐罗亚斯德教、犹太教、基督教和伊斯兰教。[②] 事实上,这一概括并不能涵盖中国汉民族的信仰状态。由于历史、民族、文化传播与影响等诸多因素,每个文明内部都形成了不同的宗教态度和宗教体系,所谓高级宗教也包含不同的教派,致使这个领域呈现出错综复杂的面貌。鉴于此,本章只能

---

① 〔英〕韦尔斯:《世界史纲》(上卷),北京燕山出版社2004年版,第89页。
② 〔英〕汤因比:《一个历史学家的宗教观》,四川人民出版社1998年第二版。

将比较的目光集中于东西方在宗教这一神秘且复杂的精神领域表现出的一些具有倾向性的典型特质,选取的样本则是中国和西方文化各自所孕育出的对构筑现今人类精神世界发生过巨大作用的具有不同的观念体系和信仰体验的几大人文宗教。

第一节 天人之际与灵肉分离——两种不同的宗教态度

历史学与人类学的研究均证实,现代形式的宗教是在原始泛神信仰和巫术仪式基础上逐渐成熟的,究其核心应是人类在精神上对超自然的神灵和偶像的膜拜与信仰,和在灵魂上寻求超脱现世生存状态,突破生命限制的境界——中国所谓"脱去俗胎而为仙子"的努力。人类对宗教的依赖中还包含着对摆脱现实痛苦的救赎的期待,追求灵魂净化的祈祷,精神上对生命本源和意义的追索,对某种基本真理的终极关怀。

人类宗教的发展,都经过一个从非理性的巫术与迷信向成熟的不排斥理性的文明宗教演进的过程,即由原始的非理性化的宗教走向理性化。在非理性化宗教中,神秘的巫术和不为人控制的力量起着主导作用;理性化之后的宗教则摆脱了这种神秘的力量,马克斯·韦伯称之为"世界祛除巫魅",即宗教形式与世俗伦理相结合,着重强调人为的可控制的因素,信仰者在行为上采取了基于价值理性的伦理行为。[①] 这样一个过程,无论在中国还是在西方都出现了。但是,由于不同的文化在进行这个过程的时候选择了不同的尺度,使得宗教发展的轨迹和方向各不相同,从而体现出不同的气质。在对待宗教的态度上,中国文化就体现为对现世生活的热爱,具有人本的价值尺度;西方文化则表现出了对一个超越的彼岸世界的向往,在价值上是以神为本的。

---

① 苏国勋:《理性化的限制》,上海人民出版社1988年版,第59页。

一、"非宗教的人生"

中西宗教文化的分途始于人类由原始信仰走向文明宗教的进程中。

德国哲学家卡尔·雅斯贝尔斯在描述世界历史时提出了一个著名的"轴心时代"理论。他认为,在经历了史前和古代文明时代之后,在公元前800—200年的时期内,在世界范围内集中出现了一些最不平常的事件:"在中国,孔子和老子非常活跃,中国所有的哲学流派,包括墨子、庄子、列子和诸子百家都出现了。像中国一样,印度出现了《奥义书》(Upanishads)和佛陀(Buddha),探究了一直到怀疑主义、唯物主义、诡辩派和虚无主义的全部范围的哲学可能性。伊朗的琐罗亚斯德传授一种挑战性的观点,认为人世生活就是一场善与恶的斗争。在巴勒斯坦,从以利亚(Elijah)经由以赛亚(Isaiah)和耶利米(Jeremiah)到以赛亚第二(Deutero-Isaia),先知们纷纷涌现。希腊贤哲如云,其中有荷马,哲学家巴门尼德、赫拉克利特和柏拉图,许多悲剧作者,以及修昔底德和阿基米德。在这数世纪内,这些名字所包含的一切,几乎同时在中国、印度和西方这三个互不知晓的地区发展起来。"① 于是乎,这一时期成为世界历史的"轴心"。按照西方学者的看法,"这一时期所有主要的宗教选择——它们构成认识终极者的主要的可能方式——都已被确认和建立,自那以后,人类宗教生活中没有发生任何类似的具有新的意义的事情。"② 包括基督教和伊斯兰教都被视作先知性闪族宗教生活之流中的新发展。

雅斯贝尔斯看来,"在所有地方,轴心期结束了几千年古代文明,它融化、吸收或淹没了古代文明,而不论成为新文化形式载体的是同一民族或别的民族。前轴心期文化,像巴比伦文化、埃及文化、印度河流域文化和中国土著文化,其本身规模可能十分宏大,

---

① 〔德〕雅斯贝尔斯:《历史的起源与目标》,华夏出版社1989年版,第8页。
② 〔英〕约翰·希克:《宗教之解释》,王志成译,四川人民出版社1998年版,第35页。

但却没有显示出某种觉醒的意识。古代文化的某些因素进入了轴心期,并成为新开端的组成部分,只有这些因素才得以保存下来。与轴心期光辉的人性相比,以前最古老的文化十分陌生,似乎罩上了面纱"①。也就是说,轴心期的出现是古代各大文明发生了"超越的突破"而带来的结果。

什么是"超越的突破"? 1982年犹太学者艾恺纳提出了"第二序反思"(Secondary Thinking)来理解这种"超越的突破"。反思,是对思想本身的反思。反思的对象可以是超越的外在上帝,也可以是自然。比如希腊文明从诸神时代进入了智者时代,所关注的就是世界的"本原",这个"本原"可以是水,可以是火,可以是抽象的数,也可以是"逻各斯"。又比如在希伯来文明中,人们开始意识到自身的有限性,不再用自身的尺度来衡量周围世界,而是把探寻的目光投向了超越自身的无限存在——诸神开始隐退,上帝由此出现。可见,轴心时代的意识是与远古的神话时代相对立的,是要以理性反对神话。就宗教领域而言,在轴心时代,原始宗教的诸神开始消失,宗教逐步地伦理化,神的权威借助于这种伦理化而增强了,神话变成了寓言,原始宗教演变成为人文宗教。

与西方不一样的地方在于,中国文化在这个轴心时代虽然也同样经历了一次思想的大繁荣,但是以儒家为代表的诸子百家并没有一个所谓神话时代作为背景和出发点,在中国的轴心时代也并没有像西方一样因为意识到自身的有限而转向超越的无限,理性的发展也就没有像西方那样出现一元的超越神。换句话说,在中国,那种"超越的突破"并没有出现,反而是由于思想的繁荣,理性精神的成熟,使得大家意识到远古文化中所谓神的局限性,从而更多地趋向于现世和"人间性"。② 这种理性更多的是人文的、实践的理性,是执著于人间世道的实用探求。所以中国在轴心时代的理性化是人文实践的理性化,这是一种人本化的转向。用"第二序反思"的观点来看,反思的对象转向了"人"自身。

---

① 〔英〕约翰·希克:《宗教之解释》,第13页。
② 陈来:《古代宗教与伦理——儒家思想的起源》,三联书店1996年版,第4页。

中国文化发展到西周,对后世影响最大的一个特点就是神本观念的明显衰落和人本思潮的广泛兴起。《礼记》概括周文化的特点是"事鬼敬神而远之",一个"远"字说明了鬼神崇拜在当时社会已经被边缘化了。在周代,虽然鬼神祭祀具有较以往更加完备的系统,但在社会实践中不再处在中心的地位,人们的注意力已经转向现实的人伦政治的安排和努力。充满实证精神的、理性的和世俗的对世界的解释逐步取代了宗教信仰和神话叙事。可以看到,这种气质并不关注超越现世人生的彼岸——来生或者是鬼神世界,而是倾向于入世和人道的价值取向。有研究者指出,当时的人们渐渐意识到神的世界并不能干涉人的现世生活,虽然在一般信仰层面并未否定神,但不少开明之士明确排斥神秘因素对政治和社会的影响,是这一时代引人注目的现象。而且,在春秋后期人们对神灵和神灵祭祀的信仰已经衰落,知识人对祭祀不再从宗教信仰来肯定其必要性,而是从祭祀的社会功能来予以肯定,对现实社会及政治的关注远胜于对神界的关注。① 与西方基督教神权或大于王权或与王权抗衡、哲学沦为神学婢女的状况不同,中国的宗教信仰一直让位于儒家思想,成为圣王王道的附庸。

我们以中国早期信仰体系当中"天"这个观念的转变为例。据考证,"天"这个观念在夏、商、周三代就有了。"天"是宇宙自然力量的体现:"天何言哉?四时行焉,百物生焉";②"天行有常,不为尧存,不为桀亡";③"死生有命,富贵在天"。④ 到了儒家思想当中,这个观念发生了转变。儒家强调人的一切都要听命于天,契合于天,要去践行天的意志,成为天命的承担者,即所谓"天人合德"。靠的是什么?是意志自足的君子人格:"故天地生君子,君子理天地。君子者,天地之参也。"⑤ "居天下之广居,立天下之正位,行

---

① 陈来:《古代思想文化的世界——春秋时代的宗教、伦理与社会思想》,三联书店2002年版,第10~14页。
② 《论语·阳货》。
③ 《荀子·天论》。
④ 《论语·颜渊》。
⑤ 《荀子·王制》。

天下之大道"①。君子人格怎么来的,靠的是修身、齐家、治国、平天下,是个体人格与历史王道的合一。于是乎"天人合一",天就成为了社会人伦秩序的化身:天人同体,天人同序,天人同质,天人合一。在这里,"天"不再是自然宇宙力量的体现,而成为了一个人格理念。这个理念是靠人的方式得以理解和阐释的,永远与现世的人伦政治紧密地结合在一起。"天道"与"人道"实际是一个道,二者在本质上是同一的。儒家君子修、齐、治、平的尺度,是自身内在所具有的人格标准,并非来自一个超越的"天"。

太庙。位于北京故宫东侧,是明、清两代皇室祭祖的祖庙,民间与官方均重祭祖之追孝。

中国文化的这种基本气质,集中体现于儒家思想。儒家所考虑的主要是如何做人,即所谓修身的哲理和实践。修身靠什么?靠的是文化教养,即在道德上脱离野蛮状态,强调"克己"——控制情感、保持礼仪风度、举止适当,并且排斥巫术。这样一种理性化的思想体系是中国文化长期发展的结果。英国人类学家弗雷泽认

---

① 《孟子·滕文公下》。

为,巫术盛行的后期,个体巫术逐渐减少,公共巫术逐渐增多,宗教渐渐取代了巫术,巫师的地位逐步为祭司所取代,巫师的巫术活动最终演变成为祭司的祈祷献祭职能。我们可以把夏以前称之为巫觋时代,发展到殷商时代,宗教已经开始理性化,上层宗教已经是祭司形态从而与下层的巫术活动相分离,巫觋活动转变为祈祷奉献,到了周代这种祈祷奉献的规范——礼得到了定型。西周的礼乐文化所贯穿的精神就是《礼记》中所规定的"亲亲、尊尊、长长、男女有别"四项基本原则,其整体功能是指示现世的人伦秩序,而不是超世的祈福。通过周礼的建立,宗教摆脱了多神论的自然宗教状态,最高的存在与社会价值已经开始相互指涉——价值理性得到了建立。这是一条由巫觋文化发展到祭祀文化、再发展到礼乐文化的"祛除巫魅"的理性化道路。"祛除巫魅",就是摆脱了原始宗教的禁忌主义,宗教的着眼点不再只是原始禁忌所关注的人的行为,而是人行为后面的动机,于是伦理化的"德性"观念就产生了。从此,社会性的人际规范——"礼"成为人们所关注的重心,最高的存在也不再是神秘的和交感的,非理性的生命体验在中国文化的传承中为人文规范所压倒。

跟西方哲学相比,中国哲学很少讨论彼岸和来世,很少论证上帝的存在,从儒家、道家、墨家几个大的哲学流派都可以看出这一点。中国哲学各流派尽管不同程度地承认天命观,但基本上不系统讨论彼岸世界的问题,不系统论证一个人格化的神的存在问题,更没有树立一个主宰世界的人格化的神,也没有此岸世界和彼岸世界的明显对立观念。中国哲学具有明显的重事实、重现实的取向。中国哲学关心的是现世、此岸所发生的问题,因此,当中国哲学家遇到不可解释的问题时,不是诉诸彼岸世界的神,而是诉诸此岸世界的先哲。中国哲学不重视事实和超事实这两个范畴的对立,一切都以事实为本。这种泛实取向的另一个重要后果就是中国哲学不大讨论神学问题,而讨论人与人的关系的伦理学特别发达,伦理学本质上就是讨论此岸世界的人的哲学。

正是由于儒家思想体系在中国文化的发展过程中具有这种强大的整合功能,所以在中国文化史的研究中关于儒学是不是宗教的问题,成为至今仍然争论不休的一桩公案。中西学界都有不少人倾向于将儒教视为中国特有的宗教,因为它具备基本的祭祀天地的礼仪,祖先崇拜甚至宗庙香火供奉等形式,以及完整的纲常名教的宗法观念与道德信条。但所谓儒教的世俗性又是显而易见的,原因不仅在于它缺乏向往彼岸世界的超越精神,没有神灵信仰,而且它寻求的是现世的家族与社会关系的调整,关注的是当下的人生际遇。因此不少学者认为它"并非完全意义的宗教",因为"只有那种涉及从此岸世界跨入彼岸世界的情形,才是宗教超越"。① 作为现代新儒学代表的梁漱溟在 1949 年 11 月出版的《中国文化要义》一书中,认为中国文化有十四大特征。其中第六条是"几乎没有宗教的人生"。② 这个判断背后隐藏着另一个判断:"周孔教化非宗教",③ 梁漱溟断然否定了作为中国传统文化核心的周公以来的儒学传统是一种宗教信仰。

孔庙

---

① 李大华:《中国宗教的超越性问题》,见《理性主义及其限制》,三联书店 2003 年版,第 261 页。
② 梁漱溟:《中国文化要义》,见《中国现代学术经典·梁漱溟卷》,河北教育出版社 1996 年版,第 244 页。
③ 《中国现代学术经典·梁漱溟卷》,第 330 页。

其实否认儒学为宗教的立论主要是建立在现代社会学分类的基础之上,认为人本主义和宗教是根本对立的,宗教是以神为本的。在西方,人本主义的兴起是从对抗宗教开始的。奇怪的是,以儒家思想为主流的中国传统文化对待宗教的态度,却恰恰是人本主义的。正如国学大师钱穆所说的,中国人文精神可以代替宗教的功能,并且不与宗教敌对。

应当看到,儒家思想体系中渗透的这种实用理性虽然关注现世人生,却并不企图消灭一切神圣性。礼乐文化在用理性"祛除巫魅"的同时,保留了对神圣事物的敬畏感,为非经验世界划出了一块"保留地"。这种现象到了孔子那里,就表现为一边是"未知生,焉知死"以及"不语怪力乱神",一边是"敬鬼神而远之",对神圣性的需求在礼教之中仍然得到了充分的体现。儒学经典中包含有大量的关于天命鬼神的思想,祭天、祭祖、祭孔的儒家礼仪也是封建宗法制度所规定的从天子到庶民都必须遵从的。儒家思想虽不具备典型的宗教形态,在中国传统文化中却发挥着宗教的文化功能。正如哈佛大学杜维明教授所说,"儒家的宗教性是儒家人文精神的本质特色,也是儒家人文精神与启蒙心态所显示的人类中心主义大异其趣的基本理由。"①

儒家宗师孔子有一句名言叫做"未知生,焉知死,未能事人,焉能事鬼",这句话充分反映了贯穿于中国文化当中的这种人文精神和实践理性原则。从这句话来看,死的价值在于生的意义,祭拜鬼神也不是想要去追求一个超越现世的"天国",而是要实现现世的人伦价值。人生在世,要修身、齐家、治国、平天下,要成就一番功业,这是社会主导的价值尺度。事实上即便作为严格意义的中国宗教如道教与佛教,在其教义和信仰形式中也充满了世俗性的内容。所以明清之际在中国传教的耶稣会教士如利马窦等即曾对中国宗教的宗教性提出诘难:"在中国没有一门宗教,没有一门教义

---

① 杜维明:《儒家人文精神与宗教研究》,见《理性主义及其限制》,三联书店2003年版,第246页。

不是万分糊涂的,就是本教门内的僧侣也不知其所以然。"①

在这种价值尺度的导引下,中国民间的宗教行为就呈现出一种混乱的"大杂烩"的情况:人们为了追求现世的幸福和快乐,可以拜佛求菩萨,同时也会祭祀祖先鬼神,还可以占卜求签,甚至幻想通过种种途径羽化成仙……这些原本异质的宗教所有的超越性质(即宗教性)被抽取一空,剩下的只有保佑现世人生的幸福和安乐的功效,诸如升官发财、延嗣求偶、治病避灾都可以成为求神拜佛的目的。概括起来恰如梁漱溟所说的"非宗教的人生"。

由于没有寄托于彼岸的信仰尺度,此岸人生的价值和尊严就没有了精神信念的支撑,整个社会有的只是严格的等级秩序,个体的地位得不到充分的承认和尊重。表面上中国传统社会是一个依靠完备的现实人伦规范确立的大一统的社会,实际却因为个体与个体之间缺乏根本的信任感沦为一盘散沙;表面上宗法家族是维系社会的纽带,实际人与人的信任却难以逾越出家庭的局限。从而使整个社会在某种程度上成为一个美国学者福山所说的"低度信任"的社会。

二、对超越的向往

正如儒家文化是中国文化的主流一样,基督教文化是西方文化的主流。我们现在所说的西方文化从起源上讲有两个源头:古希腊罗马文明和希伯来文明。古希腊文明为西方文化奠定了理性认识的基础;古希伯来文明则为西方文化提供了超越性的宗教尺度。在轴心时代,雅斯贝尔斯所说的"超越的突破"在这古希腊文化和古希伯来文化中体现得非常的明显,这一点与同一时期中国文化发展的那种持续性和稳定性是完全不同的。在这个时代,西方的宗教同样经历了一个从自然宗教到伦理宗教的发展过程。

闪米特语系的希伯来人大约在公元前 1750 年创立了一种一神教——犹太教,它信奉至高无上创造天地万物的超越的神。而

---

① 裴化行:《天主教十六世纪在华传教志》,转引自李大华:《中国宗教的超越性问题》,见《理性主义及其限制》,第 247 页。

后犹太人经由义人诺亚、他们的祖先亚伯拉罕以及犹太的第一个先知摩西与神定立公约,这个公约的标记是安息日,彩虹是立约的象征和证明,所以犹太教的经典《圣经》又被称为《旧约全书》。在公元前11世纪到公元前6世纪的时间里,即从第一圣殿到巴比伦之囚,犹太教涌现了大批的先知,又强化了作为创世主的上帝的观念。在旧约圣经中,犹太人对上帝的第一个认识,就是上帝的拯救性——上帝把犹太人从埃及的苦难中救了出来,显示出上帝对他们的爱、眷顾和亲密的关系。犹太人同时认为,作为他们救主的上帝之所以能克服一切存在于自然和历史中的恶,正是因为上帝是与其他的神截然不同的:上帝是创世者,超越于这个世界之外。既然上帝并非这个世界中的上帝,所以就不受这个世界的限制。

在轴心时代的希腊,原有的多神教——荷马和赫西俄德的诸神开始遭受激烈的批评,智者们开始提供新的智慧和道德标准,并创造新的宗教理想。克塞诺芬尼认为神是万物存在于其中的宇宙的永恒的基质,是"太一"和一切;巴门尼德曾试图将"神灵与存在"相等同;赫拉克利特则认为神灵表现为一种对立统一的辩证关系;阿那克萨哥拉把神灵描述为一个有智慧的本原、一个心灵和一个使世界有秩序的精神。其中,属于爱利亚学派的克塞诺芬尼试图寻求一种纯粹的神灵观念,这是西方抽象神论的萌芽。按照这种新的标准来衡量,荷马诸神丧失了它们的权威,克塞诺芬尼认为:"荷马和赫西俄德把人间一切羞耻和不光彩的行为都给了神祇——盗窃、通奸、欺诈。"[①] 在苏格拉底看来,世界之神是无所不见、无所不听、无所不在的,是维系整个宇宙并体现为内在秩序和客观规律的超然之在。在这个超然之在的面前,人是有限的和短暂的,是不能够完全洞悉神之奥秘的。于是,对神的认识首先依赖于认识主体的内在确信,直接谈论神灵是不可能的,必须反思人对神灵的认识能力。应当注意到,苏格拉底在谈论神灵的时候,所依据的是理性原则。他崇尚理性,主张以深邃的爱智精神来对抗当时世俗化的陈腐的神灵观——他认为阿那克萨哥拉的泛神论思想

---

① 转引自卡西尔:《人论》,甘阳译,上海译文出版社1985年版,第126页。

是庸俗的,在市井剧院随处可见。基于这种超越性的神灵观,苏格拉底说出了"我知我无知"这样的名言,并且在《申辩篇》中讲:"雅典人啊! 我尊敬你们、爱你们,但是我将服从神而不服从你们"。这种精神我们在后来的基督教里面也可以发现:"顺从上帝,不顺从人,是应当的"。[①] 苏格拉底因为他的这种态度被判处死刑,罪名是不信神和腐蚀青年。

历史发展到罗马帝国后期,犹太教的一支在地中海地区广为传播。这支宗教信仰继承了犹太教的"立约"之说,认为耶稣降世是上帝与人重新立约,这就是"新约"的由来。耶稣降世成人,死而复活成为基督,所以这支宗教又称为基督教。古代基督教的教父们,尤其是公元4、5世纪的奥古斯丁等人将希腊哲学融入基督教之中,完成了西方古代思想史上认知、行为和信仰的融合,从而奠定了西欧中世纪的思想基础,并深刻地影响了西方文化的发展方向。

这种影响主要体现在两个方面。首先,基督教从犹太教中继承了绝对一神论观念和其对人生本质与命运的看法,引入了希腊哲学"逻各斯"的理性观念,克服了犹太教原有的狭隘民族主义及其固守传统的繁琐戒律,于自身达成了古希腊文明与古希伯来文明的结合与统一,并为西方两千年来的宗教观念和文化体系发展提供了雏形。此外,基督教又将古希伯来的律法观、契约观与古罗马的法律思想及其体制相糅合,从而为西方法律制度的确立奠定了基础。这样一来,基督教集西方古代文化的三大成果于一身。西方文化自中世纪以来因理性精神促成了科学体系的形成,以基督教教伦理确立人际关系,并依靠契约立法构筑了宪政机制,这些都与基督教有着千丝万缕的联系。所以,不少西方学者都把西方文明称为基督教文明。

在基督教看来,彼岸世界处于人类历史的尽头,尘世的超脱靠的是超越的上帝对全人类的审判。基督教认为人的存在是有限的和罪性的,因而人类的自救和自我解脱是不可能的。人只能把得

---

① 《新约·使徒行传》,第5章,第29节。

救的希望寄托于彼岸的上帝,倾听来自冥冥天国的福音。

新约时代的神学家保罗认为,超越而圣的上帝与现实的人世有着不同的价值尺度:

> 智慧人在哪里?文士在哪里?这世上的辩士在哪里?上帝岂不是叫这世上的智慧变成愚拙吗?世人凭自己的智慧,既不认识上帝,上帝就乐意用人所当作愚拙的道理来拯救那些信的人;这就是上帝的智慧了。犹太人是要神迹,希腊人是求智慧,我们却是被钉十字架的基督……①

在这种超越性的尺度之下,历史的现世人生从根本上是罪恶的,也是痛苦和短暂的,是人"在世寄居的日子"。② 所以,"不要爱世界和世界上的事。人若爱世界,爱父的心就不在他里面了。因为凡世界上的事,就像肉体的情欲,眼目的情欲,并今生的骄傲,都不是从父来的,乃是从世界来的。这世界和其上的情欲都要过去,惟独遵行神旨意的,是永远长存。"③ 正因为如此,对人来说,只有来世的生活才是永恒的,真正的幸福是彼岸天国的永生,而不是今世有限的感官快乐和世俗欲望的满足。耶稣教导门徒说:"凡为我的名撇下房屋或是弟兄、姐妹、父亲、母亲、儿女、田地的,必要得着百倍,并且承受永生。"④ 所以,基督教要人们为天堂而不是现世的幸福而努力,不要留恋和贪求世俗欲望的满足和现世人生的幸福。《圣经》告诫基督徒:"你们要思念上面的事,不要思念地上的事。"⑤ 这表现出与中国文化全然相左的旨趣。

基督教把人看成灵魂与肉体的结合物,其中灵魂是归属上帝的,归属于自己的只有肉身。

人们把人生的意义和生活的信念寄托于上帝,寄托于超越世间的精神欢乐,反而把现世人生视为一种痛苦。基督教把痛苦视

---

① 《新约·哥林多前书》,第1章,第20节。
② 《新约·彼得前书》,第1章,第17节。
③ 《新约·约翰一书》,第2章,第15～17节。
④ 《新约·马太福音》,第19章,第29节。
⑤ 《新约·歌罗西书》,第3章,第2节。

作"原罪的苦果",人只有通过体验这种痛苦,克己禁欲,才能达到回归上帝的得救之途。在中世纪的修道院,修士们通过禁欲苦修来使自己摆脱尘世的羁绊来使自己的内在灵魂受到洗礼而获得新生,为此目的人们不惜采用绝对缄默、鞭笞甚至是自残的方法。在世俗领域,克制和禁欲也是西方社会公认的准则。无论是肉体上的痛苦还是灵魂的拷问,目的都是要让人在精神上得到超升。作为基督教信仰核心的"被钉十字架上的耶稣"就是这种极端克己、牺牲现世追求与上帝同在的宗教精神的最好象征。

哀悼基督

这种宗教精神对西方社会的进步起到了一定的推动作用。按照马克斯·韦伯的理论,正是清教徒(基督教的一个宗派)讲求勤俭节约和刻苦工作的宗教伦理使近代西方资本主义精神得以产生。美国学者福山把人类社会分为两类:一类是"高度信任社会",以美国为代表;另一类是"低度信任社会",以华人文化圈为代表。美国是一个具有高度自发社群倾向的社会,在这个社会中存在普遍的高度信任,没有血缘关系的人员可以处于同一个社会团体之中为达到共同的目标而密切合作,个人主义与社团主义互相促进和制约,共同塑造了美国文化。福山认为这种积极的团契性来自于清教传统,新教伦理产生了社团主义,社团主义产生高度的信任感,在高度信任感的基础上资本主义发展所必须的经济网络得以形成,经济发展呈现繁荣的景象。这样的观点显然透露出不加掩饰的西方中心主义的立场,但亦可看出宗教在西方文化形成和发展中的影响受到高度重视。

第二节 多元与一元——两种不同的宗教信念

由于中西方文化在历史进程中选择了不同的价值尺度和不同的发展方向,使得各自文化不仅在对待宗教的问题上持完全迥异的态度,而且在具体的信仰实践中也呈现出完全不同的宗教观念。在以儒家思想为主导的中国传统文化里面,宗教观念和信仰体系由于整个文化彻底的"人本化"转向而一直保持在前轴心时代自然宗教的水平,表现出信仰的多元化、泛神化和服务于社会主导价值等他为的特征。在西方,早在轴心时代就已经完成了从自然宗教到伦理宗教过渡的转变,一元神的上帝观念成为西方文化价值的根基和支柱,在西方社会中产生了巨大的作用。

一、泛神论的多元信仰

由于中国人对待宗教信仰缺乏真正意义上的超越精神与终极关怀,因此在对待宗教和神灵的态度上也缺少西方文化中那种固执一端的宗派意识。因而他们对待各种不同宗教的态度也较为宽容。在辗转于尘世的宗教信仰体系中,这种未发育完全的自然宗教意识则一直保持其原始的低水平状态。

中国传统文化对于现世的关注也使得中国宗教的超越意识一直没有被激发出来,在表象上就呈现出信仰的多元化倾向,其核心并非宗教信仰的他律意识,而是一种"自求多福"的自为存在,信仰实践本身在民间也变得相当地功利,于是也就有了民间"平时不烧香,临时抱佛脚"之类的说法。

在上古文化当中,人们就习惯于用各种概念来表述神。比如"神":天神、神仙、神祇、神皇、神道、神灵;比如"帝":天帝、帝君、帝释;"天":皇天、昊天、旻天、上天、苍天、天皇、天尊、天老爷,人们遭受了不幸,也会呼天抢地。

有"神",就有了"灵"。中国古代的信仰体系,就是一个万物有灵的"自然神"谱系。比如以"三皇"和"五帝"为代表的祖先神,"日"、"月"、"星宿"等天体神,"风"、"雨"、"雷"、"电"等气象神,"五岳"、"三山"、"江"、"河"、"湖"、"海"等山水神,以"五谷"为代表的植物神、以"龙"、"凤"为代表的动物神和"魑"、"魅"、"魍"、"魉"等鬼怪。

唐代以后的中国的文化有一个明显的走势是儒、释、道的"三教合流"。合流后的中国文化以儒家传统的人伦价值观念和人生理想为核心,杂糅了佛教注重心性修炼的思维和实践方式,辅之以道教永生信念的诱惑与恐吓手段,在宗教信仰方面形成了一套奇特的多元化和泛神化的天人体系。在这个神谱中占首要和主导地位的,不再是自然神,而是历史人物被神灵化的诸神,礼乐文化中的人文气质自春秋以后又被激发了出来。

以道教为例,我们可以清楚地看到这种多元化特征和人文气质。

南宋有一个著名的道士叫白玉蟾,道号海琼子,又号紫清真人,在道教史上被尊为"南宗五祖"之一。这个人生前"妙龄赴高科",是一个"读书种子",是一个头戴芙蓉冠、身披道袍的士大夫。在他身上,充分地体现了当时承袭中国文化道统的士大夫阶层在三教中左右逢源,采撷理论素材的趋向。当时有人给他的著作《修仙辨惑论》作跋时是这样描述他的:"先生……心通三教,学贯九流,多览佛书,研究禅学,参受大洞法箓,奉行诸家大法。"从他的言论来看,你根本就搞不清楚白玉蟾究竟是修道之人还是佛门弟子:

问曰:满堂浑是客,谁是主人翁。答曰:一字两字重,千对担不起。①

这无疑是典型的禅宗公案作风。还有：

> 不问灵不灵，不问验不验，信手行将去，莫起一切念。②

这是禅诗还是道谶呢？白道士的这些言论赫然地写在道教的经典总集《道藏辑要》当中。

道教受到佛教的影响，创造出了一套奇怪的天人观念。道教根据汉代的行政区划，指定名山洞府为中心，划分了天人管辖的区域。他们把中国划分成为36个名山，这是神仙的洞天；又划分了72个名胜，这是神仙的福地。不同的洞天福地，是自古以来的隐士方士们各自的势力范围，这些隐士和方士都被后来的道教追封成为神仙。

在唐代以后的道教观念中，道教教主太上老君（老子）仿效佛祖有过去、现在、未来三身的说法，一气化三清，有了玉清、太清、上清三身。另外还有33天、18层地狱的说法以及人死后赏善罚恶的思想，都是佛教天人思想的变种。

道教的天人观念中还援入了儒家思想体系。道教仿照儒家经典《书经》和《礼记》的系统，根据周朝的体制，掺杂古代三垣、二十八宿等天文学的概念，形成了一个开放的以昊天上帝或元始天尊为主宰的天庭神谱。

道教的神谱不是一般的庞杂。读过《西游记》的人一定记得天上有一个玉皇大帝，他虽然在道教的谱系上名列三清之下，却被封为"总领宇宙主宰之君"，手下有太白金星、托塔天王、千里眼、顺风耳等一班文武神仙，俨然人间帝王的作派。阴间有北阴酆都大帝，他掌管"九幽阴曹鬼神事"，下管十大冥王：管生死的秦广王、掌功过的楚江王、司刑法的宋帝王、管欺诈的五官王、地狱主管阎罗王、管盗窃的卞城王、专僧道的泰山王、管大案的平等王、管孝悌的都

---

① 《武夷升堂》。
② 《鹤林法语》，关于白玉蟾的所有材料均转引自葛兆光《道教与中国文化》，上海人民出版社1987年9月第1版，中编第五。

市王和掌轮回的转轮王。另外还有像王母娘、真武大帝、关帝圣君、城隍、赵公明、李冰父子、诸葛亮、文天祥等民间所崇拜的神祇娘以及传说故事中的仙人、历史人物,都被列入了道教的神仙以及鬼怪谱系。

这样一来,中国的宗教崇拜就变得异常热闹了。有源自儒家传统的三皇、五帝、尧、舜、禹及祖先崇拜,对天、地的崇拜,对社稷的崇拜,甚至于龙、凤崇拜。道教则有三清(玉清元始天尊、太清道德天尊、上清灵宝天尊)、四御(昊天金阙至尊玉皇大帝、中天紫微北极大帝、勾陈上宫天皇大帝、承天效法土皇地祇)、八仙、九天玄女和盘古真人等神仙崇拜。佛教的三世佛(过去佛、现在佛、未来佛)、四大菩萨("大智"文殊、"大行"普贤、"大悲"观世音、"大愿"地藏)、四大金刚或天王(东方持国天王、南方增长天王、西方广目天王、北方多闻天王)、诸罗汉、诸天等神佛在中国民间也大有市场。总而言之,在中国民间的信仰习俗中,以上三教之间的界限已经非常模糊了,来自不同宗教的各路神仙为广大民众同时膜拜。所谓见庙烧香,见神磕头。只要是泥塑的偶像,不管是佛、菩萨、神仙还是圣人,甚至小小的土地爷、财神爷,或者由民间英雄而神化的关公、钟馗,只要能保佑平安、驱除灾病、生财降福,一概设以灵位,供奉香火,顶礼膜拜。甚至作为原始宗教遗存的民间巫师神婆,扶乩跳神,求符化水也不乏信奉与实践者。并且宗教文化与各种节庆礼仪水乳交融,在令人眼花缭乱的群众性的迎神赛社、拜天祭祖、巫觋祈祝、道场超度等活动以及"元旦"、"除夕"、"春节"、"元宵"、"清明"、"端午"、"重阳"等传统节庆中,都浸润着这种多元化和泛神的宗教精神。

然而,所有这些信仰和崇拜方式,究其实质却又与中国人对未知世界的敬畏,宿命的人生信念,世俗的生活目标,功利的权力崇拜,以及社会结构中等级森严的官僚体制息息相通,因而难以称为具有超越境界的完全意义上的宗教信念。

二、一元神的上帝崇拜

在西方,宗教观念的流变表现为一个从多神信仰向一神崇拜发展的过程。

语源学的研究表明,西方的"神"因其不同的文化来源而且有不同的信仰内容。英文的God(神)和德文的Gutt(神)都源自基督教盛行之前的印欧语系日耳曼语族中的古哥特语guth,原义指"受祈求者"或"所祭祀者",词根是"铸造",指铸造而成的神像。古希腊人称神为théos(theoi),源自对诸神之神性的抽象,指"威力无比者"或"带来幸福者"。"神学"(Theology)一词即由此而来。古罗马人称神为Deus,原意为"天神"。古雅利安人的神被叫做Dyaus,与古希腊的大神"宙斯"(Zeus)之名同源,由此引申出古日耳曼人的Tiu、Ziu或Tyr等名称。基督教的"上帝"来自于希伯来文化,在《圣经·旧约》就有Jahwe(传统中被误读为Jehovah——耶和华)和Elohim两种称谓。Jahwe本来是古希伯来信仰中的雨神,后来逐渐变成了以色列人的民族神。在犹太民族遭受到"巴比伦之囚"的不幸以后,Jahwe才成为世界万民最高统一神的观念,而在基督教中又被赋予了"全在"、"全知"、"全善"、"全能"之"三位一体"的"创造者"和"救世主"等意义。[①]

德国哲学家尼采在《悲剧的诞生》一书中将西方文明的源头——古希腊精神区分为两种类型:阿波罗精神和狄奥尼索斯精神。在古希腊的神谱中,日神阿波罗是奥林匹斯诸神的典范,奥林匹斯诸神象征着古希腊文化的主流精神——理性、稳健、秩序、自我肯定。"日神精神在索福克勒斯和埃斯库罗斯的作品中表现在那些性格鲜明、能够坚定地、明确地表达自己意向的主人公身上,他们是毫不暧昧的纯洁典型;表现在他们那些为自己的行为辩白的对话中;表现在那些由诗人们解开的扑朔迷离的情节之中,还表现在贯穿于整个戏剧的激动人心的气氛之中"[②]。尼采认为,日神崇拜所体现出的宗教观念就是人们借助由阿波罗光明和华美的外观产生的幻觉和一种自我肯定的冲动来达到解脱和升华:

---

① 参见卓新平:《宗教理解》,社会科学文献出版社1999年9月第1版,第19页。
② 达米尼奥:《叔本华和尼采哲学中的艺术与真理》,《德国哲学》第八辑,第218页。

> 日神……作为个体化原理的神化出现在我们面前，唯有在它身上，太一永远达到目的，通过外观而得救。它以崇高的姿态向我们指出，整个苦恼的世界是多么必要，个人借之而产生有解脱作用的幻觉，并且潜心静观这幻觉，以便安坐于颠簸小舟，渡过苦海。①

狄奥尼索斯是酒神，它热情、好幻想，具有非理性、自我否定、冲动和放纵的精神特性。酒神崇拜体现为人情绪的放纵和非理性的精神迷狂。信仰个体通过激发和释放情绪来否定自我，获得与世界本体融合的最高的欢乐，也就是从酗酒的沉醉升华到精神的沉醉，进入了宗教的化境。

按照罗素的说法，真正意义上的古希腊宗教传统乃至后来的西方宗教传统，并非来自于正统的奥林匹斯诸神精神，而是源自于酒神狄奥尼索斯崇拜，或者叫巴库斯宗教精神。这种神秘主义的宗教观念经由巴库斯教的一支——奥尔弗斯教带给了毕达哥拉斯，并由此进入了古希腊哲学，而后又通过柏拉图那种带有浓厚宗教色彩的哲学体系影响了后世基督教神学的发展。

在柏拉图完备的"理念论"哲学体系中，古希腊的宗教观念得到了升华。按照他的说法，理念是独立于个别事物和人类意识之外的实体，这种神秘的实体是永恒不变的，是个别事物的"范型"，而个别事物则是这种实体不完善的"摹本"或"影子"。在这种理念论的基础上柏拉图形成一种超验的上帝观念：理念的本质和上帝的本质是同一的，至高理念就是上帝。上帝代表着永恒、完美、至善和绝对，掌握着人类的命运和世间的一切。这个世界并不是上帝所在其中的场所，而是上帝创造的产物。上帝虽不与现实世界所等同，却可以通过它创造的有限真实而被人间接感知和认识。柏拉图就是这样使古代宗教的神灵观念一元化并获得了一种真正超越的意义，从而得以升华。柏拉图的这套理论非常重要，一方面它是西方关于绝对精神的思辨哲学的发端，另一方面也成为西方关于抽象上帝的唯理主义神学的源头。

---

① 尼采：《悲剧的诞生》，周国平译，三联书店1986年版，第14～15页。

智者时代的另一名哲学家亚里士多德在他的"形而上学"体系里,也找到了一个上帝。亚里士多德认为:物质世界是永恒运动的,一个运动的物体背后必然存在一个使它动的原因,于是按照这个逻辑前提,必定存在一个永恒不动的第一推动者,它是自然中一切力量的决定性根据。这个第一原因不可能是物质的,因为物质都是运动和变化的。它是纯粹的形式,是绝对的精神,也就是"上帝":

> 上帝施作用于世界,不靠推动它,而作为美好的图景或理想来影响灵魂。宇宙万物,植物、动物和人类,都因至善或上帝而希望实现其本质;上帝的存在引起这种愿望。因此,上帝是宇宙间起统一作用的基质,是一切事物努力超赴的中心,是说明宇宙间一切秩序、美和生命的本原。上帝的活动在于思维,冥想事物的本质,想像美好的形式。他是一切现实性,各种可能性在他的身上得到实现。他没有印象、感觉、欲望和有所企求的意志,以及类似激情的感情。他是纯粹的智慧。人类的智慧是推理式的,人类的知识是零散的,是一步一步前进的。上帝的思维则是直觉的,他于瞬息之间明察一切,明察其整体。他没有痛苦和情绪,极为幸福。他是哲学家渴望达到的那种境界。①

在公元1世纪的罗马帝国,地中海沿岸的开始兴起并流行一种新的普世性的宗教——基督教。如前所述,基督教乃是希腊文明和希伯来文明的结晶。希腊文明,尤其是肇始于柏拉图的唯理主义传统,给早期的基督教神学准备了丰富的素材。希伯来文明则将犹太教传统中的救赎理论带给了基督教。早在希腊化时代,这种犹太传统(即《旧约》传统)就开始与希腊文明接触和交融,最后作为一种关于基督的信仰体系得以确立,并传入到古代西方的民族当中。

《圣经》是基督教的经典。在基督教的历史上因为对《圣经》不

---

① 梯利:《西方哲学史》(增补修订版),葛力译,商务印书馆1995年7月版,第89页。

同的解释和理解形成了许多宗派,主要有三支:天主教(Catholicisme,又叫罗马公教会)、东正教(Orthodoxe,又称为希腊正教)、新教(Protestantisme,又称为基督教)。但是无论哪派,既然同为基督教信仰,在基本的宗教观念上是一致的。

基督教是一神论宗教,它认为统治宇宙万物的是绝对的、惟一的和至上的上帝。相信统治宇宙万物的只有惟一的神,这是宗教信仰上的一个重大变化。西方在基督教之前,大多信仰多神教;即便有一神教,那个神所统治的范围也是极为有限的。基督教并没有用新的上帝观来代替《旧约》中犹太人关于上帝的观念,而是加以继承和发展了。

犹太人的上帝耶和华是愤怒的创世主,他直接干预犹太人的各种事物,同他们订立契约,下达各种命令,规定他们的信仰,指导他们的行为,特别规定不能信仰别的神灵。对人类违约的行为用诸如大洪水这样的严厉惩罚来进行制裁。

基督教宣扬一神、一主、一信、一教的神学信条,并把上帝的权能推向了无限的领域,宣称世上发生的一切都是上帝预先安排和决定的:

> 两个麻雀不是卖一分银子吗?若是你们的父不许,一个也不能掉在地上;就是你们的头发也都被数过了。①

> 匠人所弃的石头已作了房角的头块石头。又说:作了绊脚的石头,跌人的磐石。他们绊跌都因为不顺从道理;他们这样绊跌也是预定的。②

通过《新约》所记载的耶稣的言论,我们可以知道基督教的无限全能的上帝与《旧约》的上帝相比有了新的变化。上帝的万能也是上帝的恩赐,上帝关心他的创造物,所以信仰他的人能够克服忧虑和害怕。人世间的各种罪孽、恐惧、忧虑和死亡同上帝的救世旨意相比是无足轻重的,因为上帝最伟大的行为就是饶恕人的过失,借此救赎人类。上帝的态度使得世人彼此提倡宽宏大量、热爱他

---

① 《新约·马太福音》,第10章,第29、30节。
② 《新约·彼得前书》,第2章,第7、8节。

人甚至爱自己的敌人。因为衡量生活的价值标准不是人世间的幸福,而是彼岸的"财宝":

> 不要为自己积攒财宝在地上;地上有虫子咬,能锈坏,也有贼挖窟窿来偷。只要积攒财宝在天上;天上没有虫子来咬,不能锈坏,也没有贼挖窟窿来偷。因为你的财宝在那里,你的心也在那里。①

总之一句话,上帝是人的尺度。

在西方,一元的基督教上帝观取代罗马帝国的多神观念,造成了深刻和广泛的后果。人们的世界观、人生观、价值观以及思维方式和行为方式都以此为转折点而发生了巨大的变化,整个西方社会的自然观、历史观、道德观、文艺观甚至于政治经济制度全盘转型,影响是极其深远的。以哲学为例,在中世纪的西方,哲学从一种单纯的对真理的探索变成了对上帝的理性主义证明,从而变成了"神学的婢女"。而"上帝面前人人平等"的观念则为宗教改革家和启蒙思想家们反对封建专制和贵族特权,倡导"自由、平等、博爱"的民主价值观和天赋人权的理想提供了思想武器。毫无疑问,在那个时代,上帝观念是西方社会多数人价值观和人生观的根基和支柱。这当中包含着对上帝精神力量的膜拜,对终极真理的信念,在敬畏上帝惩罚的阴影下对灵魂与欲望的道德反省和自我约束,对身后获得救赎和解放的执著期待。所以马克斯·韦伯认为近代资本主义的兴起,必须以对这种根基的改造为前提。宗教改革家们的神学理论,尤其是关于上帝与人关系的理论,成为资本主义的价值观念兴起的前奏,极大地影响了几百年西方社会的精神面貌。

有学者指出,上帝观念不但是维持西方文化基本价值观的巨大力量,更是连结现代文化与传统文化的有力纽带。上帝观念在现代社会世俗化的转变也成为西方文化发展的一个中心环节,成为这种发展方向的集中反映。"西方自宗教革命与科学革命以来,

---

① 《新约·马太福音》,第6章,第19节。

上帝和理性这两个最高的价值观念都通过新的理解而发展出新方向，开辟了新的天地。把人世的勤奋创业理解为上帝的召唤，曾有助于资本主义精神的兴起；把学术工作理解为基督教的天职(Scholarship as a Christian Calling)，也促进了西方近代人文学术的发展。上帝创造的宇宙是有法则的、有秩序的，而人的职责则是运用理性去发现宇宙的秩序与法则。这是近代许多大科学家所接受的一条基本信念，从牛顿到爱因斯坦都是如此。爱因斯坦把上帝理解为理性在自然界的体现，因此他终生都拒绝接受量子力学中的不确定原则。在政治、社会领域内，自由、人权、容忍、公平等价值也不能脱离上帝与理性的观念而具有真实的意义。西方外在超越价值系统不仅没有因为现代化而崩溃，而且正是现代化的一个极其重要的精神源泉。"[①]

上帝观念在西方文化价值系统中的基石地位，还表现在20世纪由于一系列巨大的社会震荡（比如两次世界大战及奥斯维辛集中营大屠杀事件）使这种根基受到了动摇，而带来的普遍的迷惘、焦虑、孤独、失落、荒诞、绝望情绪。这反而使西方人体验到这种传统价值基础的重要性，从而使上帝观念在当代西方得到了维持和发展，在西方的文化价值系统中发挥更为深刻的作用。

第三节　逍遥与拯救——两种不同的宗教体验

身处不同宗教文化的个体在心理和情感等方面有着不同的体验，这涉及人的内在精神世界。在强调现世人伦的中国文化当中，不同的宗教信仰体系都十分地注重人的感性心理和自然生命，追求知性知天、穷神达化的境界，从而达到现世人生的最大快乐。这种追求乐感的文化与西方的罪感文化形成了鲜明的对比。

---

　　① 余英时：《从价值系统看中国文化的现代意义》，载于《文化：中国与世界》第1辑，三联书店1987年版，第89页。

一、在世的解脱和欢乐

在中国文化当中,不同的宗教有着不同的宗教情绪和宗教经验,表现出不同的心理体验。但总体说来,无论是道教还是佛教禅宗,都表现出一种对于现世人生的关注和对自然生命的执著。

佛教本来是来自印度的一种异质宗教。它将"苦"、"集"、"灭"、"道"这"四谛"作为理论基础:"苦谛"指的是人生一切皆苦,教人厌弃身世;"集谛"则将人受苦的根源归结于人的自我意识;"灭谛"勾画了一个"涅槃"的理想境界,许诺人们死后可以进入佛国;"道谛"则指出了达到涅槃的途径,即通过精神上的自我修行和净化,克服和消灭痛苦的根源。

佛教分大乘和小乘。大乘讲"普度",小乘讲"无我",然而修习大乘也必须从小乘的戒、定、慧"三学"开始。小乘佛教"无我"的思想,在"非身"的意义上与中国传统人文价值系统产生了一定的冲突:道家教人养生、贵己,儒家讲全身为孝。所以,虽然佛教在中国大、小乘并举,但是流传最广、影响最大的,却是完全中土化的佛教——禅宗。

禅宗来源于印度佛教中的禅学,原本只是印度佛教五花八门修行方式中的一种。进入中国后与中国土生土长的老庄思想和魏晋玄学相结合,成为了一个混血变种。

中国禅宗分为南北两派,南宗重顿悟,北宗倡渐悟。真正在中国大行其道的是注重直觉顿悟的南禅宗。南禅宗有两大特点:第一是在世界观上有一套周密的"梵我合一"的理论体系。禅宗强调我心即佛,佛即我心。日月星辰、山河大地、儒道僧俗,全部都是我心幻化。没有我心,主体意识和客观世界便不能存在。第二个特点是讲求"以心传心"的直觉顿悟方式。禅宗认为,佛性人人都有,无论通过什么方式,只要能够发掘出人自身具有的佛性,认识到我心即佛,不必等到来世就能达到"梵我合一"的超脱境界。这也就是所谓的"直指人心,见性成佛"。传说佛祖释迦牟尼在灵鹫山上宣讲佛法时,用手拈出一朵鲜花示众,弟子们不明就里,只好默不作声。这时众弟子当中只有一个叫摩诃迦叶尊者的脸上绽开了微

山西大同送子观音石雕像。重视子嗣的社会心态反映在民俗上,表现为民间存在着多种多样的求嗣观念和求嗣活动。其中普遍的观念之一是相信大慈大悲的观音菩萨主宰生育,于是常有信男信女前往庙中进香求子,有些庙宇中还专门塑有送子观音像。

笑。于是佛祖便将这"不立文字,教外别传"的禅宗心法传给了他。

什么叫"不立文字"?就是要摒除逻辑的羁绊,以非理性的直觉方式达到开悟的目的。传说中国南禅宗的真正奠基人六祖慧能不识字,有一次一位叫无尽藏尼的向他请教《涅槃经》,慧能直言自己不识字,让她把经书念出来。老尼姑对此很惊讶,认为如果慧能不识字的话,又如何能够了解其中的真理呢?慧能解释说,佛理与文字是无关的,好像天上的明月;文字好比是人的手指。手指可以指出明月的所在,但手指本身却并不是明月;要看明月也不一定要通过手指。

在禅宗看来,要摆脱人世的生、老、病、死、爱、恨、荣、辱等苦楚,跳出生死轮回,不必牺牲此生此世,而是可以在梵我合一、物我相忘的观照中达到个体人生的一片明净和澄澈。这种明净和澄澈,在现世通过冥想和直觉观照体悟就能够得到:

> 老僧三十年前未参禅时,见山是山,见水是水;乃至后来亲见知识,有个入处,见山不是山,见水不是水;而今得个体歇处,依然见山只是山,见水只是水。①

在这里,所谓的"山"和"水"都人内心境界的幻化。修行到了最后,山是山,水是水,象征着人还原本心,达到明净的境界。所谓明净,就是把人的欲念导引至内在的反省,使人的情欲冲动转化为人生情操的自我修养动力,从而平息了人心的躁动,摆脱了物欲的羁绊,达到逍遥自在、超脱圆满的人生境界。无门和尚有颂说:"春有百花秋有月,夏有凉风冬有雪。若无闲事挂心头,便是人间好时节。"禅宗所注重的正是这样一种"日日是好日"、"夜夜是良宵"、自在无碍的人生体验。

禅宗的这种心理体验方式为儒家道统吸收以后,在中国文化发展史上产生了深远的影响。

和禅宗这种明净和澄澈的宗教体验比起来,道教的更注重人世间的欢乐。道教讲求以生为乐、以长寿为大乐、以不死成仙为极乐。与佛教的禁欲苦修相比,道教主张人通过"炼丹"就可以达到长生不老、得道成仙的目的。

丹分内外。外丹,就是通常所说的炼丹术。中国古代有一种思想叫作"天人互感",意思是世间的万事万物之间都存在着交互的对映和感应。自然界中的金属和矿物与草木、动物相比,不易腐朽,易于保存,这些金属和矿物也就比后者具有更为永久的性质。比如黄金,它不怕火烧,而且抗拒腐蚀的特性是最明显的,所以被道教奉为万物之宝,认为术士炼后服食,寿命可得长久。不同的丹砂(大多是金属和矿物质)具有不同的药性,经过在丹炉中的多次调理炼制,阴阳调和而成为适合人服用的"还丹"。这种感应论还

---

① 《五灯会元》卷十七,《青原惟信禅师》,中华书局1984年版,第1135页。

体现在道士们对炼丹所用鼎炉的规定上。炼丹炉的形状和尺寸要与"三才"(天、地、人)、天上的九星、每天的十二个时辰、地上的八风以及"四象"、"五行"、八方、十二月、二十八宿等宇宙观念有着严格的对应关系。一个炼丹炉就是一个模拟的宇宙。当药物在鼎炉中烧炼,就是随着宇宙运转了一周,从而具备的宇宙的永恒性质。修道之人服食这种宇宙精华,就能够长生不死。

内丹,说简单一点就是养生和修炼"元气"。这里同样体现出一种天人感应观:人就是一个小宇宙,人每天子夜要吸取天地新生之气,二吸一呼,多存元气,呼出浊气,这就叫做"吐故纳新"。吸入的气从人的丹田开始在全身缓缓运行,经过人主观意念的导引,打通人的任、督二脉"小周天",进而打通全身经络,也就是"大周天"。气在全身运行一周,好比是在宇宙中循环了一次,变成了人的"先天元气",也就是可以存入丹田的"九转还丹"。在掌握了这种吐故纳新的功夫(也就是气功)以后,人就会达到浑然不觉、无念无欲、绵绵不绝的状态,这时丹田中的先天元气与人的精神打成一片,成为"金丹"。

这就是道教独特的宗教体验。在炼丹的过程中非常讲究清静的外部环境和人清净的内部条件。道教这种提倡"心斋"和"坐忘"的虚静体验和感受为儒家士大夫们所接受,为传统的儒家文化加入了新的酵素。

而在民间,道教的宗教体验表现为一种信仰的迷狂和沉醉。道教在民间传教,主要是用人神沟通的方式来解决现人现世的问题,手段是诱惑与恫吓兼施。道教标榜人如果修道就能成仙,就算不能成仙也能够成为人间宰相;而如果不信道,生要受病苦的折磨,死要下地狱被恶鬼修理。而修道的方式也并不是禁欲的,而是可以通过男女交接来完成的,这在道教被称为"房中"。

道教的这一套与佛教的"因缘果报"和儒家的善恶观相结合,对广大民间信众施以牢笼和利诱,从而形成了中国老百姓恪守封建伦理纲常的被动意识、保守内向与安分守己的心理性格特征以及小富即安的生活态度。

从普通百姓对宗教的期待看,无论拜佛求仙,目的十分明确,就是祈求神灵保障此生的安宁幸福。诸如升官发财、延嗣求偶、治病避灾都可以祈求从神灵那里得到赐福。

中国的传统文化素来以儒家文化为主流。佛、道两教在唐、宋以降与儒家思想合流以后,三教互补,形成了一套既影响作为文化精英的士大夫阶层,又深入民间社会的观念体系。在传统的士大夫那里,儒家学说中"万物皆备于我"的圣人观、"反躬自省"的认识论和"吾善养浩然之气"的实践论为禅宗"我心即山河大地"的本体论、道教的养气说、太极宇宙论所充实,构成了一整套追求内在人格的完善、恪守伦常的自觉意识、清净平和的人生信条和适性自得的生活情趣的观念体系。在中国传统文化符号系统中充分体现为追求现世生命的快乐的一种"乐感"。这是一种平衡快适、圆融自足的生活体验和心理感受。

二、以爱感拯救罪感

根据基督教的启示神学传统,神与人的关系问题是教义中的基本问题。基督徒全部的宗教体验均由此问题生发而来。

根据《旧约》犹太教传统,神圣的上帝与以色列人的祖先、领袖立约,对其施以救赎。上帝与人之间是一种契约关系。而在基督教看来,神应该是更为贴近和亲切的。德国现代著名的神学家马丁·布伯将之概括为"我—你"的关系。"我"是期待上帝的个体,"你"是作为神的"永恒之你":

> 人用许多名字来称述"永恒之你"。在赞颂其所命名的上帝时,人心中无时不浮现"你"。最初的神话即是赞美诗……一切上帝之名皆是神圣,因为通过它们人不仅言及主,而且也向主倾诉。[1]

如前一节所述,基督教的上帝是创造世界的全能者。上帝按照自己的形象用泥土创造了最早的人类始祖。这时的人类住在上帝的乐园——伊甸,象征着人类是纯洁的,具有源自上帝的神圣秉

---

[1] 〔德〕马丁·布伯:《我与你》,陈维纲译,三联书店2002年1月版。

赋。这里要注意的是，人是上帝的受造物，他的这种神圣禀赋是由于与上帝在这个时候的亲密关系决定的，与上帝的神圣不可同日而语。也跟中国宗教文化中人的那种自足自性有着本质的区别。

根据《旧约·创世记》，人类始祖在蛇的诱惑下吃了智慧果，于是人类有了智慧，也从此有了"原罪"（sin）而被上帝逐出了伊甸。这种罪也就成为人的本质，为人世代所禀有。

"罪"在希腊文中本来的意义是"偏离"的意思。人类偷吃智慧果，象征着人类的自我意识的觉醒。因为智慧果就代表人类理性，所以人凭借自身的理性任意妄为，最终导致了人与上帝关系的偏离或者叫做破裂，也就是罪。偏离上帝，使得人原有的神圣禀赋丧失，人的本质遭到了腐蚀，整个人类的命运布满了阴云。

来源于犹太教传统的这种原罪说有着强烈的反智倾向。人的自然欲望和理性意识在启示神学的传统中都成为了人沉沦的根源。由这种原罪说，"罪感"成了基督徒最基本的心理体验。

罪感引起的是人孤立无助的心理意识，因为有罪，所以自己感到个体存在的有限、卑微和渺小。如果没有一个神圣超绝的上帝，人就没有这种罪感；如果没有对上帝神圣本质的向往，也不会产生罪感。所以这种罪感同时也表现为一种渴望从自然生命的沉沦状态挣脱出来，修复破碎的本质（人与上帝神圣联系的断裂），重返正途，恢复与上帝原初的关系。

在这种罪感之中还包含有对救赎的渴望。处于罪之中的人要想得救，就必须有罪感，否则毫无得救的希望。同时，身处罪恶深渊的人是无法自救的，因为人在本性上已经成为罪人，那么其自性就不可能是自足的，只有上帝的恩典才能使人获救。所以，这里面不仅是一个"救"的问题，更是一个"赎"的问题。"赎"，意味着深渊中的人们回应上帝的救恩，重新找回自生命曾经失去的纯洁、永恒的神性；意味着"我"——有限存在的人承认自己的有限和欠缺，以谦卑的心理期待"你"——神圣上帝的来临。

由于这种原罪观念和期待救赎的愿望，西方人在他们的精神生活中形成了强烈的忏悔意识。这是一种来自神的绝对要求，它把道德上认为有义务履行的或被禁止的行为变成了上帝的神圣命

格吕内瓦尔德《磔刑图》

令。"它常常把道德描述为顺从上帝——相应地,把罪描述为违背上帝。"① 它要求人不断地自觉反省,通过行为上的自我约束与节制,趋善避恶,以求得上帝的宽恕。基督教还通过神职人员实施正式的忏悔仪式,帮助人与神沟通,以求克服诱惑,排除与上帝要求想背离的欲念。

根据教义,基督徒们对自身所具有的"原罪"应该有清醒的意识。为了赎罪,人们奋力拼搏:征服自然,改造自己,与命运抗争。这一切都是为重新获得神的眷顾,重回上帝的怀抱。在西方文化中,与象征人类存在状态的"失乐园"有关的主题频频出现在文艺创作当中,英国诗人弥尔顿就创造过两部以此为题材的长篇诗作《失乐园》和《复乐园》。

在基督教的这种"我—你"的关系中,启示神学的仁爱上帝取代了唯理主义的抽象上帝。同时,被钉十字架的基督也象征着仁

---

① 〔英〕约翰·希克:《宗教之解释》,四川人民出版社1998年版,第115页。

爱的"你"与忏悔之"我"的宽恕和帮助。基督教就以这种"我"与"你"相遇和对话的仁爱关系取代了犹太教传统中神与人的契约关系。

在这样一种"我—你"关系之中,体现了上帝之爱。在希腊文中,上帝之爱是以 Agape 一词来表述的,意思是指上帝通过基督而显示的对众人的爱,同时也指信徒对上帝、对邻人的爱以及对穷苦之人的怜爱。在基督教看来,这种上帝之爱是精神之爱的最高形式,在本质上不同于人世间各种各样的爱。这种爱代表着一种宗教意义上的至高境界的"爱感":

> 我若能说万人的方言,并天使的话语,却没有爱,我就成了鸣的锣,响的钹一般。我若有先知讲道之能,也明白各样的奥秘,各样的知识,而且有全备的信,叫我能够移山,却没有爱,我就算不得什么。我若将所有的周济穷人,又舍己身叫人焚烧,却没有爱,仍然与我无益。爱是恒久忍耐,又有慈恩;爱是不嫉妒;爱是不自夸,不张狂,不做害羞的事,不求自己的益处,不轻易发怒,不计算人的恶,不喜欢不义,只喜欢真理;凡事包容,凡事相信,凡事盼望,凡事忍耐。爱是永不止息……如今长存的有信,有望,有爱这三样,其中最大的是爱。①

爱是基督教最大的律法。上帝之爱是基督教信仰生活的基本信条,基督徒借此有了"爱感",通过爱感来承担现世生活中的不幸和苦难,期待上帝之爱的呵护。

这种爱感和罪感,是基督教最重要的信仰体验。那么上帝之爱是如何使身处现世有限存在之中的人从负罪之中解脱出来,重新回到上帝的神性世界而获得新生的呢?

靠的是"拯救"。"拯救"一词的词根是 Salvus,本意是治愈和复原,即使有病的人得以痊愈。基督教教义当中,这个词的含义是"救赎",是上帝借基督的牺牲把人从罪恶的状态当中赎回,使来自于神圣生命的人重新活在神圣生命之中。这是一个从罪的生命到

---

① 《新约·哥林多前书》第13章。

爱的生命的转变,也是一个把破碎的生命状态重新修复的过程。一边是上帝的"救",另一边是人类自身的"赎","爱"成为中间的纽带。

于是,这种"爱感"使基督教信徒们从沉重的"罪感"当中解脱出来,在对基督献身救赎世人的事件理解的前提下建立起了基督教根本的信仰基础,并在上帝之爱和救赎论中寻找到了自身得救的希望。这种独特的宗教体验使得基督教被人称为"知罪悔改的宗教",又叫做"爱的宗教"。

第四节 王权与教权

由于"敬鬼神而远之"的儒家思想在中国传统文化中居于主导地位,宗教文化在社会政治生活中一直被边缘化,始终臣服于世俗的政治权力。而在西方,由于在基督教绝对的超越性尺度的比照之下,世俗的王权势力在历史上不仅不可能在社会价值体系中取得绝对的统治地位,反而在世俗的统治中一再受到教会的制约和挑战。

一、政治权力阴影下的出家人

在中国古代,王权在社会生活当中处于一种绝对至上的地位,而宗教则受到世俗王权的操纵和支配,一直处于附庸的地位。一种宗教想要得到社会的认可和扩大影响,就必须为世俗王权服务。在中国传统文化价值体系里,专制帝王是世俗的最高统治者,同时也是天上神权的最高代表。在王权长期的统治下,绝不允许宗教权力超出于王权之上,教权只能是王权的附庸。中国历史上的两大宗教,都逃不出被世俗王权又打又拉的命运。

以传自印度的佛教为例。佛教中国化的历史,也是它与中国文化和中国王权政治"磨合"的一个过程。佛教在进入中国以后,佛教徒削发、不事嫁娶生养的出家生活方式受到了儒家的一致批评。这种批评的产生主要是因为这种异质宗教所倡导的有违孝道:

> 问曰:《孝经》言:身体发肤,受之父母,不敢毁伤;曾子临没,启予手,启予足。今沙门剃头,何其违圣人之语,不合孝子之道也?①

同时,一些信徒不守清规的现象也遭到了批评。针对这些批评,佛教也采取了会通和改革的态度,这是佛教道德化和世俗化的开始。

佛教从东晋到初唐,在内部发生了"沙门不敬王者"、"沙门不应拜俗"的观点和以慧远"内乖天属之重而不违其孝,外阙奉主之恭而不失其敬"为代表的调和主义观点之间的争辩,僧侣们也多次谋求独立于王权,不受世俗政治权势的干涉。然而出家人的这些要求到最后却以"实助王化"的妥协主义态度占上风而宣告失败。

在译经方面,佛经原著凡是与中国宗法伦理相冲突的,或删略不译,或少译,或增加内容以迎合宗法制度的需要。对于佛教徒来讲,"圣言量"是最高准则,倘若故意违犯,将受到坠地狱、遭恶报的惩罚。中国的佛教徒们甘冒坠地狱、受恶报的后果也不敢触犯王权的独尊地位,这种境况是极其无奈的。

在中国的东晋、南北朝、隋、唐、宋、元、明、清各朝代,都曾经出现过佛教的繁荣现象。在南北朝时期,在梁武帝佞佛之风的带动下,佛教在南朝盛极一时,有"天下户口,几亡其半"的说法。在隋唐两代,除了唐武宗以外,其余皇帝都是崇尚佛教的。在皇帝的支持下,隋唐佛教成为佛教史上的鼎盛期和成熟期。到了宋朝和元朝,统治者们依然支持和利用佛教。宋太宗说:"浮屠氏之教,有裨政治。"到宋真宗时代全国僧尼多达四十五万八千多人。元朝帝王同样崇信佛教,并在全国大兴佛寺,"凡天下人迹所到,精蓝、胜观、栋宇相望"。到了1291年,全国有佛寺4.2万,僧尼21.3万余人。元代的统治者笃信佛教,还体现在元朝特有的"帝师"制度上:

> 元起朔方,固已崇尚释教同,及得西域,世祖以其他地广

---

① 《理惑论》。

而险远,民犷而好斗,思有以因其俗而柔其人,乃郡县土番之地,设官分职,而领之于帝师。乃立宣政院,其为使,位居第二者,必以僧为之,出帝师所辟举;而总其政于内外者,帅臣以下,变必僧俗并用,而军民通摄。于是,帝师之命,与诏敕并行于西土。百年之间,朝廷所以敬礼而尊信之者,无所不用其至。①

从这段记述可见,元朝设立帝师的目的,乃是出于政治上的需要。帝师的权威是皇帝赋予的,皇帝要假帝师之手对少数民族地区实行有效的统治。

然而,佛教与中国的世俗王权之间也并不总是一种"蜜月"关系。统治者也会不时翻脸,对佛教持一种打击的态度。究其原因主要有三方面:一是佛教势力在政治和经济上的扩张已经威胁到了世俗王权的利益;二是源自中国另一大宗教——道教的竞争;三是统治者个人对宗教信仰的偏好。在历史上,北魏太武帝拓跋焘信道斥佛,在大臣崔浩的煽动下,采取了毁寺坑僧的剧烈手段,使佛教在其发展史上第一次遭到了沉重的打击。北周武帝宇文邕崇信儒道而敌视佛教,强制灭佛,使得"数百年来官私佛寺,扫地并尽!融刮圣容,焚烧经典。禹贡八州见成寺庙,出四十千,并赐王公,充为宅第;三方释子,减三百万,皆复为民,还为编户。三宝福财,其赀无数,簿录入官,登即赏费,分散荡尽"。② 在唐代,唐武宗李炎于会昌五年下诏灭佛,除留个别寺院僧人外,其余寺庙一律拆毁,僧尼一律还俗,财产全部没收。这次打击使佛教元气大伤:一共拆毁大中型寺庙4600余座,小寺庙4万余座,还俗僧尼260500人,没收良田数千万顷,解放奴婢15万人。在佛教史上,把唐武宗的灭佛与同北魏太武帝和北周武帝的灭佛统称为"三武法难"。

世俗王权的这种生杀予夺的独尊地位,决不容许教权的挑战。佛教徒们也发现在中国,倘若"不依国主,则法难立"。他们深感佛教的兴盛与否全然信赖于中国皇帝对之所持的喜怒和取舍。为

---

① 《元史·释老传·帝师传》。
② 见《续僧传》卷二三《静蔼传》。

此,"依靠国主"成为佛教在中国发展传播的重要策略。也正是因为这种"佐教化"和"益国治"化俗入世的态度,才使它达到了本土化的目的。

作为中国本土宗教的道教,运气也不见得好到哪里。

道教自成立之日,就被世俗王权政治的阴影所笼罩。道教创立之始本有两支。一支是四川大邑鹤鸣山隐士张道陵创立的,因其信徒入教须交纳五斗米而被称为"五斗米道";另一支是钜鹿人张角创立的奉《太平清领书》为主要经典的"太平道"。时隔不久,太平道就因为其叛逆性被取缔了,而五斗米道则由于其教义与统治势力利益一致被允许继续流传,至南北朝时期以天师道的名义发展起来,成为全国性的宗教。

道教在其发展的过程当中,逐渐从民间向士大夫阶层和皇帝靠拢,寻求王权势力的支持,一有机会就打击自己的竞争对手——佛教。上述三起灭佛事件,都与道士及其信徒从中上下其手有直接关系。道教达到鼎盛是在唐朝。唐高祖认为被尊为道教教主的老子(李耳)与李唐同姓,想借道教抬高李家的权威,于是乎认定老子是李家祖宗,宣布道教第一,儒家第二,佛最后;唐太宗曾下诏确定道士地位在僧尼之上;唐高宗追封老子为"太上玄元皇帝",唐玄宗又继续将之封为"大圣祖高上大道全阙玄元天皇大帝",并且亲自撰写《道德真经疏》,把这本书作为群经之首,还封庄子、文子、列子、庚桑子为真人。唐朝的公主妃嫔大多入教并禀有诸真封号。唐朝还有不少皇帝迷信道教长生之法,服食丹药结果中毒而死,其中就有唐太宗李世民。在宋元时代,道教也受到皇帝们的青睐。这时的道教分为两大教团:正一教和全真教。正一教的创始人是张道陵的三十六代孙张宗演,被元世祖册封为"嗣汉天师";全真教的长春真人丘处机受到成吉思汗的隆遇,赐号"神仙",禀"大宗师"爵,掌管天下道教。

道教不仅在政治上依附于皇权,而且奉行官本位的体制,天宫比照人间的权力等级设置。如《西游记》中的天宫,从玉皇大帝到诸天王、大将、众星宿,文武仙卿,官吏完备,品位森严,道教宗主太上老君反被晾在兜率宫中讲道炼丹。一般民间道观里的偶像也常饰以官服,毫不掩饰对世俗权力的认同与臣服。

然而同佛教一样,道教也并不总是如意的。在北魏孝明帝时期就发生了一起打击道教、刑罚道士的事件。到了清代,朝廷对道教逐渐冷淡,张天师由二品降为五品,到了道光皇帝那里,则下令停止张天师朝觐,官方道教从此一蹶不振。道教的许多观念和仪式从此转入民间,进入到民间秘密宗教当中,逐步成为民俗的一部分。

可见在中国历史上,宗教文化始终处在专制王权的阴影下,很难获得自由发展的空间,无论何种宗教都难以操控主宰中国人的信仰与精神活动的统治权。由此中国人的精神生活也就难以实现真正意义的超越,世俗权力也失去了最后的制衡与监督力量。

二、与王权分庭抗礼的教会

基督教产生于公元1世纪中叶古罗马帝国统治下的西亚和小亚细亚地区,最初是犹太教的一个异端。这支异端宗教摒弃了古犹太教认为以色列人是上帝选民的观点,认为基督的降临、牺牲和复活事件是上帝对天下所有人的救恩,基督借此与人类(而不仅仅是犹太人)立约,所以被称为"新约"。《旧约》的上帝是犹太人的上帝,而《新约》的上帝是普世的。基于这种普世的原则,基督教自成立之初就不认同民族国家的世俗王权。

这种普世性适应了当时大一统的罗马帝国在政治上的世界主义和文化上的多元化倾向,使得基督教很快就超越了民族国家的界限,传播到地中海沿岸的各国,迅速发展成为一个世界性的宗教。

早期的基督教徒大多是贫苦的下层民众,他们不满当时的社会现实,寄希望于基督的再临,要通过末世的审判,伸张正义,建立"千禧王国"。早期的基督徒曾经遭受到古罗马皇帝的残酷迫害。据早期基督教神学家奥古斯丁记载,从尼禄开始罗马历代皇帝对基督有10次大迫害,其中以第1、第7和第10次最为残酷,不少基督徒惨遭杀害。随着基督教的发展,其信徒逐渐从下层发展到社会的各阶层,而且遍布帝国全境,成为一支很强的力量。同时,基督教所宣扬的谦卑恭顺也逐渐地得到帝国统治者的重视，于是在公元313年发布《米兰敕令》，从法律上第一次认可了基督教的存在。公元325年，罗马皇帝君士坦丁主持召开了基督教的第一次"普世主教大会"，制定了《尼西亚信经》，确定了正统教义。这就是著名的第一次尼西亚公会议。公元380年，罗马皇帝狄奥多西正式宣布基督教为罗马帝国的国教，并随后在法律上禁止其他宗教活动。基督教从此在西方世界成为占统治地位的宗教。

在罗马皇帝的支持下，罗马主教在基督教内部的权威不断提高，势力范围不断扩大，逐渐成为在基督教会的最高首脑。到公元560年，整个西方教会在皇帝的直接干预下已被置于罗马主教佩拉吉的统治之下。到11世纪，罗马主教格利高里七世完全垄断了"教宗"（Pope）的称号，正式形成了罗马教皇制度。8世纪中叶，法兰克国王矮子丕平为报答教皇撒迦利亚的支持，将大片土地赠送给教皇，由此开创了存在了一千多年的教皇国，标志着教皇在精神领域的权威已经延伸到了世俗领域。公元800年，丕平之子查理曼称帝，教皇利奥三世为其加冕，由此发端的帝王由教皇加冕的仪式，成为"君权神授"的具体体现。而后，教会又根据《伪伊西多尔教令集》，宣称教皇权力高于帝王，反对世俗王权控制教会。

11世纪初到13世纪末是欧洲基督教会的全盛时期。在这一时期教权与王权的争斗中，往往是教权居于上风。其中，在11世纪教皇格利高里七世与德意志皇帝亨利四世关于授权的斗争使教权与世俗王权的争斗到达了白热化的阶段，是非常具有代表性的。1076年，亨利四世在窝姆斯召集宗教会议，宣布废除格利高里七世。格利高里七世则下令开除亨利四世的教籍。由于得不到德意志大封建主们的支持，亨利四世陷于孤立的处境，不得不于1077年1月冒着风雪翻越阿尔卑斯山，来到意大利教皇城堡卡诺沙（Canossa）向教皇忏悔。据说亨利四世赤足披毡立在门外苦苦等候了三天才获得教皇的赦罪，恢复了教籍。从此，"卡诺沙之行"就成为投降和屈辱的代名词。到13世纪教皇英诺森三世时，教皇的权势达到了顶峰。英诺森三世有一句名言："教皇是太阳，皇帝是月亮，像月亮要从太阳那里得到光辉一样，皇帝也要从教皇那里得到政权。"

中世纪欧洲王权的这种弱势地位与当时"领主的领主不是领主、附庸的附庸不是附庸"的封建制度有关。封建割据造成地权分散、王权削弱。与之相反的是中世纪的教会处于一种唯我独尊的地位,其势力渗透到西欧封建社会的每一个细胞之中,使中世纪的西欧在政治、经济、思想文化等各个领域都打上了教会的烙印。在经济上教会是最大的跨国领主,拥有庞大的地产和雄厚的资金;在政治上教会自成体系,位于意大利的教皇国控制着遍布欧洲的各级教会,具有一套高度集权化的组织系统,甚至可以组织像"十字军"那样的武装部队远征,进行"圣战";在思想文化上教会垄断了文化教育的权利,把基督教教义作为惟一正确的意识形态,同时成立了臭名昭著的宗教裁判所,对所谓"异端"大肆地进行迫害。

16世纪,欧洲爆发了宗教改革运动。宗教改革产生了路德宗、加尔文宗、圣公宗等脱离罗马天主教的新教,沉重地打击了天主教会,对欧洲社会发展产生了深远的影响。

随着时代的发展,基督教会也呈现出了与过去迥然不同特点。无论是天主教、新教、还是东正教在面临各种挑战和自身困境的时候没有消沉和退缩,而是以新的思想、新的策略来迎接挑战,积极投身于社会变革和世界发展当中。以罗马天主教会为例,发展到20世纪下半叶,教廷在政治上采取了灵活务实的策略,在处理与各民族国家及其教会的关系上不再强调和坚持政教合一,而是正视许多国家政教分离的现实和大趋势,在意识形态领域也对当前多元化的现状采取了研究、探讨和对话的态度和做法。

按照灵肉二分的原则,世俗政权只能管人的肉身,而灵魂应交付给上帝亦即宗教。多数西方人也按此来处理生存与信仰的问题,通过宗教为自己的灵魂找到最后的依托。

当代西方,尤其是在基督教影响比较大的一些国家和地区来看,教会对现代社会关注和参与仍是非常主动的,也是全方位的。由于基督教克服了自身传统当中的一些弱点,采取一种积极的态度来面对现代社会的种种问题,从而使教会在当代取得了许多新的发展,保持了它的生命力。

【思考题】

1. 基督教的神人观与中国宗教文化的天人观之间存在哪些差异?

2. 为什么说有着不同观念体系和不同宗教体验的道教和佛教禅宗都是人本宗教?

【本章阅读书目】

1. 卓新平:《宗教理解》,社会科学文献出版社 1999 年 9 月第 1 版。

2. 汤一介:《佛教与中国文化》,宗教文化出版社 1999 年 9 月第 1 版。

3. 陈来:《古代宗教与伦理——儒家思想的起源》,三联书店 1996 年版。

4. 刘小枫:《拯救与逍遥》,上海三联书店 2001 年 7 月第 1 版。

第七章
礼制与法治
——中西社会规范体系之比较

美国学者鲁斯·本尼迪克认为：文化"是通过某个民族的活动而表现出来的一种思维和行动方式，一种使这个民族不同于其他任何民族的方式"①。我们认为以某一民族的行为方式为视角认识特定的文化是有道理的，这是因为，我们可以从中透视到行为背后的社会规范系统，从而触及特定文化的价值核心。

在任何一种民族文化中，法律与道德都是其社会成员行为模式的最基本规约形态。一般来说它们都共同体现和维护特定的文化价值。在多数情况下，这两种文化现象有着共同的价值目标，它们都影响和规定着人们的行为，同属社会规范系统。但有时它们也存在着不同程度的价值分歧，如在社会转型时期，它们中可能有一方超前或滞后于另一方，形成价值的阶段性冲突。这两种社会规范系统的运行机制与方式是各自不同的，法律体现着国家的权力意志，有着鲜明的时代、阶级特征，道德则更多地体现最大层面上约定俗成的社会行为方式，它更多地体现着历史的承传和全社会共同文化的特征；法律以国家强制的手段，在行为层面上起作用，道德则以感召的手段，在行为与思想信念层面上起作用；法律

---

① 本尼迪克特：《文化模式》，三联书店1988年版。

用理性建立社会公正的客观行为规则,道德则凭良知建立心灵的好恶是非。总之,法律与道德诸多本质上的联系与差异是客观存在的,在原始文化中表现为两者的混同。

然而自轴心时代以降,中西文化却表现出价值选择和规约方式选择的不同倾向。中国人崇礼,礼的基础是等级秩序与道德约束,故作为主流意识形态的儒家思想将德治作为政治的最高理想。西方人倡法,法的核心是制度约束与权利平等。因此,从罗马帝国以来,建立稳定有效的法治秩序一直是西方社会的管理目标。

分析认识中西文化对这些制度规范体系的文化选择及其价值背景,这是我们深入认识和理解两种文化精神的又一重要观察点。在本章中,我们将从社会规范的制度化倾向、观念态度和价值内核以及规范的实践三个层面上,分析解剖作为规范系统的法律与道德,寻找解读两种文化中社会成员观念与行为模式的又一视角与途径。

第一节　克己复礼与维权奉法

稳定的社会规范的建立是文明走向成熟的一种标志,中西民族在确立各自的社会发展蓝图时选择了不同的出发点。礼是中国古代社会较早确立的社会规范体系,其中以公元前1000年左右由周公旦主持制定的礼较为完善。这是一整套以外显的仪式与规范程序确定下来的处理社会关系的基本原则与方式,其背景是以血缘谱系为前提的宗法观念和等级秩序,基础是以宗法管理和道德约束为手段的德主刑辅之治。西方文明则选择了另一条道路,它从一开始即强调制度化的法治是社会规范体系的基础,因为法律的功能是辨明是非善恶并予以对等的惩戒。苏格拉底就坚信法律的效力只适合按法律体系本身制定的规范与制度来评价。而后来的启蒙时代的学者更进一步将保障个人权利和人人平等作为建立法制的基本原则,并推动其成为西方近代社会规范体系的基础。

一、德主刑辅的礼治理想

从早期中国文化的演进来看,夏、商、周三代的文化模式尽管各不相同,但在发展的过程中却体现出了一种连续的气质。这种气质滥觞于黄河中下游文明,随着中原王朝对周边各国统治的增强而逐渐形成。这种气质在周代开始定型,其标志就是礼制的形成。这种定型对于后世影响极其深远,有学者认为这种气质经过轴心时代的发展而演化成为中国文化的基本人格:"这种文化气质集中表现为重孝、亲人、贵民、崇德。重孝不仅体现为殷商的繁盛的祭祀,在周代礼乐文化中更强烈表现出对宗族成员的亲和情感,对人间生活和人际关系的热爱,对家族家庭的义务和依赖。这种强调家族向心性而被人类学家称为亲族连带的表现,都体现出古代中国人对自己和所处世界的一种价值态度。"①

如前所述,中国传统社会以血缘关系为社会纽带,以血缘亲疏确定行为标准,形成了以封建君主为最高家长的宗法式社会。这个社会具有"亲亲"和"等级"的特点。"亲亲"重温情,有仁义,尚亲和;"等级"重身份,有规矩,尚恭顺。这样的社会存在必然要求社会治理以德为核心,以礼为载体,悠悠2000多年形成中华"礼仪之邦"的文化传统。

"礼治"在2000多年前的周公那里已经成为自觉的文化选择。春秋战国虽然出现了礼崩乐坏的局面,但毕竟有孔子这样的思想家终其一生为"克己复礼"效力,虽未能扭转乾坤,但"礼治"的治国方略,却对后世中国政治产生了深远的影响。"礼治"作为治国之道,有点德制化的意思,它介于德治与法治之间,结合了它们的一些特点——它将社会风俗、民间习惯转变为统治者的意志,表现为官方意识形态,而不是纯粹的民间规约;它以祭祀、礼仪为主要方式,通过影响人们的心理、情感、意志达到规范人们行为的目的,而不是依靠国家专政机关的强制保障实施。有学者称"礼制"为仪式化的法制,也可以说"礼制"是国家道德。

---

① 陈来:《古代宗教与伦理——儒家思想的起源》,三联书店1996年版,第7页。

"礼治"作为社会规范的实施体系较多地强调了实施的意义。其实任何社会规范系统都有价值和实施两个层面的内容,以此为线索分析传统"礼治"的特征,我们会发现"礼治"的内容和内在品质特征。"礼治"在价值层面上是以德为核心的,而介于德法之间的礼定然不能抛弃任何一种规范系统,那么礼就必须解决德法关系问题,这就是为什么传统社会有如此多的"德"、"法"之争的原因。在中国,"礼治"、"德治",甚至"法治"都是治国的手段,也就是说任德也好、任法也好只是统治者对工具的选择而已,这就必然使任何社会规范都成为有限的规范,坦率地说任何规范都不对权力者构成制约,这就使中国的"礼治"带上了"人治"的色彩。"人治"社会实质上是社会对君权及权力群体的失控,不受控制的权力必然会乱法,"礼治"对此的实际解决必然是符合德治理想的对圣王品格的期待与依赖。基于这样的认识,下面我们将从"德治"与"法治";"人治"特征;"圣王品格"依赖三方面认识中国的"礼治"。

　　首先,礼以德为价值核心,历史上的德法之辨别,最终形成"德主刑辅"模式。儒家推崇德治,孔子高度评价德治的作用:"道之以政,齐之以刑,民免而无耻;道之以德,齐之以礼,有耻且格。"① 孟子也看到德治的力量,说:"以德服人者,中心悦而诚服也。"② 此所谓王道之治,四大要义:宽、信、敏、公。德治以性善论为根基,以仁爱为怀,与"亲亲"之社会相适应,其实施表现为重视教化的作用。其实历史上最残暴的君主也不会只任刑,秦始皇重视风俗的整顿、秦二世首创君主大赦权都是明证。汉代使大赦成为制度,每逢即帝位,封皇后,立太子,遇灾异祭祀等,皇帝便大赦天下,以表君主仁爱之心。汉代的统治者提出以孝治天下,产生了推举孝廉的为官制度,血缘纽带社会的道德核心"孝"由家庭走向社会,道德的调控方式浸漫到政治领域。隋唐科举考官制度成为成熟的官制,在科举考官的科目中,始终以儒家经典为核心内容,以保证儒学仁政、以德治国的基本精神得以传承。尽管其德的内容随时而

---

①　《论语·为政》。
②　《孟子·公孙丑章句上》。

变,因人而异,但德治始终被强调,并通过科举而制度化,"礼治"、"德治"成为中国文化的理想政治模式。

其次,礼制所维系的等级秩序,以亲亲、尊尊、君君、臣臣、父父、子子为处理社会关系的准则,确定了人的亲疏关系与等级名分,并各有相应的服御体秩、相处仪节,所谓爱有差等,长幼尊卑区分明确,稍有逾越便可视为违礼僭越。其实质是一种预设的等级森严的权力框架,在上者对居下者可以拥有生杀予夺的支配权,这就为形成传统的"人治"体制奠定了基础。

"人治"是将国家的治理交给统治者个人或权力群体,纵观中国封建社会,"人治"是其基本政治传统。"人治"概念的内涵更多地是看政治权力是否受制约,亚里士多德称之为"人主之治",它也是"权力之治",它与制度治理相对应,表明这个权力不受制度约束,不受社会监督。由于"礼治"的核心是德,而"道德之治"不能上升为一种制度治,道德一旦上升为制度它就具有了法的意义,如"礼治"凭借国家力量实施就成为了"礼法",就具有了"吃人"的力量。因此"德治"具有"人治"特点,真正的"德治"应该是一种制度外的管理,是国家强制力控制系统之外的民间规约与教化。

第三,对君主道德品质的期待与依赖是"礼治"的又一特征。传统宗法社会推行礼制规范体系的理想途径是教化与垂范,这最符合传统政治追求明君圣主温文尔雅的礼治理想。礼治的基础在于善良民众普遍良好的德性,良好的德性则依靠君主的德行示范,"政者正也。子帅以正,孰敢不正。"[①] 传统德治的含义既是把道德作为手段来治国,也要求统治者成为圣贤之君,向世人垂范其德行,以德率民,此即理想中的圣王之治。孔子云:"其身正,不令而行;其身不正,虽令不从。"[②] 因此,儒家要求把正心诚意修身作为齐家治国平天下的基础,圣者为王必能安邦定国,匡俗济世。

孔子以"尧、舜、禹、汤、文、武、周公"等为圣君贤臣治国的榜样,他认为国家政治的兴衰必与圣贤的出没相关,"其人存,则其政

---

① 《论语·颜渊》。
② 《论语·子路》。

举;其人亡,则其政息。"① 孟子亦认为古代圣贤都代表治世,"五百年必有王者兴",圣人是"人伦之至",《孟子·尽心》说:"圣人,百世之师也","奋乎百世之上,百世之下闻者,莫不兴起。"荀子推崇的圣王之治与孔孟有所不同,不单强调道德圣王,也强调事功圣王。他说:"圣也者,尽伦者也;王也者,尽制者也;两尽者,足以为天下极矣。故学者以圣王为师,案以圣王之制为法,法其法,以求其统类,以务象效其人。"② 能尽伦则为人道之极,能尽制则为事功之极,圣王应兼具此二极。在这种思想下,地方政治的清廉或腐败,老百姓人身安全、财产的生杀予夺全都系于父母官的品行和个人意志。这与柏拉图哲学王的理想相类,而哲学王是不应该受到法律制约的。因而,黎民百姓唯有苦苦地期望仁厚爱民、公正不阿的明君贤臣,而他们的出现却是让老百姓千年等一回。中国历史上一些有才干有作为的所谓明君圣主无不将天下大治的宏图实现维系在选贤用能上。故唐太宗称,"为政之要,惟在得人"。康熙皇帝也说:"为政全在得人。"对清官政治的一厢情愿的善良愿望恰恰是人治制度的产物。

然而在中国历史上,理想中的礼治并未真正实现过。到战国时代,在诸侯争霸的局面下,法家"缘法而治,事断于法"的任刑思想产生了较大的影响。商鞅以李悝的《法经》为本,在秦国实行变法,促进了秦国的强盛。故秦始皇统一中国后,提出"以法为教",要求民众广习法律,试图推行法家路线。早期法家有较强的排斥德治的倾向,商鞅就认为:"凡明君之治也,任其力不任其德,是以不忧不劳而功可立也。"③ "礼乐,淫佚之征也;慈仁,过之母也。刑生力,力生强,强生威,威生德,德生于刑。"④ 但是在管子那里已经看到刑律的不足,他说"刑罚不足以畏其意,杀戮不足以服其心。故刑罚繁而意不恐,则令不行矣;杀戮众而心不服,则上位危

---

① 《礼记·中庸》。
② 《荀子·解蔽》。
③ 《商君书·错法》。
④ 《商君书·说民》。

矣。"① 因此主张德法并举,他提出:"故黄帝之治也,置法而不变,使民安其法者也。所谓仁义礼乐者皆出于法,此先圣之所以一民者也。"② 韩非子不仅主张德法并举,更是将情引入法。他认为:"凡治天下,必因人情,人情者有好恶,故赏罚可用;赏罚可用,则禁令可立,而治道俱矣。"③ 他还提出"明主之所导制其臣者,二柄而已矣。二柄者,刑、德也。何谓刑德?曰杀戮之谓刑,庆赏之谓德。为人臣者,畏诛罚而利庆赏,故仁主自用其刑德,则群臣畏其威而归其利也。"④

客家土楼

汉以后的儒家也逐渐认识到国家统治是阶级统治,君主不可无威,激烈的阶级矛盾不可能用仁爱重情的德治来调和。汉代大儒董仲舒从天人感应的宗天哲学中推出其"刑德观",他说:"天道之大者阴阳,阳为德,阴为刑……以此见天之任德而不任刑也。王者承天意以事,故任德教而不任刑。"⑤ 他依天意提出"大德小

---

① 《管子·牧民》。
② 《管子·任法》。
③ 《韩非子·八经》。
④ 《韩非子·二柄》。
⑤ 《汉书·董仲舒传》。

刑"，"德主刑辅"的主张。春夏以礼调解民事，秋冬行刑以示天威，渐而成为制度，在现实政治生活中德刑并施是一个不容否定的现象。各家之争只在于德刑的地位，不管如何分歧，传统文化的主流观点是德主刑辅，德前刑后，德彰刑隐。《唐律疏议》明说："德礼为政教之本，刑罚为政教之用。"在民事和轻微刑事案件中，以礼为主，在激烈的阶级斗争面前，对内乱、犯上之罪历来都以重刑酷法严惩。如明清文字狱的泛滥，说明对待激烈的阶级矛盾统治者用刑胜于用礼，对儒雅文弱的士人也不例外。章太炎在分析这一历史现象时说："礼可误，刑不可误。"① 近代救国图强的士人对传统德治理论提出怀疑，要求变法，从魏源、龚自珍到康有为、梁启超，他们虽然意识到法治是"治强之计"，但对由来已久的人治仍然依依不舍，反对"徒法而治"，要求两者并重。

由此可见，先秦法家的"以法治国"远不是现代意义上的法治，不过刑治而已。首先，传统"德"、"法"之选不过是胡萝卜与大棒之选，规范选择远没有超出手段层次；其次，法家讲法并未建立法制体系，而现代法治最根本的特点是制度化，虽然法能够上升为一种制度，成为治国之依据，但它也可以成为统治者手中任意使用的武器，这就是"依法治国"与"以法治国"的区别；最后，传统等级社会没有将法律置于权力之上，甚至给王权和整个官僚系统以超越法律的地位，权大于法，权必乱法。只有建立法律制度并将这一制度置于至高无上的地位，让"法"成为整个社会包括权力行使的依据，这样的社会才称得上"法治"社会。

因此，传统"法治"与"礼治"是一致的，都以约束民众的自由，要求民众履行服从的义务为特征。"礼治"要求："非礼勿言，非礼勿视，非礼勿听，非礼勿动。"② "法治"则充满了"不得"，充满了刑罚。故而传统"法治"最适当的称谓应当是"刑治"。法家中也有接近现代法治的思想，如管子言："君臣上下贵贱皆从法，此谓大

---

① 章大炎《王朝法律索引》。
② 《论语·颜渊》。

治"①。"矫上之失,诘下之邪,治乱决缪,绌羡齐非,一民之轨,莫如法"。② 但遗憾的是这样的法治理想始终没有在中国实现。

二、以制约王权为目标的法治

古希腊时期,有不少思想家、学者热衷于法治讨论。柏拉图在他的《理想国》中提出哲学王的政治理想,他认为国家应由哲学家的智慧而不是法律条款来统治,与哲学家的智慧相比,法律有如日月光辉下的烛光一样黯淡。因此,"用法律条文来束缚哲学家——国王的手脚是愚蠢的"。③ 柏拉图曾三次到西西里岛的叙拉古城邦,跪倒在城邦僭主面前请求他把自己改造成为哲学家,否则就放弃王位,结果被僭主卖为奴隶。现实摧毁了柏拉图人治的思想,他在晚年的著作中反省道:如果一个国王硬是不愿或不能转变为哲学家,或者哲学家不能爬上国王的宝座,那么法治就比人治要好。他指出:"如果一个国家的法律处于从属地位,没有权威,我敢说,这个国家一定要覆灭;然而,我们认为一个国家的法律如果在官吏之上,而这些官吏服从法律,这个国家就会获得诸神的保护和赐福。"④

应当看到,西方的法治思想是在与人治思想的对立斗争中发展成熟的。为了让人们认清人治的弊端,亚里士多德对此作了精彩地分析。他指出:人治是一人之治,法治是众人之治;人有情,有情带来偏私,法无情,无情带来公正;人朝三暮四,信口开河,破坏良好秩序,法律是沉默的,具有无可更改的稳定性;人言可能含糊其辞,笔下生花,法律以规范文字表达,具有明确性。由此,他得出结论:"法治应当优于一人之治","让一个人来统治,这就在政治中混入了兽性的因素",而"法律是最优良的统治者"。⑤

中世纪的西方社会,人们之所以能够普遍地遵从法是因为人

---

① 《管子·任法》。
② 《韩非子·有度》。
③ 〔美〕乔治·萨拜因等:《政治学说史》,商务印书馆1986年版,第92页。
④ 柏拉图:《法律篇》,上海人民出版社2001年版,第115页。
⑤ 参见亚里士多德:《政治学》商务印书馆1965年版,第167~171页。

们相信法律反映了上帝的意志,法律是天赋的。伯尔曼认为:西方法律至上的理念来自于超现实的宗教信仰,即基督教信仰的帮助。他认为法治秩序产生的一个条件就是"存在一种广泛流传的信念,在不那么严格的意义上,可称其为自然法观念"。① 自然法观念的另一支持是宗教。中世纪的托马斯·阿奎那的法治思想更多地接近柏拉图,他通过对宗教道德与法律的一致性论证,将法律置于至高无上的地位。他认为:人法是为了广大的群众制订的,因为大多数人的德行离完美程度尚远,而有德行和正直的人士是不受法律支配的,因为他们的意志同法律相一致,因而"法律的真正目的是诱导那些受法律支配的人求得他们自己的德行"。法律以强制力量利用人们对惩罚的恐惧心理,有效地发挥其敦品励行的作用。② 阿奎那与西方主流的人性论有着相似的认识,他认为大多数的人远离完美,需要法律约束,迫使其求得自己的德行。而一切法律源于上帝的旨意,那么信仰法律就构成信仰上帝的一部分,西方社会与中国传统不同,其宗教对人的行为有着极强的控制作用。

近代资产阶级法学家沿着亚里士多德的思路严格区别德法的功能和范围,指出:道德只对个人行为和思想负责,法律对个人及他人共同负责(共同自保);道德由"心中法庭"管辖,法律由"心外法庭"管辖;道德是"主观科学",法律是"客观科学";道德侧重人们行为的动机,法律侧重行为的后果;道德重情任性,法律铁面无私。他们从社会政治的角度,基于建立普遍有效的社会秩序的要求,选择了法治。

亚里士多德是一位有着现代法治思想的人,他认为法治必须具备两个条件,"已成立的法律获得普遍的服从,而大家所服从的法律又应该本身是制订很良好的法律"。③ 这一观点在两千多年后在世界范围内得到认可,1959年国际法学家会议在印度新德里

---

① 汪太贤、艾明著:《法治的理念与方略》,中国检察出版社2001年8月版,第146页。
② 参见周旺生编:《西方法学名著评介》,《阿奎那政治著作选》,辽宁人民出版社1986年版,第36页。
③ 亚里士多德:《政治学》,第119页。

讨论法治问题,会议综合了30个国家的法学研究机构和约7.5万名法学家的意见,提出了一份法治宣言。国际法学家认为法治有两大理念,首先,无论法律的内容为何,国家的一切权力应该要根源于法,而且要依法行使;其次,法律本身应当以"尊重人性尊严"这一崇高价值为基础。①

法律被普遍遵守,法律具有至高无上的地位是西方"法治"的第一要义。苏格拉底坚信法律的效力只适合按法律体系本身制定的规范与制度来评价,凡没有经过认定为法律的道德与理性,另有道德与理性的领域。他之所以从规则理性出发严格区分德与法,是为了捍卫法律制度的威严。英国法学家彼得·斯坦和约翰·香德这样称赞苏格拉底对法的维护:"苏格拉底宁愿死,服从法律而死,也不愿过一种将导致雅典城解体的无法的生活。"②

罗马人认为法律是上帝设立的,是智者理性的意志,同时是国家公民"共同合意的",所以每个人都必须遵守法律,国王、官吏都不能凌驾于它之上。因此,权力从法律中产生,同时也必须从属于法律。曾长期出任执政官和元老院议员的罗马法学家西赛罗说:"我们都是法律的仆人,以便我们可以获得自由。""既然法律统治长官,长官统治人民,因此确可以说长官是能言善辩的法律,而法律是沉默寡言的长官。"③

古希腊罗马的法治精神经历了中世纪专制封建的神权至上的黑暗时期的考验,西方文化中法律的至上地位受到动摇。其间12世纪、16世纪罗马法有两次短暂的复兴,直到17、18世纪启蒙思想家以法律为武器反对封建专制,他们根据"天赋权利"的理论,主张法律是人类与生俱来的自由、平等、公正等权利的理性体现,法律应享有绝对的权威,绝不允许任何人超越于法律之上。英国法治主义思想家约翰·洛克说:不管国家采取什么组织形式,"政府所有的权力……应该根据既定的和公布的法律来行使"④。《社会契

---

① 周天玮著:《法治理想国》,商务印书馆1999年版,第81~82页。
② 汪太贤、艾明著:《法治的理念与方略》中国检查出版社,第138页。
③ 西赛罗:《论法律》第1、2章。
④ 洛克:《政府论》,第80页。

约论》的作者卢梭更为坦率地说:"尊重法律是第一条重要的法律。"因为法律是反映大家共同意愿的契约,因此,"我要这样地服从法律,不论是我或任何人都不能摆脱法律的光荣的束缚"。① 在近代西方社会,人人都是"法律的臣仆",这一法治信念已成为一般人的共识。

法律至上主要表现为对政府专断的抑制,英国著名宪法学家戴雪指出:法治首先意味着正规法律的绝对至上,排除政府的专断、特权和广泛的自由裁量权。因而,西方的法制首先要从立法、司法和行政三权的分离上限制行政权的任意性,使政府只能是一个有限的政府,政府必须服从法律。一些国家的宪法明确地把司法权归属于法院,例如美国联邦宪法第3条第1款规定:"合众国的司法权,属于最高法院和国会不时规定和设立的下级法院。"② 德国联邦基本法第92条规定:"司法权赋予法官,由联邦宪法法院、本基本法规定的联邦法院和各州法院行使。"③ 上个世纪70年代美国政治史上的"水门事件",不仅让美国人更加清楚地认识到总统是靠不住的,必须加强制度约束,而且立即进行制度反省与建设,以期今后更有利于对政府的监督。

在中西文化中有两个人的思想颇有趣,一是荀子,一是柏拉图。荀子提出"有治人,无治法",即有尽善尽美之人,无尽善尽美之法。这一思想与柏拉图对制度的怀疑有相同之处,"故有良法而乱者,有之矣,有君子而乱者,自古及今,未尝闻也。"④ 他的"尽善尽美之人"表现了他对人性教化的信心,但在现实中亦"未尝闻也";而他对法制局限性的认识应该说是正确的。柏拉图的人治理想虽然不同于中国,一是智慧理性治国,一是礼治德性治国。但我们在不考虑掌权者的正当性、合法性的情况下,首先追问国家治理的智性和德性,我们发现多数人的民主政治与智性和德性的并没

---

① 〔法〕卢梭:《论人类不平等的起源和基础》,商务印书馆1962年版,第51页。
② 中国人民大学法律系国家法教研室:《中外宪法选编》,人民出版社1982年4月版,第222页。
③ 姜士林主编:《世界宪法全书》,青岛出版社1997年版,第802页。
④ 《荀子·王制》。

有必然的联系,因此说民主政治并不必然保证国家政治具有智慧与道德的性质。

人类社会发展到今天之所以仍然选择了民主政治,只是因为多数人的治理比一个人的治理获得智慧与道德属性的可能性大得多。我们相信众人的智慧比少数人的智慧更优秀;相信众人会表现出不同的利益立场,他们之间能够平衡制约,不至于使社会过分倾斜。在中西方文化的历史上,我们都曾见过多数人对少数人的围剿,见过众人对正义的攻伐,见过多数人的暴政。而如果我们能够用"智慧"和"德行"来治理社会,那是一种何等的理想。有"智慧"能保证我们正确地认清问题,机智、合理地解决问题;有"德性"能保证我们不会被偏私所蒙蔽,保持"智慧"的纯洁,坚持公正的立场。正是出于对国家治理智性与德性的理想追求,西方不少思想家都盛赞中国的科举制度,因为这一制度设立的目标是"选贤与能",让有智慧又有德行的人来治理国家。但是西方文化清楚地认识到"人治"的弱点,这种完美的治国之道没有恒定的"善"的人性基础和现实社会环境,它只是美妙的幻想。正如我们看到的,历史上有明君圣主,也有暴君昏君;明君贤臣有英明的决策,也有出错糊涂的时候,因此他们宁愿相信制度。人类社会在追求公平、正义的过程中,有过多种的选择,在我们至今都无法准确把握"人性"的今天,我们还得依靠制度治国;还必须依靠众人的智慧与利益制衡来治国。今天,我们虽然离荀子和柏拉图的理想还很遥远,但仍感受到其理想闪烁着圣明而高远的光辉。

人们所遵守的法应该是良法,这是西方法治理念的第二要义。"良法"是对法的价值作道德判断所使用的概念,法治理念的第一要义与此紧密相关,可以反过来说,法律得到普遍遵守的前提要求法必须是"良法"。接下来的问题是什么是"良法"? 苏格拉底说:法律和道德的价值目标都是为了追求正义,美德即知识,道德是是非善恶的标准;法律则辨明是非善恶并予以对等的惩戒。这是说法律与道德具有相同的是非善恶标准,它们共同随人类的认知发展和社会文化对人权的认定而变化。这一问题的讨论已经深入到对两个文化规范系统的价值探讨。

第二节 中西社会规范的价值基础

社会规范的价值系统体现着其文化的价值系统,中西文化价值的不同选择造就了不同的行为规约模式。构成文化价值体系的几个要素包括:对人及人性的哲学认识,在此基础上的人权确认和人生价值定位,当然还包括任何社会都不得不面对的处理社会矛盾的利益立场。这些价值因素确定了社会治理是相信道德的力量还是相信法律的力量;社会规范更多倾向于保护人权还是限制人权;社会规范权利与义务的分配倾向于权力者还是民众的利益立场。尽管任何社会都可以宣称其权利与义务的分配是公平的,但事实上任何社会的分配都是有偏斜的。社会规范的利益立场向私权利或向公权利倾斜必与这个社会群体或个体价值特征相应合,必与这个社会的民主或专制政治体制相呼应,以表明这个权利是谁的权利,这个义务是谁的义务。这才能使一个社会在权利与义务分配上所包含的价值观有一个完整的表述。对中西文化社会规范价值的探索应该是我们进一步理解其行为模式必需的认知基础。

一、中西德法信念的人性论基础

在中国,性善论是其主流人性观点,这一观点的经典代表是孟子。他认为:"人之性善也,犹水之就下也。人无有不善,水无有不下。"他说:"恻隐之心,人皆有之;羞恶之心,人皆有之;恭敬之心,人皆有之;是非之心,人皆有之。""仁义礼智,非由外铄我也,我固有之也。"① 儒家另一位重要人物荀子则主张性恶论,荀子说:"今人之性,生而有好利焉,顺是,故争夺生而辞让亡焉;生而有疾恶焉,顺是,故残贼生而忠信亡焉;生而有耳目之欲,有好声色焉,顺是,故淫乱生而礼义文理亡焉。然则从人之性,顺人之情,必出于

---

① 《孟子·告子上》。

争夺,合于犯分乱理而归于暴。"① 荀子的性恶是讲人性自私好利,从人的生物性看人性的还有告子,他说:"食、色,性也"。管子则说:"仓廪实,则知礼节;衣食足,则知荣辱。"② 这种观点被孟子斥为类禽兽。

在传统文化中,除性善、性恶外,还有主张性无善恶,有善有恶和可善可恶的。如告子说:"性犹湍水也,决诸东方则东流,决诸西方则西流。人性之无分于善不善也,犹水之无分于东西也。"③ 孔子说:"性相近,习相远。"汉代的王充说:"举人之善性,养而致之则善长;性恶,养而致之则恶长。"④ 在董仲舒那里已经出现了对人性与人情的区分,他认为:"身之有性情也,若天之有阴阳也。"⑤ 此后,性善情恶的观点基本上成形,并在中国学术界有稳固的地位。理学家张戴提出"天地之性"为善之源,"气质之性"为恶之源的人性二元论。朱熹高度赞赏这种人性二元论,认为在性善论中引入气质之性,解决了人性中恶的倾向,弥补了孟子性善论的不足,纠正了荀子性恶论的偏差。他沿着性二元论发展,提出:"论天地之性,则专指理言;论气质之性,则以理与气杂而言之。"的观点。⑥

人性二元论使社会规范有了存在的意义。但是在道德教育领域、在社会规范领域,性善论却是一种宏大的声音,这大概是出于道德之用。中国社会在大众教育层面上提出的"人之初,性本善",它表现的是人们对理想人性的期望和要求。在这里一种偏差出现了,这就是人们普遍把先验的理想的人性作为真实的客观的人性来信仰。这就导致了中国人在心理、情感层面易于接受礼治、德治,并把德治称为仁治,对性善之明君圣主宁肯有千年的期待,也不肯做有实际意义的制度建设,来控制人性中"恶"的倾向。"人有

---

① 《荀子·性恶》。
② 《管子·牧民》。
③ 《孟子·告子上》。
④ 《论衡·本性》。
⑤ 《春秋繁露·深察名号》。
⑥ 陈瑛等:《中国伦理思想史》,贵州人民出版社1985年4月版,第544页。

善愿,天必佑之","诸恶莫作,众善奉之","积善之家必有余庆,积不善之家必有余殃","善有善报,恶有恶报",最消极也不过是"害人之心不可有,防人之心不可无。"这些向善的追求和劝诫已经渗透到中国人的血液中,成为中国人德治的坚强心理基础,成为中国人最基本的信仰依赖,差不多也可以说是中国人宗教式的道德精神的支柱。

对人性的探讨也是西方哲学的主要课题,与中国文化的人性哲学认识相似,西方文化也提出性二重论,不过他们二重的内涵与偏重都与中国文化不同。古希腊时期的苏格拉底认为:"神的本性是理性,是完全的善",由于人的灵魂有神性,灵魂进入肉体为肉体所累,灵魂要摆脱肉体的束缚,才能获得真正的自由,获得关于善的完全知识……① 代表着西方文化崇尚智慧,苏格拉底给人性注入的神性之善便是理性。柏拉图把他老师"知识即美德"的思想进一步发挥,他用爱来说明美与善的生活是一致的,"爱是一种出自灵魂的对善的渴望。爱用神秘的激情控制着世界,这种神秘的热望,使人去追求永恒的善"。② 这种绝对的善和智慧的信念与追求成了柏拉图思想最突出的特征。在灵魂与肉体中,这二位大师都坚定不移地选择了前者,并干脆将肉体视为灵魂自由的羁绊。这种思想在中世纪基督教文化中占有主导地位,它与基督教教义相吻合,在这一思想之下禁欲主义必然畅行。亚里士多德的二元论略有不同,他提出的人生目的既有现实层面的幸福,也有精神层面的至善。他将人的灵魂分为两个部分,即理性与非理性,同时据此将美德分为理智的美德和道德的美德。理智的美德是有关认识或发现事物原因和本质的品质以及对永恒不变的真理的沉思。通过现实生活的初步训练形成的美德是道德的美德,在对现实幸福的追求中,它为自然人性留下了充分的空间。正是因为这个空间经院哲学家阿奎那才得以在神性的德性上加上理智的德性和实践的

---

① 周辅成主编:《西方著名伦理学家评传》,上海人民出版社1987年版,第9~11页。
② 同上书,第24页。

德性,共同构成人性的内容,使得板结的禁欲主义有所松动。

浪子(1879年作,106.5×146.7cm,华盛顿国立美术馆藏)〔法〕夏凡纳

人性遭到宗教严重摧残的中世纪晚期,文艺复兴时代的艺术家畅扬自然人性,用夸张漫画的手段为人的生物本性正名。这时出现了丰富多彩的人性论思想,可以概括为几种主要观点:1. 性恶论。马基雅弗利是挨骂最多的性恶论者,他从经验与事实出发提出性恶论,他的性恶是指人的自私本性。恩格斯在《路德维希·费尔巴哈和德国古典哲学的终结》中引用黑格尔的话说:"人们认为,当他们说人本性是善的这句话时,他们就说出了一种很伟大的思想,但他们忘记了,当人们说人本性是恶的这句话时,是说出了一种更伟大得多的思想。"恩格斯说:"在黑格尔那里,恶是历史发展的动力借以表现出来的形式。""卑贱的贪欲是文明时代从它存在的第一日起直到今日的动力;财富,财富,第三还是财富——不是社会,而是这个微不足道的单个的个人的财富,这就是文明时代惟一的具有决定意义的目的。" 2. 性善论。对公益的追求是人的自然本性,这在一般人的经验中是可疑的。这却是沙甫茨伯利主张的性善论,他认为人性中的仁爱甚于自爱。"有了趋于公众好处的强有力的天然的仁慈的或宽宏的情感,就是有了自我享受的主

要手段和能力","缺少这些,就确乎是苦难和坏",① 这些听上去有些宗教的不实意味。弗朗西斯·赫起逊从感觉出发,认为道德行为源于仁爱的天性,这种天性直接指向公众的福利,最大多数人的最大幸福是至善。卢梭也应该算是一个性善论者,他认为按照自然本性人都是善良的,不过在社会生活中产生了邪恶。3. 性二重论。康德认为:"人是感性与理性的混合物,在人身上,既有感性——根深蒂固而源源不绝的恶的来源;又有理性——克服感性障碍而达于道德的可能性。感性是人的恶的本质,理性是人向善的可能性。"② 可见这时的二重人性论基本上是复活了古希腊时期的灵与肉、理与情的二元论。霍布斯以"人对人像狼"的极端描述,成为性恶论的代表。他认为人的本性有两部分,一是情感,一是理性。人类自爱的本性表现为求利、求安和求荣,自爱的欲求所作的争夺会使社会崩溃。因此,人类必须过在理性指导下的社会生活。

人性自私的观点在西方文化中得到普遍认同,但他们相信人类可以依靠理性控制人的恶行。正如马基雅弗利所说:"任何人要建立国家、制定法律,他就必须假定,所有人都是恶的,只要一有机会,就总要依这种恶之本性行事。"③ 这就是西方社会相信"总统是靠不住的",必须依赖法律制度的心理基础。

二、清心寡欲的义务本位

中西方不同的人性论为人的自然权利以及现实权利规定了不同的倾向。在这一问题上,中西文化或表现为忽视权利的义务本位;或表现为忽视义务的权利本位。在义务本位的法律中,权利没有被充分肯定,并随时可以被剥夺和取消。在权利本位的法律中,权利的保护是社会规范制定与实施的目标;在义务本位的法律中,则以民众对管理的服从为目标。

荀子曾提出:"先王恶其乱也,故制礼义以分之,以养人之欲,

---

① 周辅成主编:《西方伦理学名著选辑》上卷,商务印书馆1964年版。第768页。
② 同上书。第463~464页。
③ 马基雅弗利:《罗马史》,第1编第3章,转引自《西方著名伦理学家评传》,第174页。

给人之求。使欲必不穷乎物,物必不屈于欲,两者相持而长,是礼义之所起也。"① 人的各种欲望是人类自私自利行为的自然基础,也是上天赋予人类物种保存和发展的行为动力,在西方文化中视之为"天赋人权",荀子则提出了"以礼制欲"的主张。但中国传统文化的正统并没有采纳荀子的观点,却沿着否定人的自然性的方向发展。

在先秦儒家那里,孔子讲"杀身成仁",孟子讲"舍生取义",虽然他们并不认为"仁义"与生命价值有必然的矛盾,虽然孟子也有"嫂溺援之以手"的珍爱生命的价值选择,虽然荀子持有"先义后利"、"以义制利"的主张,但他们个人崇高的选择最后还是成了传统文化对全社会的价值要求,成为"正其谊不谋其利,明其道不计其功"②,甚至"存天理,灭人欲"的"吃人礼教"的核心价值之一。非常有意思的是,这种义利观不单是儒家的选择,道、佛文化也有相同的选择。道家为了摆脱物质对精神自由的羁绊,从他们的辩证法观点出发,要求去欲不争,甚至远离文明,返璞归真,达到身似槁木心如死灰的精神状态。佛家则为脱离世俗的苦海,悟得佛法第一要义,通过修行灭欲以使六根清净。儒道释无论是为义为道还是为佛理,都鲜明地标榜自己的价值选择:"君子喻于义,小人喻于利"、"淡泊明志"、清心寡欲,在行为层面上他们都选择了去欲、无私。

也许中国的思想家他们骨子里都是柏拉图式的理想主义者,也许中国思想家的精神信仰确实是解决现实民间财产利益纷争和社会阶级集团利益纷争的良药。因此,这种认识受到统治者的重视,在国家政治经济政策中体现。例如,重农抑商的国家经济政策,就是国家在经济发展与社会稳定中作出的选择。商人以求利为本务,思想家看到商人为营一己之私利而劳心盘算,甚至唯利是图的小人品格。孟子说:"锱铢必较,此之谓贱丈夫。"在中国的价

---

① 《荀子·礼论》。
② 《汉书·董仲舒传》,转引自《中国伦理思想史》,贵州人民出版社1985年版,第267页。

值逻辑下，便推出了"为富不仁"、"为商必奸"的结论，一个"利"字搞乱了人心，故欲去之。政治家则看到商人的财富具有威胁政权的性质，商人"以富贵倾王侯"。《史记·货殖列传》中，司马迁说："大者倾都，中者倾县，小者倾乡里"，一个"利"字搞乱了社会，所以抑之。这样，在国家意识形态和经济政策上都统一到"重义轻利"、"重农抑商"上。

儒道释的去欲、寡欲、禁欲，反映到法律上就表现为对人的种种自然欲求和权利的否定，中国传统法律体系缺少私法内容，疏于对私权利的保护。学术界公认中华法系的一大特点是民法落后，重刑法轻民法，诸法合体，以罚代法。梅因在《古代法》中说："中国古代只有刑法而没有民法。"民法被认为是保障公民权利最重要的法，可是在中国法制史上民法却始终空缺着。我们知道，民事法律关系包括主体、客体、内容三要素，其中主体是指享受权利和承担义务因而拥有独立人格的人。没有权利剩下的就只有义务了，这体现为公民必须遵守刑法所规定的种种"不得"的义务。

赫胥黎在《天演论》中提出了"盖人之为人者，以其能群也"的观点。他认为"自营甚者必侈于自由，自由侈则侵，侵则争，争则群涣，群涣则人道所恃以为存者去。故善保群者，常利于存；不保群者，常邻于灭"。① 其实，中国人提出这一观点应该说比他早了2000多年，先秦儒家性恶论的主张者荀子就说过："力不若牛，走不若马，而牛马为用，何也？曰：人能群，彼不能群也。""故人生不能无群，群而无分则争，争则乱，乱则离，离则弱，弱则不能胜物；……君者善群也。群道当，则万物皆得其宜，六畜皆得其长，群生皆得其命。"② 对比上下两千多年的认识，我们看到的是中西方学者从前提到结论有着惊人相似性的推理，但是在处理人类社会共同的个人利益与群体利益的关系上，两种文化却有着不同的价值立场。

在中国传统文化中，从对人性的基本认识，到对人欲的态度，

---

① 赫胥黎：《天演论》，严复译，商务印书馆1981年版，第30页。
② 《荀子·王制》。

再到法对人权的忽略,可以推出对个人价值的否定。从汉代确立的社会规范的价值总纲,三纲五常、三从四德中,这个文化就清楚地宣示了其社会群体立场,处于社会中的每个人都必须服从于一个群体的代表,个人没有独立的意义与价值。中国驻法国外交官唐林与法国驻中国的外交官佘敷华讨论两国文化的幸福观时,佘敷华说:"对我来说,幸福有三个要素——成功、金钱、爱情。"唐林则引孟子语说:"我的幸福也有三要素——'父母俱存,兄弟无故;仰不愧于天,俯不怍于人;得天下英才而教育之。'"① 国人还有人生三不幸说:少年丧母,中年丧妻,老年丧子。我们认为:中国人的幸福有赖于与他亲密相关的群体。我们说传统文化的义务本位,正是指个人对群体的义务。中国的群体首先是家族血缘群体,然后是在此基础上扩大的国家、民族群体。在封建专制制度下,国家、民族因专制政治而由皇帝代表,但他往往代表的只是皇权,而不是人民的国家。因此,在多数情况下,我们讲群体利益的时候,它并不指向社会公共利益,而是权力者的利益,这就是官本位文化。

马克思曾痛斥:"专制制度的惟一原则就是轻视人类,使人不成其为人。……专制君主总是把人看得很下贱。……哪里君主制的原则占优势,哪里的人就占少数;哪里君主制的原则是天经地义的,哪里就根本没有人了。"② 中国封建社会的法典,赋予了统治者最大的个人权利,他拥有全国的土地财产和人民,他可以任意地决定国家、人民的命运。而人民的权利则在对君主的绝对服从中消亡,因此我们看不到封建法律对民众参政权、议政权和监督权的规定,也没有结社、言论甚至思想的自由权利。从秦的焚书坑儒到清的文字狱,禁止言论、思想自由的事件不绝于书,对此人民只能"道路以目"。统治阶级的经济压迫更是使人民生活倍加艰辛,历史上多次揭竿造反的农民起义,要求的正是求生存的基本人权。

费正清认为,"中国家庭是自成一体的小天地,是个微型的邦

---

① 〔法〕佘敷华:《中国面向世界》,三联书店1987年版,第224页。
② 《马克思恩格斯全集》第1卷,第411页。

国。从前,社会的单元是家庭而不是个人"。① 在这样的家庭中是怎样分配和处理个人的利益与权力的呢?尊卑制度是中国血缘宗法制度的核心,尊卑关系当然是一种不平等关系,但这是由血缘亲疏关系确定的,是一种被自然亲情掩饰的不平等。因而既有天之经地之义的合法性,又有让人易于接受的情感基础。在这个制度中,长幼尊卑各有所分,对男性家长权威的服从是这个组织的第一法则。与之相应的法律是夫权、父权的价值立场。《礼记·内则》讲:"子妇无私货,无私蓄,无私器,不敢私假,不敢私与。"相应的法律规定是:《唐律·户婚律》"'卑幼私辄用财',十匹笞十,每增十加一等,罪止杖一百。父母在,不可别财异籍。"《明律集解附例》卷四载:"凡诸祖父母、父母在而子孙别立户籍,分异财产者,杖一百。""若父母丧兄弟别立户籍,分异财产者,杖八十。"《大清律例增修统纂集成》卷八载:"祖父母、父母在者,子孙不许分财异居;其父母许令分析者,听。"

中国封建法典权利与义务向最高统治者和最广大劳动者两头分离,成为明显的特征,封建法律体现的是等级社会的不平等权利关系。如秦时有两种诉讼方式:一曰"公室告",即告发"贼杀伤,盗宅人"的案件,官府必须受理,知情人有告发的义务,知而不告连坐治罪。二曰"非公室告",指"子告父母,臣妾告主"一类的诉讼,官府不受理,"告者罪",要受法的制裁。这种不公平,恰可用"只许州官放火,不许百姓点灯"来比说。上对下的欺压、凌侮、剥夺在法律上成了当然的事,个人权利何处可以伸张。权利与义务随身份、地位的变化而变化,中国特权法内容十分丰富,形式多样。汉代有"上请"制度,《汉书·高帝记下》:"令郎中有罪耐以上请之。"唐代发展为"议"、"请"、"减"、"赎"、"官当"等形式,为官僚权官提供各种逃脱法网的机会。且不说没有监督和民众参与的执法过程中有多少贪赃枉法、官官相护的黑暗,就这一纸的特权法就使社会平添了多少不公,让人们目睹权利与义务的失衡。

传统社会的血缘关系扩展到社会,常常也造成血缘群体价值

---

① 〔美〕费正清:《美国与中国》,张理京译,商务印书馆1987年版。

与政权法律价值的矛盾境地,史书载:楚昭王的宰相石奢,在地方巡视,遇见自己的父亲杀人。他放纵父亲逃走,而将自己缚荆见上求死。楚昭王免其罪,石奢自刎而死。临死前他说:"不私其父,非孝子也,不事王法,非忠臣也。"① 孔子主张"子为父隐,父为子隐"也是以血缘价值为重,但无论怎么看都乱了"法"。

义务本位的法并没有明确规定人的权利,因而也不具有独立人格,缺乏主体因素的民事法律关系也就在实际上没了根基。我们说传统中国法律没有独立于刑法典之外的民法,并不是说中国没有调解一般的民间财产纠纷的法律,而是说它不健全,不完整、不独立。例如,从秦墓竹简中发现的秦律就有《田律》、《厩律》、《仓律》、《金布律》、《工律》、《徭律》、《司空律》、《军爵律》、《户律》、《传食律》、《犯令律》、《除弟子律》、《傅律》、《游士律》、《中劳律》、《识而不当之律》、《效赢不当之律》、《关市律》、《捕盗律》等 28 种之多,其中不少属于民法范围。唐朝的《户婚律》、清朝的《户部则例》都属于民法范围,但之中并不包括产权、物权、债权,并且又被纳入诸法合体的综合性法典中,何况民法案件的处理也多以刑法原则为准,全无民法特点。虽然晚清至近代,不少向西方学习的法学家有过立民法的宏愿,也作过大量的调查与研究,但终因国家民族的深重灾难而拖延。1929 年 4 月南京政府才颁布了我国第一部《民法典》,之后又颁布了与民法相关的其他法律,如《公司法》、《票据法》、《海商法》、《保险法》等。而这一切又随着新政权废除国民党《六法全书》而统统废除,直到 2002 年底提出民法草案交人大委员会讨论。在这之前新中国的民法都是以单项法的面目出现的,如 89 年出台的《民法通则》,以及后来又有《收养法》、《担保法》、《合同法》等陆续出台,但民法建设一直是我国法制建设中的弱项。

三、自然人性的权利本位

人性论是建构人生观的重要依据,也是确认人权的重要依据。西方社会有一个观点,即满足人的自然本性所具有的诉求表现为

---

① 李克非等编:《中国古代公正执法真人真事集》,中国政治大学 2002 年版。

人的自然权利或天赋权利,但这个自然权利必须通过社会规范加以确认,才能变成现实权利,这个权利才能得到保障。

西方伦理价值并不要求脱离物质基础,虽然他们有柏拉图,有中世纪的宗教,有新柏拉图主义,但其文化主流的价值选择还是建立在物质基础上的现实幸福。荷马时代的英雄就是会聚敛财富的人,古希腊时期的亚里士多德将幸福的要素确定为:健康、财富和德行。甚至新教教义也认为财富是上帝对勤劳智慧者的奖赏。资本主义时期人们更是视财富为个人成功的标志,是幸福的核心内容。他们对人的自然本性持肯定的态度,以求自保、求生存、求幸福生活为其天赋权利。伊壁鸠鲁认为:"快乐是幸福生活的开始和目的。因为我们认为幸福生活是我们天生的最高的善,我们的一切取舍都从快乐出发;我们的最终目的乃是得到快乐。"① A.威尔斯在1864年发表《我们的负担与实力》,他提出:"在许多人看来,财富上的不平等是一切社会弊端之首恶。但是,作为这种状况的伴生弊端虽然非常严重,而出自财富均等的弊端无疑会更为严重。对自己处境不满是人类一切进步的原动力,而最能激励个人的莫过于对可能发生的匮乏的预感。"劳伦斯主教也支持这一观点,他宣称:"归根到底,财富,只属于有道德的人。"② 西方思想家一方面将人追求快乐和物质享受的特性视为自然本性,另一方面,他们也认识到有这样的欲求便有对物质利益的争斗。但他们不怕争斗,他们相信依靠人的理性可以通过一系列的规则,建立良好的竞争秩序。西方社会要通过规则来防止争斗带来的"乱",他们没有采取中国传统通过否定欲望来消灭争斗的方法。

在人类社会中,自然权利转化为人们得以享有的现实权利必须借助法律的肯定,罗马人最先意识到这个问题。马克思说:"罗马法最先制定了私有财产权利、抽象权利、私人权利、抽象人格权利。"③ 在罗马帝国时期,由于政府的殖民扩张政策和繁荣的经济

---

① 《西文伦理学名著选辑》上卷,商务印书馆1964年版,第103页。
② 〔美〕康马杰:《美国精神》,南木译,光明日报出版社,第340~341页。
③ 《马克思恩格斯全集》第一卷,第379页。

贸易,刺激了商品货币关系的发展,调整财产关系,确认财产所有权,肯定私有权的民法成为当时社会的迫切需要。公元前3世纪中叶产生了"万民法",其内容多涉及财产关系,尤其偏重债权和所有权,并把"公平合理"原则和地中海地区的商业习惯作为法定的判案依据。"万民法"渐与罗马早期的"市民法"融合,各种私法关系得到广泛展开,有力地保证了个人在经济活动中的利益,从而促进了罗马奴隶制经济的繁荣。陈·库·穆霍帕德希亚在他的《西方政治思想概述》中说:"罗马帝国成功的秘诀在于罗马法的魔力。"从罗马法中可以找到调整商品经济关系的详备规则。如买卖,使用借贷、契约的债务以及其他债务等。罗马法是西方近代法律的基础,在法国、意大利私法十分发达,其中意大利的商法影响最大,被称为西欧统一商法的"母法"。连中世纪以维护"上帝秩序"为目的的教会法中,也不乏调整财产关系的条文,上帝也承认财产权。

资产阶级革命时期,人文主义运动肯定人生幸福的价值,把人从神的统治下解放出来,人不再因为他的动物本能和卑下的贪欲而自惭形秽。这大大刺激了人们追求财富、享乐、现实利益的永不知足的欲望,同时支持了西方文化的物质主义、享乐主义和功利主义的价值观。霍布斯说:"自然权利,乃是每一个人有运用他自己的权利以求保全他自己的本性即保全他自己的生命和自由,所以他可以有权利依据他自己的判断和理性去做他所认为最有利于自己的事情。"① 自然法学派应和着这一人道主义思潮认为人人都有平等、自由、生存、健康,保有财产的权利,这些权利与生俱来,不能转让。17、18世纪西方思想学术界畅行的"天赋人权"的理论,法律将自然权利转化为现实权利。1791—1810年,以宪法为根据,以民法为支柱的六法体系建立起来,自然法理论在资产阶级革命较为彻底的欧洲大陆得到忠实的贯彻。1787年法国将资产阶级人权思想以最高纲领的形式写入法律。美国统一后的第一个国家文件《独立宣言》就是宣称"人人生而平等,造物主赋予他某些不可出让的权利,其中包括生存、自由和追求幸福的权利"。

---

① 《西方伦理学名著选辑》上卷,第664页。

西方文化不仅高扬权利的旗帜,并把这一权利价值推向全世界。在第二次世界大战结束后,英美两国发起建立一个国际性的组织,以反对战争把人类拖入灾难,而确定这个组织的宗旨就是保护基本人权。1941年1月6日罗斯福和丘吉尔提出了那感人至深的"四个自由"宣言:

在我们力图保持安全的今后的日子里,我们盼望有一个建立在人类四项基本自由基础上的世界。

第一是言论和发表意见的自由——遍及世界各地。

第二是每个人以自己的方式信仰上帝的自由——遍及世界各地。

第三是不虞匮乏的自由——从全世界角度来说,这就意味着可以使每个国家保证其居民过上健康的和平时期的生活的经济谅解——遍及世界各地。

第四是不虞恐惧的自由——从全世界角度来说,这就意味着世界范围内的裁军,并使之如此全面和达到这样的程度,以至任何国家都不会处于能对别国采取有利侵略行为的地位——遍及世界各地。①

从1776年《弗吉尼亚权利宣言》,1790年《法国人权宣言》,直到1948年联合国《世界人权宣言》,1953年《欧洲人权公约》,在这些具有世界影响的表明价值理想的政治文件中,我们可以清楚地看到西方文化已经将他们的人权理念和价值观推向世界,今天已有上百个国家加入了两个国际人权公约。中国在1997年和1998年,先后签署了联合国《经济、社会、文化权利国际公约》和《公民权利和政治权利国际公约》。

然而不同利益集团的本质决定了西方社会从古到今的法律仍不可能完全公正地保障所有人的权利。在奴隶社会时期,罗马法的主体首先就被规定是具有自由权、市民权、家族权的人,"生命"的拥有并不是确定权利主体的惟一标准。罗马法就不承认奴隶是"人",享有法律保障的人权。封建社会、资本主义社会人权保障从

---

① 〔美〕许烺光:《宗族、种姓、俱乐部》,第211页。

来不是对一切人都平等的,例如1854年美国最高法院对"斯高特案"作出过这样的判决:黑人在美国不是公民,因此不能享有公民权。黑人、妇女的权利在法律意义上的获得是近二个世纪的事,至于实际意义上的人权获得恐怕是他们现在都在为之努力的事。

事实上任何一个社会都必须面对个人与社会的关系,并作出自己的价值选择,西方社会也不例外。那么,以个人主义为价值中心的西方文化是怎样处理个人与社会的关系的呢?个人主义与权利本位相呼应,必以天赋人权为基础。西方天赋人权平等自由的原则,刺激了个人主义的发展。个人主义在理论上得到支持,在法律上得到保护。西方文化首先对个人利益和权利给予了绝对正当、合理的肯定,因为社会的存在是个人存在的基础,而为维护社会对个人权利的限制,仅以保障个人权利为限。它将个人权利的维护视作目的,而将维护社会的存在视为手段。西方法治追求的良法,就是判断是否符合人性趋乐避苦,求生恶死的本性;是否公平地对待所有的人。因为这样的法才符合自然法精神。

西方法律的第一要义是"天赋人权",第二要义是人人平等。既然人人平等,那么,个人的自由仅以他人的自由为限。道德与法律一致地反对对他人自由的侵犯,无论这个人是谁,是普通民众还是显赫的皇族,无论是社会权贵还是声称为公共利益的群体都应该遵守此二要义。在一切对个人权利构成侵犯威胁的力量中,公共权利、国家政治是最值得警惕的。因此,在西方法律中,必然特别警惕公权对私权的侵犯,特别警惕以社会公众利益、政府、国家名义对个人权利的侵犯。其法律表现出对个人权利的保护,对行政权力的限制。这就让我们可以理解,在美国的政治态度中素来有两大厌恶:一是厌恶政府干预人们的生活,所谓"管得最少的政府是管得最好的政府";二是厌恶"社会福利"的思想。他们相信丰衣足食是上帝对劳动者的奖励,而贫困饥饿是上帝对懒汉的惩罚,给贫困的人送吃穿不仅违背了这一原则,而且还是以国家名义对富有者私人利益的侵犯。上个世纪30年代经济危机时,罗斯福的政府干预和社会福利帮助美国渡过难关,但80年代"新保守主义"则恢复了传统的价值观,他们认为福利政策使一个有尊严、勤劳自主、有精神追求的人，在不知不觉中变为一个懒汉。

在西方的法制史上，我们会看到私法丰富的内容。古希腊城邦主义原则贯彻着城邦利益高于个人利益的精神，在雅典公法私法都很发达，尤以公法见长。但仍有大量关于保护私有财产、调整商品货币关系的法律。希腊法中的债法、所有权等法比东方奴隶制法律有所发展。罗马法的精义就在于它是权利法即私法、民法。在罗马人的观念中权利占有极大的比重，他们把国家和个人截然分开，把维护私人权利看成法律的最高目标，最先规定了抽象人格权利，产生了构成民事法律关系的主体。正如恩格斯所说："罗马法虽然是奴隶制社会的法律"但它是"以私有制为基础的法律的最完备形式"。因此它也必然"包括着资本主义时期大多数的法律关系"。① 资本主义的法律不仅没有对罗马法作任何实质性的修改，反而从理论上进一步光大了罗马法的精神，在法典中完善了对个人权利的维护。私权利在法律上的保障与个人主义的道德价值观相呼应，个人主义的精神和行为原则在资本主义社会不断膨胀。美国牛仔的存在状态就像法国诗人维尼所说的那样：怯懦的动物总是成群结队，诗人的步态像雄狮独步荒原。在20世纪的西方思想流派中独占鳌头的存在主义哲学更以个人自由选择自己的本质，个人必须对自己负责的命题，将个人主义文化价值观发展到极端。

事实上，个体本位、个人主义已表现出历史的局限性，过分强调个人利益导致了无政府主义和经济发展的无序状态，从而阻碍了垄断资本主义的发展。于是，"社会法学派"倡导法的精神应当从"个人本位"走向"社会本位"，法律不仅要保护个人权利，更应该强调维护社会利益。尤其是进入20世纪，资本主义世界政治、经济、社会状况有了重大变化，出现了更为广泛的国际交往，政治、经济、科技方面的合作交流频繁，坚持奉行个人主义原则不仅有碍本社会、本民族的文化进步，也有碍世界文化的发展和社会成员的个人利益实现。

---

① 《马克思恩格斯选集》第三卷，第143页、第395页。

第三节　德治与法治的社会实践

道德更多地体现社会的约定俗成,法律是固化的道德,体现着国家的权力意志,法律通常更多地反映一定时期一定文化的主流价值取向和官方价值选择。法律以强制性的手段使全社会成员在行为层面上服从国家意志,也就是说它不仅是一种价值观念,而且是一种社会行为模式。作为一种行为模式,从道德和法治实践的层面上,分析两种文化的不同表现,对我们认识中西文化中社会规范的现实状态具有十分重要的意义。

一、"令出于一"与公众意志的立法实践

中国封建法律制度与集权政治制度相呼应,中国封建专制制度强调皇权的独尊性、惟一性。礼也好法也好,社会规范都自君出。《礼记》中有:"非天子不议礼,不制度不考文。"历史记载周公制礼,《论语》中有:"天下有道,则礼乐征伐自天子出;天下无道,则礼乐征伐自诸侯出。"荀子也认为礼法源于圣人。

甲骨文中即有"井"字,是"刑"的初形,甲骨文中记载的刑罚有:死刑、刖刑、宫刑、黥刑、劓刑,但尚无"法"的概念。《尚书·吕刑》记载了我国可追述的最早的立法,即蚩尤开国大治,始立法制。[1]《尚书·盘庚》曰:"听予一人之作猷","惟予一人有佚罚。"[2] 李斯说:"今天下已定,法令出一。"[3] 法律出于皇帝,皇帝本身就是法律,这是中国封建专制立法的基本前提。

在中国,重视成文法典并习惯于把有关社会规范的思想意识和制度用文字记载下来,这在西周初期就开始了。我们看到众多法典开篇总要注明"臣等奉敕撰"的字样,历朝历代的重大法律无一不是君主授命制定的。隋初,杨坚命高颎、郑译等制定新律;开

---

[1]　武树臣:《中国传统法律文化》,北京大学出版社1994年版,第119页。
[2]　参看张晋潘:《中华法系特点探源》《比较法学》,第467页。
[3]　《史记·秦始皇本纪》。

皇三年又命苏威、牛弘更定新律,是为《开皇律》。唐李渊起兵攻占长安后,约法12条即为律,宣布杀人、劫掠、背军叛逆者处死刑,余皆蠲除隋苛法;太宗李世民修订《武德律》,制定《贞观律》;高宗李治继位后命长孙无忌等修《贞观律》,制定《永徽律》。朱元璋命丞相李善长撰定律令285条,洪武六年又诏刘维谦等详定《大明律》。① 法自君出的立法原则后来被载入法典,光绪三十四年八月一日颁发的《钦定宪法大纲》第三条规定:"钦定颁行法律及发交议案之权。凡法律虽经议院议决,而未奉诏命批准颁布者,不能见诸施行"。②

应该注意到,历代立法的内容不仅包括帝王授意编撰、颁行的国家基本法典,还包括帝王以誓、诏、训、令、敕、命、例来补充的适应形势变化的临时法令。秦始皇曾经宣布"命为制,令为诏",皇帝的命令具有最高法律效力,在中国封建社会君主以言代法的现象不绝于书。《尚书·甘誓》载夏启王公布军法:"今予惟恭行天之罚……用命,赏于祖;弗用命,戮于社,予则孥戮汝。"那些不听令的人将被提到祖庙前砍头。《左传·文公十八年》引周公《誓命》:"毁则为贼,掩贼为藏,窃贿为盗,盗器为奸。"如果帝王的诏令中有与成文法相悖的内容则从令屈法。如,贵溪儒士夏伯启叔侄二人砍了手指,发誓不为明官;苏州才子姚润、王瑛拒不为官,虽未触犯法律,仍被朱元璋下诏"皆诛而籍其家"。由于这些临时的法令是皇帝针对某时某人某事而发布的命令,不具有普遍性和稳定性,而在专制集权个人意志日益强化的宋元明清之时,敕、诏被汇编起来上升为一般法律形式。宋初建隆四年(公元963年),窦仪等撰定《宋建隆详定刑统》,收集唐开元二年至宋初150年间颁行的敕、令、格、式中的刑事规范。宋代每一改元就有一次编敕,编敕是朝廷对敕令整理编纂的立法活动,逐渐出现了"敕律并行",甚至"以敕破律"的混乱局面。明代朱元璋亲自编定《明大诰》四编236条,"编

---

① 参见谭家健:《中国文化史概要》,高等教育出版社1997年版,第35,37页。
② 中国人民大学法学系国家法教研室编:《中外宪法选编》,人民出版社1982年4月版,第61页。

敕"与《大诰汇编》因其灵活与神圣,大有压倒成文法之势,明时曾用强制力普及大诰,要求天下人遍读之,手中有一本大诰书,犯罪可减一等处理;手中无此书,犯罪须加一等处理。于是天下只知有大诰,不知有《大明律》。

马克思说:"君主是国家中个人意志的、没有根据的自我规定的环节,是任性的环节。"① 君主"口含天宪"出言为法,以权坏法。当君主意志与法律发生冲突时,以"人主旨意"为背向,造成了实际生活中有法不依、无法可依,无是非可言,无公正、公理安身之处的局面。西汉司法官杜周被指责"不循三尺法,专以人主意指为狱",杜周则回答说:"三尺安在哉?前主所是著为律,后主所是疏为令。当时为是,何古之法乎"。② 朱元璋在位30年,"无几法无变之法","或朝赏而暮诛,或忽罪而忽赦",全凭个人一时好恶行事,百姓则因君主一言而成囚或丧命。无疑,中国封建法律是典型的人主之法,是制度外的人治管理。

但任何事情都不是铁板一块,君主立法是中国封建社会立法的主流形态。但在不同的历史阶段上也出现过一些变化。例如,中国的立法在思想根源上还有另一个重要的观念,即礼法同出于天。《汉书·刑法志》称:"《书》云:天秩有礼,天讨有罪,故圣人用天秩而制五礼,因天讨而作五刑。"《尚书·虞书·皋陶谟》说:"天叙有典,敕我五典五惇哉……天讨有罪,五刑五用哉。"董仲舒说:"道之大源出于天,天不变道亦不变。"因为礼法同出于天,于是以儒家经典春秋决狱就是顺理成章的事。《汉书·艺文志》载,董仲舒曾著《公羊董仲舒治狱十六篇》,后来东汉人应劭说:"故胶东相董仲舒老病致仕,朝廷每有政议,数遣廷尉张汤亲至陋巷,问其得失,于是作《春秋决狱》二百三十二事,动以经对,言之详矣。"③ 这颇有些案例法的意味,虽以天道决狱仍不能算作有客观法律制度,但也算对君主之人治有个制衡。在处理民事纠纷方面,在西周出现了"判

---

① 《马克思恩格斯全集》第1卷,第275页。
② 《汉书·杜周传》。
③ 《后汉书·应劭传》,引自张中秋:《中西法律文化比较研究》,南京大学出版社1999年6月版,第123页。

例法",如西周中期的《曶鼎铭》载有两宗判例:其一是不履行买卖合同而引起的诉讼案;其二是侵犯他人财产权而引起的诉讼案。西周晚期的《矢人盘铭》记载了一宗因侵犯土地所有权引起的诉讼案。此外,《左传》中也有大量判例的记载。这些审判实例被铸之鼎盘,书之典籍,对当时和后世的审判起着指导作用。① 在20世纪初的"清末新政"中,有识之士主持的"法制改革",为清廷编制"大清民律"。他们一方面翻译、学习国外的法律与法学理论,另一方面注意到民事立法要体现中国国情民俗的特点,于是颁发政令,成立专门机构,编制调查科目,自上而下地在全国组织开展大规模的民事与商事习惯的调查工作,这种做法基本上是效法世界近代民法的立法方式。在这场大规模的"民事习惯调查"运动中,史尚宽先生的《民法大全》被后来的国民党政府主持民法立法的人员全部接收,并于1930年整理出版以供学习。②

与中国传统立法情况不同的是,无论是古希腊罗马有限的民主政治还是近代资产阶级国家的宪法,都公开宣称法律应当体现公民的意志,并确认公民在立法过程中享有的权利。例如,雅典城邦自梭伦改革之后,全体公民即被赋予了直接参与立法的权利,一切法律和重要的法规都须经过人民大会讨论并通过,而包括第四等级在内的所有公民(即自由民)都享有在人民大会上发言和投票的权利。到伯里克利时代,公民更进一步被赋予了在管理社会事务中的发言权,并可以在公民大会上由个人直接提出新的法案,以供表决。恩格斯在《家庭、私有制和国家的起源》中这样描述"军事民主"制时代的罗马社会,"元老院像雅典议事会一样,在许多事情上有决定权,有权预先讨论其中比较重要的事情,尤其是新法律。这些新法律,最后由叫做库里亚大会的人民大会通过。来参加大会的人民按库里亚分组,而在每个库里亚内大概又按氏族分组;在通过决议时三十个库里亚各有一票表决权。库里亚大会通过或否

---

① 参见武树臣:《中国传统法律文化》,北京大学出版社1994年版,第218~219页。

② 纪坡民"近代中国的'民事习惯调查'运动"《南方周末》2002年5月16日。

决一切法律,选举一切高级公职人员,包括勒克斯(所谓王)在内,宣战(但由元老院媾和),并以最高法院资格,在一切事关判处罗马公民死刑的场合,根据各方的上诉作最后的决定。"①

在氏族社会向国家社会的过渡中,成文法逐渐取代了习惯法,"梭伦把早已确定的习惯提高到法律的地步"。② 公元前450年,罗马法律史上第一部较完整系统的成文法——《十二表法》制定颁行,此法律的制定程序是由平民和贵族各推出人数相等的代表,分别"拟订两套对两个等级彼此有利的法律",综合制定出的。③ 从此,罗马走上了法治的道路,仅共和国时期,罗马就颁布了130多项法律法令,建立起了包括自然法、市民法和万民法在内的罗马法律体系。罗马法的主要内容通常来自下列途径:(1)习惯或惯例;(2)罗马民众大会(含库里亚大会和后来的百人团大会)审议通过的法案;(3)平民会议决议——公元前287年通过的《霍腾西阿法》规定,平民会议制定的法案,不论元老院是否批准,对国家都具有约束力;(4)元老院决议;(5)裁判官告示;(6)法学家们对法律和案件所的作阐释;(7)皇帝敕令——罗马帝国建立之后,皇帝逐步获取了主要的立法权,因而皇帝的诏谕、裁决、批复、训示等也具有了法律效力。从罗马法的来源中,我们不难看出,当时社会各阶层在立法过程中都具有不同程度的影响力。虽然到罗马帝国后期,元老院和公民会议的立法权被专制君主剥夺,但共和时代制定的许多法律仍然有效,并被编纂到新的法典中。例如公元6世纪中叶由东罗马帝国查士丁尼大帝主持编纂的《民法大全》,便汇集了罗马国家在数个世纪的法律创制中所取得的丰硕成果,它对西方法律文化的发展和法治建设产生了极大的影响。

中世纪西方文化的法治理想被教会权力和封建君主的王权破坏,文艺复兴之后新兴资产阶级通过斗争不断争取更多的政治权利。在英国,13世纪中叶建立了议会两院制,到15世纪初,国会

---

① 武树臣:《中国传统法律文化》,北京大学出版社1994年版,第96页。
② 恩格斯:《摩尔根〈古代社会〉一书摘要》,人民出版社1965年版,第186页。
③ 参看李维:《罗马史》第三卷。

又获得了立法权。1689年议会制定了权利法案,明确限制国王的权力。1789年法国大革命胜利之后的《人和公民的权利宣言》确认公民立法权,宣言"第六条,法律是公共意识的表现。全国公民都有权亲身或经由其代表参与法律的制定"。① 此后,西方各资产阶级国家的宪法也大都规定由经民众选举产生的议会或国会来行使立法权。从而使立法权以代议制的形式回到公民手中。1791年法国宪法宣布立法权由民选议员组成的议会行使,行政权委托国王行使,司法权委托民选的法官行使。国王及其大臣、官吏的权力必须依宪法的规定行使。这部宪法还规定国王不得解散国民议会,不能对通过的法案行使否决权。

当然,即使在西方以为理想的希腊民主城邦中,其民主也是奴隶制意义上的民主,即仅为自由人享有的民主,而古希腊时期的自由民与奴隶的比是一比九。也就是说不能享受法律保护,更谈不上立法权的奴隶占有这个民主社会的绝对大多数。代议制的建立也不意味着天赋人权平等地得到法律的保护。相反,直到近代,西方各国的选举制中都还不同程度地存在着财产、教育程度、种族和性别的限制。例如,法国在波旁王朝复辟后的1814年确定了选举权和被选举权的财产限制,按照这一限制,当时全国人口中仅有不足千分之三的人享的选举权,而享有被选举权的公民仅占全国人口的千分之零点四五。在英国,直到19世纪初还实行复数投票制和等级投票制,按此制度,有产者在其不同的财产所在地都享有投票权,致使有的财产分布极广的富豪竟可一人独享80个投票权。此外,牛津、剑桥大学的毕业生,也享有额外的投票权。并且,选举人的纳税额的等级不同,其投票的价值也不同。所有这些不平等的选民资格限制,其实质无疑是为了保障有产阶级的统治地位。事实上,在西方法律上确立普遍平等选举权的原则,已是20世纪以后的事。美国妇女直到1920年,才获得选举权。在更多的国家,直到二次大战之后才实现了真正意义上的普选制。由此我们

---

① 中国人民大学国家法教研室、资料室编:《中外宪法选编》,人民出版社1982年版,第280页。

也可以看到民主与法治是一个不断实现并完善的过程。

二、司法的任意性与监督制衡

中国封建君主作为国家最高统治者,除立法权外,还集行政、司法权于一身,成为专制统治任意的环节。清代的《钦定宪法大纲》更是对皇帝的司法权作出明确规定,《钦定宪法大纲》第十条是:"司法之权,操诸君上,审判官本由君上委任,代行司法"。① 按法律规定,疑案、要案、贵族官僚之案及死刑须由皇帝定夺,审判机关的职责是查清事实。秦始皇"专任刑罚,躬操文墨,昼断狱,夜理书"② 的勤政广为人知,但他在乡里设三老掌管教化的事却少有人知;秦始皇统一度量衡的事被详记,但他行同伦,整顿地方风俗的事则被人们忽略,秦始皇到各地巡视留下不少整治风俗的记录。中国政治从这位始皇帝起便一手用德一手用法,大概礼法的使用只有彰显与隐晦的区别,而二者从没有被舍弃过。汉代以"孝"治天下,后代亦用儒家之礼治,但仍然不妨碍统治者在争权夺位中弑君弑父,可见礼法都不构成对皇权的制约。

东汉光武帝亲理庶狱,为史家称道。《魏书·刑罚志》说:"当死者部案奏闻……帝亲临问,无异辞怨言者乃绝之;诸州国之大辟(死刑),皆先谳报,乃门施行。"隋唐时,死刑于行刑前须三复奏、五复奏,"不待复奏报下而决者,流二千里。"③ 明清时实行皇帝控制下的秋审、朝审制度。康熙廿二年,圣祖御懋勤殿"取罪案逐一亲阅,再三详审"。帝王的亲政、勤政正是帝王德行的体现,但帝王的德性并不必然保证执法的公正与合理性。君主司法与德治教化并行不悖。如恤刑是皇帝出于对老、幼、病、弱等囚犯的怜悯而轻判罪犯之制,包括录囚、大赦都是皇帝仁政的体现,但也因情乱了法。礼法并用,礼所维系的等级秩序必使法有偏私,"刑不上大夫,礼不下庶人"在传统社会成为天经地义。《礼记·正义》说:"'刑不上大

---

① 中国人民大学法学系国家法教研室编:《中外宪法选编》,人民出版社1982年4月版,第61页。
② 武树臣:《中国传统法律文化》,北京大学出版社,第330页。
③ 张晋藩:《再论中华法系的若干问题》,《中国政法大学学报》1984年2期。

夫'者,制五刑三千之科条,不设大夫犯罪之目也。"《周礼》有"八辟",魏晋时依此定为"八议",即议亲、议故、议贤、议能、议功、议贵、议勤、议宾。这是说此八种人犯了罪,要予以宽恕。《唐律疏议·名例律》:"诸皇太子妃大功以上亲,应议者期以上亲及孙,若官爵五品以上犯死罪者,上请。"这就是唐代的"官当",允许为官的以官职赎当自己的罪行,五品以上官犯私罪可以职务抵二年刑,五品以下官犯私罪只能抵一年刑。朱熹认为:"凡有狱讼,必先论其尊卑、上下、长幼、亲疏之分,而后听其曲直之辞。"① 它表明中国封建社会不平等社会基础在法律范围中的肯定。传统法制中的"议、请、减、赎",可使君主直接偏袒为亲私。战国时楚昭王的司法大臣石奢,其父杀人,石奢放之,然后负棘请罪,楚昭王赦其罪,但石奢不能原谅自己,自刎而死。石奢和楚昭王都是先礼而后法,如此礼法并用给传统法制的工具意义作了最好的诠释。

帝王任心弃法之事不绝于书,汉武帝时好大喜功,法制紊乱;隋文帝喜怒不恒,不复依准科律。贞观十一年魏征上书指责唐太宗:"今之刑赏未必尽然,或屈伸在乎好恶,或轻重在乎喜怒,遇喜则矜其情于法中,适怒则求其罪于事外。"《史记·酷吏列传》载:汉代周阳由为郡守,"所爱者,挠法活之;所憎者,曲法诛灭之。"王温舒为中尉,"有势家,虽有奸如山,弗犯;无势者,贵戚必侵辱。"正是这种对官员、权贵、亲情、部下、乡党的庇护,一方面纵容了违法行为,另一方面儿戏了规范。故而在中国,民众对法律规范也大都不太在乎,理大法大不如人情大。董仲舒以《公羊春秋》决狱,提出"论心定罪"的原则,扩展了司法者的自由裁量权,造成了法无定准、法无公正平等、法无监督的现象。这种情况下,民众怎么可能以法律为武器捍卫自己的利益呢?

直到清末新政法律改革前,中国社会始终没有产生出立法、司法和行政三权分离的思想和制度,也没有产生出对皇权实施监督的制度。但从秦建立中央集权统治开始,就设有对地方管理权(包括司法和行政权)进行监督的监察制度。秦的中央政权,实行行

---

① 转引自武树臣:《中国传统法律文化》,第472页。

政、军事、监察三权分离,设丞相(掌政务)、太尉(掌军事)、御史大夫(掌监察兼秘书),号称"三公"。三公之下有九卿,其中廷尉掌刑罚。这种设置并非要制约皇权,而是皇权下的设置,是对代表君主行使的管理权的制衡,权力委托者正是君主。所以,三权分离与监察制衡都是为控制官僚管理权而设置的,它并不制约君主的权力,所以三权最后归于君主。在中国长达两千多年的封建专制史上,最终没有出现民众的司法参与,没有建立民众行使司法权的法官选举制度、陪审制度;也没有出现监督司法过程的检察制度和制衡司法权力的法庭辩论制度;当然也就没有出现相应的律师制度。

从司法的角度看,西方强调的是司法独立,同时提倡诉讼司法民主,重视公众对司法过程的参与和监督,以保证执法者公正地依法办案。古希腊雅典城邦在梭伦改革之后便设立了陪审法庭,所有公民都可能被选为陪审员,参与案件的审理判决。到伯里克利时代,雅典的司法系统发展臻至完善,陪审法庭拥有审判所有案件的权力,此外还有听取对法官判决进行上诉的最高法庭。每年年初,用抽签的办法从全国各部落的公民中选出6000名陪审员,从中择出201到1001人组成规模不等的陪审团,专门受理特殊案件。陪审团有权凭多数票判决案件所涉及的每一个问题,对它的判决不能上诉。在克利斯提尼推行的法治改革中,有一个"贝壳放逐法",包括执政官在内的所有公民的权力都置于它的监督之下,它赋予全体公民决定放逐危害国家分子的权利,在公民大会的表决中,每个公民都在贝壳或陶片上写下他认为应予放逐者的姓名,如对某人的投票超过6000,他就将被逐出国门,10年内不许返乡,这种方式往往被用来对付那些有独裁野心的人。

恩格斯说:"与元老院和人民大会并列的,还有勒克斯,他完全相当于希腊的巴赛勒斯,但决不像蒙森所的那样几乎是专制君主。他同样也是军事首长、最高祭司和某些法庭的审判长。他不掌握民政方面的权力,也绝没有处理公民有生命、自由和财产的权力,除非这些权力来自军事首长的惩戒权或法庭审判长的判决执行权。"① 在罗马共和制时期曾先后实行过"法律诉讼"和"程式诉讼"两种诉讼制。这两种制度的司法程序都包含"法律审理(或称预审)"和"事实审理(或称复审)"两个步骤。前者由执政官或裁判官执行,主要是确认某案是否授予诉权,后者则由非专职的民选法官(亦称承审员)执行,他们将听取证据,审查事实并作出判决。在古希腊罗马的民主政治中,公共意志对司法过程的干预与监督已经得到体现。

即使在欧洲封制专制盛行的中世纪,西方各国的世俗君权仍受到来自社会多方面的制约,如教权、诸侯势力、法律等力量的制约,因而很难想像他们能像中国皇帝那样随心所欲地干预和控制规范的实施。1215年英国颁布的《自由大宪章》中便明确作出了下述规定:

任何自由民,如未经其同等贵族之依法裁判,或经国法判决,皆不得被逮捕,监禁,没收财产,剥夺法律保护权,流放,或加以任何其他损害。(第39条)

国王不得向任何人出售、拒绝或延搁其应享之权利与公正裁判。(第40条)

无全国公意许可,将不征收任何免役税和贡金。(第12条)

在宪章的末尾还规定在国王违约的场合下由男爵贵族25人组成的委员会可以使用一切手段向国王施加压力,国王承认全国人民有权抵制他的错误等等。② 此后,英国的议会和司法机关为大宪章精神的贯彻与王权进行了长期的斗争,并曾将蔑视法律的詹姆士一世送上断头台,将詹姆士二世赶出国。到1689年,英国议会制定了《权利法案》,该法案宣布:"以国王权威停止法律或停止法律实施为违法;以国王权威擅自废除法律为违法;设置审理宗教事务之钦差法庭及其他类似的法庭为违法;未经议会同意准许

---

① 转引自武树臣:《中国传统法律文化》,北京大学出版社1994年8月版,第96页。

② 罗豪才、吴撷英:《资本主义国家的宪法和政治制度》,北京大学出版社1997年版,第44页。

征收金钱为违法;禁止过多的保释金、罚金和残酷异常之刑罚;未经审判的罚金及没收财产为违法;应当依法选出陪审官;有对国王的请愿权"① 等等。1701年制定的《王位继承法》又进一步限定:除非因重大罪过议会两院作出罢免的决议,国王不得剥夺法官职务;而大臣受到议会弹劾时,国王也不得用特赦来免除其责任。上述种种规定,意在确立法律对君主的约束和监督,使王权的行使不超越法律范围。在德国的法律史上还出现过这样的实例:德皇威廉一世下令拆除了一间挡住他视线的民房,房主依法伸张正义,法院判皇帝败诉,责令其为房主重建房屋。事隔多年,威廉一世的后代给房主之孙寄去6万马克,请他妥善维护旧房,以显示德国的法制传统。

当资产阶级在西方各国取得统治权之后,三权分立的思想原则成为建立独立司法体制的重要保证。孟德斯鸠说:"如果司法权不同立法权和行政权分立,自由就不存在了。如果司法权同立法权合而为一,则将对公民的生命和自由施行专断的权力,因为法官就是立法者。如果司法权同行政权合而为一,法官便将握有压迫者的力量。"② 根据权力制衡学说,西方各国发展出行政裁判制度,通过司法手段制约行政机关的侵权或违法行为,为此大陆法系的国家大都设立了专门的行政法院。

还有许多国家建立了宪法法院,负责审查法律的合宪性,受理违宪案件。而在英美法系国家中则由普通法院行使违宪审查权,它可以拒绝执行违宪的法律,从而使该法律实际失效。1984年美国国会通过了一个宪法修正案的议案,规定公立学校应每天让学生们"默默向上帝祷告一分钟",这遭到社会的批评,指责这一决定违反了《宪法》第一修正案中"宗教信仰自由"的规定,最高法院法官斯蒂文森指出,政府无权这样做。美国法院有权审查包括总统命令在内的政府行政行为,美国的"水门事件"就是典型的例子。

律师制度和陪审制度是近代西方为确保司法民主而建立的两

---

① 《资本主义国家的宪法和政治制度》,第46页。
② 孟德斯鸠:《论法的精神》上册,商务印书馆1961年版,第156页。

项司法制度。其中陪审制度显然是在古希腊罗马审判制度基础上发展起来的。英国自12世纪开始在处理重大刑事案件中实行大陪审团制,到13世纪又设立了小陪审团。前者的职责是在庭审前确定被告人是否有犯罪嫌疑和是否要向法庭起诉,后者则是在庭审中从事实方面裁判被告是否有罪。这一制度以后在英美法系国家中得到广泛沿用,其中又以小陪审团的应用更为普遍。如美国宪法第三条第二款规定"一切犯罪,除弹劾案外,由陪审团审理"。① 在大陆法系国家中,陪审制也在一定范围内实行,不同的是,法、德等国是由法官和陪审员一起就案件的事实问题和法律问题共同投票裁决。司法制度的建立尽管不能完全改变西方社会法律维护有产阶级统治的实质,但在限制行政对司法的干预,保障告诉双方的权利,维护司法的公正性,限制司法权滥用方面还是起到了不小的作用。

三、厌诉心理与法为武器

规范体系对权利与义务的分配,对权利与义务确定的方式,对谁有权约束谁,约束者又由谁来约束的问题的回答,直接影响到这个社会不同人群对规范的认同程度和依赖心理,这一切又反过来成为一个社会推进德治或法治的社会基础。

中国传统礼法都不是以保护民权为目标,而是以维护王权为目标,因此必以圈定公民行为范围为基调,以刑罚为表征,于是礼法与安分守己过日子的普通老百姓来说并无关系;传统礼法制度依据封建等级制度设立种种不平等条件,尤其维护"忠"、"孝"等级,官官相护,利益相倾,即使惹上官司也只有百姓遭殃,故而人们唯恐避之不及。在中国传统文化中,一方面是对法律的冷漠与疏远,另一方面是对温文尔雅的礼治的接受和依赖。国家法律制度缺乏对公民私权利的规定与保护,而社会生活中的民事纠纷却不能因此而不存在,于是调解这些纠纷的乡规民约和中国特有的家

---

① 中国人民大学法学系国家法教研室编:《中外宪法选编》,人民出版社1982年4月版,第223页。

法就显得特别发达。中国隆礼尚和的士人阶级长期以来也排斥法律的规范方式,两相呼应渐渐形成中国文化特有的厌诉心理。"使无讼"的观念势必使助人打官司的律师制度发展不起来,1912年9月,北洋军阀政府制定的《律师暂行条例》、《律师登记暂行章程》是我国第一个关于律师的立法。但在军阀混战和国民党一党专制时期,律师不过是法官的附庸,并不能真正主持公道,维护当事人的合法利益。

  在推崇礼治、德治的背景下,社会形成了以礼的精神,德的精神处理民间纠纷的理想,从价值层面和文化心理上,建构起对彬彬有礼之德的向往和对相争相诉伤和气的法的厌弃。孔子说:"听讼,吾犹人也;必也使无诉乎!"① 封建社会的地方官员肩负着施行教化,移风易俗的责任。因此,家庭成员间的争讼,尤其是有宗法伦理明确规定的孝亲养老义务,在秦属"非公室"告,一般官衙不受理。秦以后这类官司也有见于官的,官衙首先要用《诗经》、《论语》等儒家经典对民间诉讼进行劝诫。有书载:"况逵为光泽县尹,有兄弟争田。逵授以《伐木》之章,亲为讽咏解说。于是兄弟皆感泣求解,知争田为深耻。"② 秦彭为山阳太守,"以礼训人,不任刑罚。崇好儒雅,敦明庠序。……吏有过咎,罢遣而已,不加耻辱。百姓怀爱,莫有欺犯。"许荆为桂阳太守,"人有蒋均者,兄弟争财,互相言讼。荆对之曰:'吾荷国重任,而教化不行;咎在太守'……均兄弟感悔,各求受罪。在事十二年,父老称歌。"刘矩为雍丘令,"以礼让化之,其无孝义者,皆感悟自革。民有争讼,矩常引之于前,提耳训告,以为忿恚可忍,县官不可入,使归更寻思。讼者感之,辄各罢去。"③《名公书判清明集》中载:一子与继母争业诉讼案,法官感叹说:"自柏舟之诗不作,寡妇始不能守义以安其室;自凯风之什既废,壬子始不能尽孝以事其母",以劝其撤讼。《后汉书·循吏列传》中载:仇览为蒲亭长,"人有陈元者,独与母居,而母诣

---

① 《论语·颜渊》。
② 瞿同祖:《中国法律与中国社会》,中华书局1981年版,第291页。
③ 武树臣等:《中国传统法律文化》,北京大学出版社1994年版,第375—376页。

览告元不孝"。览劝之:"奈何肆忿于一朝,欲致子以不义乎?""母闻感悔,涕泣而去。览乃亲到元家,与其母子饮,因为陈人伦孝行,譬以祸福之言,元卒成孝子。"凡此种种不绝于书。

民间争讼不到官,必然会出现代替衙门解决问题的方式,在中国出现了家法族规并且异常发达起来,成为中国法系中另一个独立的法律渊源。宗法社会的家族权是由宗祠、支祠以及家长、族长的家族系统体现的,家长族长拥有处置、审判子弟和族众的权力,有教育家族成员,约束子弟的责任,作到"德义相助,过失相规","小心以奉官法,勤俭以办国课"。《刑案汇览》第27卷记载:徐公举与其侄女徐昭英通奸,族长徐添荣欲将其送官,公举说:"送官族长亦颜面",族长遂令族人将他推入河中淹死。凡遇家族内部纠纷,一般族内自行解决,这就是人们普遍认同的"家丑不可外扬"的解决方法。这样法的不公,好礼尚德,家法的完整有效以及家族的颜面都使得传统社会是一个疏远法的社会。

西方的法律宣称保护人们不被剥夺、不能转让的天赋权利;宣称法律面前人人平等。在激烈的经济竞争、政治竞争中,在尖锐对立的阶级矛盾、种族矛盾面前,在复杂的社会民事纠纷中,以法律为武器捍卫自己的权利便是顺理成章的事。这既适应了商品经济发展的要求,适应了民主政治的要求,它也符合西方民族争强好胜的文化心理。

希腊人能言善辩,罗马人擅长打官司,这差不多已成了希腊罗马人的个性特征。罗马帝国初期,商品经济的迅速发展使告状争利的人越来越多,为了适应司法实践的需要,程式诉讼取代旧式诉讼而盛行起来。程式诉讼简化了手续,不要求诉讼当事人双方在预审过程中的任何固定形式的行为和套语。另外,程式诉讼扩大了适应范围,它可以在罗马与非罗马公民中使用,这使罗马公民与外国人之间的经济往来和商业贸易有了法律的保障。程式诉讼应当时社会公民捍卫自己财产权、人身权的需要而产生。与此同时,在罗马产生了世界上最早的律师制度,诉讼当事人双方为各自的利益在法庭上唇枪舌剑,慷慨陈词的辩护是法庭决定诉讼结果的重要因素。因此,人们纷纷求助于对深奥、复杂的罗马法了如指掌的法学家,请求他们给予法律帮助。罗马法学家便以律师工作的方式指导诉讼当事人正当伸张权利,指导法官办案,为订立契约的当事人双方撰写合同文书,对于各方面的法律咨询予以口头解答,从而跻身司法实践,运用法律知识为当事人谋利益。

英国在1679年颁布的《人身保护法》中首先规定了被告人的辩护权原则,其后美国、法国的宪法也都相继确认了被告人有"取得律师帮助为其辩护"的权利。[①] 1808年的拿破仑刑事诉讼法典对辩护权和律师制度作了更加系统的规定,使律师辩护逐渐成为各类案件诉讼中举足轻重的环节,从而为保障当事人的正当权利和利益提供了有效的法律手段。律师的设置是为社会提供法庭辩护与法律咨询的法律服务,以帮助被置于国家法律机构之下的社会个体在与之平等的地位上主张自己的权利,帮助没有法律知识的人正确运用法律捍卫自己的权利。它体现的是法的基本原则,即人人平等的原则。

以法律为武器,坚信社会正义的力量,不惧怕权贵、富豪、恶势力。当然西方的法律制度也清楚地表现出它鲜明的阶级性和倾向性,并不是所有的社会成员都能公正地得到法律的保护。例如,1787年美国就颁布了宪法,但直到1865年,在第13条修正案中才申明"在合众国境内或受合众国管辖的任何地方,奴隶制和强制劳役都不得存在",[②] 在黑人一次次的反抗斗争后,才有了1870年的第15条修正案:"合众国公民的选举权,不得因种族、肤色或以前是奴隶而被合众国或任何一州加以否定或剥夺",黑人才有了运用法律捍卫自己权利的可能。在欧洲和美国,妇女为争取自己与男人平等的就业、教育、同工同酬的权利也进行过不懈的努力。从这些事实中我们可以看到,公民公平自由的权利是通过斗争获得的,法制并不是一开始就公平正当的,直到现在也还存在着它不公平的地方。但西方民众并不把社会对自己权利的侵犯视为合

[①] 中国人民大学法律系国家法教研室编:《中外宪法选编》,人民出版社1982年4月版,第228页。

[②] 同上书,第230页。

理,他们要奋起反抗,法律就是他们保护自己的最好武器,他们依赖法律,每一次的斗争都最后指向法律的修改。实质上任何一个社会的法制建设都是一个动态的过程,在这一过程中我们可以清晰地看到西方社会对公民权利积极主动的争取与实现。

【思考题】

1. 中西法学思想的文化价值基础与哲学基础有何差异?
2. 中西法治传统及其现代影响如何?
3. 早期柏拉图的哲学王理想与荀子思想是否存在逻辑的关联?

【本章阅读书目】

1. 武树臣等:《中国传统法律文化》,北京大学出版社1994年8月版。
2. 陈瑛等编:《中国伦理思想史》1985年4月版。
3. 周辅成主编:《西方伦理学名著选辑》,商务印书馆1964年版。
4. 江平、米健:《罗马法基础》,中国政法大学出版社1987年版。

第八章
写意与写实
——中西艺术比较

艺术究竟为何,历来众说纷纭。美国的杜威说"艺术即经验",意大利的克罗齐说"艺术即直觉",法国的罗丹又说"艺术即感情"。俄国的列夫·托尔斯泰采用较为具体形象的说法:"艺术起源于一个人为了要把自己体验过的感情传达给别人,于是在自己心里重新唤起这种感情,并用某种外在的标志表达出来。"[①] 中国古人未把艺术作为整体加以研究,对各门艺术的共同规律与差异也未予深究,但相关的论述还是不少,如《诗大序》中那段著名的论述——"诗者,志之所之也。在心为志,发言为诗。情动于中而形于言,言之不足,故嗟叹之;嗟叹之不足,故永歌之;永歌之不足,不知手之舞之足之蹈之。"前有《毛诗序》树起"言志"大纛,后有"情志说"、"写意说"、"传神说"遥相呼应。如此看来,中西的艺术家和理论家,对艺术仍有大致的共识:志、情、意、神,或者经验、直觉、感情,即是艺术的本体,只是这个本体必须借某种外在的具体形象的标志表达出来;借助的标志不同,即为不同的艺术。

从总体上讲,中国艺术体现出强烈的写意性、程式化和整体感、运动感,追求内容与形式的高度和谐。西方艺术则体现出强烈

---

① 列夫·托尔斯泰:《艺术论》,人民文学出版社1980年版,第46页。

的写实性、科学性和真实感，在追求内容与形式的和谐的同时，常常也表现出偏重形式的倾向。如果一定要拨开枝蔓，寻根究底，用一个词分别对中西艺术迥异的总体风格加以把握，那就是中国艺术的"写意"与西方艺术的"写实"。

第一节　心物感应与模仿现实

"作为人的内心视象的一种反响而出现"[①]的艺术，在中西两种不同文化圈内，周身奔流的是各自母体文化的血液，表现出的意蕴品味自是大相异趣。在中国戏曲中，极度的愤怒可以见于水袖狂舞，身形的摇晃可以想见秋江行舟。而在西方的舞台上，阿喀琉斯的愤怒一定得目眦皆裂、怒发冲冠，变成天鹅的奥吉塔，总少不了洁白的纱裙和羽毛。西班牙阿尔塔玛拉山洞中那头"受伤的野牛"，历时三万余年，看上去仍是栩栩如生，雄姿勃发；而青海大通上孙寨出土的彩陶上整齐划一，天真烂漫的舞蹈动作，则全然是一派丰收的喜悦。不同的艺术风格，铸就了迥异的艺术审美模式。面对米洛的维纳斯，西方人多为其美而倾倒，为断臂而扼腕；中国士人或视为洪水猛兽，或干脆想入非非。反过来，面对郑板桥笔下的竹石，中国士人总能见出虚心劲节、铮铮傲骨；西方人则往往如坠烟海，不知所云。究其根源，盖因中西艺术中对主体与客体，表现与再现等审美范畴有着不同的理解和位置。

一、意与境谐的交融转换

中国艺术中写意特征的形成发展，与艺术家乃至整个中华民族的哲学思考和思维方式密不可分。在古代中国，对宇宙本源的认识最具有影响力的是"道"本原说，并由此衍化出中国的哲学和思想体系。"道生一，一生二，二生三，三生万物"，[②]显然是宇宙

[①]　吉德逊：《永久的呈现》第一卷，纽约1962年版，第54页。转引自冯晓：《中西艺术的文化精神》，上海书画出版社1993年8月版，第7页。
[②]　《老子·四十二章》。

的本源;但这本源又"视之不见"、"听之不闻"、"博之不得",① 是无法为感官所把握的。因为它"与物变化而无所终穷,精充天地而不竭,神覆宇宙而无望,莫知其始,莫知其终,莫知其门,莫知其端,莫知其源。其大无外,其小无内"。② 对这样一个浩瀚无边,无始无终,无所不在的感知对象,人们只有通过"无视无听,抱神以静"③ 的静观过程才能加以观照。故在老庄看来,包括艺术美在内的任何事物只有还纯返朴,才能回归于道,从而获得永恒。艺术美也只能以无法限定的形式加以表现,故而老子说"大音希声,大象无形",④ 庄子也说:"天地,有大美而不言"。⑤ 这样,哲学中的宇宙本原论与对艺术美的本质探源得到了融合与统一。

再从"天人合一"、"天人感应"的观点看来,在宇宙中,人与自然的关系不是两个自足体的并列关系,而是一种有机和谐、交融的关系。人的心灵是与宇宙精神同存同化的,没有独立于宇宙之外的人的主体,也没有独立于人之外的宇宙世界,当观照者达到坐忘的虚静之境时,全部的精神都被融入宇宙之中,便可感到宇宙的真实存在的一切。由于对宇宙自然理解的主体化,因而在中国艺术家的心目中根本没有客观自然这个概念,即便是在用直观形象表达情感的绘画、雕塑、戏剧等艺术领域,也根本不可能是感官捕捉到的客观世界的规则再现,而是一个为意念重新构造出来的表象世界。借郑板桥《题画竹》作譬——

> 江馆清秋,晨起看竹,烟光日影露气,皆浮动于疏枝密叶之间。胸中勃勃遂有画意。其实胸中之竹,并不是眼中之竹也。因而磨墨、展纸、落笔,倏然变相,手中之竹,又不是胸中之竹也。总之,意在笔先者,定则也,趣在法外者,化机也。独画竹乎哉!⑥

---

① 《老子·十四章》。
② 《吕氏春秋·下贤》。
③ 《庄子·有宥》。
④ 《老子·四十一章》。
⑤ 《庄子·知北游》。
⑥ 《郑板桥集·题画竹》。

石涛罗浮山图

中国艺术的所谓写意,是以主观表现为出发点的艺术表达方式,即以不同的艺术形式描绘客观事物在作者心中的投影,以意统形。作品中的大千世界,均经过主观的提炼乃至改造,甚至形成某种主观化的图式。不求形似,但见气韵。中国艺术家所要表现的那个为意念构造的表象世界,恰是"胸中之竹",而非用感官捕捉到的"眼中之竹"。当然,这样的"胸中之竹"无法为人欣赏,于是无论如何重新构建,"手中之竹"总要脱影于"眼中之竹"。这样,便可达成"意与境谐的交融转换",映现出中国艺术所着力追求的"意趣"、"神韵"、"意象"乃至"意境"。

"意境"或者"境界",在佛学中指通过修炼来达到一种境界。魏晋南北朝时期被引入文艺领域,成为中国古典美学中的重要理论范畴,借以阐释艺术作品中意与境,情与景交融互渗的状态,并陆续出现了基本内涵相近的"气质"、"意趣"、"神韵"、"意象"等提法。直至清末王国维才明确把"意境"定作是中国古典艺术的本体内容的最高追求,并得到了文艺界和学术界的认同。他概括道:"文学之事,其内足以摅己,而外足以感人者,意与境二者而已。上焉者意与境浑,其次或以境胜,或以意胜。苟缺其一,不足以言文学。……文学之工与不工,亦视其意境之有无,与其深浅而已。"[①]意境理论的提炼虽然相对滞后,但对"意境"的艺术创造早就映现在各门艺术中了,因为在中国传统艺术与美学中,艺术家主观的志、情、意在创作活动中始终处于主导地位,所谓"为情而造文",[②]"登山则情满于山,观海则意溢于海"。[③] 而艺术作品中的自然之境与人物、事件都被这种主观色彩所渗透和弥漫。

绘画作为中国传统艺术的主要形式之一,历来得到士人的关注和喜爱。著名美学家宗白华先生认为:"中国的瓦木建筑易于毁灭,圆雕艺术不及希腊发达,古代封建生活之形式美也早已破灭。民族天才乃借笔墨的飞舞,写胸中的逸气(逸气即是自由的超脱的心灵节奏——原注)。所以中国画法不重具体物象的刻画,而倾向抽象的笔墨表达人格心情与意境。"[④] 中国绘画从内容上大体可分为宫廷画、文人画、宗教画、市民画、民俗画五类,从绘画特征上又可分为工笔重彩和水墨写意两类,各类绘画的审美表现各有侧重。如文人绘画所追求的正是意与境谐,是纯粹的以自然写本心,

---

① 王国维:《〈人间词话乙稿〉序》。
② 刘勰:《文心雕龙·情采》。
③ 陆机:《文赋》。
④ 宗白华:《论中西画法的渊源与基础》,收《美学散步》,上海人民出版社1981年版。

不仅要体味自然之美,更要借物抒怀,求得情与景的交融。开文人画南宗先河的王维是诗画一心,诗中有画,画中有诗;而苏轼的绘画则笔墨之中略施丹青,倏然成画,舒展怀抱。总之,中国画家总是流连于山水之间,总是在审美观照的同时,澡雪自己的心灵。从"好山水,爱远游,西涉荆巫,南登衡岳"①的宗炳,到"搜尽奇峰打草稿"②的石涛,从置一株花于深坑中"临共上而瞰之"③的郭熙,到晨起看竹的郑板桥,无不表现出一种醉心于大自然怀抱的自觉。即便是宫廷画、工笔重彩画这些相对讲究写实的品类,追求意与境谐的特征的也一目了然。宋徽宗在《芙蓉锦鸡图》中以锦鸡自喻,占据着芙蓉花枝,还迷恋着翩翩彩蝶,自以为"全五德",具备文、武、勇、仁、信五种美德,实则活画出一个寻欢作乐、沉迷酒色的风流天子。画风富丽纤细,亦是画如其人。宋代佚名画师把《出水芙蓉图》画在宫扇上,也具以画喻人的意味。试想当年此画的女主人端详着鲜艳饱满、红绿相映、莲房半露、嫩蕊柔密的荷花,未尝不是青春常在,花好百年的暗祝。

中国画家流连山水,并不对大自然做一笔一画的模仿,并不关心对象的数理形式——几何比例、光线对色彩的作用和物理时间,他们只是把自己化入宇宙万物之中,去体味道(美)之浑茫,在一丘一壑,一花一鸟中发现无限,进而体现无限。郭熙说:"奇崛神秀,莫可穷其要妙,欲夺其造化,则莫神于好,莫精于勤,莫大于饱游饫看。历历罗列于胸中,而目不见绢素,手不知笔墨,磊磊落落,杳杳漠漠,莫非吾画。"④正因如此,文人绘画中的山水花鸟无不打上画家们心灵的印迹,所谓返身而诚,万物皆备于我。如果面前有一幅明代徐渭的《墨葡萄图》,那一根苍劲据屈的枝干,那几挂将落未落的葡萄,衬上十数片随风摇晃的老叶,那浓淡枯润、横涂竖抹的笔墨,莫不画出他那躁动不安的灵魂。徐渭还在画中题诗一首:"半生落魄已成翁,独立书斋啸晚风。笔底明珠无处卖,闲抛闲掷

---

① 《宋书·卷九十三》宗炳传
② 《石涛画语录·山川章第八》。
③ 郭熙:《林泉高致·山水训》。
④ 郭熙:《林泉高致·山水训》。

野藤中。"不平之气溢于言表。

在中国艺术的诸多门类中,书法与文人的生活联系最为紧密。无论是案牍劳形,还是赋诗作文,长期的笔墨生涯,使得以文房四宝为工具的书法艺术成为文人最为熟悉最易掌握的审美形式。"诗仙"李白的《书上阳台》豪放飘逸,雄浑苍劲,亦是字如其人,悉有可观。至于全才苏轼,文称欧苏,诗称苏黄,词称苏辛,画开文人画之先河,书法上位列苏、黄、米、蔡之首。正是由于文人的青睐和直接介入,成就了书法较高的文化地位。加之汉字的笔画结构本身具有中国式的建筑美,其间架结构的多样性,用笔浓淡枯实、行顿迟速,使之在形成"囊括万殊,裁成一相"的抽象美时具有审美的多样性。而通过这种极尽变化的抽象美来领悟中国文化中那非具体事物所能展现,非人的感官所能观照把握的"道",似乎最易令人体味。

书法特别重视对自然的体味,讲究意与境谐。故而蔡邕才有"夫书,肇于自然"①,"为书之体,须入其形……纵横有可象者,方得谓之书矣"② 的说法。中国的书法的五种体式之中,除隶篆二体注重对古韵的追摹,其余行楷草书莫不抒写书者之意。王羲之行书天下第一,《兰亭集序》等,线条如行云流水,字体结构极尽变化,风流潇洒之至。颜真卿楷书天下第一,《颜勤礼碑》等,笔势开张,宽舒圆满,深厚刚健,气象森严。张旭为草书之圣,《古诗四贴》等,"伏如虎卧,起如龙跳,顿如山峙,控如泉流"③。除了展示个人心境之外,书法又还可见出各个时代的美学特征。晋人尚韵,王羲之等人的行书,可显晋人诗文绘画之风韵。唐人尚法,颜柳的楷书中可想见杜诗韩文的法度森严。宋人尚意,苏、黄、米、蔡的作品流贯着宋诗的平淡、宋画的远逸、宋词的清空。明清尚态,无论是浪漫派徐渭、帖学派董其昌,还是碑学派郑燮,都力求脱出前人的窠臼,现出主体的神态。

建筑艺术作为一种实用艺术,也体现出对意境的追求。如果

---

① 蔡邕:《九势》。
② 蔡邕:《笔记》。
③ 朱仁书:《中国古代书法史》,北京大学出版社1992年版,第294页。

说,宫廷、陵墓、宗教建筑为实现其现实功能和精神功能,而呈现出较为统一的高大森严的审美特征的话,那中国园林艺术所全力追求的则正是上述建筑所无暇顾及的意与境谐的交融转换。作为园林艺术的代表苏州园林,无处不体现出对自然情趣的追求。亭台楼阁均随地赋形,巧夺天工,布局上处处注意消除人为的对称,让居游之人,尽情与自然交流。中国园林不仅本身宛如一幅幅连绵不断天然图画,也与周围的景致浑然一体。楼台亭阁的审美价值,主要不在其本身,而在于引导居游者从小空间进到大空间,从而丰富对于空间美的感受。"轩槛高爽,窗户虚邻",正是为了"纳千顷之汪洋,收四时之烂漫"。① 兰亭给王羲之的美感,主要不在其本身,甚至不在"茂林修竹,清流激湍,映带左右",而在于可以使人"仰观宇宙之大,俯察品类之盛",在于"所以游目骋怀,足以极视听之娱,信可乐也";② 千古名楼滕王阁,给王勃的美感,也主要不在阁楼本身,而在于看"落霞与孤鹜齐飞,秋水共长天一色",听"渔舟唱晚、雁阵惊寒","觉宇宙之无穷,识盈虚之有数";③ 拙政园已是巧夺天工,仍借得远处的塔影,将居中游者的神思引入无穷的空间。真乃"借得山川秀,添来气象新"。④

中国戏剧是世俗艺术的代表,在将音乐、舞蹈、文学、绘画、雕塑综合起来并加以精致化的同时,也将这些艺术的写意性传统继承发展下来,无论是剧作、表演、音乐、还是服装、化妆、舞美,无不借意显实。中国戏剧无布景的空白,给各种表演留下了流转行动的自由,促使其程式化和虚拟化,成就了独特的审美范式——梅兰芳表演体系。早期的元杂剧,因其"摹写其胸中之感想,与时代之情状,而真挚之理,与秀杰之气时流露于其间",被王国维誉为"中国最自然之文学""惟意境则为元人所独擅",⑤ 明人汤显祖的《牡

---

① 计成:《园冶》。
② 王羲之:《兰亭序》。
③ 王勃:《滕王阁序》。
④ 曹雪芹:《红楼梦》第十八回。
⑤ 王国维:《宋元戏剧考》十二,见北京大学哲学系美学教研室编:《中国美学史资料选编》,中华书局1980年版,第453页、第454页。

丹亭》,被誉之"言一事,极一事之意趣神色而止,言一人,投一人之意趣神色而正"。① 对于以京剧为代表的中国戏剧的写意品格,大师梅兰芳更有直接的论述:"它把无限的空间都溶化在演员的表演里面,又利用分场、连场、套场,使故事连贯,一气呵成。演员的表演也可以不受时间和空间的限制。因此,从传统的表演方法中,可以看出京剧的舞台设计,不是写实的设计风格,而是一种民族戏曲歌舞化的写意风格。"② "演员在台上所表达的骑马、乘车、坐轿、开门、关门、上楼、下楼等等一切虚拟动作和手的各种指法,眼睛的各种看法,脚的各种走法,都是把实际生活的特点高度集中,用艺术夸张来表现到观众的眼前,使观众很清楚地抓演员每一个动作的目的性。"③

其他艺术如雕塑、音乐、舞蹈等,所求也在意与境谐,在情韵的表达而不在逼真的模拟和技艺的展现。比如四川成都出土的说唱俑,那张咧嘴扬眉、神采飞动的大脸仿佛是直接突出在胸腹部的大块平体之上,下肢比例的压缩,更使艺人具有一种孩子般的可笑劲,但看稚拙的造型处理当中隐藏着奔放洒脱的灵动和成熟,全然不屑于细枝末节的形似,却把说唱艺人那沉入角色创作当中,情不自禁地手舞足蹈的滑稽相塑造得出神入化。

总而言之,中国艺术所描绘的并不是人的视听对外在世界的体验的积累,也不是艺术家主体投射到某片自然景物后创造出来的,而是艺术家主体与大自然进行充分的交融转换后从心灵中生发出来的,因而无论是创作的过程和作品,都表现出强烈的写意的追求和色彩。

二、忠实于客观的艺术尺度

相对于中国艺术的写意性,西方艺术的写实性特点更为明显。从整体上讲,人与自然的分离以及靠认识来把握世界的方式,使西

---

① 沈际飞:《玉茗堂文集题词》。
② 梅兰芳:《谈谈京剧的艺术》,《梅兰芳文集》,中国戏剧出版社1962年版。
③ 《梅兰芳文集》,中国戏剧出版社1962年版。

方人与自然宇宙不可能达到有机融合。受此宇宙意识和认知方式的制约,西方艺术的美学致思总是趋向于认识外在世界的合规律形式。而形式的美无疑首先是诉诸感官上的东西——事物的性质特征等。因此西方艺术,总是竭力强调满足视听真实之美。而思维方式的这种外向型特点,以及寻求圆满的欲望和认识的阶段性局限之间的矛盾和冲突,又使西方艺术在模仿的对象以及模仿的方法和手段上不断发生新的变化,成为西方艺术流派众多,花样翻新的动力。

西方艺术的这种导向外部形象世界的美学致思方式,使得西方艺术更注重外在客观世界的捕捉。因为"以目睹的具体实相融合于和谐整齐的形式,是他们的理想"。① 从古典时代柏拉图、亚里士多德提出的"模仿说"到19世纪批判现实主义的"反映论",可以说以求真的态度模仿自然与注重艺术形式的和谐统一是西方传统艺术的中心观念。在西方人看来,没有对某种艺术形式的投入和理解,就没有模仿活动创造的这种符合视听规律的真实,就不存在着所谓艺术的美。

这种对客观世界的写实追求,在西方的传统雕塑和绘画中表现最为明显。

西方的雕塑对写实风格的崇尚是由来已久的。古希腊帕特农神庙东山墙浮雕《命运三女神》那丰腴的肌肤,优雅的体态,柔细的丝裙已近纤毫毕肖。三位女神十分轻松亲昵地偎依在一起,仿佛几位惯熟的希腊姑娘,游戏之余惬意地偎成一堆,显得那么自然而亲切,生动而传神。从《米洛的维纳斯》、米开朗琪罗的《大卫》,到罗丹的《思想者》,写实的传统历久而不衰,同时表现出和谐、匀称、凝重、静穆的形式美。甚至不因表现神话题材而有所变化。《阿波罗和达芙妮》表现的是纯洁少女达芙娜宁变桂树也不委身于神的故事。意大利雕塑家贝尔尼尼抓住达芙娜誓愿应验的瞬间,展开符合生活真实的想像,准确而传神地刻画出这出狂热与冷寂、运动

---

① 宗白华:《论中西画法的渊源与基础》,收《美学散步》上海人民出版社1981年版。

与凝固、追求与幻灭的人生悲剧。

蓬桑《看得很好的奶牛》

同样,西方绘画的写实技艺也是一脉相传的。从文艺复兴时代的巨匠米开朗琪罗、拉斐尔,到古典主义的大师普桑,再到浪漫主义的德拉克罗瓦、席里柯,直到十九世纪新古典主义的大卫、安格尔,现实主义的库尔贝、米勒,甚至印象派的先锋如马奈等,不论风格如何演变;模仿自然,坚持以反映客观为尺度的真实感的原则始终不曾放弃。"艺术三杰"之一达·芬奇关于绘画的理论阐述得十分鲜明:"绘画的确是一门科学,并且是自然的合法的女儿,因为它是从自然产生的。为了更确切起见,我们应称它为自然的孙儿,因为一切可见的事物一概由自然生养,这些自然的儿女又生育了绘画,所以我们可以公正地称绘画为自然的孙儿和上帝的家属。"[①] 他还有句名言:"最可夸奖的绘画是最能形似的绘画。"这种再现自然的兴趣一直为西方艺术家们所承继,新古典主义大师安格尔曾语重心长地告诫后人:"去画吧,写吧,尤其去临摹吧! 像

---

① 《芬奇论绘画》,人民美术出版社1979年版,第17~18页。

对待一般静物那样。所有您从造化中临摹下来的东西,已经是创作了,而这样的临摹才有助于引入艺术。"① 浪漫主义大师德拉克罗瓦尽管对古典主义艺术大为不满,也没有抛弃写实的追求。"在乘公共马车的时候,他也从自己的座位上去研究栗色马与黑色马背之间的色彩对比。这种高光在闪耀的马皮上看起来是很清晰,也很寒冷的。他也把阳光照在窗外一赤膊工人身上的效果记录下来,他看到人的肌肤色彩,在与那无生气的墙壁对比之下,是多么生动。"②

即使是音乐这样的必须经过想像才能完成和欣赏的抽象的时间艺术,忠实于客观也成为西方艺术家一贯的追求。亚里士多德在《诗学》中论及古希腊音乐时说:"史诗和悲剧和酒神颂以及大部分双管箫乐和竖琴乐——这一切实际上是模仿,只是有三种差别,即模仿所用的媒介不同,所取的对象不同,所采取的方式不同。"③在这位先哲看来,音乐首先是作为对人的"音调感"和"节奏感"的模仿而出现的。勃拉姆斯曾在小施特劳斯的扇面上写下《蓝色的多瑙河》的开头旋律,然后感叹:"可惜这不是我的东西。"有评价说:"其效果犹如宁静的多瑙河水波荡漾,仿佛大自然从睡梦中渐渐醒来。人们好像见到了多瑙河两岸的绚丽景色;见到了山村少女们翩翩起舞的舞姿。"④ 两位音乐大师的写实追求由此可见一斑。

总而言之,西方艺术受西方宇宙意识制约和外向型美学致思的引导,总体上选择了科学化的道路,并呈现出渗透着一定主体色彩的忠实自然的风格。艺术的进步往往离不开科学进展,如透视学、解剖学、色彩学、光学、心理学等,离不开物质材料的更新。这一点与中国艺术的发展主要依靠人文科学的进展和艺术家的悟"道"的深入程度大相径庭。

---

① 《安格尔论艺术》,辽宁美术出版社1980年版,第23页。
② 《德拉克罗瓦日记》,人民美术出版社1981年版,第20页。
③ 《西方文论选》上卷,上海译文出版社1979年版,第29~30页。
④ 陈东:《西方音乐史教程》,中国国际广播出版社1989年7月版,第455页。

第二节 中和婉约与激扬奔放

从艺术作品的美学风格上看,中国艺术在儒家倡导"温良恭俭让"的中庸哲学熏染下,注重情感表现的委婉与节制,向往怨而不怒,哀而不伤,乐而不淫的温婉柔情和温柔敦厚的含蓄有致。西方艺术则崇尚刚性之美,倡导英雄主义与悲剧精神,在艺术作品中充溢着率性的铺张、浪漫的激情和深沉博大的气势。

一、宁静淡泊的闲情逸致

中国艺术的追求的最高境界是"中和"之美。所谓"中和",就是适中和谐,照古人项穆的解释,"中也者,无过不及是也。和也者,不乖不戾是也"。它强调对立面的朴素的和谐统一,强调人与自然、主体与对象、主观与客观、感性与理性、情感与理智的朴素的和谐,强调按照一定的文化法则把多样或相反的因素构成一个和谐的整体。论音乐须五音配合、八音克谐;谈绘画当"错画为文","墨分五彩";讲书法要长短曲直……

中国艺术门类众多,源远流长,作品表现出来的风格韵致也千差万别。怀素《自叙帖》奔放无羁,王实甫《西厢记》清丽缠绵,表意达情的媒介不同;北碑遒健雄浑,峻峭方整,南帖秀逸摇曳,含蓄潇洒,北方梆子高亢悲壮,南方昆曲靡曼轻扬,地域灵气禀赋不同;或偏阳刚,如"镂金错彩",或偏阴柔,如"出水芙蓉",儒道二家追求不同;晋人尚韵,唐人尚法,宋人尚意,明人尚态,历代审美意趣不同。虽则千姿百态,千媚万妍,却都从不同的侧面透射出中和婉约的总体审美倾向,流露出宁静淡泊的闲情逸致。这种审美倾向越到后来,表现得越鲜明而集中。

宋代绘画每得远逸的品评,最显中和婉约之韵味。郭熙的《早春图》画春景不用桃红柳绿,不借云蒸霞蔚,但见主峰高耸,众山环拥,仿佛相互顾盼,又似作揖朝拜,山间云雾蒸腾,岚气吞吐,枯枝发叶,春水初涨。农妇抱婴携幼,渔父收网上堤,旅人负载远行。让人在一派宁静淡泊的景象中感受到萌动的春意。故而乾隆要赏画题诗:"树木发叶溪开冻,楼阁仙居最上层,不藉柳桃闲点缀,春山早见气如蒸。"再看张择端的《清明上河图》:疏林薄雾,掩映几家农舍;绿柳丛中,走出几队轿马;码头岸边,百船满载待发;汴桥上下,万头攒动争喧;城内城外,行人络绎不绝,店铺鳞次栉比。一派和和乐乐、熙熙攘攘、庸庸常常景象,全然不觉喧嚷繁杂,画首静谧安宁的乡村野景和画尾那位问路老人的回首张望,起到了很好的协调均衡作用。

所谓书画相通,"中和"的审美理想体现在书法之中,便是要求情理结合,情感抒发要符合理性规范,适中而不过分。外在体势要"势和体均""平正安稳",阳刚之美与阴柔之美两相兼顾,不偏不倚,表现出刚柔相济,骨肉相称的"中和"之美。对于此点,元代书法家郝经谈得最为充分:"太严则伤意,太放则伤法"①,他认为书法最佳的境界应是:"直而不倨,曲而不屈;刚而不亢,柔而不恶;端庄而不滞,妥娜而不欹;易而不俗,难而不生;轻而不浮,重而不浊;拙而不恶,巧而不烦;挥洒而不狂,顿掷而不妄;夭矫而不怪,窅眇而不僻;质朴而不野,简约而不阙;增羡而不多,舒而不缓,疾而不速。沉着痛快,圆熟混成。"② 洋洋洒洒,廿一"而不",把书法的"中和"之美讲得淋漓尽致。王羲之的《兰亭集序》之所以被推为古今第一、万世楷模、尽善尽美,关键就在于"志气和平,不激不厉"③"同夫披云睹目,芙蓉出水",如"阴阳四时,寒暑调畅",如"清风出袖,明月入怀"。④ 在于达到了"中和"的最高境界。"逸少可谓韶,尽美矣,又尽善矣",⑤"尽善尽美,其惟王逸少乎!"⑥古人比较颜真卿的《祭侄稿》与《争坐位帖》,总认为前者更胜过后者,理由便是"《坐位帖》尚带矜怒之气,《祭侄稿》有柔忍焉。藏愤激于悲痛之

---

① 祝嘉选编:《书学格言》成都古籍出版社1987年版,第83页。
② 郝经:《移诸生论书法书》,引自崔尔平:《历代书法论文选续编》,上海书画出版社1993年版,第110页。
③ 孙过庭:《书谱》。
④ 均见李嗣真:《书后品》,转引自《中国书法文化大观》,北京大学出版社1995年版,第112页。
⑤ 张怀瓘:《书断》。
⑥ 李世民:《王羲之传论》。

中,所谓言哀已叹者也"。①

与书画完全异质的中国音乐,虽然未能像书画一样以自己为中心获得独立发展,而一直依附于其他文化领域以游散的方式发挥功能,却似乎因此更早地受到"中和"思想的教化。孔子对于令其"三月不知肉味"的《韶》乐发出了"尽善矣,又尽美也"的喟叹,而对《武》则说"尽美矣,未尽善也"。言下之意,便是要求内容与形式要完美地结合。同时还称美《关雎》"乐而不淫,哀而不伤",表现情感有所节制,适度不过分,使音乐审美的内在情感体验与外在表现都保持在"中和"的状态。这又与他"郑声淫""放郑声"的斥责,形成鲜明的对比。② 正因为强调"中和",故而古人以吟唱总器乐更接近情的本性,才硬给音乐分了等级,有了"丝不如竹,竹不如肉"的说法。独奏的表现形式则因与士大夫们独立淡泊的心境应合,让其"目送归鸿,手拂五弦,俯仰自得,游心太玄",③ 故而获得了独立的发展,产生了《高山流水》、《潇湘水云》、《十面埋伏》、《广陵散》等传世之作。

中国艺术长河时时也会泛起轩然大波。汉乐府之《上邪》中有"上邪,我欲与君相知,长命无绝衰"的盟誓。署名蔡文姬的《胡笳十八拍》曾发出"为天有眼兮,何不见我独漂流?为神有灵兮,何事处我天南海北头"的撕心裂肺的叩问。关汉卿笔下的窦娥发出过"错勘贤愚枉为天"的呼喊,为明冤屈发出过血溅白练、六月飞雪、大旱三年的毒愿,大有与中和婉约、"温柔敦厚"传统分道扬镳之势。然而窦娥被杀之后,不仅感天动地,毒愿一一如愿,而且还让其父窦天章做官,为其洗雪冤屈,终于还是回归于中和婉约的传统之中。明清悲剧中的忠臣义士良民总是走向死亡,但最后总以平反昭雪的大团圆作为结尾。正如中国大百科全书所总结的:"在中国诗里,所谓'浪漫'的,比起西洋诗来,仍然是'古典'的;在中国诗

---

① 吴德旋:《初月楼论书随笔》,转引自金开诚、王岳川编的:《中国书法文化大观》,北京大学出版社 1995 年版,第 110 页。
② 《论语·八佾》。
③ 嵇康:《赠秀才入军》。

里,所谓坦率的,比起西洋诗来,仍是含蓄的。"① 其他如徐渭、郑燮的书法,八大山人、石涛的绘画,不论用笔造型多怪多奇,亦保存和谐的构图。

不仅"中和"意识,"天人合一"思想、艺术教化功能的制约,也使中国艺术总体上呈现"婉约"的风格。既然宇宙中的万事万物都是无法离开人的作用而独立存在,既然社会秩序、心理秩序与宇宙自然吻合一致,从自然现象里找来理由解释自身行为的合理性,也就十分正常。事实上对宇宙自然理解的主体化,使中国艺术家大脑中根本没有客观自然这概念,即使是用直观形象来表达情感的绘画,所表现的也只是一个为人的意念浸透了的、融化了的原生自然——为人重新构造出来的表象世界。而这样的原生自然、这样的表象世界,全凭欣赏者去慢慢体味,实在无法表现得直露激烈。

既然几乎整个社会都偏重艺术的教化功能,都强调艺术的效果归根到底是实用价值,强调审美部分也只有放置在实用价值之中才能产生效能,这种审美意识把人们对艺术的兴趣更多地引向某种意义的挖掘上,同时也就相对忽视或放弃了对形式因素所具有的特殊审美价值的探讨。千百年来,中国社会形态和意识结构的稳定,必然使中国艺术的风格受到限制,使中国艺术整个地体现群体的思想意识和美学趣味。如果说"智者乐水,仁者乐山",②"岁寒,然后知松柏之后凋也",③ 以及"莫(暮)春者,春服既成,冠者五六人,童子六七人,沐乎沂,风乎舞雩,咏而归"。④ 这种"比德"的方式,当初可能只是孔子的个人欣赏习惯,而这种习惯随着儒家思想传播衍化为整个社会的审美趣味,并与道家"物我两忘"以悟天地间不言之大美的审美方式结合起来,"中和婉约"自然就居于中国艺术风格的主导地位了。

有了这样的艺术家和艺术观众,元代遗老们一幅无根的兰花,便可道尽亡国遗老无尽的辛酸了。这种"怨而不怒"的艺术风格正

---

① 周扬、刘再复:《中国文学》,《中国大百科全书·中国文学 I》,第 7 页。
② 《论语·雍也》。
③ 《论语·子罕》。
④ 《论语·先进》。

暗合于文人雅士那淡泊明志的含蓄与洁身自好的操守。"玉壶买春,赏雨茅屋。坐中佳士,左右修竹……落花无言,人淡如菊。"①是对这种境界的真实描摹,还是对中国艺术总体风格的形象概括,实在让人难下断语。

二、灵肉冲突的生命体验

西方人"天人相分"的宇宙意识,确定了人与自然万物只能是一种并列关系。只是人与自然界其他存在物不同,他们具有感知能力和理性精神,在与自然的相处中,常常显示出一种能动的支配权,对可感世界认识越多,理解越深,就越接近宇宙的本原,越靠近真理。这样,人就成为了把握世界的主体。这种"天人相分"的宇宙意识以及认知方式,使西方人的思维趋向于外在的客观世界。在西方人看来,认识活动是一种人对客观自然的冷静、理智的思维活动,身处自然之外的无可消除的认知距离和心理距离,使人与自然宇宙不可能达到一种完全的有机融合。从人类思维发展史看来,认识思维总是从这种片面性向另一种片面性发展的,人们所具有的寻求圆满的欲望和认识的每个具体阶段不可能完满之间的矛盾和冲突,永远是人的认识不断向前发展的动力。而对自然界的认识的更新反过来又为新思维的发展提供了一个更高的基础。在艺术领域里,西方人将人与自然,审美客体与审美主体彻底分裂,以便对审美客体进行深入剖析,再将感性经验上升为理性知识,严格地条理化、系统化。

所谓"我知故我在",对异己的客观世界的认识和观照,既是人们基本欲求,而求之不得的痛苦,又如影随形地撕扯着人们的灵魂。亚当和夏娃分吃智慧之果所得到的,并非无上的智慧,而是羞耻的感觉和永恒的痛苦。并且为了赎此"原罪"必须永远奋斗,征服自然,改造自己,以重回上帝的怀抱。故而认知世界这种所谓的"原罪"或痛苦,在西方人眼里,并不是生命的否定,而是生命存在的基本方式。因为生命即是欲求,"欲求的那种高度激烈性本身就

---

① 司空图:《二十四诗品·典雅》。

已直接是痛苦的永久根源",因为"一切欲求作为欲求说,都是从缺陷,也即是从痛苦中产生的",更何况"意志被阻挠比意志畅通的机会要多得多,于是激烈的和大量的欲求也会由此带来激烈的和大量的痛苦,原来一切痛苦始终不是别的什么,而是未曾满足的被阻挠了的欲求"。①

西方人对人生痛苦的态度,叔本华说得十分深刻:"人从来就是痛苦的,由于他的本质就是落在痛苦的手心里的。如果相反,人因为他易于获得的满足随即消除了他的可欲之物而缺少了欲求的对象,那么,可怕的空虚和无聊就会袭击他,即是说人的存在和生存本身就会成为他不可忍受的重负。所以人生是在痛苦和无聊之间像钟摆一样的来回摆动着;事实上痛苦和无聊两者也就是人生的两种最后的成分。"② 这样看来,西方人显然是以苦为乐了,这与中国人的苦中作乐相比,明显又是一种人生境界了。在这种文化精神的支配下,许多西方艺术家都认为,人生的终极价值与快乐无缘,只有在呼吸领会挣脱快乐满足的沉沦,才可能上升到更高的境界,人类精神才可能发展。由此可见,在西方人看来,心与物的这种永恒对峙和距离决定了人的不断地自我否定,并在这种灵与肉的冲突中不断取得进展,而表现或模仿这种否定与冲突,正是艺术家的生命体验。这种超越机制正是人类创造力不竭源泉。由这种距离产生了终极标准和超验标准,这两种标准的设定,使人类在不断的进取中又意识到自身的局限性。人类的认识与创造亦由否定、否定之否定的迭进过程产生超越性。在上述思想观念的支配下,西方人无暇发出"春心莫共花争发,一寸相思一寸灰"之类慨叹。相形之下,当"悲凉之气遍布华林"的时候,"独与呼吸领会者,惟宝玉一人而已"。

"天人相分""以苦为乐"自我否定,这些文化精神表现在西方艺术中便是人对物的驾驭、表现和批评,物对人的反证、刺激与诱惑。这也就决定了西方艺术不可能像中国艺术那样表现出中和婉

---

① 叔本华:《作为意志与表象的世界》,商务印书馆1982年版,第497~498页。
② 同上书,第452页。

约的总体风格和艺术家宁静淡泊的闲情逸致，而是呈现出激扬奔放的总体风格和快速变化的节奏，表现为艺术家灵肉冲突的生命体验。这一点在欣赏西方艺术作品，考察西方艺术流派的变迁时，可以看得十分清楚。

　　古今中外的戏剧总是少不了冲突对立，但即使是在受到古典和谐美制约的古希腊悲喜剧那里，人们也会感到比在中国古代戏剧中更为复杂、更为突出的矛盾、斗争和冲突，看到更多的苦难和牺牲。虽然《普罗米修斯》、《俄狄浦斯王》最后都是以"和解"告终，最终不让观众陷于痛苦和悲哀；像亚里士多德所说的那样，"借此引起怜悯和使得这种情感得到净化"，即通过情感的宣泄，使人们复归于和谐平静。但普罗米修斯和俄狄浦斯作为与天神和命运抗争的英雄人物所表现出来的崇高和身受的悲剧结果，可以让人深深地感受到西方人灵肉煎熬的苦楚。而这种命运的悲剧吸引力极其惊人，按照美国文化史学家伊迪丝·汉密尔顿的说法，"有一次演出竟吸引了三万五千多人"。[①] 至于莎士比亚的性格悲剧《哈姆莱特》，给人的印象更是绝望透顶，虽然主人公最终摆脱了性格上的忧郁延宕，杀了暴君，报了父仇，但由顺境转入逆境的大悲结局，却表现出"永远把人类跟命运分隔开来的那种永久性的巨大的不谐和"。这又与注重平衡、和谐、统一的中国古典悲剧形成鲜明对照。

　　其他门类的西方艺术作品，也同样体现出作者激扬奔放的情怀。比如作为抽象艺术的音乐。交响乐中典型的奏鸣曲式即采用对立统一的结构模式，在呈示部中提出正副两个矛盾的主题，展开部把矛盾激化，形成不同调性的冲突。例如贝多芬通过"阴沉而炽烈的"的《月光奏鸣曲》，抒写耳疾和失恋的折磨和他对命运的激烈抗争，而到了《命运交响曲》中，更表现了作者"要同命运抗争，决不被它征服"的决心。在整部作品中，种种情绪的对置，矛盾的尖锐化都得到了最集中的体现。代表命运动机的核心音型以各种形式在曲中反复出现，并借此引出作者时而坚定、时而犹豫、时而悲戚、时而欢乐的情绪变化和一系列惊心动魄的抗争场面。整部作品所

---

① 汉密尔顿：《希腊方式——通向西方文明的源流》，浙江人民出版社1988年版。

表现的完全就是贝多芬自己激扬奔放的生命体验。

同样的体验在具象艺术中表现得更加充分,无论在席里柯《美杜萨之筏》的惊涛骇浪中,还是从《思想者》苦苦的思索中,你都可以感受到更确切的痛楚。总之,面对西方艺术作品,人们不太可能像面对中国艺术作品那样,保持平和的心态去品味那一份淡泊与优雅,而常常感受到某种生命体验的强烈震撼。即使面对《米洛斯的阿芙洛狄特》,面对《蒙娜丽莎》这类风格宁静的作品,我们仍能感受到一股股坦荡光明、纯净平等的精神力量,感受到人类在自然面前的无比尊严和自信。用夏多布里昂的话讲,"她能使人做着无限的梦"。

第三节　中西艺术的形式构成

不同的哲学基础,美学观念不仅孕育出不同的艺术风格,也成就了中西特色鲜明、面貌迥异的艺术形态以及与之相适应的形式与技法。

中国艺术的主要形式特点,如散点透视、程式化、综合性都是为实现其写意的精神而形成的。没有散点透视,对事物的多方观照便无法统一于一幅画中,像《清明上河图》那样的作品,采用焦点透视的西方绘画是无从表现的。没有一定的程式,画家个人的主观画意,就难以感动他人。一看"岁寒三友",观赏者总能触摸到画者的情操,并产生向往之情。反之,西方艺术从模仿现实、尊重客观的前提出发,更重视有助于实现逼真造型的各种技术手段,如精确的几何透视法,以解剖学为基础的人体结构,光影色彩的运用等等。同时,为了创造和谐的形式美,西方艺术家还十分重视数学和逻辑思维在艺术创作中的应用,从而使艺术活动中也渗透了科学的因素。

一、散点透视与用线造型

写意的中国艺术自有一套相应的形式和技法来实现其写意性,其典型的标志就是散点透视和用线造型。中国艺术的这种形式构成,可谓源远流长,一直可以追溯到原始彩陶那里,并延续到明清的各门的艺术之中。中国的原始彩陶的图案变化除了体现出一种由具体形象向抽象图案的表现历程,为中国艺术的写意传统做出铺垫之外,同时也表现出用线造型的倾向,无形中也培育着中国人"仰观俯察"、"移步换形"的审美心理习惯,而这种习惯正是成就中国艺术散点透视最可靠的基石。因为,面对中国彩陶器皿上用线条绘制的无始无终的抽象图案,人们自然需要通过"游目"的方式,才能在有限的圆面内体会到"无尽"的意味,而绘于瓶罐颈口的图案,更养成了人们"仰观俯察"的审美习惯。而多角度仰观俯察所得的物象,只能以散点透视的方法才可能表现了。

这种由彩陶图案萌芽的散点透视的形式,在中国绘画艺术中有着最直接和最成熟的表现。中国画作为一种与士人十分接近的艺术品类,很早就摆脱了时空观念的限制,开始追求艺术表现的自由。在中国画师看来绘画不应是对实景的直接描绘,相反要从特定时空的狭隘视野中解放出来。因为"灵无所见,故所托不动,目有所极,故所见不周。于是乎以一管之笔,拟太虚之体,以判躯之状,尽寸眸之明"。① 只有这样,方能创造出尺幅千里的境界来。按照中国古典画论,画人物要"颠沛造次",画山水要"搜尽奇峰打草稿",画花鸟要"朝夕观之",只有反反复复地仰观俯察,"万物寓于心中",遗貌取神的艺术提炼才有了坚实的基础,才有可能克服绘画艺术的时空局限,进行充分写意的自由表现。中国画这种表现的特色很大程度上体现在散点透视的画面布置上。在立轴画里,透视点是上下移动的,透视点由高到低,视线由远至近,后山便不受前山的遮掩,而随画家的写意需要,自由表现了。横卷画的透视点则是左右移动,移步换景,一般性构图也是采用平面布列。这种散点透视的布局方法,不强调自然的纵深关系,避免了焦点透视中作画者视线的强烈束缚,使画家的表现得到高度的自由。张择端的《清明上河图》就是采用散点透视的长卷代表。在这个长卷

---

① 王微:《叙画》,转引自宗白华:《美学散步》,上海人民出版社1981年版,第120页。

中，通过画家的引领，人们可以从柳芽新绽的郊区，看到人群拥堵的城区，整幅画所表现的完全是移动视点的自由观察，不仅突破了空间的限制，而且表现出音乐般的节奏感，呈现出某些时间艺术的特征，宛如一幅流动的风情画卷，使观者与作者一样，边走边看，身历其境。不仅横卷和立轴，就是一幅小小的花鸟，也是在透视点的前后反复挪移中加工而成的。从未见过哪幅国画前边的花朵很大，而后边的花朵为表现透视而画得极小的情形，大小的变化只要能显现适当的层次就可以了。《出水芙蓉图》中的花蕊，如果不是散点透视的缘故，非得调入墨色以显阴影，如果那样，亮丽炫目的艺术效果就要大打折扣了。

散点透视在作为中国绘画的立体表现的雕塑那里表现得也十分明显。佛教石刻艺术中的释迦牟尼总是十分高大，身前的阿难迦叶总是十分矮小，在大足石刻中，涅槃的睡佛也还高于前来参谒的菩萨。这固然是佛教艺术的固有程式在起作用，然而没有散点透视培养出来的审美习惯，难免会让善男信女们少见多怪，崇拜之情又由何而起呢？至于中国的建筑艺术，特别是园林艺术，基本上完全承继了绘画的形式构成。许多亭台的题匾或起名"天然图画"、"画中游"之类，都可显示绘画与建筑在形式构成上的共同之点。园林的所有布局和点缀，最终都是为了让居游之人能在各个现实的观察透视点，欣赏到一幅人为而天成的图画，产生画中游的审美感受。如拙政园中园中的湖心小亭，从远香堂望去，它是湖边各景的巧妙勾连，从小沧浪望去又成为小飞虹的衬景，打破一切对称而又变化无穷的曲线，让人几乎忘却现实存在的透视关系。这与西方建筑以及中国的宫廷、宗教建筑，把人们的观察点限制在中轴线上以强调透视关系，并使人肃然起敬相比，的确是大相异趣。相对说来，散点透视对于作为抽象艺术和时间艺术的音乐而言影响相对较小，但也不是无迹可求。中国乐曲中那若有若无，若即若离却又余韵无穷的音乐形象，相较于西方音乐鲜明而强烈的音乐形象，不正仿佛散点透视的国画相较于焦点透视的油画吗？

线条造型的技法也起源于绘画，但并非中国艺术所专有，事实上，中西绘画可以说都是从线条造型开始的。不同的是中国画在造型手段中始终以线为主,面为辅,努力把以线为主的构成手段发展到极致,而西方绘画则从线条造型走向了明暗和色彩的面造型。虽然西画中也不乏线造型之精华,米开朗琪罗、安格尔、凡·高、毕加索等都是十分注重运用线条的画家,但西画的线条主要是为了精确描绘物体的真实感,线条只是形体在空间中准确位置的描画。传统西画中的线条,从属于表现的对象,离开了所要表现的形体、结构、明暗等具体内容,便没有独立存在的价值。而在中国画中,线条的作用则远远超出了塑造形体的要求,成为表达作者的意念、思想、感情的手段,中国画的线条与它所描绘的形体之间,并不存在必然的依附关系,因而获得了极大的自由,使画家可以更多地追求形体之外的东西,并赋予它更多的内涵,使线条本身便具有某种意义,有了脱离形体而单独存在的美学价值。诚如宗白华先生所言:

> 中国画真像一种舞蹈,画家解衣盘礴任意挥洒。他的精神与着重点在全幅的节奏生命而不沾滞于个体形象的刻画。画家用笔墨的浓淡,点线的交错,明暗虚实的互映,形体气势的开合,谱成如音乐如舞蹈的图案。物体形象固宛然在目,然而飞动摇曳,似真似幻,完全溶解浑化在笔墨点线的互相交错之中。①

中国画的线条融合了书法中用笔的规律和美学原则,能够体现线条自身的力度和美感,使画家可单独地去追求线的品格,通过不同的线条去体现笔墨的节奏、韵律、动态、气势、性格、意趣之美,以写神、写性、写心、写意为最终目的。美术教育家吕凤子先生在《中国画研究》中曾专门提到线条的感情问题说:"从一般规律讲,凡属表现愉快情绪的线条,总是一往流利、顿少,转折之处也不露圭角。而凡属表现不愉快情感的线条,则多停顿,呈现一种艰涩状态,停顿过甚就会显示出一种焦灼感和忧郁感。"中国画界流传"怒画竹、喜画兰"的说法,是因为短促的竹叶、竹节易于表现怒气,而

---

① 宗白华:《论中西画法的渊源与基础》,见《美学散步》,上海人民出版社1981年版。

兰叶流畅而长曲,易于表达喜悦的心情。如梁楷的《六祖撕经图》就采用了短促、凌厉、跳跃的钉头鼠尾描法,使画面产生一种激烈动荡的气氛。这种线条不仅表现了画中人六祖一边撕经书,一边暴跳如雷的形态、神态,以及所穿衣服的质感,还体现了一种粗犷、激烈的线条感情。

中国书法是最为典型最为直接的线条艺术。王羲之的《兰亭集序》线条如行云流水,字体结构极尽变化,风流潇洒之至;张旭《古诗四帖》"伏如虎卧,起如龙跳,顿如山峙,控如泉流"。① 充分体现了书法艺术用线造型的特点。

作为人的主观创造的线条,在三维空间实际并不存在,雕塑作为三维的空间艺术本来应当与线条无缘,然而用线造型的巨大表现力,在中国雕塑作品那里却得到充分表现。许多人物的衣褶、发纹之类细部常常雕为写意性的线条,有的干脆采用彩绘的方式表现。

至于线条对中国音乐所产生影响,主要表现为独奏的方式和悠扬起伏的旋律在时间上所画出的线条。中国音乐多采用线性结构,单声部为主,一段段的连缀,形成以线为基础的一体化,按自然顺序进行,结构上没有反复,缺少复调与和声。采用单声乐器。人们形容动听的音乐,每用余音绕梁三日不绝,苏轼形容箫声"如怨如慕,如泣如诉,余音袅袅,不绝如缕"就是明证。这又与西方音乐强烈的节奏和大量的齐奏、协奏所产生的排山倒海的气势和巨大的空间占有形成鲜明对比。

程式化是中国艺术的重要手段,其中最有代表性的是中国传统戏曲。从性格化的脸谱,生、旦、净、末、丑等类型化的角色,假定性的戏剧情境,到虚拟化的舞台设计与表演动作,风格化的台词与唱腔,凡此种种,无不依赖于一系列约定俗成的创作与欣赏的程式。对于一个京剧欣赏的内行,台上演员的身形招势、水袖曼舞皆能传达出人物的感情心态,《打渔杀家》中的渔家女儿仅凭一片小桨和身段的变幻,就可以让观众尽情领略水中行船之妙境;《三叉

---

① 朱仁书:《中国古代书法史》,北京大学出版社1992年版,第294页。

口》则在明亮的舞台上将角色在黑暗的屋内打斗的情境演绎得活灵活现。此外,中国绘画中描绘山石草木的笔法,书法的空间结构处理,书画与题款印章的搭配,也都各有其章法程式,学习者往往需通过模仿传统的形式而非西方式的以现实客体为摹本的写生去习得技法。

所谓综合性是指各门中国艺术相互之间多有借用,言之不足,可以手之舞之,足之蹈之;如感画意未足,诗书印章亦可杂而用之。各门艺术都通过自己所依媒介的多样性组合,按"和实生物,同则不继"的原则产生出来,做到"有无相生,难易相成,长短相形,高下相倾,音声相和,前后相随"①,形成浑然一体的艺术境界。以中国建筑为例,中国建筑设计极端的整体意识表现在对建筑物之间关系的处理、系统的建立,以及对建筑物所处的宇宙自然位置的选择上。在平面上以"间"为基本建筑单位,以"堂"为中心、"院"为单元构成组群关系,又以"街"为线索,以"坊"为中心构成社区,进而扩张到城市建立起实用方便的居住系统。中国传统建筑没有庞大的高楼大厦,建筑的宏伟气势是靠组合联系来实现的。同时中国建筑非常讲究人在宇宙中的位置,无论宫殿、民宅、墓址都要选择方位,测定风水,因为这一切将影响使用者乃至子孙后代的命运。皇家建筑以重重叠叠的门楼及高墙深院表明皇权的神圣威仪,森严神秘;佛家那典型的中国式寺院多依山势层层叠上,尤将藏经楼置于最高最后一进寺院,以这种深而高的层次感和相承相接的联系造成的系统性,显示出佛道的高深玄妙。作为中国建筑装饰不可或缺的重要组成部分的匾额楹联则将文学因素融入建筑艺术,点染环境,升华意匠,提炼精神品格,成为沟通建筑与环境、自然与人文的桥梁。又如皇家园林颐和园作为中国园林的一大伟例,并不见什么庞大的建筑,而是众多的楼阁台榭和无数连接它们的小径、游廊配合自然环境,加上无数的匾额楹联,梁间彩绘,飞檐雕饰,造成了一个参差错落、浑然天成的中国式的艺术天地。

---

① 《老子·第二章》。

二、从具象、印象到抽象的艰难探索

相对于古今一脉相承的中国艺术而言,西方艺术的形式构成则显得多姿多彩,从总的发展趋势看,大致走过了从崇尚逼真的具象作品到强调抒写印象再到重视形式与精神的抽象艺术的探索历程。写实艺术所反映的当然是具象世界,但亦不排斥描绘自然在艺术家心目中的印象,从具象到印象,都是以客观为依据。到20世纪,西方艺术潮流也开始由客观走向主观,由再现走向表现,于是艺术作品中出现了越来越多的变形、抽象和观念的成分。

从西方早期艺术特别是绘画艺术来看,阿尔塔米拉山洞里的野牛有的似乎摹自实物,有的则似乎拟自内心,有的多用明暗色彩的面的造型,有的则纯以抽象的线条绘构而成,处于一种相对自由的自然创作状态,而较少受到某种既有的艺术创作范式的影响。古希腊以后,"天人相分"的哲学和以科学方法把握世界的思维方式主导了西方人的思想,对自然具象的描摹构成了西方艺术的传统。从古希腊,经中世纪到文艺复兴,无数的艺术家都在尽其所能地丰富和发展写实技艺,以便更逼真地描摹现实生活的场景。在这方面,古希腊的雕塑和达·芬奇的绘画堪称典范。象古典主义、浪漫主义的绘画,完全可以以假乱真。虽然其中也有各种各样的风格流派,如像刻意追求装饰美的"巴洛克风格",柔和朦胧纤细优雅的"洛可可风格",庄重深沉、构图精到的古典主义,重情感、重色彩、重刺激的浪漫主义风格,但对具象的描摹、对客观的写实一直处在中心地位。

正如中国艺术努力拓展线条的表现力一样,西方艺术努力扩展具象描摹的表现力,也达到了匪夷所思的地步。如像俄国音乐家穆索尔斯基根据画家哈特曼的十幅遗作创作的钢琴组曲《展览会上的图画》,经法国作曲家拉威尔改编为管弦乐,几乎调动了交响曲的全部技巧,音乐力求以不同的调式和不同的配器,表现十幅不同的绘画的内容以及欣赏者的不同心绪,给听众以身临展厅的神奇感受。也许这种技巧的展示未必完全符合内容的要求,也许这种颇有"为艺术而艺术"意味的近于所谓"淫声"的作品,对于缘情而发为情所制的中国音乐来说,似乎难以想像和接受。但又令人不得不佩服这种艺术探索精神。

为了达到再现客观真实的艺术理想,西方艺术还广泛借助科学手段,几何学、透视学、解剖学、光学、甚至数学的知识都被应用到美术创作中,以便在平面的画布上通过透视精确的明暗光影、色彩渲染凹现出有深度、有层次、细节形似逼真的立体空间的真实感。例如达·芬奇非常强调透视原理对绘画的重要意义,认为"绘画以透视为基础","透视学是绘画的缰辔和舵轮",① 他的《蒙娜丽莎》能够描绘出真实的外光风景,《最后的晚餐》能以窗户亮光映衬基督的头部,正得益于这位大师对物理新成果的研究利用。

为了探寻艺术形式美构成的规律,西方人还引入数学手段。古希腊人自不待言,毕达哥拉斯学派认为宇宙的本原是数,数的和谐关系构成了宇宙网络,而美就是这种数量关系的显示。而表现数的可感形式和数学逻辑,正是构成西方艺术科学地再现客观世界的形式主义基础。古希腊著名的雕塑家波利克莱乌斯甚至认为:"美是通过许多数字,一点一点地显露出来的。"至于亚里士多德的艺术模仿说,当然也离不开数的关系的制约。

即便在艺术为神学所主宰的中世纪,数学原则在艺术中的权威地位仍然不可动摇。在宗教哲学家们看来,美是适当的比例和鲜明的旋律。圣·奥古斯丁认为美是数学的和谐关系的显示。圣·奥古斯丁认为,音乐听觉美的存在,就在于音乐形态本身的数的关系。他在《论音乐》一书中说:"美丽的东西所以使人喜欢,就是全靠有数字的关系。"② 而圣·托马斯·阿奎那更明确提出:"美有三个要素。第一是一种完整或完美,凡是不完整的东西就是丑的;其次是适当的比例或和谐;第三是鲜明,所以鲜明的颜色是公认的。"③ 宗教理论家的观点充分地反映在宗教艺术之中。米兰大教堂等哥特式宗教建筑,都表现为严格的几何体尖角,圣坛的长

---

① 《芬奇论绘画》,人民美术出版社1979年版,第57页。
② 圣·奥古斯丁:《忏悔录》,商务印书馆1963年版,第64页。
③ 《西方美学家论美和美感》,商务印书馆1980年版,第65页。

度、高度都无不表现出和谐的比例。它的迷人之处正在于数学智慧与宗教精神的有机结合。

凡尔赛宫

文艺复兴,更给予古老的数学原则以崇高的地位,美学的数学原则以及艺术的数学方法得到了普遍运用。新毕达哥拉斯主义者卢卡·帕奇奥洛在他的《神圣比例》中表明了黄金分割的美的法则;达·芬奇强调"美感应完全建立在各部分之间神圣的比例关系上"。[①] 他认为,一门真正的科学必须以感性经验为基础,并能够像数学那般具有严密的论证。而绘画却是以重要的感觉形式——视觉为基础的,所以绘画应该是一门科学。他在论及数学与艺术的区别时说:"科学只限于研究连续量和不连续量,它们不关心质,不关心自然创造物质美和世界的装饰。"[②] 德国哲学美学的代表人物莱布尼茨对音乐及音乐美的存在有许多思考,他认为音乐之所以迷人,在于数的比例关系。他说:"音乐使我愉悦,尽管它的美只在于数的比例,节拍和发音体经一定时间间隔重复的震动次数之中,在于不知不觉地在我们的心灵中不断地完成着的节拍之

---

① 《芬奇论绘画》,人民美术出版社 1979 年版,第 28 页。
② 同上书,第 18 页。

中。"①

古典主义艺术家虽然没有明确地把艺术的形式表现问题诉诸数学的关系网络中,但从所表现出的对古希腊和谐的艺术形式的极大兴趣可知,数学原则也仍然深深地潜存于他们普遍意念中。以至不满者司汤达评价这种绘画简直就是一门"精密的科学,就跟数学、几何、三角一样"。② 而崇拜者也说"安格尔先生画活人,就像几何学家画固体一样"。③

科学技术的进步成就了西方艺术具象形式的极度发展,同时也成为西方艺术构成形式向印象和抽象转移的诱因。照相术的成熟,使得逼真的具象描摹成为低效率的模仿而丧失了魅力。1874年,马奈、莫奈、雷诺阿、德加、塞尚等一批青年画家展出了包括《日出·印象》在内的油画作品,被时人嘲讽为"印象主义画家的展览会"。《日出·印象》所画的的确不再是寻常的港口日出景象,而是日出的印象。在画中,莫奈借重当时光学理论的突破,注重了对外光的研究和表现,借浓雾大胆略去对港口景象的细部描摹,使一切景物都在清晨的薄雾和天光水色中若隐若现,似乎只是随意涂抹了几笔。然而清晨那种凉中带温的气氛,冷中带暖的色调却跃然纸上,表现得准确而动人,给人以强烈的氛围感。雷诺阿的《红磨房的舞会》也强调了特殊光影条件下热烈的氛围感。这样,印象主义的绘画就使西方绘画开始摆脱了情节、题材和追求透视深度的造型手段的束缚,注重发挥色彩、外光的表现力。印象主义作为一种潮流很快波及整个欧洲,也影响到其他门类的艺术创作。1887年,一些人又指责德彪西的交响组曲结构不明确,要他"警惕模糊的印象主义"。事实上,德彪西的印象主义音乐崇尚柔和,抑制排斥过分的激情;避免文学性的铺叙,借助标题和丰富的色调变化引起联想;含蓄的暗示多于热情直率的表达,强调朦胧的感觉印象和

---

① B.Л.金斯塔科夫:《美学史纲》,上海译文出版社1986年版,第161页。
② 转引自文杜里·利奥奈洛的:《西欧近代画家》上册,人民美术出版社1979年版,第55页。
③ 泰奥菲尔·希尔威斯特:《安格尔的真实写照》,见《安格尔论艺术》,辽宁美术出版社1980年版,第182页。

变化多端的气氛,的确有几分作为印象而非具象所具有的模糊色彩。

印象主义的创作虽未脱离西方艺术模仿现实的传统,但作为对古典主义学院派刻意描摹的精确形象与和谐形式的一种突破和反叛,其意义极为深远。就其对艺术家主观印象的真实而非所谓客观形象的逻辑化表达的遵从来看,似乎更接近地体现出中西艺术表现的共性。在印象主义的影响之下,许多西方艺术家在理论和实践上不再强调具象的忠实摹写,而开始注重从中国和东方汲取艺术养分,表现出某种写意的倾向,取得了举世瞩目的成就。比如被列为后印象主义的凡·高的《向日葵》,由于受东方艺术,尤其是日本版画的影响,几乎看不到油画的立体感和明暗变化,而只见扭曲、变化的笔触活画出向日葵的勃勃生气。它们以各种姿态从陶罐里向外伸展着身姿,连花瓣都像火焰般的扭动、升腾,而不像普通的静物画那样安静平稳。这也明显是受了中国绘画抒写主观情绪的影响。在色彩方面,画家几乎运用了各种各样的黄褐色来描写此画,从葵花到罐子、桌面和背景,构成了一幅黄色调子,以传递凡·高对创作和生活时的热情。同时也体现出力图用油画颜料表现中国绘画以墨色创造层次效果的特色。类似的风格从他的《柏树与星空》等作品中也表现得十分突出。

如果从塞尚、凡·高和高更的绘画中还能看到具象绘画的余波,还能品味到印象主义的影响和东方艺术的余韵的话,那么立体派艺术已远离了传统的模仿写实艺术轨道,创造出了自己独特的艺术语言。《亚威农少女》只有5位半抽象的裸体少女和一组静物。这幅画改变了传统的平面上塑造三度空间的概念,在分割成几何形状的背景上,画了5位奇形怪状的少女。左边3人是在古典人体的基础上进行大胆变形的结果,她们的身体分解成近乎于几何形的样子,右边的两位少女各长着一张可怕而怪诞的脸,身体也被分解成几何形,充满一种原始而野蛮的气质。这些少女没有女性柔和的曲线和美丽的面庞,也没有完美的比例,画面还缺少空间深度,一切都是扁平的分割的丑陋的,它让人看起来就像一堆支离破碎的玻璃。毕加索在这幅画中几乎打破了过去的一切传统,具有一种新统一感,它成为现代绘画空间概念的起点,也是立体派产生的标志。这些介于印象和抽象之间的绘画风格在《格尔尼卡》中表现得更为纯熟。

抽象造型在西方也有悠久的历史,希腊奴隶制国家形成时期的狄庇隆陶器之上,除了云纹、鸟纹、兽纹之外还有正在进行某种仪式和舞蹈人形的几何纹样。人的上半身简化为倒置的三角形,腰胯抽象为椭圆形并逐渐转化为扭动的下肢,而上肢只是向上半身放射的两条线,头是一个圆点。这些点、线、面的有机组合,表现出人体的节奏韵律及其特有的神态,显示抽象造型已达到相当的高度。抽象主义艺术从原始艺术、中世纪宗教艺术、东方艺术、中国的书法艺术中广泛吸取养分,形成了新的风格。俄国的抽象主义大师康定斯基认为,艺术属于精神生活的范畴,绘画这样的形象艺术也能表达人的精神,也应与音乐一样,画面中的点、线、面、节奏、色块,应该等同于音乐中的乐音、音阶及旋律。绘画不必依靠具体形象就可以打动观者的知觉,触动观者的情感,达到绘画艺术的目的。并认为画面中暗示某种造型的因素越少,艺术就越有大的感染力。西方现代的抽象绘画作为这种理论的实践,则远离物象的形似,以纯粹的点、线、面、色,力求表现抽象的时间和空间的节奏与韵律,追求时间和空间的相对统一的效果。在抽象绘画作品中,客观物象被主观思维所取代,以平面构成、立体构成和色彩构成的方法,创造具有四度空间(三度空间加时间)的作品,以表达抽象的感情。如果说康定斯基的《三个乐师》还有具象的影子,到了抽象表现主义代表画家波洛克的《秋天的旋律》,则纯以类似泼墨的手法,体现作者作画时的情绪的脉搏,表现出一种比较接近中国书法艺术趣味和美感。抽象艺术在表面上对传统艺术的反叛实际上正好成为具象绘画的补充,它的出现在人类审美发展史上具有不可低估的意义。

即便是到了19世纪末至20世纪这个艺术观念彻底变革的时代,艺术中的数学原则不仅没有销声匿迹,而且被一些现代派艺术家抬到了具有独立审美价值的位置上。抽象主义大师康定斯基说:"一根竖立线和一横线结合着,产生一种近于戏剧性的音响。

一个三角形的尖角和一个圆圈接触产生的效果,不亚于米开朗琪罗画上的上帝的手指接触着亚当的手指。"① 在这里,数学形式的表现力不仅得到了肯定,而且是作为一个极具独立审美力的形式来肯定的。在现代派画家毕加索等人的创作中,也不难看到数学形式所闪烁出来的审美价值的光芒。

西方艺术的科学尺度不光是数学的原则,西方音乐还遵循严格的逻辑化的手段。例如交响乐的奏鸣曲、复调、和声等无不具有逻辑化的复杂结构。例如欧洲音乐最高的奏鸣曲式即严格按照对立统一的方式进行结构。在呈示部中,主题与副主题必须有对比,可以是材料对比或调性对比。展开部将矛盾激化,形成冲突。再现部则把主题,副主题的调性统一,使矛盾趋于解决。

总之,西方现代艺术流派五花八门,其形式构成虽然难以尽述,但总是在具象、印象、抽象之间寻找自认为适宜的形式,表达对世界的理解。比如超现实主义的美术家努力证明人的潜意识超乎理智之上,是"更为重大的现实",为从意识中产生意象,他们甚至用一种自称为"偏执狂临界状态"的方法在自己的身上诱发幻觉境界,用分解、综合、重叠、交错的方式来处理具象,来反映潜意识的过程。西班牙达利的《记忆的永恒》就是这方面的代表。西方现代艺术无可否认地有其自身的弊缺,尤其在追求形式构成的突破的时候,较少地注意到形式与内容的统一,甚至影响作品的欣赏和艺术生命长远流传。但它所具有的超越机制,不断在艺术领域探索的天性是贡献于人类使其得以永远进取,不断进步的精华所在。在西方传统的理性艺术中,人对物的这种绝对把持把人推向上帝般的神性地位。而在西方现代艺术中,人们又用怀疑的剑刺死了上帝,摧毁了自封的神性地位,使自己的精神漂泊无依。西方艺术向何处去,只有拭目以待,静观其变。

---

① 瓦尔特·赫斯:《欧洲现代画派画论选》,人民美术出版社1980年版,第138～139页。

【思考题】

1．谈谈你中国艺术所追求的"中和之美"的理解。

2．试析散点透视与焦点透视的在技巧和效果上的差异。

3．试析西方古典艺术与现代艺术在美学基础和艺术表现上的演变。

【本章阅读书目】

1．宗白华:《美学散步》,上海人民出版社1981年版。

2．冯晓:《中西艺术的文化精神》,上海书画出版社1993年8月第1版。

3．彭修银:《中西戏剧美学思想比较研究》,武汉出版社1994年5月第1版。

4．《芬奇论绘画》,人民美术出版社1979年版。

5．陈东:《西方音乐史教程》,中国国际广播出版社1989年7月第1版。

第九章
主观的诗与客观的诗
——中西文学比较

　　文学比较是文化比较中发展最早的领域，也是人们接触和理解不同文明间精神文化联系与差异的重要途径之一。因为文学活动及其作品不仅作为语言艺术而且作为人类精神的重要载体无所不包地记录着特定民族的心灵史，同时文学作品也是各民族文化成果中彼此间交流最频繁、最迅速，影响最直接、最广泛的形式之一。为此，我们在把握中西文化的精神内核时自然离不开对两种不同文学传统的考察。

　　研究表明，中国文学与西方文学不仅显示出不同的文化内涵、截然异趣的风格特色，而且在其成长历程中还呈现出双向悖逆的不同发展趋向。传统中国文学以抒情表现为中心，重视诗人的主观情意的表达。西方古典的文学传统则更加关注反映客观现实，借以引导读者认识自己的生存状态与生活中的真善美。然而20世纪以降，中西文学的形式与风格均发生了急剧转变，中国文人开始借鉴西方思维方式与艺术技法，致力于发展以反映现实生活为宗旨的叙事艺术，西方则兴起了反叛传统价值观和艺术标准的现代主义运动，专注于人的主观精神的探究和自我表现，中西文学似乎擦肩而过地走向了对方的世界。这也向我们预示了某种文化互化乃至殊途同归的前景。

第一节　中西神话中的神性与人性

　　神话是人类最古远的文化遗产,是世界文学的最初源头,也是原始民族自然观、社会观、信仰意识等精神文化内涵的主要载体,是人类集体无意识的雏形。它对民族精神的形成与发展有着极为深远的影响。

　　什么是神话呢？"任何神话都是用想像和借助想像以征服自然力,支配自然力,把自然力加以形象化;因而,随着这些自然力实际上被支配,神话也就消失了。"① 神话是古代人类说明世界起源、自然现象、社会生活和人生奥秘的故事和传说。它的根本特性是思维方式的"浑融性"和"万物有灵论"的原始哲学,基本表现手法是幻想和神化。因为古时人们受生产力水平底下的限制,不能科学地解释外物和自身,便借助想像和幻想,把自然力和社会现象拟人化或超自然化。神话的载体是远古诗歌或散文,属于民间文学创作,在用文字记录成文之前,大多经过民间长期的口耳相传。神话的内容是关于神的各种故事,它们的表象是神奇的超自然的,本质却有着具体而实在的历史性和民族性。由于各民族神话赖以形成的历史、地理、社会和文化条件的不同,神话在不同民族文化中的地位与影响是不同的。中国古代神话由于世俗化和历史化的影响,保存较零散,未能在后世的文化建设中发挥主导作用。相反,西方神话则以其丰富的形象,成熟的形式和对社会生活无所不在的广泛渗透,成为滋润西方艺术和文学创造的源泉。

一、自然神与社会神

　　纵观世界神话文学,涉及到的宇宙的起源,人类的诞生,氏族的英雄以及洪水、旱灾、猛兽等等,中西皆有。但在其具体内容和表现方式等诸多方面,却表现出极大的不同。

---

　　① 马克思:《政治经济学批判导言》,转引自《马、恩、列、斯论文艺》,人民文学出版社 1981 年版,第 82 页。

中国神话(主要指汉族)的大部分作品属于原生态和过渡态神话,具有以下突出特征:

(1)描述自然现象、表达人类征服大自然愿望的作品异常丰富。原始初民最早观察到的外物大凡是自然现象,首先予以解释的也是它们。中国神话中有大量创世神话(盘古)、造人神话(女娲)、天庭地府、日月星辰、江河山岳、植物动物等神话,它们体现了华夏古人对自然奥秘的猜测和求索;还有许多关于洪水、战争和发明创造为主题或背景的神话,它们反映出古人在征服外界的异己力量、战胜种种艰难困苦的斗争中谋生图存、寻求发展的情景。

(2)神灵大多是自然神。中国古人注重观察、叙述自然物象,而自然物象的升华便是各式各样的自然神,如天神、地神、日神、月神、山神、河神、植物神、动物神等。中国古籍中载有成千上万的自然神,《山海经》中,仅山神就达四五百之众。这些自然神往往以某种动物或动物躯体的某部分,或数种动物的组合(如饕餮、龙、凤)等形式出现。后来,随着人的因素逐渐增多,动物因素相应减少,神祇呈现出"人兽同体"特征。《山海经》中的大量神灵都属此类,如雷神"龙身而人头",海神"人面鸟身,珥两黄蛇,践两黄蛇",水伯"八首人面,八足八尾"等等,它们或人面兽身,或人躯鸟尾,或人首蛇躯。中国神话中也有一定数量的社会神,而这类神与自然神亦有千丝万缕的联系,如著名的伏羲"人面蛇身",神农氏"人身牛首"。自然神占主导地位是原生态和过渡态神话的基本特点。

(3)神话的单一性。中国神话中的神数量虽说很多,但头绪纷繁,遍地开花,大都互不相属,没有形成一个清晰的谱系。中国史前时期有东夷、华夏、苗蛮三个部族,各自有不同的活动区域,有不同的神话意象。此外还有许多较小的氏族部落,有属于他们的形形色色的神话故事。同一母题的作品在许多民族和地区同时或相继流传,如洪水灭世与英雄治水(或人类再生)神话不仅见于汉民族,还见于二三十个中国少数民族,但同样的神祇在不同区域、不同民族的神话中关系却是不完全一致的,甚至行使的职责也是不同的。同一民族的同一作品常有许多异文,如汉族的黄帝战蚩尤、苗族和布依族的英雄射日对主人公名字、故事情节和细节都有许多种说法。另外,中国神话中的重要神还缺少像希腊神婚配和子嗣那样的亲缘关系,特别是那些比较有名的新神,像刑天、夸父、后羿、嫦娥、河伯、愚公等,大都与开辟神和始祖神无血缘关系。尽管由于异文的增多和传唱时的再创作,人们对神话认知范围不断扩展,神祇也在不断地增加,但始终没有形成一个相互联系、密不可分的完整的神界形象系列。

(4) 中国神话尽管神多,但关于神祇的记载是非常简单的,都是零星的、片段式的有关事件的概述。作为故事主角神,没有明显的个性,没有复杂的心理活动,事件是整个故事的中心,人物的刻画受到故事发展的限制。如射掉九个太阳拯救了人类的英雄后羿,尽管他的丰功伟绩几千年来一直被人传唱,但对他的记载却是单薄而模糊的,《淮南子》中只有短短的 109 字。后羿似乎只是一个符号,关于他个人的一切我们根本无从得知,他离现实的生活十分遥远。再比如"鲧禹治水"的神话,如果把《山海经》、《淮南子》等书中有关片段连缀起来,并作一详尽讲述,一定可以构成一篇结构宏伟的神话故事。中国原生态神话并不算少,但记载大都比较简单、概括、零散、枯燥,很难看到那种刻画入微、曲折生动的故事。

较之中国神话,希腊神话的主要表现有:

(1) 折射人际关系和社会现象的作品居多。希腊神话中常有血亲争斗、骨肉仇杀情节,如乌拉诺斯将子女囚禁于地府;幼子克洛诺斯在母亲的唆使下反抗父亲,取代其王位;利阿得斯姐妹把父亲剁成肉块,放进锅中烹煮;忒柔斯奸污妻子的妹妹菲罗墨拉,因怕丑行暴露又割掉她的舌头;美狄亚为报复负心的丈夫伊阿宋,先设计杀死其新妇,又杀死自己和他生养的两个孩子。这类血腥故事少数是原始社会野蛮习俗的回声,大多都反射出私有制和私有观念形成后的社会现实。希腊神话中还有不计其数的恋爱故事,有些是神族内部的"乱伦",或发生于同辈血亲之间,或发生于上下辈、甚至间隔几代的上下辈之间;有些是神际或神人间的"乱爱",情形更为错综复杂;也有些是生动感人的爱情故事,男女主角或喜结良缘,永不离分,或阴差阳错,终难如愿。这类故事也含有颇多社会因素,较为远离初期的自然神话。

(2) 神灵大多是自然神兼社会神或比较纯粹的社会神。前者如兼司农业、战争、旅行、医药的太阳神阿波罗,兼司丰产、分娩的植物神阿耳忒弥斯,兼司渔猎、助战、预言的林神潘;后者往往是某种人类观念的化身,如命运女神阿忒洛波斯、机缘女神堤刻、青春女神赫柏、报复女神涅墨西斯。希腊神祇的外形虽然还有动物遗迹,如雅典娜的早期形态有猫头鹰特征,赫拉的眼被称为"牛眼",但就整体观之,已达到相当彻底的神人同形,如海神波塞冬为强壮男子,农神得墨忒耳为和善妇女,战神阿瑞斯为英俊少年,缪斯九神为妙龄女郎。不仅与人同形,他们还与人同性,有着人的意志、性格、欲望,像世间俗民一样恋爱、饮酒、争斗、喧闹,贪图感官享受和眼前的快乐,经常干出荒唐事。战神阿瑞斯与爱神阿佛洛狄忒私通,被爱神的丈夫火神赫淮斯托斯发觉,火神把他们包在一张网里送到众神面前,引得众神哄然而笑。这幅画面完全是希腊社会世俗生活的写照。希腊神祇与凡人不同之处,仅仅在于他们能长生不死,并具有某些超人的能力如隐身、变形等。

(3) 神话的内容相对集中,风格较为统一,有完整的谱系。希腊神话是环绕着一个中心——奥林匹斯诸神层层展开。希腊神话的大半内容讲述新老两批神祇的故事。宇宙最先生出卡奥斯(混沌)和该亚(大地),该亚生出乌拉诺斯(天空),乌拉诺斯与该亚结合生出克洛诺斯等六男六女,以及三个独眼巨怪和三个百手巨怪,这是两代老辈的神。克洛诺斯称王后与瑞亚也生六男六女,最小的是宙斯,宙斯推翻父亲,成为世界的主宰;他与哥哥姐姐得墨忒耳、赫拉、哈得斯、波塞冬,和子女雅典娜、阿波罗、阿耳忒弥斯、阿瑞斯、阿佛洛狄忒、赫淮斯托斯、赫耳墨斯构成两代新神的核心,统称"奥林匹斯十二主神"。以"卡奥斯—乌拉诺斯—克洛诺斯—宙斯"的神界家族为主线,神话将众多神、人、英雄的故事编为一体;即便晚出的英雄传说,诸如关于赫拉克勒斯的传说、忒修斯的传说和特洛伊战争的传说,也与这条主线有直接间接的关系。这构成世界上现存最完整、最庞大的神话系统。希腊位于南欧的一隅,领土狭窄,民族单一,这是其神话内容集中、风格统一的大背景;而荷马一类行吟艺人及赫西俄德等作家对早期散篇故事的加工整理,则是希腊神话内容相对集中,风格较为统一的主要原因。

(4)希腊的神话在流传的过程中,一般都有一个比较完整、有起有落的故事框架。形象丰满,故事完整,细节丰富,描写生动,诸神或英雄是神话文学的中心,突出了他们的个性和经历,而故事作为背景是围绕着诸神和英雄人物设计并展开的。如"阿耳戈英雄"的神话传说中,为展示伊阿宋远航寻取金羊毛的勇敢顽强,先后设置了近十个事件,有关众英雄与美狄亚之间的几件事是整个深化故事的高潮,尤其是伊阿宋和美狄亚的恋情,不仅曲折婉转,情谊缠绵,而且酣畅淋漓,慷慨悲壮,从而使一则神话传说带上了浓郁的艺术审美色彩。如大英雄赫拉克勒斯,他的出生到死亡,他所做的12件大事,他的快乐与悲伤,他的长处与不足,都在神话中一一的呈现了。这种临近情节的故事结构与神话完整的神系相适应,显示了希腊神话鲜明的审美特征以及神话走向小说的较高起点。

二、道德楷模与美之理想

神话作为远古历史的回音,真实的记录了各民族在它童年时代的瑰丽的幻想、顽强的抗争以及步履蹒跚的足印。同样它作为各民族的文化源头,在很大程度上影响了民族精神的形成及其特征.

如果说希腊神明因为其感性化的特征而成为希腊人和后来的西方人所向往的美之理想,那么中国神明则由于其历史化的变形而成为中国人世代敬仰的道德楷模。

中国古代神话大致经历了从灵性到神性再到人性神话的不同阶段,在流传中经过后人的不断改造、加工,失去了本来的面目。特别是儒家的一番历史化的改造,把一个本来充满神秘意味的传说,"合理"地装扮为实实在在的史迹了。如千百年来一直被奉为中国人祖先的黄帝,从《山海经·海外西经》中的"人面蛇身,尾交首上",到《史记·五帝本纪》,衍变成为一个有稽可查,天才独具的人间帝王:"黄帝者,少典之子,姓公孙,名曰轩辕。生而神灵,弱而能言,幼而徇齐,长而敦敏,成而聪明。"甚至"黄帝四面"的传说,也被解说为:黄帝并非长着四张脸,而是命四名贤臣分治四方以君临天下。① 随着黄帝由面目狰狞的怪异生番变为威风凛凛的上古帝王,他也被赋予了种种高尚的道德品性。他"养性爱民,不好战伐",代表着正义,他"修德振兵,治五气,艺五种,抚万民,度四方";伐炎帝,是因为炎帝不行仁道,戕蚩尤、杀夸父、诛刑天。"顺天地之纪,幽明之占,死生之说,存亡之难。时播百谷草木,淳化鸟兽虫蛾,旁罗日月星辰水波土石金玉,劳勤心力耳目,节用水火材物。"② 凡此种种记载昭示人们,黄帝是善良和正义的象征,是德被四方,遗泽万代的帝王师表。黄帝身上的神话成分完全消解在历史化的过程中。而另一些神灵虽然继续保留着其怪诞的原始面目,但仅是作为黄帝的道德反衬留存于史籍和民间逸闻中。

黄帝以及另一些远古神明都在逐渐蜕去怪异形象的同时成为了抽象道德概念的化身,在他们身上能够看到中华民族的道德观念和伦理范式。他们清心寡欲,很少有婚恋逸事,史籍偶尔述及禹娶妻,是为了颂扬他的卓越人格:他为了治水,居外十三年,只因怕触犯"三十而娶"的古制才娶了涂山氏女,但为了"不以私害公",婚后仅4天就复往治水,后来又三过家门而不入。这些神祇,被描述为服膺于庄严的天命,自觉承担起维护宇宙秩序的崇高的责任,而成为社会道德的楷模。

在中国神话中表现出的浓郁的伦理意识,侧重于现世道德教化,而忽略对彼岸理想的信仰。由于这种伦理意识的制约,中国神话中的那些具有超越色彩和宗教形而上学倾向的遐思冥想都被淡化、消除,或者拉回到伦理范畴中重新加以诠释。结果使得"怪力乱神"都被排除到正统文化思维的视野之外,富有原始浪漫情调的神话传说成为道德教化祭坛上的牺牲品。在中国神话的历史化改造过程中,诸神失去了自然属性和狂想色彩,却获得了历史属性和道德色彩,体现出中国人对"德"的尊崇——合乎规范的社会行为比知识和理论本身更值得尊重这一文化特质。于是,凝结着原始人类思维特征和朴素想像的神在中国被改造成作为文明社会道德

---

① 《太平御览》卷七九引《尸子》。
② 《史记·五帝本纪》。

偶像的"圣"。

在古希腊神话中的诸神,以其形体的健美和智慧的卓越而成为希腊人的生活理想。宙斯、波赛冬、哈得斯三兄弟的威严、太阳神阿波罗的俊美、战神阿瑞斯的剽悍、神后赫拉的美丽、智慧女神雅典娜的睿智、美神阿佛洛狄忒的妩媚、先知普罗米修斯的机智,都成为凡人所羡慕和讴歌的对象。神对于凡人来说是一种更高的现实,是一种美的理想。神构成了人生的另一种存在状态,在这种状态中,人超越了他自身的有限性和缺憾性。希腊人通过对神的崇拜和交往而体验着一种超凡脱俗的神性生活。神并不比人更有道德,只是比人更有力量、更美。从而就使得神话成为对现实生活最具有感召力的理想。希腊神话的理想化特点在于它的感性化,用黑格尔的话来说,"希腊的性格是'美'的个性"。正是从这些个性中,人们认识了古希腊人天真、乐观、爱思索、喜好现世快乐和感官享受的性格特点。

在道德方面,希腊神明除极个别例子外(如普罗米修斯为人间盗火种),几无任何值得称道之处。在希腊神明身上没有打上伦理化的烙印,他们只是一群终日在奥林匹斯山上宴饮娱乐的游手好闲之辈,而且还经常到人间来干些风流勾当和滋生事非。他们像凡人一样具有七情六欲,一样爱冲动和犯错误。他们以神的身份制定种种律法,然后又像凡人一样随心所欲地践踏这些律法。希腊神灵大多具有双重品质,如宙斯的威严和荒淫,赫拉的端庄与嫉妒,阿佛洛狄忒的温柔与虚荣,波赛冬的气势宏伟与心胸狭窄。阿伽门农的勇猛和刚愎自用等等。正是这些非伦理化的感性特点,构成了希腊诸神的魅力和可亲近性,使他们为希腊人所爱慕和向往。希腊神明既不像中国神明那样是一些毫无个性特征的可望而不可即的伦理符号,也不像基督耶稣那祥是一个毫无感性色彩的令人望而生畏的"精神"偶像。他们是一些活生生的血肉之躯,既高于现实生活又活在人们中间。他们在道德上的不完满性恰恰构成了他们个性丰满性的基础。

这种感性化的特点使得希腊神话魅力长存,成为激发西方人的浪漫情怀的永不枯竭的源泉。"文艺复兴以来的文学创作,无论是《十日谈》的反禁欲主义,还是莎士比亚对人的发现和赞美,都和希腊神话中歌颂冒险,赞美肉体,表现浓郁的人生欢愉和粗犷的声色之乐的倾向有着直接的渊源关系。"[1] 不仅如此,希腊罗马神话的叙述结构、情节模式和形象塑造的方法还为西方叙事文学的繁荣和史诗传统的形成奠定了坚实的基础。

第二节 诗性的抒情与史诗传统

文学呈现于世界的最早样式,无疑是诗歌。诗是人类文学艺术中最能体现纯粹艺术精神的一个种类。然而中国与西方的诗歌,从诞生的那一天起,就呈现出不同的发展态势。翻开西方文学史,虽有大量的抒情诗,但小说和戏剧始终占据着文坛的盟主地位。而中国古代文学中发展得最为成熟的样式是"抒情言志"的诗歌,叙事文学则相应地不发达。这一事实正说明了中国古代文学主要的性质是抒情。抒情性质使中国古代文学总体上呈现出诗性的光辉,即使是叙事文学也不例外。反之西方文学中即使诗歌也离不开叙事,从而形成了源远流长的史诗传统。

一、中国文学的抒情特质

中国神话的历史化,给中国古代文学带来十分重要的影响,使汉族大批的神话、史诗趋于消亡,造成中国文学史上神话资料稀少和史诗不发达的状况,但是却使文学的抒情能力得到迅速的发展,使中国成为了抒情诗的王国。

中国文学的源头是《诗经》与《楚辞》。《诗经》产生和流传的时间与荷马史诗大体相近,其成书的时间也相差无几。但是荷马史诗是富有神话色彩的叙事诗,赞美勇敢,歌颂英雄,颂扬战争,肯定攻伐,而《诗经》则是有严格的社会道德标准,以人为核心,赞美良知与情操,歌颂劳动、爱情、友谊和各种为国为民而献身的正义行为的以抒情为主的短篇诗集。荷马史诗具有连贯故事情节,而《诗

---

[1] 肖平等:《中西文化比较概论》,西南交大出版社1993年版,第309页。

经》虽然其中有些篇章还保留着记事的成分,如《生民》、《公刘》、《绵》、《皇矣》、《大明》五篇,合计337行,比较完整地叙述了从始祖后稷诞生到武王伐纣胜利为止的周人建国历史中一系列重大事件,一直以来都被认为是周族的史诗,但纵观《诗经》,其绝大部分是抒情言志的短诗。那少量的叙事成分,经过情的泡制,已渐渐地模糊了,人们既没有兴趣也没有必要再去索解那些故事了,单是那诗中的情就足以使人们一唱三叹、荡气回肠了。

> 蒹葭苍苍,白露为霜,所谓伊人,在水一方。溯洄从之,道阻且长,溯游从之,宛在水中央。……①
> 昔我往矣,杨柳依依。今我来思,雨雪霏霏。行道迟迟,载渴载饥。我心伤悲,莫知我哀。②
> 彼黍离离,彼稷之苗,行迈靡靡,中心摇摇,知我者,谓我心忧;不知我者,谓我何求;悠悠苍天,此何人哉。③

这些诗歌,辞格交错,浑然一体,一唱三叹,回肠荡气。虽然那时人们的具体的感情和哀伤我们已经无从得知,但是今人读来,那种自然的永恒,生命的短暂,命运的无常,那种杜鹃泣血之苦,长歌当哭之哀是人类共同的心路历程。诗三百中郁结着最浓郁的社会和生命体验。李泽厚在《美的历程》中指出,《诗经》和先秦诸子的散文,虽然以艺术的形式共同体现了那个时代的理性主义精神,但是,"《诗经·国风》中的'民间'恋歌和氏族贵族们的某些咏叹,奠定了中国诗的基础及其以抒情为主的基本美学特征。"④

中国第一部文人创作的诗集《楚辞》,是悼亡诗与倾诉诗,充满了强烈的抒情性。屈原把他怀才不遇的苦闷,处江湖之远而忧其君的赤子之心,对世界的怀疑,对前途的绝望赤裸裸的呈现到了他的文字里面。

> 謇吾法夫前修兮,非世俗之所服,虽不周于今之人兮,愿

---

① 《诗经·秦风·蒹葭》。
② 《诗经·小雅·采薇》。
③ 《诗经·王风·黍离》。
④ 李泽厚:《美的历程》,北京文物出版社1981年版,第55页。

依彭咸之遗则。长太息以掩涕兮,哀民生之多艰。①

哀吾生之无乐兮,幽独处乎山中。吾不能变心而从俗兮,固将愁苦而终穷。②

在2000多年前就产生了如此众多的、水平如此之高的抒情诗篇,是世界各国文学中罕见的。从《诗经》、《楚辞》开始,就显示出中国抒情诗特别发达的民族文学特色。

建立在抒情诗传统之上的中国诗学,一开始就把言志缘情作为理论基础。"诗言志"是中国文学史上最古老的一个文学命题。它最早出自《尚书·尧典》:"诗言志,歌永言,声依永,律和声。"意思是说诗是用来表达人的志向的;歌的旋律悠长舒缓,徐徐吟咏,以突出诗的意义;声音的高低又配合着悠长的旋律;旋律又调和着吟唱的歌声。《毛诗序》第一次从理论上把"志"与"情"联系到一起,认为古代的诗、歌、舞三位一体,都来源于人的感情的抒发。对诗而言:"诗者,志之所至也,在心为志,发言为诗,情动于中而形于言。"从此抒情作为诗歌的一个最本质的特征得到了理论界的承认。而荀子对"《诗》言是,其志也;《书》言是,其事也"③的区分,客观上导致了诗歌叙事的"非法性",叙事是历史的合法性任务,而诗歌,其本分在言志。④中国文学在以后的发展流变中更为明显的凸现出了这一点。

两千多年的中国诗歌史,纯粹的叙事诗并非绝无而且不少,如《孔雀东南飞》、《木兰辞》等,但较之汗牛充栋的言志抒情诗则几乎等于零。长于抒情的诗歌、散文始终占据着中国文学的主导地位。从汉赋、乐府诗直到格律诗,情始终是流淌在中国文学中的主脉。从《诗经·关雎》到柳词的低斟浅唱,何处少得一个情字?有慷慨的英雄之叹:魏武英迈,仍对明月伤怀,慨言"对酒当歌,人生几何?"桓温枭雄,犹道"树犹如此,人何以堪?"有泣血的家国之痛:诗圣叹

---

① 屈原:《离骚》。
② 屈原:《九章·涉江》。
③ 《荀子·儒效》。
④ 饶芃子:《中西比较文艺学》,中国社会科学出版社1999版版,第110页。

山河破碎,有家难归,"感时花溅泪,恨别鸟惊心。"陆游盼匡复中原,至死遗恨无限,"王师北定中原日,家祭勿忘告乃翁。"有情之极至的男女之情:李义山无题难掩相思之苦,"春蚕到死丝方尽,蜡炬成灰泪始干。"秦少游鹊桥期盼"两情若是久长时,又岂在朝朝暮暮?"即便是写景,也是情思绵绵,"狂风落尽深红色,绿叶成荫子满枝。"① "枯藤老树昏鸦,小桥流水人家,古道西风瘦马。"② 直弄得不知是景诗还是情诗。

以至于发展较晚的戏曲,也并不以讲述一个有头有尾的故事为主,却以不同人物的大段抒情曲文的演唱而吸引观众,所以,老百姓称看戏为"听戏"。那些流传后世、脍炙人口的中国传统戏曲不是整本大戏,而是无头无尾的折子戏,即是有力的佐证。有的作品如《牡丹亭》和《红楼梦》甚至把"情"直接作为创作的根本。恰如《牡丹亭》篇首的"作者题词"中所叹:"如丽娘者,乃可谓之有情人耳。情不知所起,一往而深。生者可以死,死可以生。生而不可与死,死而不可复生者,皆非情之至也。……嗟夫! 人世之事,非人世所可尽。自非通人,恒以理相格耳! 第云理之所必无,安知情之所必有邪!"一部《红楼梦》,几把辛酸泪,"悲凉之雾,遍被华林","若说无情缘,今生偏又遇着他。若说有情缘,如何心事终虚化?"③ 真可谓情之至而心之碎! 总之,"中国文学传统里所盛行的是将抒情的美学价值作为最高的文学价值",④ 无论是诗歌散文,还是戏曲小说都无一例外的具有一个共同的特点,那就是鲜明的主观色彩和抒情性,它们都呈现出作者对社会的凝视和内心的自省,作品处处笼罩在作者主观想像的光辉中,借以直抒胸臆,表达心迹。

古代中国,"天人合一"的思想源远流长。在古代思想家看来,天与人、天道与人道、天性与人性是相类相通的,因而可以达到统

---

① 杜牧:《叹花》。
② 马致远:《天净沙·秋思》。
③ 曹雪芹:《红楼梦·第五回》。
④ 高友工:《中国叙事文学传统中的抒情意境》,见李达三、罗钢主编:《中外比较文学的里程碑》,人民文学出版社 1997 年版。

马远《寒江独钓图》

一。这种思想观念熔铸了中国文化中的艺术精神。唐君毅先生指出,这种"艺术精神之本,在物我相忘以通情","原纯粹之艺术精神,根本在移情于物而静观静照之。静观静照之极,必托出对象,使之空灵。对象真达空灵之境,即在若有无之间,与我全然无对待。"① 这与西方文化中的科学精神截然相反。这种艺术精神反映在中国古代文学上,则表现为注重抒情和写意。它所追求的艺术境界不是真实而是空灵,不是形似而是神似。古典诗词中情景交融的境界正是传神写意表现。成功的古典诗词,圆融浑成,无始无终,无涯无际,超乎时空的存在。由于不拘人称且省略主语,任何读者都恍然有置身其间,躬逢其事之感。正因如此,中国古典诗词的意境是普遍而又永恒的。叙事作品之优秀者亦因情感渗透其间,譬如《史记》就因洋溢着司马迁的悲愤情感而被鲁迅誉为"无韵之《离骚》"。

二、西方文学的史诗传统与叙事主流

什么是史诗?史诗是一种巨构鸿制、气魄宏大的民间叙事诗。

---

① 郁龙余:《中西文化异同论》,生活·读书·新知三联书店1989年版,第42~44页。

俄国文学评论家别林斯基认为:"史诗就是某种历史事件的美化(理想化)的表现"。我国的著名学者钟敬文先生曾经这样给史诗下定义:"史诗,是民间叙事体长诗中一种规模比较宏大的古老作品。它用诗的语言记录了各民族有关天地形成,人类起源的传说,以及关于民族迁徙,民族战争和民族英雄的光辉业绩等重大事件,所以它是伴随着民族的历史一起生长的。从某种意义上来说,一部民族的史诗就是该民族在特定时期的一部形象化历史。"它常常产生在氏族社会或其后不久的英雄歌谣的基础上,依据某些重大的历史事件和英雄人物的事迹,经过艺术加工创作而成。从诗歌的民族传统来看,西方最早的诗篇是叙事诗,最完美的诗歌形式就是史诗。

欧洲文学有两个源头——荷马史诗与《圣经》。《伊利亚特》和《奥德赛》是古希腊的两大史诗,相传是由一名叫荷马的诗人所作,故称荷马史诗。两千年来,它一直被看作是西方叙事诗的典范。荷马史诗用神话方式表现了特定的社会历史内容。《伊利亚特》写的是希腊人围攻特洛伊城的故事。战争的起因是为了争夺一名叫海伦的希腊女子而引起的。相传阿喀琉斯的父母举行婚礼的时候,没有邀请不和女神厄里斯,她来到席间扔下一个"不和的金苹果",上写"赠给最美的女子"。当场引起了天后赫拉、智慧女神雅典娜和爱神阿弗洛狄忒争夺"金苹果"的事端。后来,特洛伊王子帕里斯把金苹果判给了爱神阿弗洛狄忒。作为酬谢,爱神帮帕里斯把天下最美的女人——斯巴达王后海伦拐走了,从而爆发了特洛伊与希腊之间长达10年之久的战争。

《奥德赛》描写希腊英雄奥德修斯在特洛伊战争结后还乡的故事。希腊人用奥德修斯的木马计攻下了特洛伊城后,带着掠得的奴隶和财宝返回故乡。而奥德修斯却在回国途中,在海上遭到大难。在经历了千辛万苦之后,他终于返回了故乡。在奥德修斯外出征战的多年中,他的妻子一直在家里等待他。岛上的许多青年贵族觊觎他的财产,住在他的家里,向他的妻子求婚,尽情挥霍他的家产。奥德修斯假扮成乞丐回到家里,试探他的妻子,同他的儿子一起杀死求婚人,又残暴地杀死了不忠的奴隶,重新做了伊达卡的国王。

黑格尔称史诗是"民族的形象化历史",认为"如果把各民族的史诗都结集起来,那就成了一部世界史,而且是一部把生命力成就和功勋都表现得最优美自由和明确的世界史"。从荷马史诗所描写的故事中,我们可以探视到希腊民族的形成和发展。据史载和考古发掘证实,公元前12世纪,希腊人尚未开化,但居于小亚细亚沿岸的特洛伊人却已经跨入了青铜时代的全盛时期,"具有神话般的财富"。希腊人在向特洛伊人学习航海、农业和青铜技术的同时,民族意识逐渐觉醒。为了消除先进部族的威胁,希腊各部联合起来从公元前20世纪下半叶到公元前12世纪先后九次进攻特洛伊城,掠夺、毁灭特洛伊文明。《伊利亚特》所描写的就是第六次进攻特洛伊城时的情景。它比历史记载更加生动、形象地展示了希腊人如何从"混沌状态"中走出来,通过部族联盟进攻强盛的部族,掠夺其财富、技术,从而不断强盛,并逐渐打破旧有的以血缘关系为纽带的部族联盟形式,形成以地缘关系为纽带的民族共同体的全部历程。

其次,从两大史诗对英雄形象的描写中,表现出鼓舞和引导希腊民族形成和发展的时代的民族精神。两部史诗都是民族群众集体创作、集体流传的结果。他们从最初产生到广泛流传,从不断加工到长期保存,始终与民族这个伟大集体有着极密切的关系,是当时的民族精神在民族的自然环境和社会生活影响下被历史确定下来的集中体现。《伊利亚特》是描写战争的,希腊民族崛起于"英雄时代",战乱频繁,生活动荡,周围均有先进强大的部族或国家存在。在这样的历史条件下,战争是解决争端,增加财富、土地的惟一手段,也是关系到民族命运的要害。胜则走向富强,败则走向衰亡。所以,只有凭借勇敢和武力才能保全自己的民族。因而,勇猛善战的尚武精神受到人们的普遍敬仰,机智勇敢、强悍粗犷、不畏强暴、克敌制胜的民族英雄受到人们普遍的爱戴,贪生怕死、怯懦无能的行为则受到人们的普遍的唾弃。

两大史诗规模宏大,内容丰富,极为广阔地描绘了由氏族公社向奴隶社会过渡时期希腊的社会生活和人们的精神面貌,对当时的社会形态、思想观念、宗教活动、田园耕作、体育竞技、家庭生活、商品交换、风俗礼仪等,都作了生动的描绘,具有百科全书的性质。在整个古典时期,史诗成了希腊教育和文化的基础。柏拉图在《理想国》里曾提到,荷马教育了希腊人。

作为诗歌,荷马史诗是鸿篇巨制,《伊利亚特》长达 15693 行,《奥德赛》长 12105 行,这样大的篇幅,使他们能够很从容地将历史事件的发生、发展、终结的经过有条不紊地叙述出来。它们以严肃重大的事件为题材,以英雄人物为中心,采用第三人称的叙事方法,规模宏大,人物众多,风格崇高,富于戏剧性,堪称是欧洲史诗的典范。对西方文学所产生的影响,无论怎样估计也不会过高。

荷马史诗和中国的《诗经》虽然都是以"诗"的外部形态出之,但前者实为叙事长篇,它开创了西方文学擅长敷陈故事,通过情节写人状物的传统;后者显然是吟咏短制的集成,是中国言景寄怀的"写意传统"的滥觞。两者分别为中西文学不同风格的形成奠定了坚实的基础——"中国文学和西方文学相比,大体上说,西方文学显得直截了当、率性任真,中国文学则喜欢委婉曲折,含蓄深沉;西方文学倾向于锋芒毕露的深刻广大,中国文学则倾向于绵里藏针的机智微妙;西方文学尚一泻千里的铺张,中国文学则尚尺幅万里的浓缩。"①

西方广义的"诗",实际上是以小说和戏剧为主,亚里士多德的《诗学》中没有纯粹抒情诗的理论,所谓"诗学"主要是以史诗和悲剧为对象的叙事研究。正是在此基础上,柏拉图和亚里士多德开创了以"模仿"说为基础的客观唯心主义和现实主义的叙事学理论,在这种理论的影响、指导下,几千年来,西方诗歌大多以叙事诗为主。"雅歌"是《圣经》中著名的爱情诗,主要是叙述所罗门王和书拉密女相爱过程的故事。最早的文人史诗——古罗马大诗人维吉尔的《伊尼德》也是叙事诗。中古时期的英雄史诗——《贝奥沃夫》、《罗兰之歌》、《伊戈尔远征记》等,大诗人但丁的传世之作《神曲》,17 世纪英国诗人弥尔顿的取材于《圣经》的三部长诗《失乐

---

① 周扬、刘再复:《中国文学》,《中国大百科全书·中国文学 I》,第 7 页。

园》、《复乐园》、《力士参孙》等等，都是叙事诗。进入近代，由于长篇小说这一新的文学样式的诞生，叙事诗才逐渐被小说取代，而长篇小说却恰恰继承了叙事诗的传统，只不过在语言表达上以散文取代了韵文而已。从《堂·吉诃德》到《布登勃洛克一家》，从《红与黑》到《双城记》，从《九三年》到《战争与和平》，从巴尔扎克"人间喜剧"到屠格涅夫的"社会历史编年史"，一部部不同时期的文学巨著，一个个宏大的叙事场面，西方文学在无形中继承了当初的"史诗传统"。即使这样，近代西方诗歌名作中的长篇叙事诗也是数不胜数的：从歌德的《浮士德》到普希金《叶甫盖尼·奥涅金》，从拜伦的《唐璜》到艾略特的《荒原》，西方文学逐渐地铺展开来，西方人始终是在"诗"中讲故事。所以18世纪英国著名的小说家菲尔丁说荷马史诗是"西方小说的胚胎"，这句话印证了史诗和小说的血缘关系，也标明了西方文学中叙事体裁的主体地位。

第三节 类型化群像与独异的个体

人物形象是叙事性文学作品最重要的题材要素。古今中外优秀的叙事性作品，特别是长篇小说，大都以成功地塑造了具有永久艺术魅力的人物形象而垂名文学史册。在不同的社会土壤孕育出的民族文学里，中西作家创造出了形形色色的人物形象，从中透视出不同的民族性格与文化价值。西方文化基本上是以个人为中心的，追求个性解放和现世享乐，追求自我的存在和价值。体现在文学形象上，便形成了以具有独特个性的中心人物，即所谓"英雄"为主线的叙事模式。而中国儒家文化造成的中国人重群体关系、轻个体自我的文化心态则不同。在中国文学中，作品往往"写一群或一组人物，而不是集中笔墨去写孤立的个别主人公"，其中的个人也"不可避免地承担着由社会界定的具体功能的角色，换言之，只有在其他个人的整体背景下，这一个人才是完整意义上的个

---

① 蒲安迪：《中西小说的人物描写》，见李达三、罗钢主编：《中外比较文学的里程碑》，人民文学出版社1997年版，第353页。

体"①。

一、群雄竞逐与"英雄"的边缘化

中国叙事诗不够发达,但长篇小说的兴起要早于西方,自宋元话本已具雏形,明清小说竟为大观。虽经典作品数量有限,却能形成中国叙事文学的鲜明特色。如抒情色彩、缀段式的结构、以叙述人语气插入的评述性题头题尾诗词与议论、对日常生活的写实描绘与超实情节的穿插等。从形象塑造的角度看,中国小说偏重写英雄的共相,这种共相往往是通过组合人物来体现的,诸如《水浒》中的梁山好汉,《三国演义》中的五虎上将,《红楼梦》中的金陵十二钗之类。

综观中国的古典长篇小说,以一两个主人公为核心,形成贯穿作品始终的情节主线的并不多,相反《水浒》式的由一个个相对独立的叙事单元连缀而成的结构却更为典型。这样的作品通常不会集中笔墨去写个别的主人公,而是像中国绘画的散点透视那样,逐渐展开一组主人公的群像。如《水浒》由王进、史进的故事引入,再到鲁智深、林冲的命运起落;从前期的领袖晁盖到逐步走向权力中心的宋江,每一部分各有自己的叙述中心和英雄,形成了多姿多彩的人物画廊,作为全书中心人物的宋江反被淹没在群星之中,失去了耀眼的光彩。《三国演义》的人物塑造也有类似的特点。关羽、张飞、吕布、赵云、周瑜、司马懿……皆为兼具鲜明个性和英雄气质的举足轻重的人物,而作为中心人物的刘备、曹操、诸葛亮反倒时常显出无可奈何,英雄气短的窘态。这或许正体现了中国文化群体本位的内在意识——英雄只有在群体所赋予的特定位置上才能实现其价值。即使是非政治历史类题材的作品如《金瓶梅》、《红楼梦》、《西游记》中,也有类似组合型主人公的群像,无论是西门庆身边的众多女人还是大观园中的小姐丫环们之间,都不难发现一些共同的特性和各不相同的个性,形成彼此呼应又相互衬托的系列形象圈,这些人物形象或远或近地活动在主人公周围,一个个鲜活生动,从而使中心人物的英雄效应趋于弱化。

类型化是中国叙事艺术中塑造人物形象的常见手法之一。这种方法通过运用刻意强化或夸张渲染的技巧突出人物思想性格的某一侧面,使之形成一种鲜明的性格倾向,以在作品的情节构造或人物关系中发挥某种形成矛盾冲突,推动故事进程的功能性作用。此中最典型的是中国传统戏曲中的角色类型划分,所谓生、旦、净、末、丑,其中每类角色又可进一步细分,如青衣、花旦、刀马旦、彩旦、黑头、架子花脸、武花脸、小生、武生、老生等。每类角色有特定的身份、性格、年龄,甚至在化妆、语言、唱腔诸项皆各有不同的程式。这就使作品中的人物形成了类型化的共相。在古典小说中也有类似的表现。如鲁莽直率的粗人性格在中国小说中不断被重现,《三国演义》中的张飞、《水浒》中的鲁智深、李逵、武松、《说岳》中的牛皋、《隋唐演义》中的程咬金,他们在作品中的角色功能恰似戏曲中的花脸。另如在历史小说中经常重现的英雄的后代,诸如关兴、张苞、岳云、岳雷之类,这些类型化的角色不一定与生活中的真实人物的个性相吻合,却能体现特定身份的形象富有代表性的特征,在叙事链条中担当起某种功能。足见在中国文学的形象刻画中,人的社会角色对人物动作的规定往往超过了个性对人物命运的影响。

另一方面,中国小说中的不少中心人物却性格模糊,软弱、犹豫、退缩、易变、妥协和稀泥常成为此类人物的性格元素,如宋江、刘备、岳飞、唐僧乃至现代小说《家》中的觉新即是此类典型。这些人物在性格上不如前述的英雄群像那样鲜明统一,也缺少所谓英雄气质,相反在他们的思想行为中表现出更多的不确定性和易变性,而非西方小说中主人公性格向预定方向发展的稳定过程。另一类如曹操、诸葛亮、孙悟空、西门庆等人物的刻画,虽性格符号相对单纯明晰,但仍呈现出矛盾、变化和价值态度含混的一面。这是因为"中西文化对英雄的基本观念并不相同。中国小说多讲知识学养,少述体力功绩;偏重可进可退的灵活,轻视精神意志之坚定;常注意群体英雄之共相,而少集中于黑格尔所谓的'举世关注的人物'身上。"① 总之，主要角色的性格言行充满流动和变化，而那些孔武有力、叱咤风云的斗士则处在陪衬的地位，这正是有学者指出的中国古典小说中英雄价值的失落。然而，这种中心人物塑造上的模糊性和灵活性也许恰好体现了中国哲学的价值导向，所谓大象无形，难得糊涂，功成身退，以及与世推移、随人从己的权变、无为之类或许被视为做人的更高境界。正由于此，中国文学中个体对理想的追求，往往呈现出一个圆转的趋向，即从反制约开始，最终皈依到大统之中。《水浒》英雄们从"逼上梁山"到接受朝廷"招安"；贾宝玉痛恶科举仕途而终究金榜题名；《西游记》中孙悟空大闹天宫又皈依佛门，取到真经又返回东土；阿Q逃出未庄，又借"革命"之势"衣锦还乡"；大哥觉新，始终逃不出"家"的藩篱。

中国作家塑造的文学形象中更富于个性魅力的也许是贾宝玉、林黛玉和阿Q一类，他们似乎更类似于现代艺术中的反英雄——具有反正统色彩的非英雄化的主人公。贾宝玉作为一个独具个性的形象以其乖戾的行为和率真的性情向正统的追求仕途经济的人生价值提出了挑战；阿Q则是以符号化的夸张手法对中国文化所积淀的国民性痼疾进行了寓言式的表现，成为透视国民文化心理的典型写照。

值得一提的是作为阿Q的主要品格特征的精神胜利法。精神胜利法就其实质来说，是以观念中对自身需要的虚幻满足来替代(或补偿)现实生活中的真正满足。王晓明在《病态的灵魂和畸形的革命——读鲁迅的〈阿Q正传〉》一文中分析道："阿Q这精神胜利法是包含了好几个因素的。首先是懦弱，受了欺压，不敢真刀真枪地反抗；其次是恼恨，虽然不敢反抗，但受欺压产生的恼恨却依然存在，必须要用某种方法加以排遣；再就是自欺，因为不敢向外界报复，就只有作自我辩解，而这辩解的惟一办法，就是对现实闭上眼睛，用想像的胜利来安慰自己；最后是健忘，如果不健忘，自欺的效力就不能维持，只有借着自欺迅速忘却恼恨的直接原因，心

---

① 蒲安迪:《中西长篇小说文类之比较》，见李达三、罗钢主编:《中外比较文学的里程碑》，人民文学出版社年版，第328页。

境才能恢复平和,阿Q也才能重新高兴起来。这就可以看出,贯穿阿Q这精神胜利法的全过程的,是一种根深蒂固的奴性,一种遭受压迫之后不敢反抗,甚至不敢正视这压迫的奴性。在阿Q的恼恨中,本来是包孕着反抗的萌芽的,但这萌芽要长大,却有一个前提,那就是这恼恨必须进一步发展成为憎恨和报复的冲动。可现在阿Q却把这恼恨改变成为自我欺骗的动力,这就泯灭了反抗的可能。所以说,阿Q的精神胜利法是被压迫者身上最不可救药的一种精神病态。"

阿Q精神透视出人们灵魂深处的心理活动与精神机制,形象地表现出了中国漫长的封建社会所造成的国民的灵魂。如果说,堂·吉诃德对"荣誉"有一种向往和情有独钟,阿Q却是对"面子"抱住不放。一个人的荣誉感表明这个人具有强烈的自我意识和个性意识,有了真正的人的觉醒。他们要为个人的理想主义而奋斗,古希腊史诗中的英雄各个都具有强烈的荣誉感。而阿Q所谓的"面子主义"却与之有着天壤之别,当一个人完全失去了自我和个性意识的时候,他无法从自身给自己寻找一个价值判断的标准,而只能从别人那里获得,别人的褒贬关系着自身的面子大小,阿Q无法让未庄的人给他面子,但是他可以完全在幻想的世界里把这种失落的面子找回来。这或许正是中国传统文化人格中消极面的象征。

二、个性张扬与英雄情结

拜伦在他的长诗《恰尔德·哈洛尔德游记》前面引了《世界旅行者》的话说:"宇宙像一本书,一个人只见过自己的国家,等于只读了这本书的第一页。"这句话,确切地道出了西方民族精神的核心——开放、进取、冒险和追求个性自由。

从荷马史诗开始,西方文学就将塑造富有人格魅力和独特个性的英雄作为叙事作品的主要目标。如两部史诗的主人公——阿喀琉斯、奥德修斯,不仅是力量和勇气的化身,也是敢爱敢恨,个性鲜明的形象。

《伊利亚特》以战争结束前50天的战事为描写的重点,以阿喀琉斯的愤怒为主线,描写了希腊联军与特洛伊人极其盟军在城墙下、海滩边的喋血苦战。联军统帅阿伽门农交出了自己的"床伴"(阿波罗祭司的女儿),却蛮横地抢走了主将阿喀琉斯的战利"美貌的布里赛伊丝"。阿喀琉斯怒不可遏,决定罢兵不战,从而导致联军在战场上的节节失利。特洛伊人兵抵联军的海船和营棚,主帅赫克托耳阵杀阿喀琉斯的好友。阿喀琉斯悲愤异常,重返战场,战杀赫克托耳,并把其尸体拖在战车后面泄恨。最后遵照神的旨意,将赫氏的尸体交还给他的父亲——年迈的特洛伊老王。希腊第一英雄阿喀琉斯明知为朋友复仇将导致他在战场上丧生,他仍愤怒地叫道:"如果命运女神不让我保护我的被杀的朋友,我宁愿死去。"这种刚强、威武和特别重视战斗荣誉的英雄主义精神,正是荷马时代的风尚。特洛伊英雄赫克托耳面对哀求他退出战场的妻子说:"我如果也像一个懦夫那么藏起来,不肯去打仗,那我就永远没有面目见特洛伊人和那些拖长袍的特洛伊妇女了,而这样的做法是我不情愿的。因为我一直都像一个好军人那么训练自己,要身先士卒,去替我父亲和自己赢得光荣。"不回避生活的挑战,在赴汤蹈火的实践中,把对生命的热爱之情上升为对人生价值的追寻,这便是古希腊人的人生观。战场是英雄们"争得荣誉的地方",是充分表现男人的粗蛮野性和阳刚之气的场所。对战争场面的描写本身也体现了作者对英雄理想的追寻与歌颂。《伊利亚特》中,那一幕幕惊心动魄的场面,一次次血流成河的征战,一位位无畏生死的英雄,形象地反映了希腊民族在崛起时期崇尚武功、热衷征战、热爱英雄、奋斗进取的民族精神。

英雄精神不仅体现在战时,也在平时,在与苦难的抗争和奋斗中。《奥德赛》强调了个人奋斗的可贵。面对困难,在神的助佑下,最大限度地发挥人的聪明才智,竭尽全力,以自主和积极的态度求所进取,百折不回,直到夺取胜利,这是典型意义上的西方人的抗争。奥德修斯是西方文学中被着重描述在孤身一人的境况下仍然坚持这种抗争的第一人。《奥德赛》反映的集体生活的场面很少,对家庭生活的描写很突出,奥德修斯与求婚者的斗争,主要是维护私有权的斗争,作者认为侵夺别人的财产是可耻的,求婚者受到惩罚是罪有应得,体现了西方人的个体意识的觉醒。此外,奥德修斯的海上冒险经历,以神话隐喻的方式表现出古代人对自然的斗争。自然力的代表是大海,它有着紫罗兰一般美丽的色泽,但随时准备毁灭人类,那些各种巨人、仙女、风神、海怪、水妖等等都是各种自然力量的拟人化。和它们比较起来,人类的力量是渺小脆弱的。然而由于人的勇敢、刚毅和智慧,最终征服了大海。人具有比大海还伟大的气魄。这正是这首史诗的旨意所在。

以希腊人为发端,经过文艺复兴的再发掘,到启蒙时代以降,西方长篇小说开始走向成熟。这些作品仍沿袭史诗传统,大多围绕英雄式的主人公展开情节,表现个人追寻自我,力求自己的个性在外在环境中得到确认的主题,社会大多是为人物提供客观活动背景而不作为主观规范场所,人是一个独立体,人物行为的驱动力和规范是内在的,人物的张力场也只是内省的产物而非外加的结果,人物常常思考着自己"必须怎么做"而不是"应该怎么做。"哈姆莱特行动的命令是发自内心而不是发自外界,于连去爬玛特儿小姐窗户是为了证明自己人格而不是证明社会伦理。同理,堂·吉诃德挥剑纵马,横冲直撞,也是基于"我认为人是天生自由的,把自由的人当奴隶未免残酷"的意识。长期以来的封建神学和禁欲主义压抑了人类固有的天性,被关在铁屋子里的人们一旦被唤醒以后,就以空前的、全部的原始冲动力,向着禁锢他的牢笼猛冲。

西班牙作家塞万提斯的代表作《堂·吉诃德》,模拟骑士传奇的写法,描写堂·吉诃德和他的侍从桑丘·潘沙的"游侠史",通过疯疯癫癫的堂·吉诃德的可怜遭遇,告诉人们阅读骑士小说会带来多么可怕的恶果。尽管塞万提斯声称他写这部小说的意图是"要世人厌恶荒诞的骑士小说",并"把骑士小说的那一套扫除干净",而且在《堂·吉诃德》发表后,骑士小说也真的奇迹般的销声匿迹了。但是透过堂·吉诃德那令人忍俊不禁的一件件荒唐事,展现在人们面前的不是中世纪的骑士,而是一个为了美好的理想粉身碎骨也在所不辞的勇敢斗士了。他发表的关于自由、美德、人的意志的言论是那么有条有理,铿锵有力,他对人类美好的未来具有那么坚定不移的信念,他身上体现出人类最普遍、最美好、最崇高的思想感情。

堂·吉诃德冲入羊群

  堂·吉诃德似初生牛犊刚刚睁开惺忪的睡眼，不顾面前的客观现实，完全迷醉于虚妄的幻想中，把客店当城堡，把妓女当贵妇，把风车当巨人，把羊群当军队……他挥戈纵马，不顾一切地横冲直撞，尽管在现实中处处碰壁，但他始终坚守自己的信念，在他的心灵中充满着执著的希望，为寻找自己理想的国土而云游四方，跋艰涉险，饱尝皮肉之苦。堂·吉诃德的行动是毫无顾忌的，他在履行着人类自己的职责，他要找回人类被中世纪压抑了的自由天性和人格力量，寻求生命的本质意义。堂·吉诃德在认真而严肃地追求着自己的理想。他经常颂扬意志的自由，命运由自己造成，自由是无价之宝等等,体现了文艺复兴时期人类自我意识的尊严,体现了人类把握自我的力量。虽然他最后失败了,但他战胜了自己,因为他忠实于自己的信念,尽管在现实中无法实现,但他能在理想中去理解事物的终极意义。堂·吉诃德是文艺复兴时期人类自我意识刚刚觉醒时代的产物。

值得注意的是,对现实的不满足引起人的内心骚动,人内心的骚动决定着不同的目的。如果说,"惊异"导向知识的追求,"怀疑"导向确定性的探索,"被抛"导向自我的沉思,那么,"警醒"则导向人本身生存的自觉。因为,"一切世间存在的危险性都是对我们的一种警告,它使我们不满足于这个世界。它向我们暗示其他事物"。① 既然一切都是不可靠的,那么人就必须从原初的根源推知"什么是可靠的?""人可能成为什么?""我应该是什么?"而形成自我的自觉。歌德的《浮士德》现在看来可以说是再现了这一心路历程。

《浮士德》取材于16世纪德国著名的民间故事书《约翰·浮士德博士的故事》。浮士德与魔鬼靡菲斯特打赌订约:魔鬼将尽力满足浮士德提出的种种要求与愿望,但当某个愿望得到实现后,浮士德面对它的实现高呼:"你真美呵,请停留一下!"并再也提不出别的愿望了,这时,浮士德便得死去,那死后的灵魂便为魔鬼所有,它不能升入天堂,将永远在地狱中受煎熬。这个浮士德能对之高呼"你真美呵"的愿望便成为浮士德的人生的最高、最终、最美的追求。与堂·吉诃德一样,浮士德的理想也无法在现实中得到满足,读古书、做科学实验都无益于他的理想的实现,他也陷于理想与现实的矛盾这一人类的永恒困惑中。他也经受着不被理解的寂寞,忍受着孤独之苦,在经过了知识的阶段,尘世欢乐的阶段,绝对而神秘的美的阶段,为千万人创业工作的阶段,统治大陆和海洋的阶段等,不断地向自己的目标追求。一种欲望得到满足以后,必然又唤起新的欲望,一种要求达到以后,必然又产生新的要求,因此,无

---

① 雅思贝尔斯:《智慧之路——哲学导论》,中国国际广播出版社1988年版,第8页。

论是在对大自然的探索或对人类社会的体验中,浮士德总是永不满足现状,不断地追求和探索。这位着了魔的、心神不定和不知足的浮士德所寻求的,从根本上说不外乎是愿望与能力之间的平衡,他的一切行动,无非是在追求人在宇宙中的位置,寻求人自身的本质意义。

西方文学的英雄情结一直延续到20世纪文学中,其核心是主人公精神意志的坚定性和性格心理的独特性。不论是成功者还是失败者,奋斗者还是反叛者,甚至现代艺术中出现的所谓"反英雄"亦无例外。前者如罗曼·罗兰笔下的约翰·克里斯朵夫,后者如黑色幽默作品《第二十二条军规》中的尤索林,《第五号屠场》中的比利,虽然思想气质人生态度全然不同,但都各自具有内在的统一性。诚如美国汉学家蒲安迪所概括的:"西方的叙事文学传统倾向于在人物性格中看到某种统一的实体——某种发展过程的假定的结果。换句话说,英雄就其本义而言有种始终如一的品质,其中蕴涵的某种坚定性被引申到所有模仿层次的人物性格特征上,使之具有了某种潜在的确定性。"①

西方文学中的个体对理想的追求,呈现出一种否定——追求——再否定——再追求的直线过程。荷马史诗中奥德赛的还乡历程在经历了无数的磨难,达到最后的成功;但丁的《神曲》在经过地狱、炼狱,终于升达天堂;堂·吉诃德在外拼杀一番后,虽然又回到拉曼却,但他已由圣人变成了普通人,成为一个新的堂·吉诃德了;浮士德在魔鬼的帮助下不断地追求生命的体验,直到生命的最后一刻,还在高呼:……直线是没有终点的,也就意味着追求是无止境的。如果说堂·吉诃德在理想和现实间的厮杀表现了"少年不识愁滋味"、"初生牛犊不怕虎"的少年气盛的幼稚气息的话,那么浮士德的上下探求则表现了持刀跃马、横扫一切、得心应手的青年人的朝气。浮士德体现了资产阶级在上升和发展时期不断向外发展、向前进取的积极精神,浮士德是这一时期的天才,"不断努力进

---

① 蒲安迪:《中西小说的人物描写》,见李达三、罗钢主编:《中外比较文学的里程碑》,人民文学出版社1997年版,第349页。

取者,吾人均能救之",表现了一种天才式的信念,一种天才式的乐观,反映了人类对自我的确信。浮士德不断行动而在世界和历史上以达到自我实现的目的,这是浮士德所代表的人类意志的胜利,也是西方"生命不息,奋斗不止"的开拓精神的生动体现。

第四节 中西悲剧比较

悲剧一词在西方文化的用语中包含三层意思:(1) 作为一个戏剧种类;(2) 人类生活中的悲剧性;(3) 对悲剧性进行文化观念把握的悲剧意识。① 在西方文化肇始的古希腊,悲剧最典型地体现了现实的悲剧性和文化的悲剧意识。而在中国古代戏剧发展过程中,最引人注目、最扣人心弦的莫过于内容情节"惨绝悲极"的"苦戏",文人们称为"哀曲"、"怨情"。"苦"、"哀"、"怨"道出了中国古典悲剧的特质。中西悲剧之不同,皆由文化不同所致。

一、苦戏与悲剧

中西悲剧从外在表现形态看,有以下三方面不同。

(一) 不同的悲剧主人公。按西方观众的审美心理,悲剧,是"对最重要最伟大的人物的一种模仿。"② 传统的西方悲剧都以皇家贵族和英雄豪杰为主角。最典型的西方悲剧人物哈姆雷特是丹麦王子,"朝廷人士的眼睛,学者的舌头,军人的利剑,国家的期望和花朵,风流时尚的镜子,文雅的典范,举世瞩目的中心"。③ 在西方悲剧中,这样的英雄比比皆是,埃斯库罗斯笔下的普罗米修斯,索福克勒斯描写的俄狄浦斯,欧里庇得斯笔下的美狄亚,都属于这类人物。在西方人的眼中,悲剧的主人公和英雄是同义词,英雄本人是时代骄子,但却遭遇深重不幸,其身份和际遇形成强烈对比,因而具有震撼力量。

---

① 张法:《中西美学与文化精神》,北京大学出版社 1994 年版,第 85 页。
② 特里西诺:《诗学》,转引自程孟辉的:《西方悲剧学说史》,中国人民大学出版社 1994 年版,第 61 页。
③ 莎士比亚:《哈姆雷特》。

与西方悲剧相反,中国古典悲剧的主人公一般是弱小善良、无辜受害的小人物,尤其是处于社会最底层的妇女。如《窦娥冤》中的窦娥,就是一个没有反抗能力的女子。她3岁失母,7岁到蔡婆家做媳妇,17岁成亲,不久丈夫去世。面对着接二连三的不幸,她只能被动地忍受,把痛苦看作命运的安排:"莫不是前世烧香不到头,今也波生招祸尤?劝今人早将来世修。我将这婆侍养,我将这服孝守,我言词须应口。"像窦娥这样的弱女子还很多,《琵琶记》中的赵五娘、《桃花扇》中的李香君、《潇湘雨》中的张翠鸾、《汉宫秋》中的王昭君、还有杜十娘、秦香莲等。观众从她们的遭遇中所获得的悲剧美感,不是由于其地位的高贵和命运惨痛的比照,而是因为善良本性和悲苦结局的反差。这些薄命女子越是娇小、柔弱、温顺、和善,当她们备受摧残、堕入苦难的深渊时,就越发显得无辜、凄惨、痛苦和可悲,令人生出不尽的同情和怜悯。

(二)不同的悲剧冲突。西方悲剧所揭示的是人与无法制伏的异己力量的抗争与冲突。在《俄狄浦斯王》中,异己力量表现为英雄意志所遭遇的不可知的命运;在《哈姆雷特》中,异己力量是主人公性格中的弱点,(软弱和犹豫);在《人民公敌》中,异己力量是某种与主人公为敌的社会势力。

在矛盾中,人是主动出击的,冲突随之逐步升级。别林斯基认为"悲剧的实质……是在于冲突,即在于人心的自然欲望与道德责任或仅仅与不可克服的障碍之间的冲突、斗争"。[①] 个体的人努力地想摆脱冥冥之中的"宿命",想通过自己的进取、努力和拼搏去把握自己生命的航程,然而他越是努力他就越接近那个要置他于死地的"无物之阵",他越是艰辛和痛苦的走路,他就在沼泽中越陷越深。俄狄浦斯为了摆脱杀父娶母的宿命,却在逃离的路上杀害了自己的亲生父亲,后娶了自己的亲生母亲,当瘟疫在国内横行的时候,他决定亲自找出那杀父娶母的人,他越是真诚的为民除害,他就越被逼近自我毁灭,命运是永远的圈套,谁也休想侥幸摆脱。

---

① 别林斯基:《诗的分类》,伍蠡甫主编:《西方文论选》,下册,上海译文出版社1990年版,第383页。

这种针锋相对的斗争,把悲剧冲突推向高潮。

与西方悲剧不同,中国古典悲剧主要描写主人公凄惨的遭遇,而不是剧烈的冲突。《窦娥冤》就是一个典型的例子。窦娥一直缺乏斗争意识,她把自己的不幸看作命运的安排,"莫不是八字儿该载着一世忧,谁似我无尽头!"既然命运决定了她的不幸,她只好安分地把来世修。她拒绝嫁给张驴儿为妻,主要是囿于"一马难将两鞍鞴"的封建礼教。她为救婆婆而屈打成招,也是出于"孝"心。在整个过程中,窦娥一步步退让,直到刑场上,她没有办法证明自己的无辜,只能靠上天为她作证,"若没些儿灵圣与世人传,也不见得湛湛青天"。她的三桩誓愿只有在上天的公正光芒中才能实现。这使得冲突的剧烈程度大为逊色,主人公的抗争显得被动而没有力度。

不仅如此,中国戏曲的悲剧冲突还往往带有伦理评判性质。作家总是以奸害忠、恶毁善、邪压正、丑贬美的故事呼吁人们制伏奸、恶、邪、丑,伸张忠、善、正、美。纵观《赵氏孤儿》全剧,奸臣搜孤步步紧逼,忠臣救孤处处设防,一个个忠义之士凛然献身。在惨烈的悲剧性气氛中,声讨奸恶、颂扬忠良的道德批判主题得以表达。

(三) 不同的悲剧结局。中西悲剧的结局也有着根本的区别。别林斯基认为,英雄在结局必须死去,"如果没有这个牺牲或死亡,他就不成其为英雄,便不能以自己个人为代价实现永恒的本体力量,实现世界的不可逾越的生存法则。"[①] 可见西方悲剧的结局是英雄用生命去斗争,是冲突的白热化。哈姆雷特在悲剧结束时正是这样,充分体现了一种毫不后悔的自我牺牲精神。他用自己的生命来证明斗争的彻底性及其重大意义。哈姆雷特悲壮地死去,他的敌人也化为乌有。他的人文主义思想,通过这场毁灭性的斗争得到了升华,显得更加不可战胜,使人们更加相信,"人是多么了不起的一件作品!理性是多么的高贵!力量是多么的无穷!仪表和举止是多么端整,多么出色!论行动,多么像天使!论了解,多

---

① 别林斯基:《戏剧诗》,杨周翰主编:《莎士比亚评论汇编》,上册,中国社会科学出版社1979年版,第443页。

么像天神！宇宙之华！万物之灵！"与哈姆雷特一样,用生命来证明斗争的必要性及其重大意义的人物比比皆是,西方悲剧人物大多如此,如《雅典的泰门》中的泰门、《美狄亚》中的美狄亚、《安提戈涅》中的安提戈涅,等等。有的悲剧人物虽然没有死,但也遭受到巨大的苦难,俄狄浦斯王就是一例。

与西方悲剧相反,中国苦戏往往以喜剧的形式结尾,所谓先苦后甜,苦尽甘来,是冲突的和解。朱光潜先生曾经指出:"随便翻开一个剧本,不管主要人物处于多么悲惨的境地,你尽管可以放心,结尾一定是皆大欢喜。"① 如最早被翻译成外文、传播到西方的《赵氏孤儿》,虽然剧情惨烈,满台是忠良仁义之士慷慨献身向邪恶抗争,但最后的结局是赵氏冤仇得以申报,奸佞被一一惩治,"善"终归得到善报,有个"好"结果。又如《琵琶记》中,苦命的赵五娘在历经磨难之后,终于得到身为高官的丈夫的承认,那丞相的千金小姐还情愿为小,于是忠孝两全,以一夫一妻合家"大团圆"收场。当然,也有一苦一悲到底的,但毕竟只占少数。大量的是由苦转甜、由悲转喜。有的戏为了"团圆之趣",不惜把现实中不能兑现的"团圆"搬到阴曹地府或天界仙境。这种令人高兴的结局一般不是主人公自己争取到的,而是借助一种外在力量实现的。《窦娥冤》的结局便是一个典型例子,其复仇是她的鬼魂借助做了官的父亲来进行的。有类似结尾的悲剧还很多,如《雷峰塔》、《精忠旗》、《长生殿》、《清忠谱》等。

二、中和之美与悲剧精神

持中贵和,作为中国文化的基本精神之一,对中华民族和中国文化发展起过十分重要的作用。中国文化是内陆型的,"它的政治思想是稳定,它的哲学思想是中和,它不是一种进取性,而是一种保存型的文化。"② 这与西方文化重分别和对抗形成很大反差。

---

① 朱光潜:《悲剧心理学》。转引自蓝凡著:《中西戏剧比较论稿》,上海学林出版社1992年版,第545页。
② 张法:《中西美学与文化精神》,北京大学出版社1994年版,第92页。

中国文化缺乏怀疑和否定的力量,中国人往往对不合理的东西采取容忍态度,反对矛盾冲突。《礼记·中庸》推崇的为人之道是:"喜怒哀乐之未发谓之中,发而皆中节谓之和。中也者,天下之大本也;和也者,天下之达道也。致中和,天地位焉,万物育焉。"儒家的中庸之道提倡自我克制,反对积极的斗争。道家的庖丁解牛之理更是以避开冲突为主要特征。朱光潜曾经指出,"对人类命运的不合理性没有一点感觉,也就没有悲剧,而中国人都不愿承认痛苦和灾难有什么不合理……。"① 由于怀疑和否定能力的缺少,中国古典悲剧便将本是血淋淋、残酷的人生悲剧"转化"为相安无事,团团圆圆的太平景象。虽然也在剧中揭示人生的悲剧与危机,如忠良仁义之士蒙冤受屈,柔弱善良之女受尽苦难,但揭示之后便要转化,要么让受尽磨难的恋人在虚幻的仙境相会;要么让受害人的后代长大成人后报仇雪恨;要么让清官为受害人伸冤等等。这种处理方式使故事的悲剧色彩大大降低,也使作品失去了那种惊心动魄的悲剧美。

在中国古典悲剧中,难以看到悲剧主体一往无前、恣肆汪洋的意志力量。中国悲剧人物的内心常常被一些封建教条所占据,只有一些片面的"忠、孝、义"等。这些人物不敢向传统观念挑战,他们的外在行动当然不能和西方悲剧人物一样大刀阔斧。小人物充当悲剧主角也是中国人对不合理现象容忍的结果,因为小人物就像路边的小草,任人们的脚踩却一点也不反抗。这些善良弱小的人物没有能力也没有想到积极地创造幸福,但又不甘心受苦到底。因此中国悲剧只好依靠外在的力量实现结尾的大团圆,以便获得"诗的正义"(Poetic Justice),即中国人所说的"恶有恶报,善有善报"。这种快乐的结尾从表面上看是受苦人的希望,实际上却是被迫害者的精神鸦片。观众看了这种戏,虽然可以高高兴兴地回家,但心中积极进取的欲望却被大大地削弱。中国悲剧的这些特征是由其保存型的文化所决定的。

---

① 朱光潜:《悲剧心理学》,转引自蓝凡著:《中西戏剧比较论稿》,上海学林出版社1992年版,第545页。

悲剧精神是西方文化思想的集中体现,其根源在于西方文明"崇尚个性和自由,富于冒险和开拓,讲求力量和技术;具有批判精神、怀疑态度和否定勇气"①的传统,圣经中亚当和夏娃偷吃知识树上的禁果就是西方人敢于怀疑,敢于探索的象征。弥尔顿的《失乐园》更加清楚地体现了这种精神,"知识得禁止吗?很可怀疑,没有道理/为什么他的主宰要嫉恨知识呢/知识是罪恶吗?有知识是死罪吗/他们只靠无知无识就能立身吗?无知无识就是他们的幸福生涯/他们顺从和忠信的保证吗?"②所以,西方悲剧产生的直接原因是他们的怀疑与判断的能力。

现代历史学家汤因比把人类文明的起源和发展都归结为挑战和应战,这恰好用以说明人类的悲剧性。挑战,即人的生存受到根本性的压力和威胁。应战,即对这种根本性的压力和威胁进行了有效的斗争。西方文学中的悲剧意识最初就发端于古希腊史诗和三大悲剧家的生存毁灭性的救赎中,产生于对生存实在的探求中。三大悲剧家通过他们的创作,将悲剧意识的作用显示为:暴露人的生存困境;超越人的生存困境。

命运悲剧最集中地表现了人类对人生意义的积极探索和自身价值的实现中所显现的坚强性格和意志。在古希腊古罗马时期,人类面临的是不可知的异己力量的报复和吞噬。人类的痛苦和灾难是伴随着人为实现自我的本能冲动,为建构自我的主体精神,使生命意志对象化的行为而生的。如果说普罗米修斯的悲剧隐喻着人类为了生存,为了战胜自然(即作为异己力量呈现的客观世界)不得不付出代价的话,那么俄狄浦斯的悲剧就把这种悲剧引领到更深的地方,那就是不可知的命运。悲剧性结局,一方面向人们预显了命运之神的强大,似乎是说命运不可抗拒;另一方面,又显示了古希腊人对命运的不屈抗争。正是在这种高强度的痛苦和惨烈之中,古希腊悲剧宣扬了一种精神:人可以被打倒,可以被毁灭,但却不能被征服,精神的胜利是永恒的。因此观众不会因为主人公

---

① 张法:《中西美学与文化精神》,北京大学出版社1994年版,第90页。
② 弥尔顿:《失乐园》,朱维之译,上海译文出版社1984年版,第151页。

的牺牲而绝望,而是被他的不朽的斗争精神所感染,"它在我们的灵魂中激起一种爱慕的渴望,要去仿效他"。① 西方美学中的"崇高"范畴亦由此得以体现。

古希腊文学的悲剧意识也直接地影响了西方人对于人类自身的探求,后世的西方文学大家出色的继承了古希腊古罗马文学中的这种悲剧精神。命运和主体精神、生命尊严的冲突;上帝代表的神性和人所具有的本能和人性的冲突;人的理性和我们的自然感性生命的冲突;人的精神世界和这个异化的物质世界的冲突。我们的文学大师总是在思考人类的终极命运。18 世纪到 19 世纪,自然科学的发展,使人产生了一个错觉,以为依恃人的"强力"可以战胜一切,以为人的能量是无穷的。但是沉重的现实往往使人茫然无所措。科学理性取代了上帝,人类对自身、对生命的认识跨越了一大步,但同时也越发清醒地面对许许多多无法排解的矛盾,求生的欲望与死的必然;追求爱情永恒的主观意向与人的感情变化的客观必然性;每一个体对无限自由的欲求与社会规范的绝对制约;物质丰富与精神失落的背叛等等,等等。人类从诞生那天起,就注定了要背负这一个个永恒的十字架的。列夫·托尔斯泰的力作《安娜·卡列尼娜》中女主人公安娜在卧轨前,留有三句内心独白:我这是在哪儿? 我这是在做什么? 为了什么呀? 婚后的列文也多次自问,我是什么人? 我在什么地方? 我为什么在这里? 其核心都是对自我,对人生意义和目的的探求。

20 世纪,是一个"我们必须自由地决定我们各自存在"的时期。② 上帝死了,人获得了现代意义上的自由,但是没有一种人为自己指定的存在方式是最终确定的,每一种存在方式都必须为了将来的缘故而再次被打破。现代人在相对的宇宙和多元的现世中,只能自己设定自己。物质世界对人类的异化,现代人在相对的宇宙和多元的现世中,使人只能自己设定自己。现代主义悲剧就

---

① 圣艾弗蒙:《论古代和现代的悲剧》,见伍蠡甫主编:《西方文论选 》,上册,上海译文出版社 1990 年版,第 271 页。
② 兰德曼:《哲学人类学》,上海译文出版社 1988 年版,第 209 页。

是在这种情况下出现的。古典悲剧意识中那暴露生存悲剧性,演变为暴露人生存的荒诞性。悲剧意识中那对生存悲剧性的超越转化为自己对自己承担责任的自由,古希腊悲剧意识中那种对个人自由和生存可能性的重视,被现代悲剧家们加以突出和放大,而人的生存本体也由于失去了古典主义的确定性从而由"有"和"存在"(Being)变成了"无"和"虚空"(Nothing)。人的自然本真和被异化的现实出现了最撼人的冲突。劳伦斯站在现实主义和现代主义的交叉点上苦心孤诣的描绘了这样的情景,在《查泰莱夫人的情人》中,他痛心疾首地控诉了这个理性和机械统治的世界,生命找不到突破口,爱情找不到归宿。尤奈斯库的戏剧《秃头歌女》中的那一对夫妇不受过去一切的经验和确定性的制约,是很自由的。但恰在这种状态下,他们应邀到朋友家去作客,因路上走散了,再见面时彼此已互不相识了。这种丧失了生存确定性和生存意义的自由,也把人类的尊严化为虚无。这的确是人类最荒诞的生存状况了。现代主义的反传统精神,虽然把人的生存的悲剧性演变为荒诞性,人们却仍然能从其荒诞中体会到由古希腊悲剧意识流传而来的对人生存的忧患。这说明现代主义的悲剧其实也是一种无法完全摆脱传统影响的选择。

　　人作为有生命力有情欲冲动的"自然存在物",其生命的本质表现就在于心灵欲望的追求、满足、再追求、再满足的循环反复;与之相适应,人在此过程中,遭受的报复也是无穷无尽,人类也一直处于摆脱悲剧命运却又遭受新的悲剧命运的循环怪圈中。社会无论如何发展,在人类的终极性命运上,问题似乎永远没有得到解决,人类一直在"等待戈多",望穿了秋水,迷蒙了双眼,戈多却一直没有出现。西方文学中的悲剧精神就是来自于这种对人类不同的时代的悲剧性处境的反映和沉思。

【思考题】

1. 试析中国文学的抒情特征。
2. 中西文学中对"英雄"的理解与塑造有何不同?
3. 谈谈西方文学悲剧精神的文化背景。

【本章阅读书目】

1. 李达三、罗钢主编:《中外比较文学的里程碑》,人民文学出版社1997年版。

2. 张法:《中西美学与文化精神》,北京大学出版社1994版。

3. 乐黛云等:《比较文学原理新编》,北京大学出版社1998年版。

第十章
建设具有本土特色的现代文化
——从文化比较到文化更新

中西文化的比较,是一个规模宏大、层次复杂的叙事结构和理论命题,需要进行全方位多视角的考察和分析。本书前九章已经分析了中国文化和西方文化不同的源头、生态环境、基本精神以及思维方式、语言、宗教、社会规范、艺术、文学等文化现象,简略地勾勒出两种风格迥异而又彼此互补的文化图景。不过,文化比较的最终意义不在比较本身,而是要经过比较,寻求通过异质文化之间的对话、沟通,实现不同文化间的借鉴、融合,促进文化的传承更新与创造的目标。因此,从感性的描述到理性的思辨,是必须完成的跨越。本章将从逻辑辨析、历史考察和学理探讨三个层面,对文化比较与文化复兴的关系,作进一步的阐述,以显现中国传统文化走向现代文化的必要性和艰巨性。

第一节 文化比较的逻辑序列

任何一种文化研究,都离不开哲学的基础,中西文化比较也是如此。如果我们把文化比较置放在文化哲学的平台上,从人类文化的矛盾运动中寻找文化发展的逻辑序列,抽取出几个相互关联的环节加以分析,或许会得到一种更深层次的认识。

综观人类文化的发展过程,可以发现,其中包含着多种矛盾关系:从文化的形成来看,人类既以"剧作者"的身份,在实践中能动地创造出各种文化产品,同时,又受制于各种条件,被动地扮演着"剧中人"的角色;从文化的内容来看,人类创造的物质财富和精神价值,既表现出超地域界限的普遍性(共同性),又显示出不同民族和国家的特殊性(差异性);从文化的传播来看,不同地域的文化既被诸多因素所隔离而局限在本土范围,又努力寻找相互沟通和交流的渠道;从文化的延续来看,某种文化系统既保持着世代相承的血缘关系,又会因内部转型和外部渗透而产生变异,等等。

在诸多矛盾关系中,我们认为,同文化比较研究关系较为密切的,大约有这样四个环节:文化的隔离、差异、交流和渗透。这四个环节又具有内在的逻辑顺序:文化隔离加深了不同地域的文化差异,差异的存在更需要进行文化交流,交流的结果导致双方相互渗透,从而使原来的文化形态发生变异。

一、隔离与差异:难以消除的文化现象

文化隔离是人类文化发展初期不可避免的现象。它的存在,造成了许多各自独立和彼此疏远的地域文化。文化隔离把各民族的文化活动局限在一个自我封闭的环境,导致了相互间的隔阂甚至长久的隔绝。

文化隔离的机制,包含自然和社会两个层次。自然层次是外在和表层的因素。众所周知,各种不同的文化圈,首先是由自然地理环境划定的。崇山峻岭、田野荒漠、江河湖海等自然生态,既孕育了不同的文化类型,又架设起相互隔离的天然屏障。身居各地的人们,虽然有超越原生地理环境、扩大生存空间的欲望,但在实践能力极其有限的历史条件下,只能"望洋兴叹",原地徘徊。然而,文化隔离的主要壁垒不是自然因素,而是社会层次的各种人为因素。随着实践能力的提高,当翻山越岭、漂洋过海不再是人类的梦想时,来自社会自身的经济、政治、军事和民族、宗教等精神因素,就凸现为文化隔离机制的主要方面。经济因素是指在不同地理环境中形成的生产方式。古代的农耕民族和游牧民族很少往

来,是因为他们有不同的经济结构及生活形态。相对于身居海岛、从事海洋捕捞及海上贸易的人们来讲,在平原或丘陵地带从事耕地种粮的农民,更习惯于"鸡犬之声相闻,老死不相往来"的生活。政治因素是指一定的社会政治结构及社会伦理关系。在中国封建社会,中央集权的专制政府对户籍进行严密控制,保甲制和宗族制对人身出行严加管束,"父母在,不远游"等宗法观念和道德训令也阻挠着人们的外出,因此,几乎每个人的一生都只能生活在某个封闭和狭窄的天地。军事因素是指面临外来的战争威胁而被迫采取的防卫措施。古代中国的南方农耕民族,使用包括万里长城在内的一切军事设施,防御北方游牧民族的侵扰。人们也许未曾想到,保卫家园的城墙同时也成为文化隔离的鸿沟。精神因素是指不同民族互为牴牾的文化心理状态,包括各种不同的宗教信仰、思维方式、价值观念、审美趣味,以及相应的风俗习惯。同经济、政治和军事等方面的因素相比,精神因素具有较强的质态稳定性,最不容易同异质文化沟通和融合,因而成为文化隔离机制中看似无形却极为坚固的壁垒。

　　文化隔离在人类文化形成和发展过程中具有双重作用,一方面,它作为不可避免的文化现象,具有一定的合理性和积极作用。正是文化隔离的存在,才使不同民族形成了各具特色的地域文化。民族文化传统的造就,往往同相对封闭和稳定的文化环境有关,而且,如果没有文化隔离的保护作用,一个民族即使形成了自己特定的文化模式,也可能在外来强势文化的暴力侵袭下,逐步衰弱甚至湮灭。世界上一些土著居民的传统文化遭到外域文化的侵袭和冲击而陷于绝境,就是明证。当今世界,信息化、网络化的趋势使全球性的文化交流日趋频繁,传统意义上的文化隔离机制几乎名存实亡。在这种背景下,相对落后的发展中国家和地区,面对发达国家强势文化的扩张和渗透,即使采取主动的文化开放政策,也存在着文化安全的问题。因此,人们应当考虑如何运用文化隔离的合理性,在坚持对外开放的同时,构筑起文化安全的屏障。

　　另一方面,我们必须承认,文化隔离毕竟是同时代发展的潮流和文化进步的趋势相背离的,它更多地表现出消极性的作用。尤其是近代以后,由于资本主义"开拓了世界市场,使一切国家的生产和消费都成为世界性的了……过去那种地方的和民族的自给自足和闭关自守状态,被各民族的各方面的互相往来和各方面的互相依赖所代替了,物质的生产关系是如此,精神的生产也是如此"。① 随着全球化时代的到来,文化隔离的消极作用就愈加明显:它限制着人们经济贸易活动的范围,影响了先进科学技术的传播和资本的流通;它阻碍着国家之间的政治交往和外事活动,影响了民主、宪政等具有普适性的现代制度在世界的推广;它隔断各种观念体系和意识形态进行对话和沟通的渠道,影响了世界文化在多元基础上共同发展的进程。因此,打破历史遗留下来的各种文化壁垒,在世界范围内开展经济、政治和思想等领域的全面交往,对于人类文化的建设和进步至关重要。

同文化隔离密切相关的,是地域或民族间的文化差异。造成文化差异的原因,不仅在于不同文化的生态环境,而且也由文化隔离所致。

民族间的文化差异,是一个极为复杂的问题,应该用历史的和辩证的观点加以分析。其中最关键的,是要区分两类不同性质的差异,即时代性的差异和非时代性的差异。

文化的时代性差异,是指"由于各地域或民族发展的不平衡而产生的处于不同发展水平上的差异,是发展程度上的差异,或者说是先进和落后的差异"。② 这类差异主要表现在经济、技术等物态文化及政治、法律等制度文化领域。毫无疑问,由于民族之间在经济、政治等方面发展的不平衡性,世界各国的发展水平是参差不齐的。无论是人均国民生产总值或公民参与国家管理的民主程度,都存在一定的差距。这种时间坐标上的差异,也会在空间上表现为不同民族和国家之间的差异。当今所谓发达国家和发展中国家,区分的标准就在于此。

确认文化的时代性差异,是以承认人类文化发展具有超越民

---

① 《马克思恩格斯选集》,第一卷,第254~255页。
② 陈筠泉、刘奔主编:《哲学与文化》,中国社会科学出版社1996年版,第254页。

族性的普遍价值原则为基础的。各民族的发展模式或选择的道路无论有多少差别,都是一个在经济上走向富裕、在政治上走向公正的过程。生产力的发展水平和人的解放程度,可以从生产方式和社会形态演进过程不同阶段进行比较。一般地说,工业社会强于农业社会,民主制度高于专制制度,以"物的依赖性为基础的人的独立性"好于"人的依赖性关系"。从此意义上讲,我们没有权利,也没有理由为了维持文化的多样性或保存某种可供猎奇的文化化石,甚至推行所谓经济分工,人为地阻滞某种特定文明改善其生存境遇的要求。

然而,我们也不可以形而上学地将文化的先进性仅仅量化为一定的技术指标进行认定。事实上人类在片面追求物质生活现代化的过程中造成的自然生态破坏,生存资源枯竭,环境恶化等严重的负效应已经显示了仅仅以GDP增长为衡量标准的现代化观念的局限性。那种仅仅以现代技术的应用水平和效率为标志的工业化、标准化生产也以其创造的统一尺度的连锁式、快餐式文化模型正在威胁着以民族性、地域性和多样性为基础的人类文化生态。这使我们不能不关注另一类性质完全不同的文化差异。

文化的非时代性差异"是指不以时代的变化为转移的、超越时代性的差异,它不是发展程度和水平上的差异,而是纯粹民族形式、民族风格、民族特色方面的差异"。[①] 如果说,文化的时代性差异体现出不同文化的时代水准,可以测定高低,那么,文化的非时代性差异体现的是不同文化的民族性格,无所谓高低优劣或先进落后之分。每个民族都有区别于其他民族、贯穿于各个时代的文化精神,它是在长期共同生活的背景下逐步形成并世代保持的传统。作为一种"集体记忆",民族性格是民族成员共同的心理背景,它不会因社会制度的变革而消亡,也不会因历史时代的变迁而面目全非。文化的这种非时代性差异,主要表现在不同民族的生活方式、礼仪、风俗等行为文化,以及语言、宗教、文学、艺术等精神文化领域,是形成人类多姿多彩文化生态的源泉。其中最典型的莫

---

① 《哲学与文化》,第260页。

过于不同民族的语言。语言是人类表达思想和交流信息的符号，它把本民族成员共同创造的物质成果和精神价值记录下来，传承下去，成为民族文化的载体。某种语言的使用，标志着某个民族的存在。"取消一种语言，无异于消灭一个民族。而掌握一种新的语言，意味着取得了'进入'其他民族文化的通行证。"① 我们可以把语言这类的文化差异视作文化的民族秉性之差异。这类差异，非但没有高低之分，也没有消除的必要。倘若我们以有利交流为理由，强行地以某种所谓先进民族的语言去同化或取代另一民族的语言，势必导致该民族文化根基的动摇和传统的丧失。当然，语言本身的内容或表现形式需要随着时代的发展而变化，但是，不同民族语言所体现出的文化差异的存在，是保持文化多样性的先决条件。

由此可见，民族之间的文化差异，既有时代性的差异，也有非时代性差异。前者是发展水平的差距，在全球经济一体化的过程中，通过努力可能逐渐缩小；后者是民族性格的差别，很难予以消除。因为全球经济一体化和民族文化多元化并不冲突。在文化比较的研究中，分清两类不同性质的文化差异，对于维护乃至发扬民族和区域文化的个性具有重要的现实意义。

二、交流与渗透：不可阻遏的文化趋势

文化交流同人类交往相伴而生，它作为文化隔离的对立面，是人类文化发展的必然趋势，也是促进文化变迁和演进的不竭源泉与动力。正因为不同民族存在着文化差异，相互间交流的愿望才更强烈也更有必要。而且，随着交通手段的日益便捷、信息技术的发展和经济全球化的推进，不同文明之间交流的频率、广度和深度都前所未有的拓展了。它一方面促进了不同文化间的互渗与互动，导致了部分民族文化特点的消亡，另一方面也在一定程度上增强了主体对自身文化个性的自觉和民族文化认同的要求。

历史上的文化交流采用多种方式，它们大致可以分为两类。

---

① 《哲学与文化》，第 261 页。

第一类是和平交往，它通过不同地域或民族之间的商品贸易、技术传授、拜师学艺、遣使互访等途径和手段，在平等相待、互通有无的基础上进行。古往今来，大多数的中外文化交流，就是以这类和平交往的方式进行的，如两汉和西域各国的经济往来，唐和中亚地区的商贸活动。第二类是战争交往，它主要通过军事暴力手段，以实力较强的一方对实力较弱的另一方进行征服来完成。在战争交往中，双方的物质财富和精神价值是在非正常和不公平的状态下进行交流的。这种情况历史上屡有发生，如凯撒大帝的远征、欧美列强对亚非地区的掠夺、成吉思汗的西征等。

同文化隔离一样，文化交流的作用也具有双重性。从和平交往的方式看，其积极作用占主导方面。例如，汉唐之际的中印文化交流，对于中国来说，既采集了南亚文化的精致成分，融会于色彩斑斓的中华文化，使其更加绚丽多姿，同时，又摄取了佛教文化的神秘因子，凝练出儒、道、释三位一体的宋明理学，孕育着盛极而衰的文化走向。再如，明清之际的中西文化交流，对于法国等西欧国家来说，既使百科全书派受到儒家文化入世精神的激励，锻造出思想启蒙的利剑，也使封建统治者从东方专制主义那里得到灵感，熔铸出强化君权、抵御革命的盾牌。文化交流的双重作用，在战争交往的方式那里，显得更加复杂。从总体上看，它的积极作用和负面影响相互交织并以后者为主。战乱和征服以暴力形式强迫双方进行文化碰撞，其结果是文化发展平稳过程的暂时中断。交战双方实际上是两败俱伤，没有真正意义上的全面胜利者。在中外历史上，那些能征善战的民族对其他民族的侵扰和掠夺，既给被压迫民族一个精神上的强刺激，使其勃发出抗争的勇气和力量，又让他们蒙受巨大的苦难和牺牲，陷于长期的被奴役状态。至于近代史上西方工业强国对东方农业国的入侵，其复杂作用表现在，它以"恶"的形式充当了历史演进的特殊工具。例如，当年的大英帝国为了开拓海外市场，曾对印度等东方民族犯下了令人发指的暴行。然而，它在催发这些地区的社会改造、民族觉醒和文明进化中，又不自觉地扮演了重要角色。对于发动战争的强势文化这一方，它所收获的不仅是白银、黄金和文物，还有对方的悠久历史和顽强抗争留给他们的震撼、思索和日后将吞服的"苦果"。更何况,军事的强悍,并不意味着文化的强大,战争的胜利者在文化上被打败,这种情况在中国历史上屡屡发生,在其他民族历史上也不乏其例。这也从一个侧面表现出文化交流的复杂因果关系。

历史已经跨入以和平与发展为主流的时代,当今世界各国的文化交流基本上以和平交往的方式进行,经济贸易、技术洽谈、政治对话、军事访问、艺术表演、体育竞技等各种文化活动,在平等相待的基础上展开,这正是爱好和平的人们所期盼的文化交流。

同文化交流相关的是文化渗透。任何一个民族的文化,都不是静止不变的凝固物,它会随着历史的发展而变化。这种变化来自两个方面,一是民族文化内部的更新和转型,二是不同文化交流碰撞带来的渗透。

在人类文化发展初期,由于文化隔离的强大阻力,民族间的交流活动极少,文化结构的变化,往往是由自身的矛盾运动而引起的,特别是由技术变革推动的生产方式的变化。例如,古代社会的农耕民族,物态文化从石器时代向青铜器时代的转变,制度文化从原始部落制向奴隶主国家的演变,其原因就是生产方式的历史变更。后来,随着社会交往的扩大,民族之间的文化交流也日趋频繁,文化变异的原因更多的来自"外因",即外来文化的渗透或影响。特别是从近代开始,率先实现工业化的国家向外扩张,目标对准一些较为落后的农业国。当工业文化和农业文化两种不同时代的文化模式发生碰撞时,前者都会因拥有较高的文化势能而占据上风。文化交流的结果,往往是工业文化向农业文化进行强有力的渗透,后者要更多的吸收工业文化的成分。

从文化形态学的角度来考察文化渗透的作用,可以发现,文化渗透所引起的文化变异,最为明显的是物态文化层,它处在两种文化相互交往首当其冲的位置。其次是制度文化,它同物态文化直接相关。相对而言,行为文化和心态文化就不太容易发生变异。因为在长期实践过程和人际交往中形成的民族文化,无论是本土化的民间风俗,还是价值观念等心理因素,都具有较强的稳定性。

经过文化渗透,任何一方都会由于对方的冲击和影响,在一定的范围和层次发生变化。变化的实际程度,取决于交往双方文化势能的位差,尤其是时代性差异水准的高低,同时,也与交往双方的主动性和参与性,以及本民族文化系统的稳定性密切相关。否则,文化交往很可能是交而不往,文化渗透也是渗而不透。在中外文化交流史上,印度文化对中国的渗透,主要是宗教传播和学术、艺术等有限领域,而中国文化对日本、朝鲜的影响,则广泛渗透到建筑、饮食、礼仪和典籍等方面。明清之际,西方文化对中国的渗透,还局限在科学技术的传授,如天文历法和器械制造,到了晚清时期,则开始了由表及里的层层推进,从而引发了中国传统文化的全面危机。

综上所述,文化的隔离、差异、交流、渗透,组成了文化比较的内在逻辑序列。正是它们的存在和作用,不同文化的冲突与融合才会发生,各种文化的更新与转型才更有必要和可能。

第二节 中西文化的冲突与融合

中国文化和西方文化在历史上的交往,至少可以追溯到汉唐时期。特别在唐代,中国以强大的国力屹立在亚洲东部,对外文化交流是在盛世环境中从容不迫地进行的。对来自西方国家的文化影响和渗透,中国以雍容自如的心态泰然处之,将其消融在自己的文化系统内。到了明末清初,刚刚走出中世纪的西方国家虽然羽毛渐丰,但面对着一个仍然比较富裕和强盛的中国,出于尊敬和无奈,只能采取较为平和的姿态,中西文化交往和渗透,也处于波澜不惊的状态。然而,到了18世纪,世界文化的格局出现了历史性的转折。西方的资本主义工业文化异军突起,扶摇直上。它以咄咄逼人的气势,向东方各国拓展影响和地盘。中国文化却依然故我,紧拉慢唱地哼着小调,在封建传统的旧道上缓缓行进。一个在变动中飞跃,虎视眈眈地望着东方;一个在平静中停滞,旁若无人的自我陶醉。截止十九世纪初,中西文化的交流和渗透,基本上以和平的方式进行,但是,历史已经安排了双方一旦爆发战争、进行全面交锋的大致走向及最终结果。

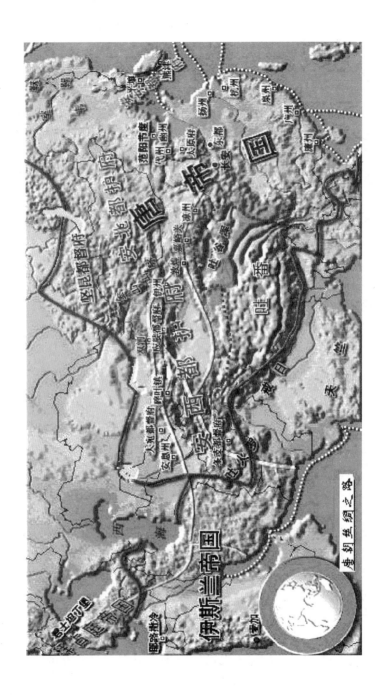

一、互通与互渗:历史上的中西文化交流

中国与西方的文化交流至少可追溯到秦代。它的发展历程大致是从互通商品到不同文化间的吸引,从间接贸易到直接的交往。秦始皇时的商人如乌氏倮等便开始经营面向西方的民间丝绸贸易,到汉代双方互派使节试图建立交往,《汉书·西域传》载:"初,武帝感张骞之言,甘心欲通大宛诸国,使者相望于道,一岁中多至十余辈。"尽管由于路途遥远和交通手段的落后影响了交流的成功率,仍然增进了相互的了解与接触。

如果说张骞出使西域更多是出于抵抗匈奴的军事战略考虑,那么丝绸作为中国使节携带的主要礼品被传播到西域各国,却使丝绸这种令西方人倍感新奇的贵重织物走出了国门。史载张骞出使乌孙时曾派出副使分别前往大宛、康居、大月氏、大夏等西域诸国,带去了"直数千巨万"的赍金币帛,此中丝绸产品的独特品质尤令西域商人趋之若鹜,从而为丝绸之路的开辟创造了条件。早期的中西贸易主要是出于经济文化需要的民间自发行为,其中介是当时称为西域的国家,即今天的中亚和西亚诸国,其中又以波斯商人为主。在西方,到公元 1 世纪初期,丝绸的使用通过安息到达地中海,作为珍贵商品始在罗马帝国流行。到奥古斯都时代,丝绸在意大利成了风靡一时的高档商品,关于丝绸之国赛里斯的信息也开始出现在诗人和游记作家的笔下。这种自东向西的贸易逐步形成了陆上和海路的三条主要通道,一直持续到东罗马帝国时期,直至公元 6 世纪蚕卵和养蚕缫丝技术传入拜占庭,整个欧洲对中国生丝原料和丝绸产品的依赖才逐渐缓解。

与此同时,中亚和西方的商人也带来了有关西域诸国乃至大秦(中国古史对罗马帝国的称呼)的文化信息。到汉武帝时代中国对西域诸国的文化已有初步的了解,对此司马迁在《史记》中即有概略的描述:

> 自大宛以西至安息,国虽颇异言,然大同俗,相知言。其人皆深眼,多须䫇,善市贾,争分铢。俗贵女子,女子所言而丈夫乃决正。其地皆无丝漆,不知铸钱器。及汉使亡卒降,教铸

作他兵器。得汉黄白金,辄以为器,不用为币。①

上述内容在《汉书》和《后汉书》中有了更为详尽的记述。到东汉中叶汉和帝永元九年(公元97年),西域都护班超派遣甘英出使大秦,到达条支(安息西界,或称在今伊拉克境内),"穷临西海而还"。② 桓帝延熹九年(公元166年)大秦皇帝安敦遣使来中国,晋武帝太康年间,大秦又遣使与中国通好。中西政府之间的直接交往由此开始。

自唐代以降,中西交流的内容和走向开始发生微妙的变化。首先是在罗马教廷对聂斯托尔教派的教徒进行迫害的背景下,一批早期基督教的追随者向东迁徙,经在波斯、印度100多年的辗转发展,到唐初经丝绸之路传入中国,到唐太宗时得到官方承认。当时称为景教,意为"向往光明广大"的宗教团体。他们在中国建立了自己的教堂(大秦寺),并配置了神职人员,并被允许公开传教,唐太宗甚至准许将自己的画像悬挂在大秦寺。从太宗、高宗到玄宗的初盛唐时期,景教在中国达于鼎盛,"于诸州各置景寺,仍崇阿罗本为镇国大法主。法疏十道,国富无休。寺满百城,家殷景福"。③ 对此有唐德宗建中二年(公元781年)所立《大秦景教流行中国碑》可资见证。这是西方文化以宗教为媒介传入中国的最初尝试,由于当时中华文明的强势和佛道等宗教的昌盛,景教在中国普通民众中影响并不大。至公元845年唐武宗下令禁断佛教等宗教,景教始走向衰落,到五代至北宋景教徒在中原已近绝迹,但在西部和北部的边疆地区仍然延续着存在,并传入蒙古族部落。

到元代,散布在中亚和中国边疆地区的景教徒随着蒙古大军重新进入中原地区,随着蒙古军队的西征,俄罗斯、罗马、希腊等地区的其他教派的基督徒也以不同的方式先后来到中国。一时间,"长城以北,及嘉峪关以西,万里纵横,已为基督教徒所遍布矣"。④

---

① 司马迁:《史记·大宛列传》。
② 范晔:《后汉书·西域传》。
③ 转引自沈定平:《明清之际中西文化交流史》,商务印书馆2001年版,第15页。
④ 《陈垣史学论著选》,第50页,转引自:沈定平:《明清之际中西文化交流史》,商务印书馆2001年版,第19页。

加上元代统治者的保护政策,也里可温教(元时对基督教的称谓)在元代兴盛起来。另一方面,由于成吉思汗及其继承者的数次西征,彻底突破了地理上的障碍,东西方交往的道路前所未有的畅通了。除了给西方人带来恐惧与灾难的杀戮和掠夺之外,"在传播和开阔人们的思想及激发人的想像力方面,它的影响是非常巨大的。当时整个亚洲和西欧处于公开的频繁来往状态;所有的通道都出现了暂时的畅通无阻,在喀喇和林的宫廷可以见到各国的代表"。① 与此同时,各国的商人也纷纷来到大都、杭州等中国的主要中心城市。

公元13世纪中,正当蒙古大军挥戈西进之际,罗马教皇派教士柏朗嘉宾等三人携带教皇致蒙古大可汗的信前往蒙古都城喀喇和林,意在制止蒙古军队的杀戮行为,并劝说其皈依基督教。刚刚即位的贵由大汗回以《大汗贵由致因诺增爵四世书》答复。书中拒绝了教皇对蒙古大军杀戮生命的指责,批评了基督教坚持要人受洗入教的狭隘,并将教皇及各国王公俯首称臣,前来朝贡作为缔结和平的条件。有学者将此次政治交锋作为中西文化冲突的滥觞,因为在双方的信函中东西方文化的差异已经浮出水面——"诸如西方文化中一神教的狭隘性和排他性,西方文化所具有的传教特点;以及东方皇权的绝对权威性和兼容并蓄的泛神论的信仰,这些在明清之际中西文化交流史中暴露得十分充分的问题,在此已有最初的显现。"②

元代最值得纪念的中西文化交流使者显然是马可·波罗,他的著名游记第一次使西方读者能够较为真切全面地了解中国的风土自然、社会经济和文化,这神奇的东方文明令欧洲人耳目一新,也使一些人感到疑惑,从而激发起他们探寻地球上文化奥秘的好奇心和勇气,成为推动改变人类历史进程的地理大发现的重要因素。

明代中西交流由于文艺复兴以来西方向外扩张的战略而日趋频繁,不过总的来看,中国仍处在相对被动的地位。郑和下西洋是

---

① 〔英〕韦尔斯:《世界史纲》,北京燕山出版社2004年版,第524页。
② 沈定平:《明清之际中西文化交流史》,商务印书馆2001年版,第24页。

中国历史上少有的以和平的方式主动向外作探险式开拓的特例，以今天的观点看，这些行动应当是以广布华夏圣恩、传播中华文化为宗旨的，但终究没能到达我们所说的以希腊罗马文明为轴心的西方世界。

西方各国则是有意识地通过军事占领、商业活动与传教输出自己的观念与文化。如果说西方列强在向拉丁美洲和东南亚的开拓中主要是依靠武力开路的话，那么他们进入中国内地时走在前列的则是传教士，他们把自己看作对异教徒进行宗教远征的勇兵。此中最著名的先驱者是提出适应中国传统文化和风俗的传教策略的耶稣会士沙勿略和范礼安，而作出实质性贡献的却是利玛窦，这位来自意大利的教士1582年进入中国，1610年在北京去世，在中国生活了整整28年。他对中西文化交流的独特贡献是，在传播上帝福音的同时，还把西方的哲学思想与科学方法传播给中国人，使中国知识分子得以了解与他们的满腹经纶迥然不同的思想方法和技术手段，并借以弥补中国传统学术之不足。徐光启、李之藻等人的科技成就即是在此基础上取得的。由此西方的天文算学等科学成果在中国得到了承认和应用。不仅如此利玛窦们还通过书信和著述向西方人介绍中国的文化，使中国的哲学、伦理学等经典理论进入西方知识界的视野，尤其是罗明坚翻译的《四书》和以《基督教远征中国史》的命名的利玛窦中国札记，以及其他耶稣会士编纂的《中国哲学家孔夫子》等著作，更广泛真实地对西方人介绍了中国文化的面貌，为后来欧洲的启蒙思想家们提供了挑战西方古老传统的思想武器。

利玛窦之后，以传教为媒介的西方文化渗透一直延续到清代，传教士的足迹遍布中国各行省。与此同时，以军事手段为前导的殖民活动和以海上交通为新渠道的商品贸易也在中国周边国家和沿海地区悄然展开。前者如西班牙对菲律宾的殖民，葡萄牙对澳门的租借和荷兰人对台湾的侵占，后者如广州等地的国际贸易的发展。

继之而来的是日渐凸显出来的文化间的差异与冲突。康熙朝后期的所谓"礼仪之争"成为了最早的导火索。由于在华传教士对于在中国的传教方式和宣教内容发生了分歧,公元1704年,教皇克莱孟十一向中国的教会与信徒发布了七条禁约,内容包括禁止教堂悬挂带有"敬天"字样的匾额,禁止基督徒祀孔、祭祖,禁止教徒家中供奉牌位等。其实质在于改变利玛窦以来形成的尊重和适应中国传统礼俗的传教模式,由此引发了康熙皇朝的不满。先是康熙于1707年派人在苏州向教士宣布:"奉旨谕众西洋人,自今以后,若不遵利玛窦的规矩,断不准在中国住,必逐回去。"① 并下令驱逐了教皇特使多罗。在获知几经交涉罗马教廷仍拒绝改变禁约之后,又于康熙五十六年(1717)下令礼部禁止天主教在华传教。随即以《四库全书总目》为代表的官方意识形态开始对天主教神学进行批判,并提出了"节取其技能,禁传其学术"的中西交流的原则。

此后,雍正、乾隆、嘉庆诸朝皆厉行禁教,驱逐传教士,将天主堂改为别用。对外贸易的限制也逐渐严格,从对通商口岸的限制到对进出口货物的限定,中西文化交流的大门渐趋关闭,由天朝上国的自尊与戒备心理发展而来的闭关自守的政策日益森严起来。

综上所述,我们不难看出中西文化交流有着悠久的历史,早期的交流始于物质和产品交易,输出的路线是由东向西。这种贸易往来从秦代一直持续到清代,最初以丝绸、茶叶、瓷器出口为主,主要是陆上和海上丝绸之路的间接贸易。明清以后转变为主要通过海路的直接贸易,并陆续有西方商品乃至鸦片的输入。继而出现的是宗教的渗透,基本方向是由西向东。始于唐代,最初起于受宗教迫害的流亡者,到明清以后则是主动前来传教兼传播西学的传教士。从对待两类交流的态度看,都是西方处于主动,尤其是以利玛窦为代表的基督教传教士,充当了西学东渐和东学西渐的桥梁。中国统治者在交流上则显得较为被动,有固守中央之国的天朝心态,将外来使节和商人一概视为朝贡,最终由于中西文化价值的冲突而采取了禁教和闭关的政策。

---

① 《康熙与罗马使节关系文书影印本》,转引自冯天瑜等:《中华文化史》,上海人民出版社1990年版,第857页。

二、挑战与应对:"物质——制度——观念"三部曲

以1840年鸦片战争开篇的中国近代史,是中华民族饱尝苦难和屈辱的血泪史,也是一部中国人为寻求民族自强和文化复兴的出路而苦苦求索的历史。鸦片战争将中西文化的交往以血与火的冲突形式展现在世人面前。随着中国的战败,中华民族被迫重新反思自己文明的缺陷。西方列强用坚船利炮和不平等条约的绳索将中国裹挟进资本统治的世界秩序,同时也使我们不得不透过破碎的国门,重新正视来自遥远异邦的生活方式与文化价值,从而将中国文化置身于一个崭新的参考系。一代又一代的中国先进分子,冒着来自西方列强的"炮火",又偏向西方国家寻找图存救亡的"炮弹"。这似乎有点不可思议,但毕竟是一种理性的选择。中国文化只有在痛苦的蜕变中才能寻求新生的转机。

关于近代中国比照和学习西方的过程,梁启超曾将它分为三个时期。"第一期,先从器物上感觉不足";"第二期,是从制度上感觉不足";"第三期,便是从文化根本上感觉不足"。① 这种划分可谓是言简意赅,击中要害。三个时期所指涉的"器物"、"制度"和"文化根本",是同文化结构的三个层次——物态文化、制度文化和精神文化——基本对应的。我们可以从历史和逻辑相统一的角度,将中国文化在三个时期或阶段所面临的挑战和做出的选择,概述如下。

(一) 第一个阶段:1840年—1894年

从鸦片战争经由洋务运动到甲午战争,中国传统文化面临物质层次的挑战而冀求富国强兵。

1840年的鸦片战争,以中国的失败而告终。西方列强的大炮轰开了中华封建帝国紧闭的大门,给中华民族带来了深重的灾难。同时,也开启了一扇窗口,使沉睡的中国人得以窥见西方世界的新鲜图景。鸦片战争后,"开眼看世界"、扪心暗思忖成为当时中国先进分子的共同特征。一部分官僚及思想界人士把反省的焦点聚集

---

① 梁启超:《五十年中国进化概论》。

在中西双方经济和军事实力的对比上，认为西方的强大就在于坚船利炮，中国的大刀长矛绝不是它的对手，唯有发展工业，富国强兵，中国才能扭转败局，洗雪国耻。1842年起，魏源受林则徐之托，编撰了80余万言的《海国图志》，向国人介绍了世界各地尤其是英、法、美、俄等国的历史、地理、经济、政治等基本知识。尤其难能可贵的是，他率先提出了"师夷长技以制夷"的战略思想，不仅承认西方物质文明强于中国，而且明确表示应该学习西方。只要把船舶、火炮等物的制造技术学到手，为我所用，中国一定能反败为胜。不过，魏源等人还仅是"坐而论道"，真正身体力行，在"师夷长技"方面作出实绩的是曾国藩、李鸿章和张之洞等"洋务派"人士。洋务运动开办了中国历史上第一批具有近代性质的机器工业，培养了中国第一代近代科技人才，也引进了一大批包括科技知识在内的"西学"、"西艺"，还向西方派出了多批留学的幼童。同时，也引发了思想领域内关于中西文化体用关系的争论，使人们对中西文化互相关系的认识推进了一大步。

19世纪中期，中国人对西方文化的感受，仅仅触及坚船利炮等物质层面，认为西方比中国先进的地方就是物质技术，中国要学习的地方也仅在于此。人们在思想上坚持"以中国之伦常名教为原本，辅以诸国富强大之术"的主张。到了19世纪后期，"中学为体、西学为用"的认识在开明士绅和洋务官僚中占据上风，广为流行。所谓"中学为体"，就是坚持形而上的中国孔孟之道，而"西学为用"是指采纳形而下的西方科技之器。应该承认，"中体西用"之说在当时的历史条件下，为古老的中国文化吸纳西方文化的营养，创造了一种较为合理的模式，是近代中国的思想精英为沟通中西文化及更新中国文化迈出的第一步。也正是在它的庇护下，先进的西方近代文化才能排除顽固势力的重重阻挠，插足于中国传统文化的世袭领地。当然，如果从学理上来分析，"中体西用"是经不起推敲的。因为任何一个民族的文化结构，都是一个有机的整体，它的实体和功能是不可分割的。"中体西用"将两者机械割裂，随意拼凑，如同将"牛之体负重之用"改装成"牛之体"借"马之体致远之用"，貌似全面，却似是而非。"中体西用"在理论上的失误，必然导致思想上的失策乃至实践上的失败。不仅洋务事业本身的艰难曲折是一个实证,而且时局发展的趋势更是无情的宣示。1894年的中日甲午海战,使洋务运动科技强国的梦想随同北洋水师一起覆灭。甲午战争作出这样的鉴定:"师夷长技"未必能"制夷",不仅制服不了老谋深算的西方列强,连初出茅庐的东洋鬼子也无法对阵。堂堂中华帝国,竟然败在一个东邻岛国手下,人们在震惊之余不由再度思索:"夷长技"的背后,莫非还有别的法宝?

(二) 第二个阶段:1894年—1911年

从甲午战争经由戊戌变法到辛亥革命,中国传统文化面临制度层次的挑战而谋求君主立宪乃至民主共和。

1894年甲午战争的惨败以及《马关条约》的签订,使中华民族面临的政治局势更加险恶,亡国灭种的阴影沉重地压在每个清醒的中国人心头。半个世纪以来与西方列强屡战屡败,后来竟然还被向来为国人瞧不起的"蕞尔东洋"打了个下马威,这个严峻的事实,迫使人们把中国和日本进行一番比较:为什么都是东方民族,都在学习西方,都有坚船利炮,交战双方的差距还是那么明显?或许是"当局者迷,旁观者清",对于这一点,西方学者如是评论:"在1840年后的将近半个世纪以内西学的输入是缓慢的,它对中国士大夫的影响是表面的,特别是和西方文化在19世纪日本的迅速发展及其改造影响相比就更加明显,这是重要的然而却是经常被忽略的事实。这个世纪中叶以后,当西学在日本迅速成为全民族注意的中心之际,它在中国却于数十年中被限制在通商口岸范围之内和数量有限的办理所谓'洋务'的官员之中。"[①] 日本之所以能打败中国,关键在于不仅仅引进了西方的物质技术,而且还学习和建立了西方的政治体制。因此,中国要想真正摆脱贫弱,追赶西方工业强国,必须像日本那样,在引进物质技术的同时,致力于社会政治制度的改革。当务之急是要变更沿袭两千多年的封建帝制,来一个脱胎换骨的改造,而不是改朝换代的循环。痛苦的沉思,逼迫人们得出了"要救中国,只有维新,要维新,只有学外国"的结论。

---

① 费正清:《剑桥中国晚清史》下卷,中国社会科学出版社1985年版,第314页。

在中国近代史上,变革封建帝制、建立民主共和的历史任务,是由维新派和革命派两种政治力量先后承担的。以康有为为代表的维新派主张对君主专制制度实行改良,推行君主立宪制。以孙中山为领袖的革命派则主张彻底推翻封建帝制,建立资产阶级的民主共和国。两派都要求在制度层面上学习西方,但在具体方式和手段上存在分歧。当时的中国国情决定了两派进入历史进程的顺序和命运:前者率先兴起,温和软弱,昙花一现;后者继而奋起,不懈斗争,最终基本成功。

维新派发动的戊戌变法之所以短命,是因为这场变革仍然没有摆脱"中体西用"框架的束缚。面对盘根错节的封建顽固势力,他们将成功的希望寄托在一个傀儡皇帝身上,幻想通过所谓"合法"手段,自上而下地推行改革,其结果必然走向失败,谭嗣同们"有心杀贼"却"无力回天",血洒京城。这或许是中国文化走向蜕变和新生应当经过的曲折和付出的代价。它启示以孙中山为代表的革命派,既然和平改良的道路在中国走不通,惟一的选择只能是暴力革命。于是,跨入20世纪的中国大地,时代思潮的主旋律,开始由温和的维新转变为激越的革命。

孙中山作为近代中国旧民主主义革命的政治领袖和思想先驱,对中西文化的比较和中国文化的更新有自己独特而深刻的看法。他认为,"欧美近一百年来的文化雄飞突进,一日千里,种种文明都是比中国进步的多"。[①] 两种文化一旦交锋,中国文化的落后更加明显,改造刻不容缓,为此,他提出,"取欧美之民主以为模范,同时仍取数千年旧有文化而融贯之。"[②] "发扬吾固有之文化,且吸收世界之文化而光大之,以期与诸民族并驱于世界。"[③]

在孙中山的领导下,革命派不断积蓄力量,播撒火种,终于在1911年10月以武昌首义打响了推翻清王朝封建统治的第一枪,继而又以摧枯拉朽之势终结了统治中国两千多年的君主专制制

---

① 《孙中山全集》,第9卷,第315页。
② 《孙中山全集》,第1卷,第56页。
③ 《孙中山全集》,第7卷,第60页。

度。辛亥革命不仅实现了政治制度的变革,而且推进了社会风俗的变迁。但是,它也有严重的不彻底性,它并没有铲除封建专制的经济根基,也没有把帝国主义势力赶出中国,没有完成反帝反封建的历史任务。

(三) 第三个阶段:1911 年—1919 年

从辛亥革命经由帝制复辟,到五四运动,中国传统文化面临观念层次的挑战,被迫进行文化上的全面反思。

辛亥革命的历史功绩,不仅在政治上结束了中国两千多年的封建帝制,而且在思想上昭示了这样一个真理:既然至高无上的皇帝都可以拉下马、赶出城,还有什么落后反动的东西不可"侵犯"呢?所以,当辛亥革命的成果一度被袁世凯之流篡夺,中国再次出现皇帝登基的闹剧时,由于全国上下的一致反对,所有恢复帝制的尝试都只能喧闹一时,草草收场。

不过,这些试图复辟的历史事实毕竟从更深的层面提醒人们:为什么封建帝制的实体被推翻了,其阴魂仍然游荡在中华大地?而且,推翻帝制、实现共和,中国只是换了一块招牌,骨子里仍然是旧的。军阀割据、兵荒马乱、民生凋敝,中国人民依然挣扎在灾难之中。这些严峻的事实告诉人们,制度文化的变更还不是最终的,应当把文化的深层结构——思想观念层的变革,提到历史运动的日程表上来。

早在辛亥革命前,魏源、严复、梁启超等思想先驱在注重西方技术和制度的同时,就曾探及过它们背后政风、民风和学风,提出了"鼓民力、开民智、新民德"等主张。辛亥革命后,陈独秀在《青年杂志》撰文,他认为:"三年以来,吾人于共和国体之下,备受专制政治之痛苦。……然自今以往,共和国果能巩固无虞乎?立宪政治果能施行无阻乎?以予观之,此等政治根本解决问题,犹待吾人最后之觉悟。"[①] 梁启超后来也这样说道:"革命成功将近十年,所希望的件件都落空,渐渐有点废然思返。觉得社会文化是整套的,要

---

① 《青年杂志》,1 卷 6 号。

求旧心理运用新制度,决计不可能,渐渐要求全人格的觉悟"。①这些思想精英的看法,归于一点,人的思想观念的变革是最关键的。由于中国人缺乏民主共和的思想启蒙,从上到下搞不清究竟什么才是真正意义上的"革命",因此,即使搬来了西方的政治制度,也不知应该怎么维护和建设,习惯于用旧观念理解新事物。这就难免使大多数国民在军阀政客的戏弄下不知所措,从而导致民主共和制度的名存实亡。

在黑暗岁月的煎熬中,经过反复的痛苦的思索,中国的先进分子终于接触到文化问题的核心——"思想启蒙"这个"文化根本",才是民族文化转型的关键工程。以前的洋务运动、维新变法和政治革命固然需要,但并非关键。因为那些只是器物和制度的变化,还未触及思想观念这一深层结构。如果思想观念还停留在蒙昧状态,器物和制度的变化只是缺乏灵魂的外壳,徒具时髦的包装形式,没有新鲜的实质内容。所以,中国文化转型最关键的问题,是全体国民的思想启蒙、意识觉醒和观念更新。而引进西方的思想与文化则成为中国文化人手中的救世良方。20世纪初创办的《东方杂志》等刊物,此时开始致力于全方位向国人译介西方的政治思想和文化。

应该说,只有到了这一步,中国文化的批判理性精神才开始真正走向成熟。它超越了洋务运动、戊戌变法和辛亥革命所进行的文化变革,进入了思想观念自我反省的层次。对中国文化传统的改造,需要在物质文化、制度文化和精神文化这三层结构由表及里地推进。有了第三层的变革,前两层的变革成果才能有保障、有意义,也更扎实、更彻底。前两次的变革之所以不能阻止旧势力卷土重来,是因为精神文化领域的革命还未进行,旧社会的精神堡垒还没有被摧毁。只有批判理性的精神的自我觉醒,文化变革进入人的精神世界,中国文化的转型才能跨入具有决定意义的新阶段。辛亥革命之后兴起的新文化运动就是这个新阶段的标志。

新文化运动的两大主题是民主和科学。用民主取代专制,用

---

① 参见梁启超:《五十年中国进化概论》。

科学扫荡迷信,成为当时中国先进分子的共识。创办于1915年的《青年杂志》(一年后更名为《新青年》)成为鼓吹民主和科学的坚强阵地。陈独秀宣称,只有民主和科学"这两位先生可以救治中国政治上、道德上、学术上、思想上的黑暗"。[①]《新青年》高举起"打倒孔家店"的旗帜,对统治中国几千年的封建意识形态和思想体系进行无情的揭露和批判。这种批判虽有偏颇之处,但它的立足点是打碎人们的精神枷锁,让思想冲破牢笼。中国封建社会的文化大一统,长期禁锢着民众的思想。中国古代文化在先秦时期曾具有英姿勃发的理性精神和批判勇气,被长达两千年的封建专制统治下的愚昧和盲从所压迫。新文化运动试图借助西方资本主义民主和近代科学的蓬勃朝气,为中华民族的思想解放大潮注入活力。

耐人寻味的是,五四新文化运动时期占主导地位的文化主张,是"全盘西化"而非"中体西用"。这种惑于西方学者欧洲中心主义迷雾、又愤于某些封建势力复古主义暗流的所滋生的文化主张,有一定的合理性。因为它强调全方位学习和吸收西方文化对当时中国的极端重要性和紧迫性。然而,在20世纪初期世界经济和政治的大背景下,欧美资本主义国家并不愿意看到一个输入西方文化后能迅速强大起来的中华民族。"全盘西化"的主张不管本意多么美好,最终也难以成为真正的现实。作为一种文化选择,它同"中体西用"一样,不能从根本上解决中国传统文化的出路问题,充其量只能是一个具体阶段的某种文化策略。

出路还是要找的,而且眼界主要还是朝着西方。从鸦片战争开始,"先进的中国人经过千辛万苦,向西方国家寻找真理"。"中国人向西方学得很不少,但是行不通,理想总是不能实现。多次奋斗,包括辛亥革命那样全国规模的运动,都失败了。"[②] 但是,一次又一次的失败,还是没能阻止中国人向西方学习的进军步伐。他们中的先进知识分子坚信,中国文化走向新生的实践主体固然在本土,但指导实践的思想武器,还是要到西方文化中去寻找。

---

① 《新青年》,6卷1号。
② 《毛泽东选集》(一卷本),第1359页。

1917年,"北方吹来十月的风",中国的北邻俄罗斯爆发的社会主义革命,给中国送来了西方文化园地的一枝奇葩——马克思列宁主义。1919年的五四爱国运动,加速和扩大了马克思主义在中国的传播,给新文化运动注入了新的更为强大的思想活力。思想解放的浪潮冲破了僵硬板结的文化坚冰,新一代接受了社会主义思想洗礼的知识分子出现在时代的前列。陈独秀和李大钊等人从马克思主义的唯物史观和阶级斗争理论中吸取了新的营养,主张用政治斗争和文化斗争相结合的社会改革方案来改变中国传统文化的整体结构,并以建立政党、开展工人运动等实践手段来实现这一目标。从此,一场原先处于书斋里的流派纷呈的文化争论,转变为一场以彻底改变中国的意识形态与制度结构为目标的轰轰烈烈的社会政治革命。

三、交汇与融合:从西方化到现代化

辛亥革命推翻帝制之后,中国社会革命的先驱者们已经把西方化作为中国社会改造的当然出路了。孙中山提出的三民主义中虽然还有平均地权等中国传统价值观的痕迹,但从民主共和的制度设计到《建国大纲》中五权宪法等思想原则基本是参照由启蒙思想、民族国家意识、自由民主制度三位一体构成的近代西方政治文化。虽然在军阀割据的局面下难以真正实施,但中华民国制度框架仍然是以西方资本主义国家为蓝本的。而共产党领导的革命根据地的组织机构和政权建设模式则是依照列宁斯大林领导下的苏维埃国家的体制进行建构的。因此,从制度文化的层面看,无论现代中国的哪个党派或政治势力登上历史舞台都将选择源于西方的政治体制来取代中国传统的君主专制的封建帝制。与此同时,他们也把借鉴西方的先进技术与思想文化成果作为迈向现代化的重要条件。之所以如此,是因为在人类建设现代文明的进程中,西方世界由于工业革命的推动,加速了经济的成长和社会文化的成熟,较早完成了从传统的农业社会到现代市场经济体制下的工业文明的转型,形成了较高的文化势能。因此在一段时间里,经济文化发展滞后的发展中国家往往把现代化与西方化等同起来,把西方近

代以来走过的工业化道路作为典范加以模仿。处在文化颓势中的中国自然也不例外,一百多年来,她一直在向西方寻求振兴自己民族经济和改造民族精神文化的药方与动力。

由于日本入侵带来的民族生存危机中断了中国人在精神上的启蒙要求和对文化上重新选择的探索。救亡图存的迫切要求使他们对现代化的期待也变得渺茫了。然而第二次世界大战的同盟关系却无形中缩短了中国人与西方世界的心理距离。在国民党政府所参照的国家资本主义政治体制在中国大陆失败之后,马克思主义在中国的广泛传播及其中国化,促使近代以来的中西文化交往,由碰撞和冲突逐步走向交汇与融合,引起了中国传统文化的深刻变革。

新中国成立后,那种对文化更新和现代化的向往曾经一度集中体现为前苏联化。当时的苏联是社会主义阵营的盟主,又有较高的工业化水平。为了早日实现现代化,从制度文化、意识形态到生活方式都努力向苏联老大哥学习,包括政治体制、教育体制、工业体制、大型集体农庄、俄式的拖拉机、康拜因(收割机),甚至俄式建筑风格、俄罗斯爱情歌曲、跳集体舞,穿布拉吉(连衣裙)……总之,一切都仿佛在狂欢节般的气氛中全方位地改变着。中国本土固有的文化面貌仿佛在一夜之间消逝了,中西文化的融合实现了!?

为什么在中国这块东方土地上,来自西方的马克思主义也能生根开花,而其他西方文化却遭到不同程度的排斥呢?这个问题值得人们研究。如前所述,近代中西文化的冲突,再三暴露了中国传统文化落后于时代发展的颓势。要扭转这种局面,只有选择最适合中国国情并能帮助中国文化走出困境的先进思想。实践证明,马克思主义之所以能够在中国得以传播并深入人心,乃是中国近代政治、经济和思想文化诸因素综合作用的结果。中国近代社会面临的内忧外患,是马克思主义为中国文化格局所吸收的社会历史条件。当时中国正面临着双重任务:对内铲除封建专制的土壤,发展商品经济和民主政治;对外抗击帝国主义的侵略,争取民族独立和国家解放。反帝反封建是中国革命的主旋律。因此,只有那种既产生于资本主义对封建主义的历史否定,又揭示出资本主义自身也有不可克服的历史局限的新思想,才能适应中国革命反帝反封建的双重需要。这种新思想,就是徘徊于欧洲大陆的"思想幽灵"——既对资本主义形成威胁、更对封建残余毫不留情的马克思主义。另外,中国在向西方寻求真理的过程中饱尝的挫折和屈辱,引发了日益高涨的民族情绪和抗争精神,迫切需要一种新的斗争理论来武装自己,而从俄国十月革命"转送"过来的马克思主义,主要就是阶级斗争和无产阶级专政的理论,实践斗争的迫切需要,加快了马克思主义为中国文化格局接纳的步伐。

然而,随着中苏之间的意识形态裂痕的扩大,两种文化间的差异却日益凸显出来。人们这才发现,那种表面的生活方式的改变并不能从根本上让我们摆脱民族文化传统所赋予的价值观念与思维惯性。尽管从我们今天的社会形态、物质装备和生产生活方式上已经很难再找到20世纪之前传统中国的痕迹,我们的生活态度和思想方法却依然是中国化的。这是一种讲求实际的,有着强大的凝聚力和强烈的民族主体意识的文化精神,她几千年来从未被外来文化同化过。在20世纪近60年的苏联化的痛苦历程中,中国人痛切地意识到,无论是资本主义式的,还是苏联式的西方化都是行不通的,中国需要的是一条独立自主的现代化发展道路。

毛泽东发动的文化大革命是中国人改造自己文化的又一次尝试。它以疾风暴雨式的阶级斗争对苏联修正主义和中国传统文化同时发起攻击,其否定和摧毁的力量堪称是彻底而无保留的无产阶级战斗精神,但它却没能"创造这中国历史上未曾有过的第三样时代",① 相反却用残酷打击和无情斗争唤醒了中国人国民性中的劣根性,那便是鲁迅所针砭的充满盲目奴性的"暴君的臣民"和"戏剧的看客"。因此,经过这场史无前例的革命洗礼的中国人心理上仍然不难发现诸多沉渣泛起的传统陋习的阴影。其中包括官本位的集权意识,愚忠媚上的君臣意识以及缺少自我批判与反省,但求精神胜利的自卑与自大等。而这场革命对中华文明的最大伤

---

① 鲁迅:《坟·灯下漫笔》。

害便是它使多数中国人失去了精神支柱,对坚持人生理想和道德操守的人文信念产生了迷惑和动摇。

20世纪80年代,摆脱文革阴影的中国人对现代化的期盼再次与西方化联系到一起。知识界的精英们盼望通过重新举起启蒙的旗帜,在迈向现代化的同时,实现自由平等民主等西方式的自由主义理想。但当他们走出开放的国门之后忽然发现,那些曾经让他们魂牵梦绕的理想在它的发源地正在受到质疑和挑战,西方中心主义的文化价值观已经遭到西方学人自己的否定。不仅现代化不再是西方国家的专利,甚至现代化的目标本身,乃至作为其支点的以启蒙理想为基础的现代性价值观,也正在显现出种种缺陷和弊端,因而受到后现代性、后工业社会、后殖民主义等种种理论的解构与追问,遭遇到前所未有的挫败。相反不同民族和地域的富有魅力的本土文化正在受到越来越多的关注。

中国的文化人再次感到了无所适从的悲哀。100多年来,他们已习惯于文化上的自我否定,他们已习惯于向西方去寻求答案,他们甚至丧失了支撑自己思考和表述自己思想的独立话语。此刻,他们不得不开始回头审视一个世纪来走过的路,他们试图调整对自己本位文化的立场,重新认识中国传统文化的价值,进而对中华文明自辛亥以来的文化选择作出反思。然而可悲的是,这种审视和质疑的动力和理论支点仍然来自西方。

我们不禁要问:中国文化真的失去自我调整和更新的能力了吗?

第三节　中国文化的继承与更新

近代以来中西文化的冲突与融合,既表明中国传统文化进行现代转型的必要性,又表现出它内在生命机制的复杂性。如何把反映时代精神和保持民族特色统一起来,始终是中国文化从传统型走向现代化过程中必须处理好的关系。作为矛盾统一体的两个方面,民族特色的理解和把握,对于中国文化的时代转型来说,更为关键。因为在全球化的潮流中,一个民族能否保持自己的文化个性是其能否在全球文明融合的过程中获得身份认证的先决条件。为此,我们需要对中国的传统文化进行整体检视,以彰显其富有生命力的因素,同时也指出它不容回避的缺陷,方能找到一条使中华文明自立于世界民族之林的文化复兴之路。

一、辉煌与阴影:中国传统文化的整体检视

中国传统文化具有悠久的历史和丰厚的遗产。同其他古老民族的文化相比,它是世界上极为罕见的延绵不绝、高峰迭起的文化系统。在长达五千年的历史岁月中,中国文化以恢弘的气势、卓越的品格、奇特的魅力和众多的成就,雄踞于世界东方,令世人叹为观止。

对于中国传统文化的整体检视,我们可以从以下四个层面进行。

(一) 基本特征

从宏观的层面来概括,以时间和空间两个维度来分析,中国传统文化具有下述两个基本特征:

第一,源远流长的历史血脉。中国是世界上文化发生和发展最早的地域之一,有文字记载的历史就长达5000年之久。公元前2700年左右,居于现陕西一带的部落首领黄帝统一了附近各民族部落,奠定了华夏族的基础。华夏族在与周边少数民族的长期交往和融合中,逐渐孕育了与本民族经济、政治相适应的观念形态及其制度的集合体——华夏文化。华夏文化从诞生之日起就是一个长于吸纳的开放系统,它以民族间的迁徙、聚合和战争冲突,不断吸收新鲜血液来发展自己。春秋战国时期的政治活动主要是战争,战争却融合了各民族,铸造了中华文化的基石。公元前221年,秦始皇统一中国,建立了中央集权的封建专制国家。汉帝国在此基础上扩展疆土,华夏族渐称汉族。但中华文化并未从此故步自封,从秦汉开始,历经魏晋、隋唐、宋辽、金元和明朝,直至满清入主中原,出现了一次次民族融合和文化交流的高潮,汇集了华夏土地上不同区域不同民族的几千年的精神创造和文明成果,终于构成气象恢弘、内涵丰富的中华文化体系。

第二,博大精深的体系结构。中国传统文化的内容极为广博,形式丰富多样。它不仅包括经济、政治、军事、道德、宗教、哲学等理论,还包括科技发明、艺术创作、文物古迹和民间习俗等形态。在上述的许多领域,我们的祖先都曾创造出光辉的业绩,达到过当时世界水平的巅峰。众所周知的四大发明,是中华民族奉献给全世界并改变了全人类命运的伟大成果。此外,在数学、天文学、农学和纺织、冶金、建筑、陶瓷等方面,中国文化史上都曾有过辉煌的记录和深刻的影响。

至于古代中国的文学艺术,更是精彩纷呈。从神奇瑰丽的上古神话、风格各异的先秦散文,到光焰万丈的唐诗、情挚意切的宋词、委婉动人的元曲,以及阅尽人间春色、看遍世态炎凉的明清小说,上下几千年,纵横数万里,汇成了一条蔚为大观的艺术长廊。还有那些遍布长城内外、黄河两岸乃至神州大地的文物古迹,如敦煌、麦积山、云岗、龙门四大石窟和秦陵兵马俑等堪称世界文化奇观的宝藏,更是令世人瞩目和向往。

(二) 内在品质

如果我们进一步从微观机制来分析,就不难发现,在中国传统文化的结构深处,至少有以下三种内在品质。

第一,积极的人生态度。如果说,西方基督教文化是"天学",印度佛教文化是"鬼学",那么,以儒家思想为主体的中国传统哲学可以说是"人学"。儒家倡导"内圣外王"、"修齐治平",要求将内在的思想外化为积极的事功,兴邦治国,教民化俗。它不是把致思的中心盯在彼岸世界,而是瞩目于现实社会。因此,中国历代文人都有一种"忧患意识",并引导民众在日常生活中也培育和滋长一种积极向上的精神力量,对民族的前途和命运普遍关注,以社稷国家的安稳为己任。

第二,强烈的道德色彩。与古希腊学者富有科学探索的"智者风度"不同,中国传统文化培育出的学者有一种"圣贤气质",他们更注重人与人关系的研究,极力推崇伦理道德在维系社会安定中的作用。这些伦理道德除了能维护统治阶级利益外,还能整饬人伦、调谐人际关系。如儒家的"父慈子孝、兄友弟恭、朋友有信"等伦理观念,强调处理人际关系时互以对方为重的道德原则。同时,它也注重个人道德品质的修养,认为唯有高尚的自我人格才能推己及人,实现"治国平天下"的抱负。

第三,顽强的再生能力。中国传统文化在长期发展中,表现出一种极其顽强的再生能力。这种能力使它能不断地从"原生文化"转化为"衍生文化",以适应文化演变和发展的需要。中国历史上由民族冲突带来的改朝换代大都伴随着主导文化价值的更迭,甚至官方语言的变换,如南北朝、元朝、清朝均是。但它最终仍能保持主流文化形态的延续,又能由此获得新的文化基因,增加文化的活力,不能不说是这种再生能力所创造的奇迹。以学术理论为例,中国曾先后出现过先秦诸子学、两汉经学、魏晋玄学、隋唐佛学、宋明理学和清代朴学,它们既有着一脉相承的基本内涵,又呈现出彼此各异的具体形态。学术理论的发展,如此连续而又不断嬗变更替,在世界文化历史上亦属罕见。这种再生能力,根源于农业-宗法社会所特有的延续能力,并同古代中国的朴素系统论常变相参的思维机制密切有关。

(三) 民族精神

民族传统文化的核心是蕴藏其间的灵魂,即文化的民族精神。民族精神是民族传统的历史积淀,民族文化的深层内涵。民族精神可以激发民族自豪感,提高民族自信心,增强民族凝聚力,它是民族维系的精神纽带,民族强盛的精神动力,也是特定民族赖以生存和发展的文化身份证。

本书第三章已经集中讨论了中华文化的基本精神,我们认为,在五千多年的历史发展中,中华民族逐渐形成了热爱自然、关注生命价值,强调群体认同与人际沟通,倡导节制和奉献,爱好和平,节俭自律,重视文化传承,善于包容吸纳的民族精神品格。也有学者认为这些精神的核心应是爱国主义和自强不息。特就此做进一步讨论。

爱国主义精神在世界各民族中,都被视为最宝贵的东西,但对于地域辽阔、历史悠久、人口众多的中国来讲,它显得更为重要。爱国主义是中华民族团结奋斗的一面旗帜,在维护祖国统一和民族团结、保卫国家安全和抵御外来侵略中,发挥了极其重要的作用。历史上,中华民族曾屡遭危难和厄运,几度濒临绝境,然而又一次次转危为安、衰而复兴,靠的就是爱国主义精神的支撑。同世界上其他古老民族的文化相比,中国文化具有特别顽强的生命力和延续性。它饱经忧患,历经沧桑,依然如薪传火,连绵不断,其根本原因也在于此。以爱国主义为核心的民族精神,鼓舞和激励着中国人民团结奋斗、自强不息,始终维系着国家的统一和民族的团结,成为民族文化亲和力、凝聚力和生命力的源泉。

当然,民族精神也不是凝固不变的。任何精神都要随着时代变化而有所创新,以爱国主义为核心的民族精神也是如此。爱国主义是一个内涵相对稳定、又在不断发展和更新的历史范畴。今天,当我们反思传统文化中以爱国主义为核心的民族精神时,应该有更为完整和科学的理解。第一,爱国主义不是狭隘的民族主义。中国文化传统的爱国主义,在历史上发挥过重要作用,今天仍有继承的必要。但是,我们在发扬爱国主义传统时,一定要摒弃古代社会那种自我封闭、盲目排外、夜郎自大的民族主义褊狭之见。今天的爱国主义,应该是开放的而非封闭的,是同国际主义相统一的而非狭隘民族主义的。第二,爱国主义应有具体的历史内涵。严格来讲,爱国的"国",是指自己所在的"祖国"而非依赖的"国家"。祖国是祖先留下的国土及其养育的民众,我们自身就是其中一员,同祖国融为一体、永远休戚与共,是天经地义的事。国家作为一个政治概念,是指某种社会制度或政权结构,它只有符合时代要求和民众利益,才同祖国具有内在的同一性,才值得我们热爱和维护。所以,今天的爱国主义应该是现代的而非古代的,是民众的而非忠君的,是科学的而非愚昧的。

(四) 历史局限

中国文化之所以在世界现代化进程中发展滞后,除了帝国主义侵略等外在因素之外,自身的弱点和局限也是不容回避的事实。中国传统文化产生的土壤是以农为本的自然经济,20世纪以来的现代文明则是以工业化为背景和基础的,并且在经济运行上采用了以效益优先为宗旨的市场经济体制,二者在价值观念上的冲突是显而易见的。

　　应该指出,我们上面列出的中华文化的内在品质和民族精神,并没有涵盖中国传统文化的全部内容。而且这些品质并不一定都是优点或长处。世界上的事情是复杂的,文化品质的评判也是如此。某种品质,它很可能既包含有积极的成分,又掺杂着消极的因素,存在着两种不同的价值取向。以"强烈的道德色彩"而言,这种品质虽然在维系社会安定和调节人际关系方面有积极作用,但在一个泛道德化的社会里,它的消极作用也显而易见。由于片面强调道德的扶植和张扬,容易忽视对知识的掌握和经济利益的追求,形成德和智、义与利相互分离乃至对立的倾向。其结果,必然挫伤人们探求自然和改造世界的雄心锐气,阻碍经济的发展。并且传统道德本身就包含着大量封建性的消极因素如三从四德之类,在"重德轻知"、"重道轻技"的文化氛围里,中国历史上出现了多少高谈阔论的政治家、道学家和书呆子,又扼杀了多少有真才实学的科学家、实业家和技术人才,从而延缓了整个社会经济技术的进步。这或许可从一个侧面反映,为什么在近代中西文化的冲突中,中国传统文化经常处于被动受挫的状态。

　　中国文化提倡崇古守常,强调个人服从群体意志,不赞成张扬人的个性,也不鼓励思想上的开拓进取,这无疑会阻滞社会对新思想新方法的接受,难免会窒息个人的创造活力,从而导致整个民族缺乏创新动力。随着社会的发展,具有健全人格的创新人才能否大批涌现已成为衡量某一民族文化是否强盛的标志。这是历史和现实给予我们的经验教训。

　　中国人重感悟轻逻辑的思维方式,也不利于我们对现代科学技术的接受与运用。我们往往满足于直观事物的现象,却不善于从现象中抽象出事物的内在规律,这显然是不利于知识的总结与认识进化的。因此中国的古老发明往往在异邦开花结果,获得新的生命力。凡此种种,都要求中国文化跟上时代的步伐,尽快找到自己的更新之路。

二、继承与更新:中华文化的复兴之路

我们对中国传统文化的检视及反思,其目的不是怀古或恋旧,而在于对其加以合理的继承与现代性改造,是为现代文化建设修整场地。在这里,我们不打算用精华与糟粕的二分法来作出一个客观公允面面俱到的分析,因为任何一种区分精华糟粕的结论都会因评价者立场和着眼点的不同而遭到质疑。因此我们只想结合现代文明发展面临的问题,就传统文化继承与改造的可能的切入点作一点探讨。

我们知道,文化的传承有被动和主动之分。被动的通常称为沿袭和积淀,往往是隐性的,不自觉的,甚至可能是不以人的意志为转移的。主动的则称为保持或继承发扬,可以通过自觉选择来实现。那么我们的传统文化是否值得保持和发扬呢?若按现在被一些学者称作激进主义的五四新文化运动先驱者或80年代倡导新启蒙的学者们最初的观点,答案应当是否定的。在他们看来,正是传统文化的保守性和顽固性制约了中国的现代化进程。因此章太炎、鲁迅、胡适都曾以激烈的言辞否定传统文化。按当今文化趋同论者的观点也应当是否定的。他们认为在经济全球化的推动下,将必然出现文化的一体化,各地区民族走向一致的世界文化最终将取代不同民族的文化,那时包括中华文化在内的各民族文化都会成为文物或"化石"。持此种观点的学者中,又有主张以西方文化价值统一世界的文化霸权主义者和主张东西方文化融合的文化整合论者。

文化相对论者的观点则相反,他们把民族性看作文化的本质特征。有一句著名的流行语叫"越是民族的,便越是世界的"。因此,与全球化相伴而来的应是文化的多元化和去西方化。从斯宾格勒的《西方的没落》到亨廷顿的《文明冲突论》,都是以此为前提的。20世纪80年代兴起的后殖民主义观点也是从肯定边缘文化价值切入的,由此引发了重建本土文化价值的潮流。

在我们看来,在全球化语境下,确立文化多元共生的原则,保持以民族性、地域性和多样性为基础的人类文化生态,是实现东西

民族之间健康的文化交流和融合的前提。不同文化间的差异不仅体现出人类文明形态的丰富性,也是激发新的文化创造力的源泉。通过不同文化成果间的交流达到的互识、互证、互补,既能展现出人类文化多姿多彩的魅力,又能推动各民族文化的自我改造与更新。因为"文化的发展是一种动态过程"。"民族文化固然存在着一定时期的中心文化与先进文化,但辩证地看,没有一种文化是永远领先的。"①

另一方面,越是在全球化的趋势下,一个民族越应当确定自己的文化定位与认同,否则将面临被消融的危险。这种文化认同的基础便是找到自己独特的文化个性。它标志着特定文化对人类文明的贡献,也是对自身作为人类文明一分子的文化生存权的肯定。一个民族即使暂时被侵略者征服,被外族统治,只要保持着自己的文化,它将不会灭亡。倘若它丧失了自己的文化传统,则将不复存在。如邓小平说的将"被开除球籍"。中华民族的文明史多次证明了这一点。

如前所述,中华民族在几千年的历史上对人类文明作出了巨大的贡献,今天我们仍将以中国人独特的智慧影响人类文明的进程。譬如当现代工业文明遭遇到环境破坏、资源枯竭的矛盾时,我们发现传统哲学"天人合一"的观念中早已包含了要求人与自然环境和谐共生的思想方法,老庄哲学中顺应自然和反异化的思想也仿佛对我们今天的困境早有预见。当现代人在精神挣扎中相互敌视,将他人视为自己地狱之际,人们想起了孔子所教导的与人相处的智慧。

当然我们并非要坚持"天不变,道亦不变"② 地死守传统,拒绝从传统文化向现代文化的转型。相反我们认为,全球化在带来传统文化的危机同时,也带来了促进民族文化转型的机遇。我们大可不必将现代文化建设中面临的强势文化的冲击和挑战,都归结为文化殖民者的渗透与挑衅。只有自觉而有选择地从先进文化

---

① 戴路:《关于文化全球化的几点思考》,中国青年报 2001 年 12 月 10 日。
② 《汉书·董仲舒传》。

中吸取营养,才能确保我们这古老的文明不断获得与时俱进的动力。

任何一种文化,无论具有何等深厚的历史基础,如果长期凝固、停滞并拒绝改革更新,势必要落后于时代的发展,甚至可能被淘汰。因此,我们如果不从传统本位的阴影中走出来,敢于否定和抛弃传统文化中落后于时代要求的因素,哪怕是一些曾被视为神圣不可侵犯的东西,我们就无法使自己的文化获得新的生命。历史告诉人们,每一个新的前进步骤,都会构成对以往神圣事物的亵渎,都是对一种陈旧衰颓但为习惯所尊奉的秩序的反叛。敢于承认中国传统文化已经落后于时代发展的需要,并根据这种需要去吸收外来文化的积极因素,对传统文化进行改造与更新,是充满民族文化自信心的表现,也是对民族前途勇于负责的表现。

中国文化的现代转型,如果从19世纪算起,迄今是第二次尝试了。第一次文化转型发生于洋务运动至五四运动期间,力图改变长达2000多年的封建文化模式,建立西方式的工业文明。由于历史条件的限制,那次尝试没有成功。但此后的新民主主义革命和新中国的建立,为尚未完成的文化转型创设了政治条件。目前我们面临历史提供的第二次文化转型的机遇。今天的挑战不再是来自不同民族文化格局及文化差异的外部冲突,而是来自内部的文化冲突——现代化要求与传统文化结构的冲突。冲突的主要表现是:第一,现代社会个性自主与传统社会群体本位的冲突。第二,现代社会民主精神与传统社会家长制作风的冲突。第三,现代社会法治秩序与传统社会人治习俗的冲突。这些冲突将贯穿在中国文化转型化全过程。

如何应对这些冲突,张岱年先生提出了"综合创新"的著名观点。这种观点依据文化系统的可解析性和可重构性,文化要素的可分离性和可相容性的理论,在全面分析和比较传统文化与外来文化的是非优劣后指出,应该抛弃中西对立、体用二元的思维模式,排除盲目的华夏中心论和欧洲中心主义的干扰,以开放的胸襟、兼容的态度,对古今中外的文化系统的组成要素和结构形式进行科学的分析和审慎的筛选。根据中国社会主义现代化建设的实际需要,经过辩证的综合,既要走向世界,最大限度地吸收西方文化和其他地域文化的可取之处,也要坚持民族自立,继承和发扬中国传统文化的精华,从而进行一种批判性的重建和创造性的转换,建设既超越中国传统文化又不同于西方文化,既保持民族特色又充分体现时代精神的高度发达的社会主义新文化。

在中西文化交流的过程中,我们应当遵循的原则是,既要对自己的本位文化保持高度的自信,又要充分尊重异域文化的独特性和先进性,坚持采取平等对话的姿态去相互沟通和理解。乐黛云先生提出的以"和而不同"原则为基础的新人文精神为我们提供了富有启发性的思路。她认为"'和'的本义就是要探讨诸多不同因素在不同的关系网络中如何共处"。"'和'的主要精神就是要协调'不同',达到新的和谐统一,使各个不同事物都能得到新的发展,形成不同的新事物。"①

我们相信,中华民族既然能创造震惊世界的古代文化,而且在近代也不甘沉沦,越挫越勇。那么,在人类跨进21世纪的今天,也完全有能力在现代化的历史进程中再展宏图,建设起让全世界更为震惊的高度发达的社会主义新文化。

【思考题】

1. 如何区分民族文化间两类不同性质的差异?它有何实践意义?
2. 试述中西文化交流的主要历史阶段及其特点。
3. 谈谈你对中国文化如何完成现代转型的思考。

【本章阅读书目】

1. 冯天瑜、何晓明、周积明:《中华文化史》上海人民出版社1990年版。
2. 沈定平:《明清之际中西文化交流史》,商务印书馆2001年版。

---

① 乐黛云:《跨文化之桥》,北京大学出版社2002年版,第21页。

3. 曹锡仁:《中西文化比较导论——关于中国文化选择的再检讨》,中国青年出版社1992年版。

4. 夏中义主编:《大学人文读本》(三卷本),广西师范大学出版社2002年版。

后　记

　　从 2002 年仲夏青岛海滨的丛书编务会到今天全书最后定稿,屈指整整两年了,这对于编一部教材确乎有些过于漫长了。其间丛书的其他各卷均已陆续出版,这对于我是一个无形的然而却很沉重的压力。此时此刻,我真有如释重负的解脱之感。惟一使我感到宽慰的,是这部书终究按照我最初的构想完成了——它既可以作为教材,又融合着作者多年的学术思考和研究心得。以我的经验,这在由多位作者共同完成的著作中,其实是不易实现的。希望它能使同仁们满意,并对得起他们付出的心血。

　　本书成稿时间延误的原因,除了合作者间的协调和我个人因工作以及其他事由的耽误之外,近大半年时间都花在统稿和修改上了。之所以花这样多的时间,除本人能力因素之外,主要是对书稿的质量一直难以满意,因而一改再改。虽知必不能尽善,但求尽力而已。这样的效率显然是很不适应现代社会的生产节奏的,这也印证了本书中讨论的对中国文化实施现代性改造的艰巨性。

　　特别感谢负责丛书组稿工作的杨书澜老师的宽大为怀,从没给我压力。对于交稿时间的一次次拖延,她始终表现出宽容和理解,这是本书能坚持按我之初衷去打磨完成的最重要保证。

　　还要感谢北京大学中文系陈保亚教授和重庆大学人文艺术学院敖依昌教授!陈先生将他自己有关语言文化研究的全部成果都提供给本书作者参考;敖先生则为本书作者的组织做了不少联络

工作,遗憾的是他最终没有精力亲自动笔。我的研究生周东升也为本书插图的搜集和注释的校正做了不少工作,在此一并感谢!

本书作者的分工如下:1~3章,徐行言(西南交通大学艺术与传播学院);第4、7章,肖平(西南交通大学公共管理学院);第5章,田卫平(北京交通大学人文学院);第6章,汪铮(西南交通大学);第8章,谢默生(重庆后勤工程学院基础部);第9章,张蓉(西安交通大学中文系);第10章,张苗夫(重庆大学贸易与行政学院);全书由徐行言最后统稿,并对多数章节进行了较大幅度的调整和修改。

在本书撰稿和修改过程中,我们参阅了大量所涉各领域的文献资料和中外学者的研究成果,限于体例与篇幅,未能一一列出,谨在此致以真诚的谢意!

在本书驻笔之际,我心中轻松与忐忑交织,惟盼这部凝结着作者们心血和期待的小作能得到读者之认可,方家之教正!

徐行言记于西南交大南园
2004年7月27日凌晨